周晓虹·社会心理学系列

本系列受
**南京大学"双一流"建设之卓越研究计划
"社会学理论与中国研究"**项目
资助

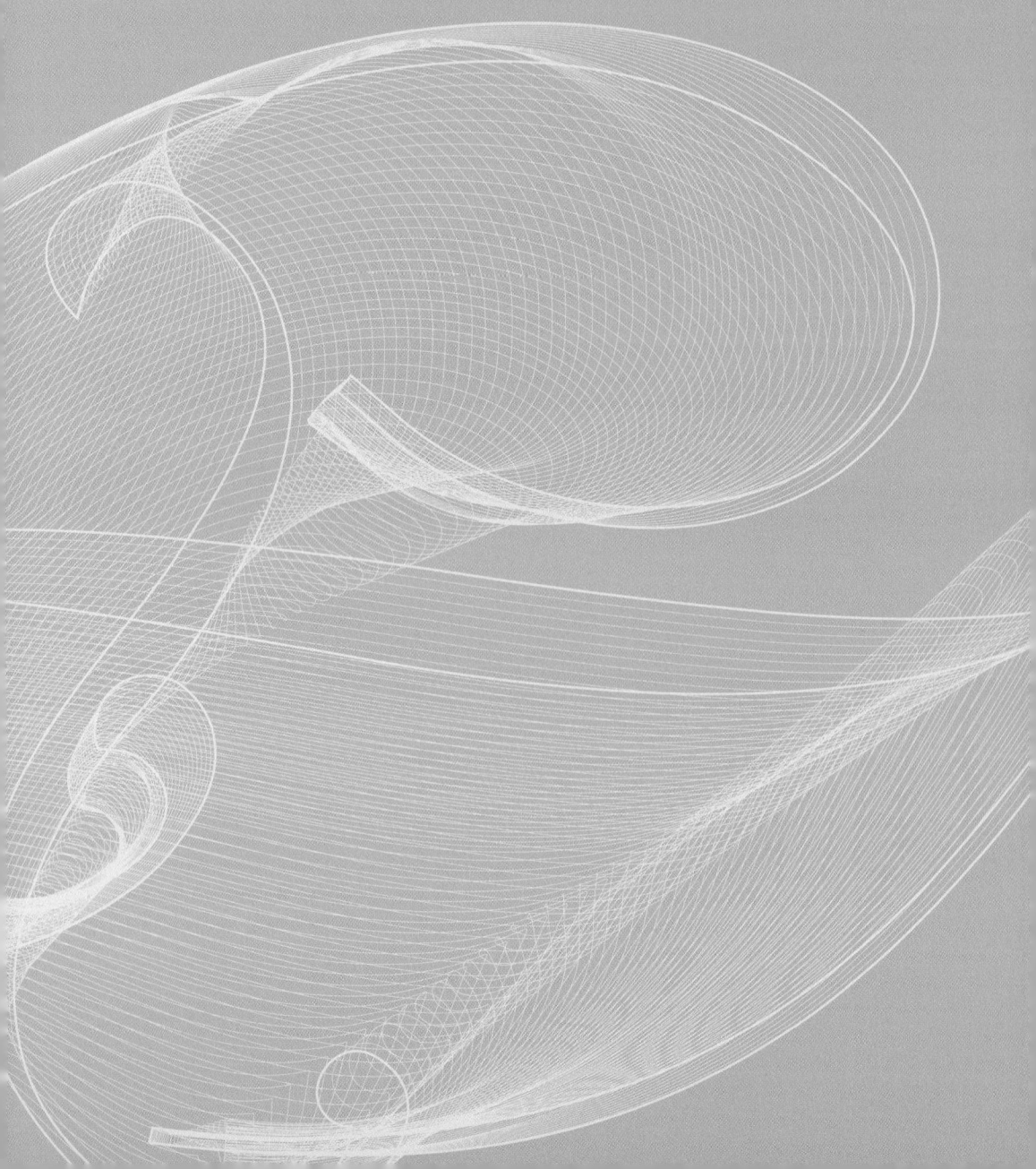

西方社会心理学理论
一门学科的多元解释路径与当代状况

Theory of Western Social Psychology

周晓虹 主编

社会科学文献出版社
SOCIAL SCIENCES ACADEMIC PRESS (CHINA)

感谢南京大学"双一流"建设工程
卓越研究计划资助

纪念中国社会心理学
诞生一百周年
重建四十周年

社会心理学家是一种生活方式
（代序）

周晓虹

在中国社会心理学重建40周年的标志性时刻，我选择了一种最为恰当的方式向这门既充满挑战又令人心仪的学科致敬：从2019年3月15日开始，①我便着手规划编辑出版五卷本的"社会心理学系列"，首先改写或重编1990年代由我撰写或主编的四本社会心理学著作——《现代社会心理学》、《现代社会心理学史》、《现代西方社会心理学流派》和《现代社会心理学名著菁华》②，同时开始选编《中国社会心理学文选（1919~2019）》，立意反映这一来自西方的现代社会科学在中国砥砺前行而又命运多舛的百年历程。

社会心理学进入中国始于1919年五四运动前后，这一运动连带此前开始的新文化运动是中国这个古老的社会朝向现代转型的诸多尝试之一，或者用社会学家吉登斯的话说，是现代性的后果之一。1919年，中国现代心理学的先驱、北京大学心理学教授陈大齐撰成《民族心理学之意义》一文，采纳冯特的观念，

---

① 1979年3月15日，在北京召开了"社会学座谈会"，胡乔木代表中共中央为社会学正名，开始了社会学的恢复重建。一般将这一日期视为中国社会学恢复重建的标志。2019年3月15日，在贵州民族大学和贵阳孔学堂的联袂支持下，我与中国社会学界十位"长江学者"特聘教授共同发起并举办了"中国社会学：从本土化尝试到主体性建构"的纪念研讨会，并决意主编《重建中国社会学——40位社会学家口述实录（1979~2019）》（北京：商务印书馆，2021年版）。同时，中国社会心理学紧随中国社会学之后开始的恢复重建历程，使我在2019年3月15日这一天就清晰地意识到其学科重建40周年的标志性历史时刻也将随之到来，这也是促使我着手修改或再编先前就已构想动手却"一拖再拖"的这五本著作的直接动因。

② 这四部著作的后两部此次再版与首版的名称有所不同：考虑到最近30余年社会心理学的发展，《现代西方社会心理学流派》一书修订时不仅重新撰写了导言与结语，而且增加了三种理论或流派，所以此次更名为《西方社会心理学理论——一门学科的多元解释路径与当代状况》；《现代社会心理学名著菁华》初版于1992年，2007年出版修订版，此次因本系列同时编辑、收录了《中国社会心理学文选（1919~2019）》，与之对应，将其更名为《西方社会心理学文选》。

将社会心理学与民族心理学并置;① 1924 年，担任南京大学之前身东南大学心理学教授的陆志韦出版了第一部中国人自著的《社会心理学新论》;② 1929 年，担任南京大学之前身第四中山大学心理学教授的潘菽也写成了《社会的心理基础》一书;③ 1946 年，担任南京大学之前身中央大学社会学教授的孙本文则出版了上下两卷本的《社会心理学》④……社会心理学这一现代社会科学在南京、北京、上海、广州、昆明……逐步现代的都市里开始了缓慢但顽强的生长。

1949 年后，尽管在大陆，社会心理学同社会学、人类学一道被视为"资产阶级伪学科"而遭取缔，但依旧在台港地区获得了某种形式的接续和发展，并于 1980 年代在杨国枢、金耀基、李亦园和文崇一诸教授的引领下，在台港地区酝酿出轰轰烈烈的心理学、社会学及整个社会科学的中国化运动。

1978 年的改革开放，在为我们的民族带来伟大转机的同时，也赋予中国社会心理学以新生：1979 年 5 月 31 日，《光明日报》发表了王极盛的《建议开展社会心理研究》一文；两年后，北京市心理学会于 1981 年夏召开了"社会心理学学术座谈会"；1982 年 4 月，在北京成立了由陈元晖教授担任会长的"中国社会心理学研究会"（同年 9 月改名为"中国社会心理学会"），中国社会心理学的重建由此拉开帷幕。⑤ 最为重要的是，1982 年

---

① 陈大齐：《民族心理学之意义》，《北京大学月刊》1919 年第 1 卷第 2 号，第 27~33 页。
② 陆志韦：《社会心理学新论》，上海：商务印书馆，1924 年版。
③ 潘菽：《社会的心理基础》，上海：世界书局，1929 年版。
④ 孙本文：《社会心理学》（上下卷），上海：商务印书馆，1946 年版。需要说明的是，南京大学肇始于 1902 年创建的三江师范学堂，此后历经两江师范学堂、南京高等师范学校、国立东南大学、国立第四中山大学、国立中央大学、国立南京大学等历史时期，于 1950 年更名为南京大学。所以，上述各校名都是南京大学在 1949 年前不同时期的名称。追思陆志韦、潘菽和孙本文诸教授的贡献（包括 1920 年南京高等师范学校建立了中国第一个心理学系），再考虑到 1993 年南京大学又由我主持、翟学伟教授协助建立了中国大陆最早的社会心理学研究所（同期建立的还有沙莲香教授领导的中国人民大学社会心理学研究所），这也从一个侧面反映了南京大学与社会心理学这一学科在 20 世纪的邂逅堪称一场风云际会。
⑤ 需要说明的是，论及中国社会心理学的重建，有部分学者以王极盛撰写的《建议开展社会心理研究》一文为标志（李庆善：《中国社会心理学十年回顾》，《理论与现代化》1990 年第 4 期）；但多数学者以为，一个学科的重建起码涉及某一学术共同体的共同认识，所以更恰当的标志应是 1981 年夏由北京市心理学会主办、有 50 余位学者参加的"社会心理学学术座谈会"（周晓虹：《现代社会心理学——多维视野中的社会行为研究》，上海：上海人民出版社，1997 年版，第 68 页；乐国安：《中国社会心理学研究进展》，天津：天津人民出版社，2004 年版，第 1 页）；更正式一点也可以 1982 年中国社会心理学研究会的成立为标志。当然，宽泛一点，将 1979~1982 年发生的一系列相关事件视为一组标志也未尝不可。

底,第五届全国人民代表大会第五次会议审议批准了《中华人民共和国国民经济和社会发展第六个五年计划(1981—1985)》,其中明确提出"……社会心理学等,也要加强研究"。

400多年前,莎士比亚在《暴风雨》中写下了那句妇孺皆知的名言:"凡是过往,皆为序章。"上述所有历史节点,在40余年后的今天尽管大多不再被人提及,有些濒于被遗忘,却镶嵌在这一学科后来重建的历史经纬之中。在中国社会心理学重建40周年的今天,我之所以将2014年在中国社会心理学会的会长"就职仪式"上的讲演主题,移作"社会心理学系列"的序言标题,就是希望通过自身的经历和感悟,说明社会心理学与一个急速变迁的时代的关联,社会心理学学科的独特之处,以及社会心理学家在社会变迁中应该扮演的角色。

一

其实,我最早写下"社会心理学家是一种生活方式"并将其作为自己的学术格言,是在1993年《江苏社会科学》杂志的一次采访中。从1984年考入南开大学社会学系师从费孝通、孔令智教授攻读社会心理学硕士起,到当时不过10年,那时的我刚刚36岁,正是好高骛远、激扬文字的年龄。在此前一年,邓小平的南方谈话引来"东方风来满眼春",整个中国社会尤其是年青一代在邓公的激励下兴奋异常,而且这种兴奋第一次与政治无涉:市场经济催生了中国人"下海"经商的大潮,一时间几乎所有智商稍高一些的青年知识分子都扑腾着入"海",让我们这些还待在"岸"上的人在羡慕之余,确实第一次产生了深深的"认同"危机。借用莎士比亚《哈姆雷特》的语式,留下还是出走,这确实成了一个问题!

我之所以留下了,在相当程度上不仅源于我对大学校园里自由而富于挑战的生活深怀渴慕,而且因为我与自己此时从事的专业——社会心理学——"情投意合"。虽然我在大学本科的时候最初学的是医学,但从中学时代起我就对文科有着浓厚的兴趣——尽管在改革开放前人文社会科学是一个相当"危险"的职业。1977年高考的时候,因为某种缘故我没有选择文科,而是报考了南京医学院。不过,我在南京医学院的生活称得上"身在曹营心在汉",对那所现在发展得相当不错的母校缺乏应有的认同。如此,这样一种学科背景和个人经历，使我在后来考上南开大学社会学系的研究生并有机会以社会心理学为志业时，对这门本来就充满了人生奥秘和大众魅力的学科的倾心之情自然就会坚定不移。

我们说社会心理学是现代社会科学中最富有魅力的学科之一，理由当然可以列举许多，但我觉得最重要的还是社会心理学家既是人类社会行为的观察者，又是社会生活中的行动者。我们完全有理由相信，正是这样一种双重角色，使得社会心理学家既是一种现代职业或谋生手段，又是一种独特的生活方式——因为他对人类社会行为的动力及其规律有着清醒的了解和认识，他的行为及其结果就不可能不受到这种了解和认识的影响。换言之，对行为的领悟常常支配着他自己的行为，这不能不赋予社会心理学家自身的行为以独特性。正如美国社会心理学家埃利奥特·阿伦森在其自传《绝非偶然——社会心理学家阿伦森自传》中所言，每一位杰出的社会心理学家都生活在社会的激流之中，他们醉心于研究"个人的改变以及人们如何适应社会的巨大变迁";① 其实，他们本身也最为充分地体现了这种影响和改变，这使得他们的人生对普通人充满了巨大的吸引力，他们对人类行为的关注，使得他们本人的行为看起来尤为浓墨重彩、特立独行。

尽管阿伦森最终成为一名杰出的社会心理学家"绝非偶然"，但我在1984年选择社会心理学作为自己一生的志业纯粹是一种"偶然"。因为在大学毕业时对心理学产生了浓厚的兴趣，我一开始是想报考山东师范大学章益教授或南京师范大学高觉敷教授的心理学史研究生的，但在随意翻阅南开大学的招生简章时意外发现，1984年费孝通和孔令智两位教授在国内第一次联袂招收社会心理学方向的研究生。虽然这时的我除了对心理学尤其是心理学理论和学说史有着比较好的基础以外，对社会学可以说几乎是一窍不通，但好在那时的南开大学社会学系提倡有教无类、兼容并蓄，我记得社会心理学方向甚至可以选考生理学，而那正好是我的长项，所以想都没再想，当即决定报考南开大学。我后来才知道，这一年报考南开大学社会学专业研究生的有400多人。现在人们常常抱怨考研不认识导师、没有途径获得相关信息，我要感谢1984年考研之前我与南开大学、费孝通和孔令智教授以及社

---

① 阿伦森：《绝非偶然——社会心理学家阿伦森自传》，沈捷译，杭州：浙江人民出版社，2012年版，第Ⅷ页。

会心理学都没有任何瓜葛，不然作为社会学和社会心理学的"门外汉"，我决然没有勇气去赶一趟几乎注定翻船的"潮流"。

我们现在每每招收硕士生或博士生时，总是为学生的素质不佳而大为感慨。其实，在我们刚刚进入南开大学攻读硕士时，社会学和社会心理学的知识基本为零。但是，当时的南开大学或者说南开大学社会学最大的优点在于，她就是能够使一个"门外汉"通过自由的阅读和无羁的交流，对一门学科产生真正的兴趣。当时的南开大学社会学虽然师资也十分匮乏（全职教师拥有副教授职衔的只有一个孔令智），却请来了诸多社会学和社会心理学的名家大师，包括费孝通、彼得·布劳、波波维奇、富永健一、林南、蔡文辉、陈元晖……尽管大师们的课程有的只有一次两次，但它使我们这些学子接触到了真正的社会学，并为这门学科树立了高山仰止的学术标杆。这其实也是从南开大学毕业的人，在相当长的时间中一直被认为是接受过正宗的社会学"洗礼"的缘故。

其实，现在想来，南开社会学的品质和1978年后那个改革开放的大时代有着密切的联系。在那个百废待举的时代，校园里洋溢着激奋的年代才有的特殊气息，而社会学这个被取缔多年、同改革开放时代有着天然联系的学科一出现，便赢得了校园和整个社会的高度关注。① 那情景和19世纪末20世纪初，经验社会学在美国这个天然的实验场中的际遇如出一辙。记得有一次南开研究生会组织研究生上街头咨询，几百个研究生按系科分组，唯独社会学系大有"包打天下、无所不能"的气势。究其原因有两方面：其一，市民们提出的各种问题中经验层面的居多，而无论是婚姻、家庭、儿童教育、家政理财、相处之道，还是改革态势、社会问题、社会舆论、社情民意，社会学专业的研究生回答起来都如数家珍；其二，我们那个班的研究生本科除了学社会学的没有，学其他学科的应有尽有，有学哲学、教育、中文、历史、政治的，也有学医学、计算机、数学、物理的，甚至还有造船的。这种来源虽然有些庞杂，但也有诸多优势互补的好处，以至于我在毕业很久以后，还常常怀念南开大学的这种自由之风，抱怨我后来任教的南京大学过于沉闷。但此后几番回校时，发现这种气氛已大不如前。这时我才领

---

① 参见高玉炜、周晓虹《生命历程、问题意识与学术实践——以知青一代社会学家为例》，《探索与争鸣》2021年第6期。

悟，南开的品质是 1980 年代那个大变革的时代造就的，并不是她私藏或独有的。我们的幸运就在于，我们是在一个令人激奋和五色斑斓的时代，邂逅了一门同样令人激奋和五色斑斓的学科；这样一门学科和我们年轻而敏感的心灵高度契合，它自然而然地成为我们一生愿意与之相伴的志业。

二

最近这些年，我先后参加了南京医学院 1977 级同学毕业 30 周年、入校 40 周年的聚会和庆典，当年的同学大多成了大小医院的院长或是科室的主任医师：他们或促成了许许多多的孩子顺利地来到这个世界，或帮助那些在不同的生命阶段中遭遇痛苦的人重见光明、恢复健康、驱逐病魔，再或妙手回春挽救了无数在生命边缘挣扎的人免于过早离世。15 岁时，当我原本欲做一名电子工程师的"蓝色梦想"被母亲击碎之后，① 在相当长一段时间里，我又回到自己初中时的人生理想——做一个米丘林②式的农学家或生物学家。我在父亲部队的家属大院空地上种满了瓜果蔬菜，对种植、嫁接和改良品种的浓厚兴趣，促使我 1970 年代中期在自己当生产队长期间做过一系列称不上成功但执着的试验。在这里，我之所以谈及自己青年时代的志向，以及我大学时代的同学们后来"悬壶济世"的成就，是因为在大学毕业几十年后，在我的鬓发无可逆转地过早苍白之后，我常常会思考自己这一生所选择的职业及其社会价值。显然，得益于邓公倡导的历时 40 余年的改革开放，同上一代人相比，我们没有在频繁的政治运动中耗尽自己的青春，我们也没有在北大荒或夹边沟的"劳动改造"中钝化自己的灵魂。我们有时甚

---

① 在我的《学术小传》中，我曾交代过这一事件的来龙去脉：因为初中时代的我迷上了装半导体收音机（这是那个时代年轻人大多具有的一种"奢侈性"爱好），不但白天逃课，而且晚上常常先是装睡、半夜再爬起来捣鼓收音机。结果，有一天被抓个正着，要求严格的母亲一气之下将我的全套家当（包括电烙铁和电子元件）从二楼阳台扔到楼下，并自此严格控制我的"经济往来"。于是，后来我曾戏谑式地说道："'家庭政治的高压'和经济制裁最终埋葬了 20 世纪 70 年代一个'类 IT 青年'的'蓝色梦想'。"（参见周晓虹《学术小传》，载《江苏社科名家文库·周晓虹卷》，南京：江苏人民出版社，2017 年版，第 5 页）。

② 伊万·米丘林（1855~1935），苏联园艺学家、生物学家，在生物遗传学方面做出了卓越的贡献，但他提出的获得性状能够遗传的理论缺乏科学的依据，后被李森科过度发挥成为伪科学，并因此对包括中国在内的生物学研究造成了长期的消极影响。

至过早幸运地晋升为副教授或教授,过早地收获了职业的回报和相应的荣誉,过早地体验到了人生的完满和生活的馈赠。但是,同投身科学技术、国防工业、医学或者农学那些对社会进步或人民福祉有着直接和可感贡献领域的同辈相比,作为一个社会心理学家,或者说作为一位社会科学的从业者,我们也常常会扪心自问:我们的位置在哪里?或者说,我们究竟对人类社会有怎样的价值和意义?

我们知道,人类真正能够解决自己的温饱问题,实现物质生活的丰裕,不过一两百年的时间。自17世纪和18世纪开始,那场席卷欧美的社会大转型造成了传统农业社会自然进程的断裂。工业社会或者说资本主义的来临,用马克思、恩格斯的话来说,在100年内创造的生产力"比以往一切世代创造的全部生产力还要多,还要大"。[①] 单就人类日常生活而言,机器的发明、化学物品的广泛使用、交通工具的改善,以及20世纪后半期各种电器甚至数码产品的接踵而至,不仅使人类终于填饱了肚子,而且使我们的生活变得丰富多彩起来。尽管自1840年以来,内忧外患使得古老的中国在相当长的时间内一直远离包括物质在内的人类文明发展的大道,但1978年后历时40多年的改革开放终于也使大多数中国人摆脱了饥饿与贫困,其中相当一部分人的生活也变得丰裕起来。

人类物质生活的丰裕与科学技术的进步有关,当然也关乎社会制度的健康变革。但是,几乎无可争辩的是,在物质生活丰裕之后,人们常常并没有同步地感受到幸福感的提升,几乎在短短40余年即在人类历史的长河中堪称"一瞬"的时间里富裕起来的中国人尤为如此。有关中国人幸福感降低的讨论比比皆是,其中不乏各种严谨的研究。2013年,盖洛普公司的调查就发现,尽管中国人经济上的乐观情绪(82%)远远超过美国人(50%),但他们的生活满意度只有21%,其中收入满意度更是只有10%(这两项美国人皆为58%);[②] 理查德·伊斯特林等的研究发现,1990~2010年的20余年里,尽管中国经济飞速增长,人均消费水平提升了四倍之多,但是"丝

[①] 《共产党宣言》,载《马克思恩格斯选集》第1卷,北京:人民出版社,2012年版,第405页。
[②] Dugan, Andrew, 2013, "Opinion Briefing: U.S. vs. China—Strengths and Weaknesses", http://www.gallup.com/poll/162965/opinion-briefing-china-strengths-weaknesses.aspx.

毫没有迹象显示人们的生活满意度也在增长"。①

有关富裕起来的中国人幸福感较低的解释各式各样：有人说，中国社会的变迁导致人们安全感的丧失，包括缺乏社会保障都是人们体验不到幸福感的主要原因；也有人认为中国的贫富差距等是人们缺乏幸福感的主要原因。事实上，尽管这些客观的物质和制度的缺失都是导致人们幸福感缺失的重要原因，但是中国人幸福感缺失的更为重要的原因可能是精神性的或心理性的：其一，社会变迁的速度过快，过快的变迁在改变一切的同时也提升了人们对变迁的期待，由此，即使变化快的人群或阶层对变迁带来的个人生活的变化依旧不满；其二，不同的人群或阶层的变迁速率不一致，变迁慢的人群或阶层因变迁带来的个人生活的积极变化，抵御不住同他人比较后产生的相对剥夺及因此而生的消极不满。②

中国人幸福感的缺失，充分说明了幸福感不仅关乎物质生活的改善，同样关乎精神世界的成长，关乎我们的人民是否能够从物质的丰裕中获得生活的意义。我以为，意义或意义感是人们对某种物质生活条件、某种社会行为，再或是某种生活状态的价值认同，是一种关乎日常生活及其价值理性的独特的社会心理。如果我们承认，幸福感等于物质的丰裕加上生活的意义，这本身就证明了社会心理学学科的存在所具有的社会价值，证明了社会心理学家作为人们日常生活意义的探索者与阐释者的职业价值，同样也证明了200多年前从传统社会向现代社会的转型过程中诞生的社会科学对人类来说已经变得不可或缺。

从这样的意义上说，在人类数千年的文明史上，那些以这样或那样的方式推动了人类进步的先哲们，都是能够凭借有限的物质资源成功打造生活或行为意义感的伟大人物。他们虽然称不上专业的社会心理学家，但无一不凭借着对人类社会心理的出色洞悉，或直接赋予单调的生活以意义感，或在人们的日常生活和意义感之间建立起了常规的逻辑联系，再或通过各式各样的典范或榜样，带动起了芸芸众生矢志不渝地追求意义感。即使在我们现时的社会生活中，那些成功的艺术家、体育明星、专业工作者甚至商人们，也无

---

① Easterlin, Richard A., Robson Morgan, Malgorzata Switek & Fei Wang, 2012, "China's Life Satisfaction, 1990-2010", *Proceedings of National Academical Sciences of the United States of America* (PNAS), Vol. 109, No. 25, pp. 9775-9780.

② 周晓虹：《焦虑：迅疾变迁背景下的时代症候》，《江苏行政学院学报》2014年第6期。

一不是打造意义感的能工巧匠。比如，那些销售房屋或路易·威登提包的商人，都知道如何将这些有形的商品作为某种无形的社会地位或阶层的符号或象征，从而赋予其能够促使人们追求的意义感。但是，部分正是因为商业社会对社会心理学知识的过度借用，才增加了我们为今日之丰裕生活寻找意义感的专业难度。在我们的生活中充斥了越来越多的商品之时，人生的意义越发变得枯萎，或单向度地指向物质本身。历史学家阿诺尔德·汤因比曾经说过，"西方文明的命运将取决于我们和麦迪逊大道所代表的一切作斗争的结果"。① 不幸的是，今天我们的或东方的命运似乎一样归咎于此。单单就此而言，不但社会心理学家今天还远远没到退场的时候，在中国这个舞台上还有着一系列的大剧等着我们去一一开演。

三

众所周知，自现代社会科学诞生以来，包括社会心理学家在内的无数学者都以解释社会变迁及其动因作为自己毕生的志业。正是鉴于变迁及其相关思考与现代社会科学有着这样或那样的天然联系，现时已有人充分意识到，我们应该努力将改革开放40余年来中国社会发生的巨大变化转换为学术资源，否则"无论对中国还是对西方都是巨大的损失"。② 为此，人们一再论及"中国经验"及其意义，但事实上总结"中国经验"只是这种"转换"的可能路径之一。从社会心理学的角度说，"转换"的另一路径是观照"中国体验"，即在这个翻天覆地的时代14亿中国人民的精神世界所经历的巨大的震荡，他们在价值观、生活态度和社会行为模式上的变化。因为中国体验在精神层面赋予了中国经验以完整的价值和意义，它也自然成为理解中国社会变迁的一扇最佳的观景之窗。由此，生活在社会变迁的激流之中的中国社会心理学家，自然担负着为中国人精神世界的嬗变"背书"的历史使命。③

---

① 转引自大卫·奥格威《一个广告人的自白》，林桦译，北京：国际文化出版公司，1999年版，第148页。引文中所提的麦迪逊大道，位于美国纽约曼哈顿区，因美国诸多广告公司的总部集中于此，而成为美国乃至世界广告业的代名词。
② 黄万盛、刘涛：《全球化时代的中国价值》，《开放时代》2009年第7期。
③ 周晓虹：《中国体验——全球化、社会转型与中国人社会心态的嬗变》，北京：社会科学文献出版社，2017年版；Zhou, Xiaohong (ed.), 2017, *Inner Experience of the Chinese People Globalization, Social Transformation, and the Evolution of Social Mentality*, Singapore：Springer。

我们之所以说，中国体验是社会变迁的观景之窗，首先是因为任何社会或任何时代的变迁，都不会仅仅表现为经济关系的重建和社会结构的变化，在这些人们生存于其间的所谓"社会"发生结构性变化的同时，作为社会生活主体的活生生的"人"，其价值观、生活态度和行为模式也会发生相应的变化。在社会心理学的历史上，德国社会学家马克斯·韦伯的《新教伦理与资本主义精神》和美国社会心理学家英克尔斯和史密斯的《从传统人到现代人——六个发展中国家中的个人变化》，都以自己的方式，揭示了处在不同的历史发展阶段的不同民族或国家所发生的特殊的历史进程对其人民的精神塑造，从而成为人们观察社会变迁会对人类社会心理的改变产生怎样影响的优秀范例。显然，如果中国社会心理学家不能揭示1978年改革开放以来的大转型对中国人精神世界嬗变的影响，我们就无法避免使得这场转型沦为一场单纯的物质积累或GDP的堆积，从而降低它的精神或历史意义。

我们之所以说，中国体验是社会变迁的观景之窗，其次是因为和中国宏观的社会结构具有鲜明的二元特征一样，我们所说的"中国体验"即转型时代中国人的社会心态也具有鲜明的边际性——人格和社会心态的两极化。这种边际性的存在一方面说明中国体验本身就是人们对急速的社会变迁的精神感悟或心理感受，另一方面也为理解当代中国社会的变迁提供了独特视角或观景之窗。整整半个世纪之前，美国政治学家F.雷格斯在研究泰国和菲律宾的社会变迁时就提出，转型社会都具有异质性、重叠性和形式主义的特征。[①] 异质性，指的是转型社会中杂然并存的现象，它更带褒义的说法是"多元"。比如，当今之中国，不但各种经济形态甚至经济制度杂然并存，在分裂的价值观领域更是"五味杂陈"。重叠性，即旧制度与新方案的重叠，旧风俗与新潮流的重叠，一句话，传统与现代的重叠。它既为社会和个人生活的变革提供了可能，也使得生活于其间的个人或群体或"朝秦暮楚"或"无所适从"。最后，形式主义，即在"应然"和"实然"之间发生了脱节。比如说，交通规则本应该是用来维持交通秩序的——红灯是制止汽车和行人穿越的，斑马线是方便行人行走的——但在转型中的中国，复杂的交通制度，甚至包括完善的设备都无法完满承担维持交通秩序的功能，以致交

---

① Riggs, F. W., 1961, *The Ecology of Public Administration*, Bombay: Asia Publishing House.

通规则在一部分人眼中,最后都像金耀基所言,"只是一套白纸黑字"。①

我们之所以说,中国体验是社会变迁的观景之窗,再次是因为其既具有相当的独特意义,又具有一般的共享价值。所谓中国体验的独特意义,指的是在这场规模浩大的社会变迁或转型过程中,中国人精神世界的嬗变有着不同于其他国家尤其是西方发达国家人民曾经经历过的精神嬗变的内在特点与嬗变逻辑。显然,如果中国人精神世界的嬗变,不过是西方国家在现代化进程中曾经经历过的心理嬗变的一种重演或复现,那么这种嬗变就没有自己的独特意义,所谓"中国体验"自然也就成了一个伪命题。而所谓中国体验的共享价值,指的则是中国人精神世界的嬗变是否具有普遍性的一面,对其他国家尤其是那些与中国相似的发展中国家的人民是否具有预示或借鉴意义?如果中国人精神世界的嬗变只是个案,那么这种嬗变就没有自己的共享价值,中国体验自然也就成了一种无法与"人类普遍性的行为律则相衔接"的"例外",要想建立林南设想的"有可能超越社会界限去解释经验现象"②的理论图式就成了一种费尽心机的枉然。

中国体验的独特性是无可怀疑的。这种独特性不但涉及沧桑巨变、成就斐然、梦想成真,而且和人口众多、传统厚重、转型剧烈有关,甚至和刚性的体制利弊和不受制约的权力体系相互交织。我们承认,这40多年的变化改变了整个中国的面貌,但我们也看到伴随着这巨大改变的不仅有欣快、愉悦,也有艰涩甚至痛楚,有时它还为未来留下了茫然和困惑。其实,中国体验的独特性,不仅取决于其所经历的精神世界的震荡和磨砺的广度与深度,而且取决于其所生存的国度——中国的独特性。中国体验的普适性同样也无可怀疑。这种普适性一方面意味着,对那些和中国一样具有相似或相近的文化传统或历史遭遇的民族或国家来说,14亿中国人今天所经历的复杂而剧烈的精神世界的嬗变,或许也是他们未来将经历的嬗变的一种预示;另一方面则意味着,鉴于在人类及人类文化中存在某些普遍性的因素,就像我们已经习惯了用在西方形成的理论图式解释中国或东方的经验现象一样,在中国或东方形成的理论图式,也同样具有不同程度的、解释西方或其他民族或国

---

① 金耀基:《从传统到现代》,北京:中国人民大学出版社,1999年版,第74页。
② 林南:《中国研究如何为社会学理论做贡献》,载周晓虹主编《中国社会与中国研究》,北京:社会科学文献出版社,2004年版,第91页。

家的经验现象的可能——前提只取决于不同国度之间经济与社会结构的相似程度。基于此，完全有理由相信，今天中国社会心理学家对"中国体验"的"背书"愈加详尽，我们未来在世界社会心理学的讲坛上所具有的话语叙事能力就越强。而这，就是中国社会心理学家无法回避的历史宿命。

"社会心理学系列"五种，不直接涉及对中国体验或中国人社会心理嬗变的"背书"，却有助于我们了解现代社会心理学的历史进程与理论建树、了解在现代社会心理学100余年的发展中日积月累的知识精进，因此也将有助于中国社会心理学在下一个100年中的发展与进步。

是为序。

2021年7月30日
南京紫金山东麓寓所

目 录

导言　西方社会心理学的历史演进　／001
　一　社会心理学的孕育时期　／002
　二　社会心理学的形成时期　／004
　三　社会心理学的确立时期　／009
　四　社会心理学的发展时期　／013
　五　社会心理学的危机与后继影响　／016

第一编　心理学的探索

第一章　精神分析理论　／027
　一　弗洛伊德的时代　／027
　二　精神分析与社会　／032
　三　精神分析的转向　／037
　四　社会的精神分析　／043
　五　精神分析的历史意义与评价　／048

第二章　社会学习理论　／055
　一　社会学习理论的历史先驱　／056
　二　早期社会学习理论：模仿过程研究　／061
　三　班杜拉的社会学习理论　／067
　四　若干社会行为研究　／074

五　社会学习理论的评价　／078

第三章　群体动力学理论　／083
　　一　群体动力学的产生　／083
　　二　群体动力学的理论基础　／086
　　三　群体动力学的理论与研究　／090
　　四　群体动力学的发展与现状　／097
　　五　群体动力学的历史意义与评价　／102

第四章　社会认知理论　／106
　　一　社会认知理论的兴起　／106
　　二　认知一致性理论　／109
　　三　归因理论　／118
　　四　社会认知理论的评价与展望　／124

第二编　社会学的路径

第五章　社会交换理论　／135
　　一　思想来源　／135
　　二　霍曼斯的行为交换理论　／140
　　三　布劳的交换结构理论　／146
　　四　埃默森的交换网络理论　／154
　　五　社会交换理论的评价　／158

第六章　符号互动理论　／163
　　一　文化背景与知识根源　／163
　　二　符号互动论的先驱　／167
　　三　符号互动论的基本概念　／171
　　四　符号互动论的当代发展　／177
　　五　符号互动理论的评价　／184

第七章　社会角色理论　/ 188
  一　概念的缘起与涵义　/ 188
  二　角色的扮演与形成　/ 193
  三　角色理论的体系　/ 200
  四　社会角色理论的评价　/ 208

第八章　参照群体理论　/ 212
  一　理论发展的主要线索　/ 213
  二　参照群体的比较功能　/ 218
  三　参照群体的规范功能　/ 226
  四　参照群体理论的前景与评价　/ 231

第三编　文化与遗传的对垒

第九章　文化与人格理论　/ 237
  一　理论的先驱　/ 238
  二　人格的文化决定论　/ 243
  三　文化与人格的交互作用论　/ 250
  四　文化与人格领域的晚近研究　/ 255
  五　历史意义与评价　/ 259

第十章　社会生物学理论　/ 265
  一　历史背景　/ 265
  二　习性学家的理论贡献　/ 268
  三　社会生物学运动　/ 275
  四　研究现状、历史意义与评价　/ 287

第四编　欧洲的反叛与新的趋势

第十一章　社会表征理论　/ 295
  一　理论溯源　/ 296

二　基本概念　/ 299
三　社会表征的核心理论　/ 303
四　社会表征理论的研究方法　/ 311
五　社会表征理论的评价　/ 313

第十二章　社会认同理论　/ 317

一　理论背景　/ 317
二　最简群体范式　/ 319
三　社会认同过程　/ 322
四　积极认同和认同威胁　/ 327
五　自我范畴化　/ 329
六　社会认同理论的展望　/ 333

第十三章　社会建构理论　/ 339

一　社会背景和理论渊源　/ 340
二　主要思想脉络　/ 345
三　围绕社会建构的理论争议　/ 351
四　话语分析：视野与路径　/ 359
五　应用与局限：一种批判的眼光　/ 365

结语　理论取向比较与学科发展趋势　/ 371

一　不同取向的社会心理学理论比较　/ 372
二　西方社会心理学的当代趋势　/ 386

参考文献　/ 396

人名索引　/ 429

后　记　/ 445

导言　西方社会心理学的历史演进

延续了古希腊传统的西方文明，在两千多年的历史中孕育出了庞大而严谨的科学体系。在此之中，无论是历史悠久的经典学科，还是生气勃勃的新兴学科，很难有能像社会心理学这门有关人类社会行为研究的学科一样，对科学家和一般大众产生了如此巨大的吸引力。尽管这门自1908年才开始其科学历史的学科至今仍没有完整统一的定义，尽管它缺乏严整的体系，各种研究取向和理论流派错综复杂，犹如一片港汊纵横的滩涂，但在这短短的100多年间，社会心理学仍旧取得了长足的发展和有目共睹的成就。

社会心理学的边缘学科性质，决定了我们对其理论的论述不能不从心理学、社会学、文化人类学甚至生物学等诸多学科入手；而在对从这些母体学科中诞生的各种社会心理学理论及其流派进行横向探索之前，似乎有必要对整个西方社会心理学的形成与发展予以一番纵向描述，以期勾画出各种社会心理学理论形成的历史背景和思想来源。显然，这种描述对由历史的经纬编织整个西方社会心理学的完整图案是不可或缺的。

应该承认，进行这种历史的描述存在一个很大的困难，因为在今天仍然缺乏统一的有关社会心理学历史分期的观点。如果说人的出生决定了他的生命全程的历史起点，也因此决定了他后来的成长阶段的划分，那么上述困难显然可以归咎为人们对于"社会心理学创始之年"的确定本身就莫衷一是。有人认为，社会心理学创设于1897年，这一年美国人诺曼·特里普利特对"竞争"现象进行了全新的研究，这是社会心理学领域的首次实验成果；也有人认为，社会心理学创设于1908年，这一年美国社会学家爱德华·罗斯和英国心理学家威廉·麦独孤分别出版了以社会心理学命名的同名著作；更有人认为，社会心理学创设于1924年，这一年美国社会心理学家弗洛德·奥尔波特在对群体进行系统研究的基础上出版了《社会心理学》一书，此书不仅引进了实验,而且指出了"实验方法对于群体行为研究的革命性意义"(墨菲、柯瓦奇,1980:613)。

鉴于确定"社会心理学创始之年"的困难,我们在这里采用美国当代社会心理学家埃德温·P.霍兰德的"三阶段理论"。1976年,他在《社会心理学的原则与方法》一书中提出,可将社会心理学的发展历史划分为社会哲学、社会经验论和社会分析学三大阶段(Hollander,1976:32-34);几年之后,詹姆斯·P.查普林和西奥菲尔·S.克拉威克在《心理学的体系与理论》一书中采用了这一历史分期(查普林、克拉威克,1984:306-355);进入1980年代,中国社会心理学界相应于这三大阶段提出了将社会心理学的发展历史划分为孕育时期、形成时期和确立时期的观点。这一分期避开了确定"社会心理学创始之年"的难题,它将上述被视为历史"元年"的标志仅仅看作促使现代社会心理学形成和确立的一系列事件中的重大事件。考虑到第二次世界大战后社会心理学的发展,尤其是1970年代剧烈的社会变迁引发的西方主要是美国社会心理学的危机,我们可以将有关整个社会心理学纵向历史的叙事划分为五个时期,换言之,在上述三大时期之后,再加上发展时期和危机及危机之后两个时期,而我们就在这五大框架中一步步推开有关社会心理学的纵向叙事。

一 社会心理学的孕育时期

这是社会心理学形成前的一个准备时期,即霍兰德所说的社会哲学阶段,其母体是从古希腊开始一直延续到19世纪上半叶的西欧思辨哲学。这一时期与其后的几个时期相比,时间跨度较长,而且在这一时期中"社会心理学思想同一般的心理学思想的见解紧密相连,因而很难把'纯'社会心理学观点划分出来"(安德列耶娃,1984:24),但这一时期理论的系统化和条理化直接为后来社会心理学的各种理论流派的形成奠定了基础。

如果说硬要在该时期找出和现代社会心理学较为接近的主题的话,那么,一两千年中社会哲学家们围绕"人性"所展开的争论算得上"正宗"的社会心理学研究。尽管历代哲人就这一主题谈兴勃发、议论万千,其中不乏鞭辟入里的分析,但基本的理论线索只有两条:其一,源于古希腊的苏格拉底和柏拉图,认为人性虽然不能完全摆脱生物遗传的影响,但可以受到环境和教育的深刻影响。苏格拉底说过:"如果善不是由于本性就是善的,岂不是由于教育而成的么?"(北京大学哲学系外国哲学史教研室,1957:166)从这一观点来看,人性是由社会决定的。因此,柏拉图在《理想国》中主张设计一种社会,使其中的孩子能够由适当的教育加以适当塑造。其二,源于亚里士多德,认为社会源于人的自然本性,而人性又是由生物或本能的力量所决定的,因此,改变人的本性、建立理想国的主张是无法实现的。

柏拉图的理想主义观点在后来的社会哲学家康德、歌德和卢梭等人的学说中被继承下来,并得到了进一步的发展。他们深信,人具有潜在的善性,使人趋向邪恶的是邪恶的社会。因此,改变人性的前提在于改变社会。这种改变社会、改变人性的方案体现在卢梭的《爱弥尔》中,并延续至今,构成了当代美国新行为主义心理学家伯尔赫斯·斯金纳的《超越自由与尊严》《沃登第二》等一系列著作的母题。

亚里士多德同样不乏后人。作为古希腊哲学的集大成者,他的许多著述为当代心理学尤其是社会心理学直接开辟了诸多研究领域,"现代社会心理学许多有关态度或劝说的研究是与亚里士多德直接联系着的,他将这些内容归入了修辞学"(Sahakian,1982:13)。他在《诗学》中提出的"宣泄说"孕育了弗洛伊德的"心理动力学",并进而影响到当代社会心理学对人类侵犯行为的研究;他在《尼考马可伦理学》中阐释的人类行为的交换论观点也算得上是现代交换论的滥觞;而他关于社会和人性的学说则经奥里利乌斯·奥古斯丁和托马斯·阿奎那,由马基雅维利和霍布斯进一步发扬光大。事实上,马基雅维利对人性的看法比霍布斯更为悲观,因为霍布斯相信人还可以从其困境中解脱出来,而马基雅维利则坚信人是无法摆脱暗杀、欺诈和背叛等堕落倾向的。他确信社会没有道德可言,权力是至高无上的,"一位君主如果能够征服并且保持那个国家的话,他所采取的手段总是被人们认为是光荣的"(马基雅维利,1985:85-86)。从人性的探索入手,马基雅维利对操纵人类行为进行了绝妙的研究,这使《君主论》(1532年首次出版)中所阐述的"政治权术主义"(又称"马基雅维利主义")对当代西方社会心理学中有关"印象整饰"(Impression Management)的研究产生了重要的影响。

社会哲学讨论了人类社会的性质,并对生存其间的人类本身的社会行为及其规律进行了有益的分析。但是,社会哲学的致命弱处在于,它无法借用经验方法证明其假设,这导致了近代以来社会心理学与社会哲学不可避免的揖别,尽管这种揖别是通过同样从其中分离出来的社会学和心理学实现的。

二 社会心理学的形成时期

19世纪下半叶到20世纪初,是人类社会发生重大历史变化的时期。伴随着整个资本主义世界相对稳定的发展,许多学科都取得了很大的发展和进步,其中包括那些同社会生活的各个过程有直接关系的学科。社会学、心理学、人类学及其他与社会心理学相邻近的学科,也都是在这一阶段中逐步建立起来的。

社会学与心理学的相互渗透

日裔美国社会心理学家涩谷保曾指出,社会心理学之所以能在19世纪末20世纪初成为独立的学科,其部分原因在于当时已有的学科(主要是社会学和心理学)无法解决某些特定的问题(转引自安德列耶娃,1984:26)。换言之,在社会学和心理学的发展和互渗过程中,也直接产生了建立新学科的需要。

社会学对社会心理学的兴趣,与社会学中的心理学派有着密切的联系。自1839年法国实证主义哲学家奥古斯特·孔德在《实证哲学教程》第四卷里创用"社会学"(sociologie/sociology)这一概念,宣布了作为独立学科的社会学自诞生之日起(周晓虹,2002:35),就力图从其他知识部门吸收现有的规律解释一系列社会事实。这种社会学的还原主义在历史上的第一种形式是"生物还原主义",最为典型的是赫伯特·斯宾塞的有机学派。其后,生物还原论的失败迫使他们求助于心理学规律,即将心理规律看成解释社会过程的万能模式,欲图在心理学中寻找社会现象的根源。这就导致了"生物还原主义"向"心理还原主义"的过渡,并进一步形成了社会学中的心理学派。该派的创始人是美国人莱斯特·沃德。他曾明确无误地写道:"与人类俱来的思维、观察、预见、谋算、设计、发明和建造的机能(这是低等动物所不具备的),废除了……自然法则,而代之以心理法则或精神法则。"(转引自康马杰,1988:306)由沃德而下,该学派的主要研究包括富兰克林·吉丁斯的"类意识"理论、维尔弗雷多·帕累托的"剩余物"理论、威廉·托马斯的态度理论和他关于"四需要说"的动机理论,马克斯·韦伯对人类动机和经济成就的研究,以及埃米尔·涂尔干的集体表象理论。而内在的线索则是由加布里埃尔·塔德的个体心理的还原走向吉丁斯等人的集体心理的还原。

尽管心理学对社会心理学的兴趣丝毫不亚于社会学，但这种兴趣最初却形成于精神病学和变态心理学。精神病学实践的发展，特别是作为特殊暗示形式的催眠术的应用，揭示了个体的心理调节依赖于另一个体的操纵作用这一事实，从而推动了社会心理学的研究。由此，有些社会心理学家认为实验社会心理学发端于 1842 年詹姆斯·布雷德的催眠术实验。布雷德创用的"催眠术"一词经弗朗兹·麦斯麦广为传播之后，"成了许多理论家将这一现象作为解释社会心理现象的基础"（Sahakian，1982：3）。从这以后，有关催眠的观点一分为二：法国乡村医生李厄保及其后的南锡学派主张催眠完全是暗示的结果，是一种正常现象；而巴黎大学的医学博士让-马丹·沙尔科及其巴黎学派则认为催眠状态是变态者的特征。尽管现代医学基本否定了巴黎学派的观点，但在当时却通过沙尔科的高足——默顿·普林斯将精神分裂症和社会行为相联系的研究，导致了变态心理学和社会心理学的结合。1922 年，普林斯将其办了 14 年的《变态心理学杂志》易名为《变态与社会心理学杂志》，这是最早的社会心理学专门杂志。

在社会学和心理学的发展中，似乎出现了一种彼此接近的运动。与其说这种运动首先形成的是社会心理学这门边缘学科，不如说它首先形成的是"真正的边缘问题"。这就能够从一种新的角度说明，为什么"当社会心理学形成之时，它趋向于分为两支，一支是心理学家的社会心理学……一支是社会学家的社会心理学……"（墨菲、柯瓦奇，1980：607）。换言之，社会心理学之所以能从社会学和心理学这两门学科中独立产生，是因为无论是社会学家还是心理学家都在自己的学科中面临了这类"边缘问题"。如果说当心理学家注意到个人行为受他人存在影响时，使心理学家触及了社会学，那么，当社会学家开始研究"个体和群体间的互动时……，则使得社会学家们涉入了心理学领域"（Vine，1959：313）。

社会心理学的形成标志与最初形态

在整个社会经验论阶段或曰形成时期，以下三大事件成为社会心理学形成的主要标志。

1859 年，德国人 M. 拉扎勒斯和 H. 斯泰因塔尔联袂主编《民族心理学和语言学杂志》，借助哲学、人类学和历史学的取向，对民族群体的语言、风俗、习惯进行研究,"如果说德国的普通心理学是研究个体的话,那么民族心理学所关心的则是社会心理"(Sahakian,1982:38)。正因如此,拉扎勒斯和斯泰因塔尔的杂志的创刊之年,也被人们视为描述性社会心理学的诞生之年。由此,社会心理学进入了社会经验论阶段。

1875年,德国学者谢夫勒首先在现代意义上使用了"社会心理学"一词,在《社会躯体的结构及其生活》一书中,他沿袭了斯宾塞和孔德的传统,用了整整300页的篇幅谈论"就一般意义而言的社会生活中的心理状况或民族意识的一般现象";20年后,斯莫尔和文森特在美国首次使用"社会心理学"一词,并将"社会心理学"列为《社会研究导论》(1894)一书的主要章节。

1897年,即在特里普利特进行"竞争"实验的那一年,美国人詹姆斯·鲍德温以"一种社会心理学研究"作为《心理发展的社会和伦理解释》一书的副题,声称"与其说人是社会的单位,不如说人是社会的结果"(Baldwin,1897:97);接着,法国人加布里埃尔·塔德将鲍德温作为副题的"社会心理学研究"正式挪为主题,写出了《社会心理学研究》(1898)一书;10年后,英国的心理学家威廉·麦独孤和美国的社会学家爱德华·罗斯分别写出了世界上最早的社会心理学的同名教科书。[①] 无论这是否能被称为划分社会心理学新纪元的标志,但它毕竟是社会心理学家在社会经验论阶段取得的最高成就。

如果换一个视角,不以个别人物和个别事件为线索来考察社会心理学的形成,那么可以说现代社会心理学的直接来源是德国的民族心理学、法国的群氓心理学和英国的本能心理学,它们为现代社会心理学的确立提供了最初的形态。

1. 德国的民族心理学

早在1807年,黑格尔在《精神现象学》一书中就曾论及不同于个体精神的绝对精神。此后,哲学家拉扎勒斯和语言学家斯泰因塔尔提出,历史的主要力量是"民族精神"或"整体精神",并由此成为民族心理学的直接缔造者。通过拉扎勒斯和斯泰因塔尔的杂志,现代心理学之父威廉·冯特深受

---

① 准确地说,麦独孤著作的标题为《社会心理学导论》,而罗斯著作的标题则为《社会心理学:大纲和资料集》。

黑格尔的影响，费时 20 年（1900～1920 年）完成了 10 卷本的《民族心理学》，并在 1900 年出版的该书第一卷中将民族心理学的基本思想发挥得淋漓尽致。冯特认为，民族心理学的较为合适的研究领域涉及"由共同的人类生活所创造的那些精神产品，因此，仅凭个体意识是无法对它加以说明的"（Wundt，1920：3）。比如，语言、神话和习俗就不是由个体创造的，而是社会的产物；因此，民族心理学应当采用自己的方法对文化产品（语言、神话、习俗、艺术等）进行分析。这种观点尽管是以唯心主义哲学为理论基础的，并因此从它诞生之日起就一直处在人们的批判之中，但它"却提出了一个原则性问题，即除个体意识之外，还存在着表征群体心理性质的某种东西，并且个体意识在某种程度上是由这种东西来决定的"（安德列耶娃，1984：30）。

2. 法国的群氓心理学

这一理论是法国早期社会学的直接产物，加布里埃尔·塔德和埃米尔·涂尔干的思想构成了它的主干。塔德是法兰西现代哲学教授，同时又是犯罪学家。他在催眠术的影响下，综合了联想心理学和类似社会学习理论的观点，在他那本被誉为"值得在社会心理学发展的任何一种说明中简略提上一笔"（查普林、克拉威克，1984：309）的著作《模仿律》（1890 年）中创设了模仿理论，并以此来解释人的全部社会行为。塔德写道："从社会性质的角度说，一切事物不是发明就是模仿"，进一步，作为"最基本的社会现象"，"模仿在社会中所扮演的角色，有如遗传在有机体生命中扮演的角色，振动在无机体中扮演的角色"（Tarde，1903：3，11）。他甚至认为犯罪也是通过暗示、模仿和欲望等社会因素产生的。塔德将模仿和暗示视为最简化的个人活动，因此他认为对群体行为最为成功的说明应该是个体的或心理学的，而不是社会学的。涂尔干则与此恰恰相反，他认为社会的事情是无法还原到个人水平的。在《社会学方法的规则》（1895 年）一书中，涂尔干提出了"集体表象"（collective representation）的概念，他认为"集体表象"虽经"个人表象"综合而来，但是"一种完全不同的东西，其性质并非各组成部分的性质之和"（Durkheim，1966：102）。群体是一种结构形式，一种能够以不同于组成它的个人的方式进行思考、感受、行动的整体。因此，社会心理学只能从群体开始并终至于群体。

塔德和涂尔干的分歧实际上孕育了日后麦独孤和罗斯的分歧，但古斯塔夫·勒庞的群氓（Crowd）心理学却是塔德和涂尔干的折中产物。一方面，勒庞接受了塔德的观点，以具有催眠性质的暗示感受性来解释人的社会行为，尤其是由个人聚集而成的"群氓"的行为。群氓行为具有神经质的感染因素，并具有以下三大特征：①去个性化（这导致群体易受冲动，本能的反射居主导地位）；②感情作用大于理智作用（这导致易受感染和行为不符逻辑）；③失去个人责任感（这导致对情欲缺乏控制）。另一方面，勒庞也接受了涂尔干的观点，认为群体意识是不同于个体意识的一种独立的存在。此时，"这群人会表现出极不同于每个个体的新的特质"，而"这些异质成分的结合就像是一些细胞结合在一起构成一个新的生命体，这个生命体具有一些与单个细胞完全不同的特征"，或者说此时它们"形成了一种独立的存在，并服从于群氓精神一统律（law of the mental unity of crowds）"（勒庞，2018：17，14）。

勒庞的理论在精神分析学家弗洛伊德和美国社会学家爱德华·罗斯及罗伯特·帕克等人那里得到了进一步的发挥，并形成了社会心理学中的另类叙事——群氓动力学（周晓虹，2018）。单就罗斯而言，作为涂尔干的社会学传统的继承人，他的那本为人们屡屡提及的《社会心理学》（Ross，1908）标志着社会学取向的社会心理学的正式形成；而作为塔德的继承人，他同样通过这本《社会心理学》将暗示理论介绍到了美国。

3. 英国的本能心理学

在涂尔干注重群体的社会学取向经由勒庞和罗斯而下的同时，塔德关于社会行为必须还原到个体的水平加以研究的心理学取向则在英国找到了自己的代言人威廉·麦独孤。这位本能心理学的创始人，沿着其同胞达尔文的进化论线索，进一步探讨了个体行为的动力问题，并将这种动力归为人的本能。在他那本和罗斯的《社会心理学》同时出版、标志着另一种取向——心理学取向的社会心理学正式形成的《社会心理学导论》中，麦独孤坦率地写道："人的心理有一定的天生或遗传的倾向，它们是个体或群体思想和行为的重要源泉和推动力量，也是个人或民族的性格和意志在智力官能的引导下得以形成的基础"（麦独孤，1997：17）。他在这本书中列出了求食、拒绝、求新、逃避、斗争、性及生殖、母爱、合群、支配、服从、创造、建设12种本能。并认为正是从这类潜伏在行为背后的本能中衍生出了全部社会生活和社会现象。

应该指出，尽管第一本社会心理学教科书是由罗斯和麦独孤两人同时独自写成的，但在当时，随着19世纪下半叶达尔文的进化论取得了对人类行为由来进行解释的无可争议的地位，正在形成中的社会心理学也十分自然地将人类行为的解释奠基于生物学之上。因此，和罗斯相比，麦独孤得到了同时代人过分的青睐，在短短的13年间（1908~1921年）《社会心理学导论》就连印14版之多。

不该遗漏的是，在19世纪和20世纪之交，即在社会心理学的形成之时，还诞生了后来几乎"瓜分了整个西方世界"的两大心理学流派：精神分析和行为主义。前者力图从个体内在的情绪力量中寻找社会行为的原因，在其后的半个多世纪中对社会心理学的发展产生了持续不辍的巨大影响，并在事实上成了整个现代社会心理学中历史最为悠久的理论流派，同样也造成了至今难以消除的流弊；后者则坚信人们现时的行为是以往行为特征的产物，它有力地剔除了麦独孤的本能论在社会心理学领域中的影响，并成为现代社会学习理论的滥觞。

三　社会心理学的确立时期

社会心理学在其形成的初期，还缺乏此后导致它不断繁荣的任何一种实验或实证手段作为理论基础，因此在社会经验论阶段尽管已宣告了作为一门独立学科的社会心理学的诞生，但它毕竟还带有明显的思辨和抽象性质，是一门描述性较强的学科。从1920年代起，伴随着各种经验研究尤其是实验手段的运用，社会心理学完成了在其整个历史上最具革命意义的转折，大踏步地走向科学。这是社会心理学的确立时期，即社会心理学的社会分析学阶段，其具体特征为：社会心理学从描述转向实验，从定性转向定量，从理论转向应用，并从普遍论转向特殊论……尽管这些转向并非绝对或非此即彼，但从那以后，社会心理学获得了空前稳步的发展。

欧洲传统向美国传统的转变

伴随着上述转变，或者毋宁说支配着上述转变的是社会心理学从欧洲传统向美国传统的转变。年轻、富于拓殖精神和实用主义倾向的美国，为同样年轻的社会心理学提供了最为适宜的土壤。"爱搞实验是美国人性格中根深蒂固的特点，而美国的经验又进一步加深了这一特点。美国本身就是一个最大的实验场……这个新国家似乎为提出那些会指引人类社会走向乌托邦的规律提供了无以伦比的良机,因为这个国家……历史的负担不重,而未来则可由人去创造。"(康马杰,1988:15、298)了解了这一精神和文化氛围既能说明社会心理学从描述向实验的转变,同样也能说明这一时期在同社会心理学的发展有着密切联系的相关学科中出现的各种转变:心理学从强调本能发展到强调习得,行为主义迅速统治了整个美国;社会学中也牢固地确立了经验倾向,"社会理论家"开始让位于用录音机和计算尺武装起来的"社会工程师"或"社会技术师"(Merton,1957a:5);文化人类学家也从"安乐椅"走向考察现场,有关非西方民族的田野研究报告一时间纷涌迭出。

这种朝向美国传统的转变,使此时的社会心理学同其他学科一样表现出了极端的实用倾向,明确地指向实际的社会需要。这一倾向敦促弗洛德·奥尔波特在同胞特里普利特(于1897年)和德国人莫德(于1913年)所进行的有关群体对个人行为影响的实验的基础上,于1916~1919年间进行了一系列有关"社会促进"的实验,他富有成效地观察到:"合作群体中存在的社会刺激,会使个人工作在速度和数量方面有所增加。这一增进在涉及外部物理运动的工作中要比纯智力工作中表现得更为突出"(Allport,1924:284),而他那本包括了这些实验成果的《社会心理学》(1924年)的出版,也被人们公认为(这在社会心理学界是不多见的)科学的社会心理学的诞生标志。

多种取向的社会心理学的共进

毫无疑问,弗洛德·奥尔波特具有明显的心理学取向,这既体现在他所使用的控制条件的实验室实验上,也体现在他对社会心理学的界定上。在他眼中,社会心理学"是有关社会情境中的个人的一种研究"(墨菲、柯瓦奇,1980:614)。

弗洛德·奥尔波特所引进的实验方法和在某种程度上由他对社会心理学研究对象的界定所激起的个体或小群体研究(主要研究小群体对个人行为的影响)的热潮,在1920~1930年代确实构成了现代社会心理学发展的主导趋势。在其间为人们所常常引证的经典研究有以下三项:①瑟斯顿(1928年)和李凯尔特(1932年)对态度测量做出了卓越的贡献,前者首先提出了态度量表的结构并制定了第一个量表,后者则对量表结构加以大大简化,"提出了一种现已广泛运用的度量方法"(查普林、克拉威克,1984:325);

②穆扎法尔·谢里夫1935年完成了有关社会规范形成的研究，他通过实验发现，人们的认知受到以往的学习和现在的态度的影响，但在群体环境中却主要受制于群体认知。这一实验1950年代引出了所罗门·阿希的遵从行为研究，1960年代又启发了米尔格拉姆的服从行为研究。③卡特·勒温1939年进行的群体动力学研究。这位对社会心理学的理论和实验都做出了卓越贡献的犹太学者，早期提出了心理学的"场论"学说，认为人的行为决定于人的内在需要和周围环境的相互作用。自1930年代初移居美国之后，勒温从自己所受的种族歧视中产生了强烈的改造社会的愿望，开始了他称之为"群体动力学"的实验和理论研究，这样"当场论发展成群体动力学和行动研究时，它又显示出了一种独具特色的美国式风格"（舍伦伯格，1987：4）。勒温对群体中人与人的关系、群体的形成，以及群体内聚力、领导作风等问题都进行了一系列的实验研究。这些研究成果进一步丰富了他的群体动力学理论，这使群体动力学至今仍在对西方社会心理学产生着这样或那样的影响。

将弗洛德·奥尔波特带有明显的心理学取向的社会心理学实验研究视为整个社会心理学进入确立时期或社会分析学阶段的标志似无不妥，但是如果因此而忽视此间社会学家和人类学家所进行的社会心理学研究，甚至像马文·肖和菲利普·康斯坦佐等人那样，只把在控制条件下进行的实验室观察的社会心理学视为"科学的"社会心理学（Shaw & Costanzo, 1970：3），①那就不能不导致对社会心理学的学科性质及其历史的误解。事实上，心理学取向的社会心理学的历史发展并不是也不能代替整个社会心理学的历史发展。

1920~1930年代，当社会心理学通过一系列实验研究蓬勃发展之时，理论探索的兴趣依旧通过社会学家查尔斯·库利、威廉·托马斯等人保留了下来，乔治·赫伯特·米德是这一派人的集大成者，他于1934年发表的《精神、自我和社会》奠定了其后被赫伯特·布鲁默称为"符号互动理论"的社会心理学理论的基础。乔治·米德认为，个体、个性总是社会的，个性脱离社会是无法形成的，因此，理解人的社会行为就必须认真分析社会生活中的"互动"过程，分析人们是依靠哪些手段实现和调节这一过程的。和弗洛德·

---

① 肖和康斯坦佐在《社会心理学理论》一书中写道，"现代社会心理学本质上主要是一种经验学科，其奠基于假设和从受控制的情境中所做的观察"（Shaw & Costanzo, 1970：3）。

奥尔波特相比，乔治·米德的研究显然代表着社会心理学的社会学取向：其一，"米德分析的出发点……不是个别个体，而是被理解成群体中、社会中个体交互作用过程的社会过程"（安德列耶娃，1984：156）。实际上，乔治·米德的观点不仅与注重个体的心理学取向明显有别，同其之前的社会学传统也不尽相同：他将社会学取向的社会心理学研究从对群体心理的关注成功地转移到对社会互动的探索之上。① 其二，米德的思想直接孕育了1940～1950年代后形成的诸多社会学取向的社会心理学理论，无论是萨宾的"社会角色理论"、海曼的"参照群体理论"，还是戈夫曼的"社会戏剧理论"，再或是勒默特的"社会标签理论"，无一不是从乔治·米德的"符号互动理论"中衍化而来的。

在心理学家坐进实验室、社会学家借助计算尺的同时，文化人类学家则走向世界各地原始民族的栖息之地，开始了他们称为"田野研究"（field work）的工作，对人类行为进行了大量跨文化比较研究。这类研究的先驱首推美国现代人类学之父弗朗兹·博厄斯和英国功能主义大师马林诺夫斯基。其后，博厄斯的两位值得他炫耀一辈子的女弟子露丝·本尼迪克特和玛格丽特·米德凭着对原始社会的田野调查，分别写出了《文化模式》（1934年）和《来自南海》三部曲（1929～1935年）这两部标志着"文化与人格理论"正式形成的著作，开始向传统的社会心理学提出严峻的挑战。

忽视这种挑战对社会心理学在其几十年发展中的影响、否认这种挑战标志着社会心理学的第三种研究取向——文化人类学取向的出现，其部分原因在于人们对墨菲和柯瓦奇在《近代心理学历史导引》一书中作的有关社会心理学研究取向说明的误解。诚然，在该书第二十六章"社会心理学"开篇不久，墨菲写道："社会心理学趋向于分为两支，心理学家的和社会学家的社会心理学。"他并未提及第三种社会心理学，但他明确界定这一说法的

---

① 所以，詹姆斯·豪斯在《社会心理学的三种面向》一文中，认为乔治·米德等人开创的符号互动论，堪称与社会学的社会心理学和心理学的社会心理学并列的第三种社会心理学。具体说，"心理学的社会心理学是心理学学科内部的社会心理学之主流，它借助实验室实验，越来越关注与社会刺激相关的心理过程"；社会学的社会心理学原本又称"心理社会学"（psychological sociology），"是社会心理学中社会学的另一种变式，力图将宏观社会现象（如组织、社会及其社会结构和过程的各个方面）与个人的心理属性和行为联系起来，一般使用定量但非实验的方法（通常为调查）"；而"符号互动主义，通常被认为是社会心理学的社会学变式，其特点是通过自然主义的观察来研究面对面的社会互动"（House, 1977）。

前提是"当社会心理学成形时",他非但没有否认在社会心理学日后的发展中受到过包括文化人类学在内的其他学科的影响,反而在其后的段落中一再提及文化人类学家对人格和由人格支配的人的社会行为的跨文化研究,并且毫无顾虑地写道,这时的"社会心理学被要求向人类学和社会学让步,正如在麦独孤那时它曾向生物学让步一样"(墨菲、柯瓦奇,1980:616)。除墨菲和柯瓦奇以外,其他许多人也都曾提及文化人类学对社会心理学的影响,包括将这一学科的"科学"标志贴在实验室观察上的肖和康斯坦佐也不例外,他们也承认"在行为科学中,社会心理学与人类学和社会学关系最为密切",因为"我们在特殊文化中被社会化,这种特殊的文化的动机、价值观及取向使我们对其他文化中的人的行为存有偏见。文化人类学的发现能帮助克服这种偏见,并能在不同的文化间将无限多样的人类行为联系起来。如果对人的行为所受的文化影响一无所知,社会心理学家就不能完全理解社会环境中的个人行为"(Shaw & Costanzo,1982:5-6)。所幸的是,文化人类学家在这一时期进行的众多田野研究确实在某种程度上帮助社会心理学克服了在其早期阶段将欧洲人的行为视为人类一般行为模式的倾向,有关人类行为的本能论、普遍论让位于文化论、特殊论,而文化人类学家在后来的几十年内也进一步形成了自己独特的社会心理学理论。1980年,特雷安迪斯和朗伯特主编的《跨文化心理学大全》第五卷《社会心理学》出版(Triands & Lambert,1980);紧随其后,彭迈克主编的《跨文化对社会心理学的挑战》(Bond,1988)也呼应登场,这些都是文化人类学取向的社会心理学正式形成的标志。这也有力地向人们证实,社会心理学是一尊具有社会学、心理学和文化人类学这样三只坚足的金鼎(周晓虹,1987)。

四 社会心理学的发展时期

在人类庞大的科学体系中正式确立了自己的学科地位的社会心理学,在1940年代获得了进一步的发展。一方面,希特勒执政后的纳粹德国的反犹主义,尤其是第二次世界大战的爆发,导致许多犹太学者迁居北美并对美国的社会心理学产生了巨大的影响,以致卡特赖特会说"如果像勒温、海德、苛勒、韦特海默、科特纳、拉扎斯菲尔德和布鲁斯威克夫妇没有来到美国,人们就难以想象今天的社会心理学会是什么样子"(Cartwright,1979);另一方面，社会心理学家也为战争做出了自己直接的贡献，通过参与一系列由政府招募的课题，从多方面刺激了美国社会心理学的繁荣（Cartwright，1948）。在战争期间，最主要的社会心理学研究包括：①心理学取向的社会心理学家围绕信仰、偏见、说服、宣传以及态度改变等问题进行了大量研究，卡尔·霍夫兰德在第二次世界大战胜利前夕进行的沟通与说服关系的研究是这类研究的典范；②社会学取向的社会心理学家在查尔斯·库利的"初级群体"理论影响下，开展了大规模的"基层部队研究计划"，其中最著名的是在马歇尔将军主持下，由塞缪尔·斯托弗等人根据对美军人员素质和心理状况调查写成的四卷本的《美国士兵》（1949年）一书，该书提出的"相对剥夺"概念丰富了三年前由赫伯特·海曼提出的"参照群体理论"；③文化人类学取向的社会心理学家将先前关于原始民族的心理和行为差异的思考转向了对现代社会国民性的比较研究，玛格丽特·米德的《枕戈待旦：一个人类学家眼中的美国人》（1942年）和露丝·本尼迪克特的《菊花与刀：日本文化的诸模式》（1946年）对美国的战争动员和对日政策的制定都产生了积极的影响。

在1940~1950年代美国社会心理学乃至整个社会科学的发展中，最引人注目的是整合趋势的出现，而这一趋势是与广义的行为科学的兴起相一致的。行为科学的兴起既有科学发展的背景，也有政治干预的背景。具体来说，有这样三大因素成了其直接的"催生婆"：①从第一次世界大战前后的欧洲维也纳学派的主张中衍化而出的"科学统一运动"。具体说，在维特根斯坦尤其是恩斯特·马赫的影响下，卡尔纳普等人在有"维也纳学派宣言"之称的《科学的世界概念：维也纳学派》（1929年）中提出，"以一定的方法即逻辑分析的应用为标志"，实现"通过将逻辑分析应用于经验材料达到统一科学"之目的（卡尔纳普等，1992：443），明确提出打破各学科之间的樊篱。②1948年，美国贝尔电话研究所的数学家克劳德·香农发表了《通信的数学理论》一文，并由此促成了现代信息论的形成。这一思想以对信息传播过程的分析，将机器、生物体、人及社会这些人们以前认为互不相干的领域联系了起来，为不同学科的综合提供了可能。③尤为重要的是，1950年代初美国"麦卡锡主义"的猖狂也是促使学者们将自己共同研究的领域由"社会科学"易名为"行为科学"的原因之一，他们担心当时在美国国会中占统治地位的反共的保守派人士会因将"社会科学"误解为"社会主义"

而加以限制和反对（王云五主编，1973：27）。考虑到早在19世纪，美国社会就通过一系列手段为"社会科学学说设定了可接受的界线，不允许它过分靠近社会主义"（罗斯，2019：202），因此完全可以说，奉行"价值中立"原则的行为科学，其本身也是无法中立的政治压力的直接产儿。

社会科学领域中由行为科学的兴起引发的科际整合运动，在社会心理学的发展中得到了最为充分的体现。这既是因为社会心理学本身就是一门有关人类社会行为研究的科学，也是因为同其他学科相比，其母体学科社会学、心理学和人类学彼此间更为接近。这一切，加之战后资本主义的繁荣，给了社会心理学在1950~1960年代蓬勃发展的良机，① 从而出现了人们公认的社会心理学的"黄金时代"（golden age）（House，2008；Faye，2012）。社会心理学的研究范围进一步扩大，几乎涉及人类社会行为的各个方面，并且形成了较为完整的学科体系，理论流派也层出不穷。在心理学的社会心理学中，除了早期的精神分析理论、群体动力学理论以外，由行为主义衍化而来的社会学习理论则经过1940年代的尼尔·米勒、约翰·多拉德，找到了自己的巨擘艾伯特·班杜拉；在经典的格式塔心理学和勒温的场论影响下，则逐渐形成了重视人的内在认知过程研究的社会认知理论。与此同时，在社会学的社会心理学中，形成了将整个人类的社会行为视为"一种至少是在两个人之间进行的交换活动"（Homans，1961：13）的社会交换理论，擎旗者乔治·霍曼斯和彼得·布劳志向高远，欲图由此对人类社会行为做出全新的阐释；同时，堪称经典的符号互动理论生生不息，继续衍生出参照群体理论、社会角色理论以及戏剧理论和日常生活方法论等更具解释力的形态。此外，继1950年代欧洲大陆以康纳德·洛伦茨和尼古拉斯·廷伯根为代表的习性学研究之后，1970年代在美国哈佛大学还产生了以爱德华·威尔逊为代表的张扬社会行为的本能论观点的社会生物学理论（Wilson，1975）。

另外，在美国以外的地区，社会心理学也开始了新的发展。这里，限于本书的主题我们仅说欧洲。欧洲原本是现代社会心理学的策源地，法国、德国、英国和意大利的学者们为现代社会心理学最初的理论形态的形成做出了不朽的贡献。不过，现代社会心理学的思想中心经过1920年代和1930~

---

① 据统计，1948~1960年，美国心理学会社会与人格心理学分会会员数增加了297%，仅次于学校心理学分会的增长量（Tryon，1963）。

1940年代的两次从欧洲向美国的迁移，尤其是后一次希特勒执政后的纳粹德国对犹太知识分子的迫害造成的迁移，实际上形成了包括思想和产生这些思想的思想家在内的一次彻底"搬迁"，到第二次世界大战结束时，欧洲人对社会心理学已经十分陌生了。当社会心理学随德国的西奥多·阿多诺、法国的简·斯托策尔重返欧洲大陆时，这个历经沧桑的"游子"已经充满彻头彻尾的美国味。并且，进一步，在随之而来的东西方意识形态冲突和冷战背景下，美国开始了对包括社会心理学在内的西欧行为与社会科学的大规模资助（方文，2002）。这一方面促成了欧洲社会心理学的学科化与制度化建设，1966年欧洲实验社会心理学会正式设立（Tajfel，1972）；但另一方面，美国的"输入"也带来了欧洲社会心理学的过度"美国化"问题。这一问题及问题嵌入的时间，从一开始就孕育了欧洲社会心理学的内生性躁动，并最终借1968年的"大造反"酝酿了此后欧洲社会心理学界对美国社会心理学的全面抗议。

五　社会心理学的危机与后继影响

历史往往会在人们对它寄托太多期望的时候，发生令人失望的转折。自1960年代中期开始，以美国全面涉足"越战"为标志，美国社会经历了战后最为严重的社会危机，黑人运动、妇女运动和以"反战"为标志的青年运动此起彼伏，单单"1968年，从1月1日到6月15日，全美爆发了221次大规模游行示威，这些游行遍及101所大学，有将近39000名学生参与其中"（曼切斯特，2015：361）。尤为重要的是，美国学生的抗议很快就在大西洋彼岸获得了回响：1968年，"在一个无论是季节还是社会行情都春光明媚的五月，一大群原以为已经被资本主义'整合'得服服帖帖的学生，却在这个社会的核心造反了"（周晓虹，2015：18），无论在法国、德国、英国还是在意大利甚至在佛朗哥统治下的西班牙，资本主义及与其相应的生活方式都遭受到全面的抗议。面对日益严峻的现实，许多人呼吁社会心理学家"应该走上街头，迅速解决最迫切的社会问题"（伯克威茨，1988：4），但令人遗憾的是，以往对解释人类行为一直信心满满的社会心理学家们一时间却手足无措，他们无法为医治任何社会病提供良方。这导致了一直作为一般大众心目中的"宠儿"的社会心理学开始失去人们的信任，整个学科发生了自1920年代狂飙突进以来的第一次根本性危机。虽然仍在社会心理学的边缘，但却处在学生运动风暴中心的欧洲社会心理学家们却敏感地体验到了这场危机。1967年刚刚获得博士学位、1968年正在法国社会心理学家莫斯科维奇指导下做研究的瑞士人威廉·杜瓦斯后来说：此时，"巴黎发生了'五月风暴'。这一事件让我意识到社会语境是形塑个体社会经历的决定性因素。（而）这一点经常为社会心理学家所忽视"（杜瓦斯，2011：中文版序1）。似乎作为一种呼应，塞尔日·莫斯科维奇本人既尖锐又形象地说，以1968年的"五月学潮"为标志的欧美青年运动，乃是一张石蕊试纸，它检验出了西方社会心理学的不成熟性（Moscovici，1972：19）。

社会心理学危机的成因

围绕着1970年代现代社会心理学的危机成因，不同的学者给予了不同的理解。尽管后来有人看到"危机反映了美国社会更大的危机，同时也借用了当时流行的危机语言"（Faye，2012），但在1970年代的美国学界，"绝大部分有关危机的文献都仅仅涉及诸如实验的不踏实，欺诈的道德问题，或是了解被试的必要性等等方面"（Parker，1989：11-28）。比如，许多人都曾尖锐地指出，社会心理学的知识是建立在欺骗手段的使用的前提下的，像阿希尤其是米尔格拉姆所做的经典实验，如不凭借欺骗就得不出任何有意义的结论，并且被试在实验过程中还体会到了焦虑、不安甚至罪恶感，并对未来生活中的权威失去了信任（Baumrind，1964），而这显然都是不符合实验伦理的。

相比之下，倒是美国域外的学者所受的束缚较少，他们对以美国为代表的现代社会心理学危机的分析率先深入到了"文化与意识形态"的层面。罗姆·哈里认为，批评家们深恶痛绝的实验室实验法实际上与美国的社会文化结构有着不可分割的牵连，换句话说，这正是所谓"北美习俗"的必然结果。因为正是这种习俗将人的品行视为受过训练的自动机式人物的行为结果（Harre，1983：5）。莫斯科维奇则论证了意识形态对包括社会心理学在内的整个社会科学的影响，并且明确指出："社会心理学的根本而又唯一的对象应该是从意识形态和传播沟通的结构、发生及功能的角度，来对与这两者有关的一切东西进行研究。我们这门学科的适宜范围应该是关于文化过程（它主宰着一个社会的知识构成）的研究。"（Moscovici，1972：55）

欧洲学者对这场危机批判的尖锐、毫不留情，不能不使敏感的人意识到"还有一个遭到忽视但十分重要的因素影响了社会心理学的危机，即第二世界的中坚力量企图突破第一世界的统治，建立自己独树一帜的社会心理学"（Moghaddam，1987）。换言之，正是欧洲社会心理学家对他们与美国学者之间的不平等关系的不满，在某种程度上促成了"欧洲的反叛"进而导致或加剧了美国（社会心理学）的危机。这样看来，作为学者的莫斯科维奇对以美国为代表的现代社会心理学的抨击，同"五月学潮"中巴黎大学的学生对美国在法产业的袭击动机倒是如出一辙：都是出于对美国在欧洲的文化统治的反感。①

上述批判固然有其合理性与深刻性，但对现代社会心理学危机的分析其实还有一条道路可走：从社会心理学的所谓"现代特征"——实证主义、实验主义和个体主义入手，找寻其危机的成因（周晓虹，1993）。我们想证实的是，正是这些现代特征在造就社会心理学极度繁荣的同时，埋下了日后导致其陷入危机的种子：①作为社会心理学最为鲜明的"现代特征"之一，实证主义既为社会心理学成为一门现代科学铺平了道路，也为其日后的危机留下了隐患。一方面，实证主义直接衍化出了社会心理学的客观主义（主张数据及其收集过程应剔除偏见，应是明显可证的）、行为主义（主张只着眼于外显行为，坚决排斥直觉主义、心灵主义以及现象学）和操作主义（主张社会心理学使用的概念，其意义不能来自经验过程之外）（Pepitone，1981）；另一方面，实证主义在现代社会心理学中的盛行，也直接造成了两个相互联系的恶果：一是对研究方法与技术手段的过分崇拜，二是对理论研究和理论综合的极端轻视。②作为社会心理学中实证主义的具体体现的实验主义，同样有利弊两面。一方面，实验法增强了社会心理学研究的科学性，使之摆脱了空谈与臆想，有可能借鉴某些自然科学的严谨方法，以获得有关实际社会问题的可靠知识；另一方面，当实验法成为占主导地位的，甚至唯一的研究方法的时候，也造成了现在已越来越明显的两大弊端：一是与社会现实的极端脱离，割裂了社会心理学研究同现实社会的联系；二是造成了"价值中立"（value-free）或"文化中立"（culture-free）的假象，以致学者们极易忽视意识形态、

---

① 这种反感，从欧洲学者曾不无讥讽地将美国社会心理学家利昂·费斯廷格称为"社会心理学的教皇"（the Pope of Social Psychology）（Jaspars，1986）中也可见一斑。

价值观、文化背景及个人爱好对研究工作的影响。③如果说实验法的创用为实证主义原则的贯彻提供了可能,那么进一步,前者的使用又是以个体主义的确立为前提的。而由弗洛德·奥尔波特所确立的个体主义立场,从理论上说,有效地抵制了早期社会心理学家将"群体心理"视为超个体的精神实体的唯心主义错误;从实际研究上说,则由于它使研究者们能够直接而便捷地获得数量资料,使社会心理学的定量化研究成为可能。但是,"个体主义与还原主义的社会心理学造成的主要后果是,在相互依赖的社会和自然背景中,忽视了外在于个体的社会行为的原因"(Pepitone,1981)。

社会心理学危机的后继影响

我们用了过多的篇幅来探讨现代社会心理学的危机,① 但并不意味着我们对这门学科的前景抱着暗淡和怀疑的心理。其实,即使在"大多数人似乎都已经肯定危机已经到来"的1970年代,对危机本身的质疑也未缺席(Elms,1975)。有人认为,作为1968年左翼"学生运动"的并发症,所谓"危机"不过是持马克思主义批判立场的社会心理学家们对包括发表和就业在内的学术体制的一种抗议(Nederhof & Zwier,1983);也有人认为它甚至只是托马斯·库恩的《科学革命的结构》(1970年)一书产生的即时性回响(Elms,1975),显然"范式"、"范式危机和转化",以及"范式革命"等一系列库恩式术语为学术场域的"颠覆"性革命提供了某种愿景。为此,来自荷兰和新西兰的两位学者,曾通过两项实证研究来考察"危机"的真实性。第一项研究以荷兰的社会心理学家为对象,第二项研究涉及那些活跃的社会心理学家与持"危机论"观点的学者的对比。他们的研究发现:①大多数人对危机的担忧实际上源自该学科近来对科学进步的贡献放缓;②在不同的学者之间存在对"危机"及其性质的巨大差异,大多数活跃的社会心理学家不认为他们的学科存在危机,但也有34%的学者尤其是那些贡献了"危机文献"的社会心理学家认为存在危机(Nederhof & Zwier,1983)。

几年以后,加拿大约克大学的罗密欧·维特利进一步考察了这场危机对社

---

① 其实,并非单单我们对这场危机怀有兴趣。有人统计,在1970年代及之后的10多年里,这一主题十分凸显,"有数百篇(本)论文、章节和著作被贡献给了社会心理学的所谓'危机'"(Nederhof & Zwier,1983)。

会心理学的现实影响。围绕方法论类型、被试、欺骗的使用和数据处理方法四个方面，维特利随机抽取了《社会心理学刊》（Journal of Social Psychology）等四本主流杂志在 1974~1975 年、1979~1980 年和 1984~1985 年三个时段中所发表的各 40 篇论文进行分析，研究发现：①在危机后的 15 年里，尽管实验法依旧是通行的研究方法，但调查及问卷法显著上升；②被试没有发生显著变化，依旧以大学生为主；③虽然前两个时段"欺骗"手段的采用和此前没有明显的变化，但在 1984~1985 年开始大幅下降；④虽然统计建模程序有显著增加，但方差分析还是数据分析的主要方法（Vitelli, 1988）。

平心而论，无论 1970 年代西方社会心理学的学科危机是否发生，以及在何种程度上发生，在这场危机或所谓的"危机"之后，还是可以清晰地瞥见社会心理学及其研究的某种转向。我们可以从学科内外两个大的方面描述这种变化，并由此讨论这场危机产生的后继影响。

首先来看学科内部的变化。尽管我们前面提及，托马斯·库恩的《科学革命的结构》可能为人们夸大社会心理学的危机提供了理论援引，但你不能对他为科学进步暂时受阻提供的全新看法视而不见。库恩认为，真正的科学进步常常是年轻一代科学家背离年长一代的结果。这种背离导源于对某一学科处理基础知识问题的能力强烈不满，并会导致一种全新的理论和方法，或用库恩的话来说，一种新的范式的建立（Kuhn, 1970: 175）。① 受库恩的"反映了时代精神的变革"（格根，2020: 27）的著作启发，领后现代之潮的肯尼斯·格根很快就提出了后来广为流传的社会建构论，宣称"如果一切我们认为真实的事物都是经由社会建构而成，那么，除非人们认可某件事物是真实的，否则，没有什么东西是真实的"（格根，2020: 6）。这一思想借助 1970 年代开始流行的话语分析技术，很快又发展出一种与福柯式的话语分析不同的社会心理学新路径。

单从维特利的研究及其后的实际状况来看，一方面，"1970 的一代"及卡特赖特所设想的彻底动摇"假设-检验"或"实验室实验"这种旧有范式的努力从总体上说并没成功，但另一方面他们的"反叛"毕竟也促成了

---

① 沿此思路，卡特赖特曾颇具想象力地猜测，如果说"社会心理学作为一门明显的经验研究学科出现在本世纪初，是一代学者反叛坐在扶手椅里空想的社会哲学方法的结果，那么，所谓现代社会心理学的危机很可能是另一代学者反叛的开始"（Cartwright, 1979）。

社会心理学研究领域的下述变化：①随着以行为主义为代表的"外因论"的衰落，社会心理学中"认知革命"的兴起带来了主观性在不同程度上的回归（Gergen，1985a：539-544），就像我们将在结语中详细交代的那样，这一趋势进一步主导了主流社会心理学的再造；②尽管实验法依旧是现代社会心理学的主流，但不仅包括实验法的使用者也开始意识到这一方法的局限性，尝试改变实验的伦理问题并提高被试的代表性，而且包括问卷调查、参与观察等非实验手段甚至后实验、后现代手段在内的多元方法也开始流行，"社会心理学已经迈入方法多元和方法宽容的时代"（方文，2008：5）；③在社会心理学尤其是心理学的社会心理学中长期受到忽视的群体、社会与文化甚至历史的维度开始受到重视（Gergen，1990；Parker，1989：131-140），即使心理学的社会心理学家也开始强调认知、情感和行为的社会维度，英国学者亨利·泰弗尔甚至直接将理论是否具有"社会关怀"视为其是否合格的标准，而各种具有鲜明的社会面向的理论也层出不穷。正是在这样的背景下，也有学者尝试将两种取向的社会心理学结合起来——比如斯蒂芬夫妇，即在美国新墨西哥大学社会学与人类学系任教的库奇·斯蒂芬和在心理学系任教的瓦尔特·斯蒂芬，就联手编撰了《两种社会心理学》（Stephan & Stephan，1985/1990），以期实现长期以来人们不断期待又不断梦碎的理想综合。

其次我们来看学科外部的变化。在这里，所谓外部变化，指的是社会心理学发展的地域变化。从本篇导言中我们能够清晰地看到，自1920年代之后由于美国经济、政治和文化的崛起，以及希特勒和纳粹德国的反犹主义政策，美国狂飙突进成了包括社会心理学在内的全球社会科学的知识中心，并在有意无意间相应开启了其文化殖民进程。伴随着这一进程，在欧洲、亚洲、大洋洲和非洲，不同时期建立或重建的社会心理学追随美国社会心理学，形成了亦步亦趋的基本态势。但是，1970年代社会心理学的危机及其前后整个世界国家与民族间关系的变化，带来了这一学科在地域发展上的变化，其中最为鲜明的是欧洲社会心理学的反叛和全球范围内本土化运动的兴起。

欧洲的反叛与本土化运动的兴起

作为第二次世界大战后美国社会心理学的外援产品，几乎从一开始欧洲社会心理学就显示出了其后来的"异化"或反叛迹象。早在1972年，莫斯科维奇就对美国社会心理学与欧洲文化的脱节提出了挑战：一方面"在我们面前，在我们之前和在我们左右，有并且总是有美国的社会心理学"；但另一方面，"它们对我们来说很陌生，我们的经历与他们的并不一样，我们对人、现实和历史的看法迥然不同"（Moscovici, 1972: 18）。同样，作为一种呼应，泰菲尔也将美国主导的实验社会心理学称为"在真空中实践的一门社会科学"（Tajfel, 1972: 71），在那里，宏大的社会现实被歪曲为实验室中漠不相关的个体之间的虚假的社会互动。由此，英国的泰菲尔和约翰·特纳、法国的莫斯科维奇、瑞典的伊斯雷尔等欧洲学者，通过对美国社会心理学的批判，鲜明表达了建立社会心理学的第二个知识中心的志向。倚仗几千年来形成的思辨传统，欧洲人分庭抗礼的意图很快就有了结果：在莫斯科维奇提出社会表征论的同时，泰菲尔和约翰·特纳提出了社会认同理论，并对包括美国在内的全球社会心理学产生了确切的影响。

如果将欧洲人的上述探索视为一种学术"本土化"（indigenization）的努力，那么这一趋向在全球范围内的出现可以追溯到1970年代甚至更早。不仅1930年代孙本文和吴文藻就在南北中国开启了性质相似的社会学中国化运动（周晓虹，2012b, 2017），而且二战结束后不久，拉美依附理论的代表人物贡纳尔·迈达尔就警告发展中国家不要不加批判地采用西方理论和方法，而应予以必要的改造（Myrdal, 1957: 309）。可以认为，1970年代资本主义社会尤其是美国的危机推进了本土化的浪潮，使之成为"第二次世界大战后……在除美国以外的其他工业化国家组成的第二世界和包括中国在内的发展中国家组成的第三世界中，掀起的一种带有普遍性的学术运动"（周晓虹，1994）。换言之，这是社会科学领域内，"话语的'依附国'力图摆脱对'发达国'的学术依附地位的一种集体诉求"（王宁，2006）。在这样的背景下，1987年任教于加拿大麦吉尔大学的伊朗裔学者法萨利·穆贾达姆采用了毛泽东的"三个世界"理论，[①] 写成《三个世界的心理学——作为社会心理学危机和迈向第三世界本土心理学的反映》一文。他依据学科创造力和影响力将心理学划分为三个世界：①美国；②其他西方工业国家，以及军事能力与美国并驾

[①] 1952年，法国经济学家和人口统计学家阿尔弗雷德·索维在《观察家》杂志发表的文章中第一次使用了"第三世界"（third world）的术语；但"三个世界"理论源自毛泽东对1970年代国际关系格局的划分，1974年2月22日毛泽东在会见赞比亚总统肯尼思·戴维·卡翁达时，首次提出了这一理论，并将美苏两个超级大国划为第一世界，欧洲发达工业国家划为第二世界，包括中国和非洲在内的国家划为第三世界。

齐驱，但心理学远远落后的苏联；③由包括中国在内的发展中国家组成的第三世界。穆贾达姆自信地说，"我希望能与其他研究者一起分享对第三世界本土心理学发展的喜悦之情，我相信后者正在导向一种心理学知识的真正扩展"，而这种扩展一定会首先发生在社会心理学这个"受社会文化因素影响最鲜明的领域"（Moghaddam，1987）。

从1970年代后，社会心理学的本土化运动确实开始在第三世界蓬勃开展。尽管因为资源有限以及独特的社会结构特征可能都会制约第三世界社会心理学的发展，使其暂时不会像欧洲那样出现大规模的研究尤其是系统的一般理论，但重要的是第三世界国家的学者们终于开始形成学术主体意识。并且，在这一潮流中，因为秉承1930年代的社会学中国化传统，并得益于1970年代后中国台湾和香港地区的飞速发展和1978年后改革开放造就的中国经济崛起，14亿人口的中国很快成为第三世界本土化浪潮的领潮者。港台学者杨国枢、李亦园、文崇一和金耀基等人不仅从1970年代中期开始便发起了以整个社会科学"中国化"为目标的学术运动，而且在1980年代后期开始更是与费孝通等人领军的大陆学者们一起将此努力在整个中国学界推广开来，甚至折回并蔓延北美华人社会科学界。① 在这一过程中，费孝通先生不仅提出了"首先是本土化，然后是全球化"（费孝通，2013：54）的中国社会科学发展的一般构想，而且通过提倡锻造"文化自觉"（费孝通，2013：46）为包括社会心理学在内的整个社会科学的本土化指明了方向（周晓虹，2020）。

在这篇过于冗长的导言中，我们论述了整个西方社会心理学发展的基本线索，并在纵向的发展历史节点上不失时机地交代了产生于不同学科背景的多种社会心理学理论。尽管1970年代后社会心理学的危机及欧洲社会心理学的兴起，涌现了社会认同论、社会表征论和社会建构论等一批"比社会学还社会学"（周晓虹，2008）的全新理论，使得我们于1990年代在心理学、社会学、文化人类学和社会生物学四大学科框架内讨论社会心理学理论的尝试变得困难起来，在本版呈现的十三种流行的西方社会心理学理论中，争论的焦点似乎也早已超出有关人类社会行为的决定因素究竟是本能还是环

---

① 1983年，在香港中文大学举行的"现代化与中国文化"研讨会，社会科学的"中国化"成为海峡两岸暨港澳学者的共同主题；同一年旅美社会学家蔡勇美等人，则在亚利桑那大学举行了"社会学中国化：旅美中国社会学家的若干观点"座谈会。

境的讨论（尽管这种讨论实际上并没有停止）。但是，我们依旧相信，不管理论朝向何处发展，只要人类没有最终解开"人性"这一困扰着我们千百年之久的"斯芬克斯之谜"，社会心理学家为之殚精竭虑的思考与探索就不会终止，当然也就随时可能出现使人为之激动的新的结果。从这个意义上说，历史的续写永远不会终结。

第一编

心理学的探索

第一章 精神分析理论

20世纪的历史是由《梦的解析》的问世拉开序幕的，精神分析由此而生，形成了这一世纪最具影响力的思想运动；弗洛伊德因此而留下了他那不朽的英名。从1930年代至今，他一直都是心理学界的第一号名人，他以及由他所创立的精神分析对当代社会心理学的影响，像其理论本身一样，始终富有一种高深莫测的潜力。心理学史家高觉敷将弗洛伊德的精神分析理论视为理解当代西方社会心理学的三条基本线索之一。① 国外众多社会心理学家在论及当代社会心理学的形成与发展时，也无一不提及弗洛伊德及其弟子的贡献，以致人们不无肯定地写道："……不考虑精神分析的影响，就不可能理解现代西方社会心理学的整个面貌及其某些根本特征和方向"（安德列耶娃，1987：133-134）。

一 弗洛伊德的时代

弗洛伊德精神分析的问世，象征着"弗洛伊德时代"的开始，但是精神分析的成就也有其自身的时代背景，弗洛伊德在这种时代中生长，精神分析也在这种时代中酝酿。人们一般称其为"维多利亚时代"，这是西方文明发展史上的一个出色纪元。

时代的酝酿

西格蒙特·弗洛伊德（1856～1939年），出生于奥地利摩拉维亚（Moravia，现属捷克）弗莱堡（Freiburg）市的一个犹太人家庭。像大卫·科普菲尔出生时头顶胎膜一样，母亲在生他时带出了胎衣。据说这象征着一

---

① 高觉敷教授认为另两条基本线索为：传统社会学、心理学和人类学相结合的背景，以及勒温的场论和群体动力学。

个伟人的出世，前来道贺的一位老妇人当时便对弗洛伊德的母亲说："你真了不起，给这世界生了一个伟人。"不管怎么说，一个不同凡响的生命开始了，对此世界本身早已做了充分的准备。

首先，犹太人的血统是"弗洛伊德"的生命力。经过近两千年的困苦和仇恨而存留下来的犹太人，写就了人类历史上的一页沧桑史。他们被剥夺家园，饱受侮辱和压迫、驱逐或屠杀，所依靠的仅有忍受、自强不息和宗教的信仰。他们愈挫愈奋，意志从未崩溃过，斯宾诺莎就是一个典范。他是弗洛伊德心目中的英雄，也是精神分析理论的先行。"最看不起自己的人最接近于傲慢"是斯宾诺莎的一句名言，他认为每一种自觉的德行，都是要掩饰或改正一种隐秘罪恶的努力。在这一思想之中已经孕育着精神分析学说的诞生。

犹太人在漫长的岁月中所遭受的苦难和抵御这种苦难的意志，给弗洛伊德提供了强大的精神力量，激励着他去对人性和人类的心灵进行科学的探索。弗洛伊德自己曾说："我经常地感受到自己已经继承了我们的先辈为保卫他们的神殿所具备的那种蔑视一切的全部激情；因而，我可以为历史上的那个伟大的时刻而心甘情愿地献出我的一生。"（高宣扬，1986：3）这种激情始终伴随着弗洛伊德，它像潜伏于火山深处的岩浆，最终必然要喷发出来。

19世纪是一个呼唤弗洛伊德的时代。维多利亚女王1837年即位，开始了她功绩卓著的60年，大英帝国"统御四海""红日不落"。这位年仅18岁的女王虽不甚美艳但讨人喜欢，是一位兼备纯真与庄重、朝气与沉静的女性，她发誓要"做一个好人"，身为女王却对阿尔伯特亲王有着牧女般的痴情和农户夫妻的爱意。因而，她也要她的臣民和属民遵守规范，谨守性的道德。然而，不单是英国，整个欧洲毕竟是从伊丽莎白时代过来的，早已不在乎地狱恐怖的男女很难再制服心中那头已挣脱束缚的野兽。此刻，本能与社会的冲突，似乎表现得比任何时候都更加尖锐。"少年维特的烦恼"顿时成了整个时代的病症，许多人的心灵都渴求着一种根本性的治疗。

时代的种种特征经过若干时间的变换后，将形成一种固有的情调，一种特有的机遇，一种集中的表现。19世纪的晨光暮色全都会聚于维也纳，这是时代为精神分析准备的摇篮，弗洛伊德4岁到此，一生近80年都在这里度过。这里是日耳曼人、匈牙利人、捷克与斯洛伐克人、摩拉维亚人，以及德、意、波兰和俄国人的大熔炉，也是19世纪科技、文化和艺术发展的中心。典型的维也纳人喜欢消遣作乐，但表面上又能遵守规范，时代的病症在这里表现得最充分不过了。这一切似乎都在呼唤着一个名字，为一种新理论的诞生造就了气氛。

精神分析的产生

时代在酝酿着精神分析，时代造就了弗洛伊德。心理学史家埃德温·波林说，"弗洛伊德从哪里获得了他的观念呢？这些观念已存在于文化里，就等着他来采取了"（波林，1982：815）。布吕克和赫尔姆霍茨的物理主义，从莱布尼茨到赫尔巴特、布伦塔诺等人的动力学说，流行于18世纪与19世纪的唯乐主义传统，以及达尔文的进化论等，都是孕化精神分析的基本原素。赫尔蒙特的磁力说、麦斯麦的麦斯麦术、布雷德的催眠术、沙尔科的歇斯底里以及伯恩海姆的暗示说等，则在精神治疗方面为精神分析做了准备。弗洛伊德1877年开始医学研究；1884年转向精神治疗；1895年在年近40之时，与布洛伊尔合著了《歇斯底里研究》一书，为弗洛伊德创立精神分析奠定了理论基础。五年后《梦的解析》（1900年）出版，弗洛伊德与他的精神分析开始引起世人关注。

按照弗洛伊德的本意，"精神分析"一词应该有三个层次的意义：①研究心理过程的一种独特方法；②以这种方法为基础的治疗神经症的技术；③以这些研究结果为基础而形成的科学心理学的体系。弗洛伊德之所以独创Psychoanalysis（精神分析）一词，是为了与让内的Psychological Analysis（心理分析）作一区别。而首译弗洛伊德《精神分析引论》的高觉敷先生，把Psychoanalysis译作"精神分析"，又有与当时已流行的罗素名著《心的分析》相区分的意向。1980年，全世界的精神分析学家都举行了庆祝精神分析诞生100周年的纪念活动，这是以1880年弗洛伊德所治疗的安娜·欧（Anna·O）——精神分析的第一位病人为始记的。整整一个世纪过去了，虽然这在人类的历史长河中只是短暂的片刻，可精神分析的理论和弗洛伊德的工作却为探索人类的心灵立下了一块永久性的标记。

弗洛伊德的学术生涯

弗洛伊德1939年9月23日在英国伦敦逝世，他第一次发表有关精神分析的论文是在1886年（关于男性歇斯底里的演说），如果把他这前后50多年的精神分析生涯作一历史概观，其可大致分为如下四个阶段：①1886年至1895年，对神经症和歇斯底里的研究；②1895年至1900年，自我分析阶段；③1900年至1914年，伊底心理学阶段；④1914年至1939年，自我心理学阶段。

首先，在第一阶段的十年中，弗洛伊德像其同时代的神经症学家一样，也用催眠术、微电疗、药物等来治疗他的病人，只发表了很少的几篇论文及与布洛伊尔合作的那本专著《歇斯底里研究》。虽然精神分析的许多核心概念差不多已萌芽于这部书中了，比如压抑、潜意识和发泄等，但弗洛伊德此时主要是在以下两个方面有别于其他的先行者和同代人。

（1）对性之意义的强调。弗洛伊德坚信"所有的神经症都有着变态的性生活"，对传统的社会观念提出了激烈的挑战。虽然当时也有艾利斯等人与弗洛伊德相呼应，但二者有着根本的不同，艾利斯等鼓吹性自由是为了生活的享乐，而弗洛伊德则是作为医生来揭示性压抑与神经症的关系的。

（2）关于防卫的概念。弗洛伊德1894年发表了《防卫的神经心理症》一文，提出了神经症起源于一种对付意识中难以忍受之观念的需要，这一思想在精神分析理论的发展中具有十分重要的地位。

其次，弗洛伊德的自我分析是精神分析发展中的真正转折点，它为整个人类展现出了一片新大陆，为人类理解自我做出了杰出贡献。

这一阶段之所以以1895年开始，是因为在那一年的7月24日弗洛伊德做了一个梦，并分析了它的结果，揭示了梦是可以理解的，是一种愿望的满足。弗洛伊德曾说，诗人和文学家早已知晓潜意识的存在，但命运却等着由他去发现一种可以供科学家洞察潜意识的方法。这一对梦的分析即刻成了心理学研究中的一个全新领域。在此，弗洛伊德还揭示了病人与医生的特殊关系，后来称之为移情，在所有的心理治疗中都占有重要的地位。另外，恋母情结也是弗洛伊德自我分析的结果，顺着这一线索，他揭示了阉割焦虑，论述了幼儿性欲的意义。《精神分析史》的作者法恩曾有一比，说弗洛伊德的自我分析在人类思想史上与显微镜和望远镜的发明具有同等重要的意义，像它们一样，自我分析也具有深远的影响和不寻常的结果。其中最主要的是，这一方法的运用促进了精神分析转向对正常人的研究，对社会的研究，以及对人性的研究。

再次，伊底①心理学是弗洛伊德最初建构的一种心理学体系。通过自我分析，《梦的解析》率先问世（1900年），继而出版了《日常生活精神病学》（1901年）和《性欲三论》（1905年），以此为基础，弗洛伊德的伊底心理学体系得以建立。

潜意识、心理性欲发展以及移情和抵抗，是弗洛伊德伊底心理学中的三个主要概念，虽然这些都是他早已使用的术语，但此时又具有了新的意义：①《梦的解析》中的潜意识已属于一种整体性的组织结构，它不再仅仅局限于神经症行为，日常失误、幽默笑语，甚至宗教、艺术，事实上人类的一切活动都具有潜意识的成分。因此，不单单是神经症患者，所有的人都在某种程度上受着潜意识的支配。②在心理性欲发展理论中，弗洛伊德改变了过去对成年生殖性性欲的强调。他重新阐述了从口唇期、肛门期、阴茎期到生殖期这样一种连续的发展过程，为精神分析的人格理论打下了基础。③移情和抵抗在伊底心理学中组成了精神分析治疗的核心。移情不再被看作有碍恢复受压抑记忆的令人遗憾的现象，而是治疗过程中的一个必要部分。用弗洛伊德的话说，"所有的冲突最终都要在移情的气氛中爆发出来"（Rycroft，1983：168）。

此外，在伊底心理学阶段，弗洛伊德的精神分析还有以下五个方面的发展：①建立并巩固了一种心理学体系；②弗洛伊德不再将心理治疗只限于个别患者，而把"全人类"都看作精神分析的研究对象；③1910年成立了国际精神分析学会，弗洛伊德有了众多的追随者；④开始把精神分析的思想扩展到艺术、文学，宗教以至人类全部经验领域；⑤弗洛伊德在《图腾与禁忌》（1913）中表明了精神分析的跨文化研究意义。

最后，从1914年开始，弗洛伊德便致力于一种新的理论建造。1920年他在《超越快乐原则》中提出生本能与死本能，1923年在《自我与伊底》中完成了对伊底、自我和超我的分析，建成了一种新的理论体系。伊底被描述为本能冲动的蓄积所，自我是人格结构中应付现实的部分，超我是无意识的意识，一个人的良心和自我理想。伊底和自我似乎尚可在早期的理论体系

---

① 伊底是英文Id（德文Es）的中译，在弗洛伊德的人格三部结构中是对应于"自我"和"超我"的原始本我。心理学史家高觉敷为表达Id是潜意识中最深层境地的涵义，借用成语"伊于胡底"而将其译为"伊底"。

中找到原形（如意识、潜意识、前意识三分法），但超我却是一个全新的概念。它被描述为父母形象的内化，起源于恋母情结，最早在儿童的自我中形成。超我中的"自我理想"规定着一个人的行为准则，而"良心"则决定着对违反这一准则的自我所施予的惩罚。通过超我，弗洛伊德始能把个体心理学和社会心理学结合起来。因为文化传统是通过父母传递给儿童的，而儿童又通过超我将它们内化。这样，弗洛伊德得以从一个新的角度来考察和研究哲学、道德和价值等问题，个体与社会在超我中被融为一体。

弗洛伊德的精神分析在自我心理学阶段也取得了一系列的进展：①随着自我心理学的形成，精神分析涉入了对西方文化的批评；②心理治疗作为一种新的职业得以确立；③弗洛伊德继续把全人类作为他精神分析的对象，认为神经症并非单单为一种身心疾病，而是一种生活方式；④一种可使人类更自由、更有理性的生活哲学已经崭露头角；⑤精神分析作为一种科学心理学的理论已得到公认。

诚然，弗洛伊德所建立的是一种个体心理学体系，精神分析社会心理学的发展多是由于阿德勒和弗洛姆等人后期的努力，但是在弗洛伊德的个体心理学体系中，却已经蕴含了社会心理学的意义，精神分析与社会已经发生了密切的关系。另外，即使是后期的精神分析社会心理学，也是以弗洛伊德的基本思想为基础，从这早期的理论中发展起来的。

二 精神分析与社会

弗洛伊德在他 1921 年发表的《集体心理学和自我的分析》一文的《导言》中说，个体心理学与社会或集体的心理学并非截然不同。诚然，个体心理学主要是研究个体的人，但是在个人的心理生活中，却始终有他人的参与，个体心理学并不能忽视个人与他人之间的关系。"这个他人或是作为楷模，或是作为对象，或是作为协助者，或是作为敌人，因此，从一开始，个体心理学，就该词语的这种被扩充了的，然而是完全合理的意义上说，同时也就是社会心理学。"（弗洛伊德，1986：73）事实上，一旦弗洛伊德欲把全人类作为自己精神分析的对象，认识到整个文化也可能染上"神经症"时，他已经开始转向更为深刻而广泛的精神分析研究，在弗洛伊德的理论中，精神分析已经具有了社会心理学的意义。

超我与社会

如前所述，超我是一个融个体和社会于一体的概念。虽然它起源于恋母情结，由父母形象的内化而成，但本质上却具有社会的属性，是一种文化的产物。弗洛伊德在他的《自我与伊底》一书中说，超我有两个起源，一个是个体的生物本性，他的恋母情结；另一个则是人的历史本性，属于一种文化的产物（Freud，1923：29）。超我与社会的关系可有以下三个方面。

（1）超我与社会的起源。如果把超我理解为一种文化的产物，那么它与原始人的图腾崇拜有着必然的联系。原始的部落人通过杀父而获取自由，为了巩固部落的存在而设立了图腾崇拜，订立了首次社会契约……这是弗洛伊德在《图腾与禁忌》一书中对社会起源所做的分析，而在弗洛伊德的理论中，超我实际上也同时产生于这种导向图腾崇拜的经验。它的最初作用便在于制约人类的相互攻杀。超我的作用使人产生了一种对不轨行为的内疚感，从而维护了社会的利益，促进了文化的发展。

（2）超我与社会情感。弗洛伊德认为，一个人的自我很难达到超我中自我理想的标准，因而就会产生一种自然的谦卑的宗教感，借以表达其自我的愿望，这是所有宗教信仰中的一个根本因素。超我中的"良心"总是按照一种内化的社会标准来限制自我的现实行为的，于是人们的荣誉心或内疚感均由超我所致。在弗洛伊德看来，人的社会情感是以超我为基础通过仿同以及与他人的相互作用而得以形成的。

（3）超我与社会化。个体的社会化是弗洛伊德社会心理学中的一个主要思想。父母总是按照自己的超我来塑造自己的孩子，因而从某种程度上说，儿童的超我实际上是父母超我的一种折射反映，这应该是传统价值和社会标准代代相传的一种主要方式。从这种观点出发，弗洛伊德认为儿童通过对父母的模仿，被其所在文化的社会观念所同化，这种同化在以后的生活中通过对其他权威人物的仿同作用而得到加强，社会传统的执行者以奖励或惩罚为手段来迫使人们接受其规范和习俗。超我这一内在的心理机制正担负了外界权威形象的职责，它力图与社会和文化的要求保持一致，促使个人成为社会或文化的人，以达到个体的社会化。

另外，在《文明及其不满》中，弗洛伊德还提出了"文化超我"这一概念，它可用于调解个人因伊底与自我的冲突所产生的焦虑和紧张。弗洛伊德对文化的早期研究仅限于一种理论假设,即文化要求对本能的压抑。但在对"文化超我"的论述中,弗洛伊德还抱有一种期望,认为文化的发展也许会减少对个人幸福的直接压抑。个人与社会的对抗,虽然是现实存在的,但并非不可避免和不能解决。以"文化超我"为中心,弗洛伊德试图建立一种社会的道德伦理体系,以使文化超我与个体的超我更好地协调,从而使超我这一概念具有了更多的社会心理学意义。

家庭的动力关系与集体心理学

家庭是弗洛伊德涉足社会心理学研究时的一个重要基地。即使是他的早期个体心理学研究,也从未脱离过对家庭以及家庭动力关系的研究分析。克拉克·赫尔和加德纳·林泽认为,这是弗洛伊德最伟大的科学贡献之一,也是他对于社会心理学的最杰出的贡献。

恋母情结是弗洛伊德描述家庭动力关系的典型。由于受着力比多①冲动的驱使,在一个由母亲、父亲和孩子组成的家庭中,孩子总是最先选取母亲为其力比多的对象,父亲则被视为"多余者"或竞争对手。这种三角关系使儿童卷入了最初的爱与恨的体验之中,由于儿童不能长久维持这种对父亲和母亲之完全不同的情感,这种社会性的三者组合必然会发生变化。母亲并不总是表现为温柔和爱恋,她有时会责怪和拒绝孩子,使他做他不想做的事,并且禁止他做那些他喜欢做的事。结果,与爱并生的还有一种恨的情感。在弗洛伊德看来,除恋母情结以外,儿子对父亲的仿同、女儿的恋父情结、儿童的阉割恐惧等这些影响一个人人格的决定因素,都产生于家庭的动力关系之中。

以对家庭动力关系的分析为基础,弗洛伊德构建了他的集体心理学。他

---

① 力比多是英文 libido 的中文译音,是弗洛伊德理论的一个重要概念,基本含义为一种性力、性原欲,或性本能的一种内在的、原发的动能、力量。1905 年,弗洛伊德在《性欲三论》中写道:"我们从其他的精神能量区分出力比多能量来,意在表述这样的假设:机体的性过程是经由特殊的化学变化过程得之于营养历程的,性兴奋不仅来自所谓的性部位,更且来自全身各器官。如此我们为自己提供了一个力比多能量(libido quantum)的概念,我们称其精神表现为自我欲望。"弗洛伊德在后期著作中,对力比多概念又作了进一步的扩充。如在 1920 年的《超越快乐原则》中写道:"我们所说的性本能力比多,相当于诗人和哲学家眼中的那种使一切有生命的事物聚合在一起的爱的本能。"1921 年在《集体心理学和自我的分析》中又写道:力比多是从情绪理论中借用来的一个语词,我们用它来称呼那种与包含爱这个词下的所有东西有关的本能的能量。

在《集体心理学和自我的分析》中说,"一个人与他的父母,与他的兄妹,与他所爱的对象,与他的医生之间的关系,即事实上所有那些迄今为止已成为精神分析研究的主要课题的关系,都应该被看作是社会的现象"(弗洛伊德,1986:73)。集体的古老原型便是一个父亲和他的几个儿子。父亲常常强迫他的儿子们节制性欲,力比多的压抑导致儿子对父亲的仿同作用,维系了集体和部落的生存。从某种程度上说这也是一种属于爱的本能的关系。虽然也常有并生的恨,归根结底,"爱的关系才是构成集体心理本质的东西",弗洛伊德说,"一个集体显然是被某种力量联结起来的,这种联结除了归功于那能把世界上一切事物联系起来的爱的本能以外,还能更恰当地归于什么力量呢"(弗洛伊德,1986:98)?

对弗洛伊德来说,家庭结构中的动力关系在所有的社会生活中都有所反映;家庭乃是人与人之间一切关系的最基本的原型,无论是政治的、经济的,还是文化的和宗教的关系,都毫无例外地要以此为特征。在弗洛伊德的精神分析理论中,家庭是个体心理学与社会心理学之间的桥梁。

文化及其本质

弗洛伊德在其《文明及其不满》中把"文化"(或文明)定义为"使我们的生活区别于我们的动物祖先的所有成就和法规的总和"(Freud,1968:89),并认为它主要有两种功能:①保护人类以防御自然界的威胁;②规定人与人之间的关系。在弗洛伊德看来,个体的力量被集体的力量所取代是文明发展中具有决定意义的一步。在前文明社会,整个社会关系是由个人根据自己的利益和本能冲动来决定的,而进入文明社会以后,集体的力量始被认为是公正。

弗洛伊德最初对文化的研究,旨在揭示一个简单的事实,即文明的发展要求对本能的压抑。他在1898年《神经症病因中的性欲》一文中即表示过,文化与神经症有着某种关系。1905年在《性欲三论》中则指出了文明与性自由的冲突。他基本上把文明的发展与人性或人的本能对立了起来,认为文明限制了人性或本能,尤其是人的性本能。因而依他之见,自由不是文明的恩赐,文明的社会以自由的空名换取了对人的自由的剥夺,社会完全是一种对人的自由行动的强行控制。所以社会的理想并非是自由,而应该是平等和公正。一个不公正的社会,在其中少数享有特权的人可以为所欲为,而大众则受压制于不同的行为标准,这样的社会就注定是一个不稳定的社会。由于只有在牺牲个人的自由和性满足的前提下集体才得以形成,社会始得以维系,文明才能够发展,文明不免有令人沮丧的一面,因为人们为它要失去充分的享乐。弗洛伊德想通过他的研究来揭示:通过某种社会变化和普遍教育,是否有可能将群众对文化的不满转化为对文化的接受。由于认为一般的人不具有将攻击性和性冲动广泛升华的能力,弗洛伊德对此的态度似乎倾向于悲观。

看来这是一个两难的问题,文化的建立本来是为了减少人类的痛苦,可是它的产生又带来了人类的许多不幸,弗洛伊德希望他的精神分析能为此做点什么,这也是他后期转向社会心理学研究的一个主要原因。他曾经深有感触地说:"文化的发展能否,以及在何种程度上能够控制住攻击本能和自我破坏本能对人类社会生活的干扰,将是与整个人类命运攸关的问题。"(Freud, 1968: 145)弗洛伊德表示,我们有理由做出这样的诊断,即在文化要求的影响下,某些文明或文明的某些阶段,甚至整个人类都有可能变成"神经症"。因而就应该有一种关于文化集体的精神分析。如前所述,弗洛伊德的"文化超我"理论已是要建立一种社会的精神分析的尝试。他的目的即是使集体的超我与个体的超我更加协调。弗洛伊德虽然在理论上强调潜意识与非理性的支配力量,然而在实践中却认为只有意识和理性才能拯救个人和整个文化。让人类的理性达到对人类本能冲动的控制是弗洛伊德的期望,也是他为了解决文化困境所做的努力。

1939年弗洛伊德在英国伦敦度过了他的最后岁月,这位饱经沧桑的老人带着几许欣慰、一些遗憾和对未来的希望离开了这个世界。① 他临死前不久曾庄重地接过英国皇家科学院珍藏的名人手册,并在上面签下了自己的名字,在这同一本名人册上就有艾萨克·牛顿和查尔斯·达尔文的亲笔签名。全世界都承认了他对人类事业所做出的贡献与功绩。第一次世界大战的硝烟

---

① 弗洛伊德酷爱雪茄,每天要抽几十根之多,1923年被诊断患了口腔癌,但此后他也没改变抽雪茄的习惯。1923~1939年,他先后接受了33次手术。1933年纳粹执政后迫害犹太人,在柏林公开烧毁弗洛伊德的著作,理由是他夸大了性问题,这将带来对灵魂的毁灭。1938年纳粹占领维也纳,弗洛伊德依旧不愿离开奥地利。最后,由于他的女儿安娜·弗洛伊德被捕,房屋也屡遭纳粹分子抢劫,他才同意去伦敦。后来他的四个妹妹都在奥地利遭纳粹分子杀害。1939年9月23日,弗洛伊德卒于伦敦。

弥漫于弗洛伊德的晚年，他不无遗憾地看到他的理论"本能冲动的支配力大于理性"，被战争这种集体的疯狂行为所证实，几千年来不断地在设法提高人类良心和良知的宗教与文化，顷刻之间便成了人类追求野蛮的原始破坏性冲动的牺牲品，过去被人类一度认为具有神圣力量的理性，顿时显得苍白无力。然而，弗洛伊德并没有因此而放弃他对人类的希望，他同时以科学家和哲学家的态度写道："我们可能像过去一样地认为，比起人类的冲动，人类的理性是多么的软弱无力，而我们这样说可能是对的。但是同样不可忽视的是，这个软弱的理性有时似乎具有某些特质。理性之声是柔和而低沉的，但是它却是持续不辍的，它会继续下去直到获得知音，经过无数次的重复，也许它真的会被听见也说不定。这是使我们对人类的未来依然抱着希望的少数理由之一，虽然今日世界这种理性之声微弱得很，而人类距离理性的殿堂依然很遥远，但是对未来的人类，也许它并不是不可能达到的理想。"（林衡哲，1970：353）弗洛伊德带着遗憾和他自己的那份欣慰而去，把希望留给了他的后人。

三 精神分析的转向

当弗洛伊德意识到要把全人类都看作自己研究的对象时，精神分析已经开始了从个体心理学向社会心理学的转向。一旦认识到神经症并非仅属一种个体的身心疾病，而且涉及一种生活方式时，精神分析作为一种生活哲学便已具雏形。"爱与工作"这句弗洛伊德的格言是这一哲学的基调，使整个人类的生活更幸福，更自由，更具有理性是这一哲学的宗旨。它的努力所向本着三个原则：①人现在怎样；②人应该怎样；③人如何使人成为他应该成为的人。把一个充满恨的文化或社会改变成一个充满爱的文化或社会是精神分析转入社会或文化领域的根本目的，然而，弗洛伊德在这里只属于一个开拓者，这一崇高的理想的实现还须靠后来者的努力。

卡尔·荣格和集体无意识

在精神分析运动史上，卡尔·荣格（1875～1961年）是一位举足轻重的人物。他虽然没有像弗洛伊德那样为世人所尽知，但具有超越弗洛伊德的潜力。或许正是由于他当时的年轻和才华，威廉·詹姆斯才在1909年听罢弗洛伊德和荣格为克拉克大学（Clark University）校庆所做的讲演后说，心理学的希望在精神分析学家的身上。

荣格出生于康斯坦斯（Konstanz）湖畔的一个乡村牧师家庭。1900年在巴塞尔大学（University of Basel）获医学博士学位，那年正是弗洛伊德的《梦的解析》问世之年。虽然这部醒世之作在当时遍遭冷遇，但却在荣格那里得到了极其热烈的反响，开启了另一位天才的心理学生涯。几年后（1907年）荣格专程赶往维也纳拜会弗洛伊德，两人一见面便兴奋地长谈了近13个小时，开始那一段亲密（但短暂）的不平凡的友谊。1914年前后，由于荣格坚持认为力比多是一种普遍的生命力，性爱只是其中一部分（弗洛伊德则坚持将力比多主要理解为性爱），而和弗洛伊德断绝了学术关系，另外组建了自己的"分析心理学"。

尽管如此，心理学史家们仍然认为荣格是弗洛伊德最伟大的后继者之一。"他有效地贯注于精神分析的潜意识理论，并扩展了它，把它应用于社会心理学之中。"（Sahakian，1982：56）荣格在个体的潜意识之外发现了一种社会或集体的无意识，并以此来解释个体以及集体的行为。按照荣格的解释，"集体无意识是心灵的一部分，它有别于个人潜意识，就是由于它的存在不像后者那样来自个人的经验，因此不是个人习得的东西。个人潜意识主要是这样一些内容，它们曾经一度是意识的，但因被遗忘或压抑，从意识中消逝了。至于集体无意识的内容则从来没有在意识里出现过，因而不是由个体习得的，而是由集体习得的，是完全通过遗传而存在的。个体潜意识的内容大部分是情结，集体无意识的内容则主要是原型"（高觉敷，1982：397）。原型是人心理经验的先在的决定因素，它促使个体按照他的本族祖先所遗传的方式去行动。人们的集体行为，在很大程度上也是由这无意识的原型决定的，由于集体无意识可用来说明社会的行为，荣格的这一概念对于社会心理学有着深远的意义。

荣格认为原型有许多表现形式，但以其中四种最为突出，即人格面具、阿尼玛（Anima）、阿尼姆斯（Animus）和阴影。人格面具是一个人人格的最外层，它掩饰着真正的自我，与社会学上"角色扮演"这一概念有些类似，意指一个人的行为在于投合别人对他的期望。阿尼玛和阿尼姆斯的意思是灵气，分别代表男人和女人身上的双性特征。阿尼玛指男人身上的女性气质，阿尼姆斯则指女人身上的男性气质。阴影接近于弗洛伊德的伊底，指一种低级的、动物性的种族遗传，具有许多不道德的欲望和冲动。除这四种原型之外，荣格的"自我"概念也是一种重要的原型，它包括潜意识的所有方面，具有将整个人格结构加以整合并使之稳定的作用。与集体无意识和原型有关的另外一个概念是曼达拉（Mandala，梵语，亦称曼陀罗、圆轮），意指在不同文化中反复出现的一种象征，表现为人类力求一种整体的统一。

荣格的分析心理学，他的集体无意识理论，不仅对精神分析做出了伟大的贡献，对心理学和精神病学产生了影响，而且深深波及宗教、历史、艺术和文学领域。著名学者汤因比、马姆福德等人都把荣格看作一种产生灵感的源泉。心理学史家杜安·舒尔兹说："荣格的观念能激发人们的思想，而且新颖。他提出了一种关于人的乐观主义的概念，这种概念许多人认为是由于背离了弗洛伊德而有的、值得欢迎的变化。"（舒尔兹，1983：364）就荣格与弗洛伊德两人的比较而言，另一位心理学史家墨菲的评论更加明快而富有魅力，他认为弗洛伊德与荣格都是负有非常不同使命的先知，弗洛伊德看到的是浩瀚的力量横扫一切，人也不免罹难，只能略做些敷衍塞责的抗议。然而在荣格看来，"有不断扩大的领域容许同那庄严的和那神圣的东西进行直接的接触，有一种患者和医生都甘愿接受的鼓励，自由无阻地朝着神秘追求的方向运动"（墨菲、柯瓦奇，1980：404）。人们或许会这样设想，前者是一位坚定的人物，"勇敢地对抗着一个异己宇宙的虽然宏大却凄凉萧瑟的力量"（墨菲、柯瓦奇，1980：404），对于这个宇宙，人类只可能提出局部且有限度的防御；而后者却是一位通往极富挑战性的世界的向导，在他看来，对于这个世界，人类是真正与之协调一致的。

这种比较与设想或许都可以成立，荣格毕竟以他的智慧发展了精神分析的理论，推助了精神分析往社会心理学的转向，但是却不应以这种比较而忽略了精神分析的另一位先知——阿尔弗雷德·阿德勒。

阿德勒的社会兴趣理论

阿尔弗雷德·阿德勒（1870~1937年）诞生在维也纳郊区的一个犹太人家庭，他是最早被弗洛伊德所吸引、参与精神分析研究的人之一，也是最早公开与弗洛伊德分庭抗礼的人，墨菲说他一开始就显然认为自己是这位大师的年轻同事而不是弟子。他一直在试图扩充和发展弗洛伊德已经加以界说的一个主要命题：补偿过程的性质。当这种扩展远远超出了弗洛伊德所能接受的程度时，他只好率领自己的追随者退出了弗洛伊德的阵营，另行组建了自己的"个性心理学"。对此，弗洛伊德耿耿于怀，1937年阿德勒病逝于赴苏格兰阿伯登讲学的途中，弗洛伊德在答复一位对阿德勒的逝世感到巨大悲痛的友人时说："我不理解您对阿德勒的同情。一个犹太孩子从维也纳的郊区出来而死于阿伯登，这是一种闻所未闻的经历，并足以证明他走得太远了。世人对他曾经在对抗精神分析方面所做的贡献，实在给了足够的奖赏。"（舒尔兹，1983：36）

阿德勒以"补偿"为基础展开了自己转向社会心理学的精神分析研究，补偿问题在弗洛伊德那里只限于性发育不全的病人，由于补偿作用，他们可能会以某种方式变得比结构上和生理上的因素能够保证的程度更"阳性"或更"阴性"一些。但阿德勒认为，应该把这一缺陷补偿学说推广到所有体质上的局限性。他列举出大量的经验性事实，如，假如相应的器官受到损伤，一叶肺或一个肾就会有进行超额工作的倾向，一只眼睛有缺陷，另一只眼睛就会变得更敏锐："不论什么地方感觉器官达不到正常的适度，就有某种机能过度发达，某种续发的敏锐性倾向。"（墨菲、柯瓦奇，1980：405）但在文明人的一切补偿器官中，"主要之点在于中枢神经系统，因为人对社会生活的适应主要是一个学习如何对付别人的要求和对付社会需要的问题"（墨菲、柯瓦奇，1980：405）。因此，尽管在生物学水平上的补偿作用属于动物性，但是人类大部分重要的补偿类型都是有意识或无意识要在个人适应社会不足的地方取得成功的努力。

沿着社会和文化的路线，阿德勒发展了他的个性心理学体系。他认为人的行为不完全是由生物学的本能力量所决定的，社会力量起着更大的作用，所以只有研究了一个人的社会关系和他对别人的态度，才能够了解他的行为和个性。这种关注社会关系和社会态度的研究，最后形成了阿德勒的社会兴趣理论。他在1930年发表的《个性心理学》一文中说："儿童所面临的第一个社会情境是与他母亲的关系，这从第一天就开始了。由于母亲的教育技能，首先就唤起了儿童对他人的兴趣，如果她了解如何沿着合作的方向去训练这种兴趣，儿童的一切适宜的和习得的才能将集中于有社会意义的方面。"（Murchison，1930：403）按照阿德勒的解释，社会兴趣是一个人与别人交往时产生感情和发生自居作用的一种潜能，是一种人所固有的社会性动机。社会兴趣本身可以表现为不同的形式，如在平时或在困难时刻与别人合作或帮助别人的态度，对别人的思想、情感和经验的一种设身处地的理解能力等。从这种观点出发，阿德勒认为凡是正常的人所追求的都不单单是个人的优越，而是他所生活于其中的那个社会的优越。所以，个人的自卑感在很大程度上是由社会生活引起的，或者说是由社会的自卑情结所引起的。阿德勒说："属于私人的意义是完全没有意义的意义只有在和他人交往时，才有存在的可能。我们的目标和动作也是一样，它们的唯一意义，就是它们对别人的意义。"（阿德勒，1986：11-12）

阿德勒社会兴趣理论的形成有一个发展过程。早在1908年，他在阐述儿童依恋需求时就已隐含了对社会兴趣的思考。1929年他在其《生活的科学》中专为"社会兴趣"列了一章。1931年在《你如何看待生活》中他继续强调社会兴趣的意义。1933年，阿德勒出版了《社会兴趣：对人类的挑战》一书，社会兴趣理论最终形成，同时，他的个性心理学体系也趋于成熟。墨菲说："阿德勒的心理学在心理学历史中是第一个沿着我们今天应该称之为社会科学的方向发展的心理学体系。"（墨菲、柯瓦奇，1980：40）他强调社会因素的重要性，相对地否定了生物学的决定因素，这通常被认为是一种积极的贡献。他的这种态度加强了精神分析中已经增长着的对社会科学的兴趣，促进了它的转向，激发了卡伦·霍妮、哈里·沙利文和埃里希·弗洛姆等人的"社会文化学派"的产生。

霍妮与"社会文化学派"

卡伦·霍妮（1895～1952年）出生于德国汉堡，也是一位犹太人。1913年获医学博士学位。她曾就学于精神分析学家弗兰兹·亚历山大的门下，自认是弗洛伊德的弟子，但更多地受了阿德勒的影响。她一直在努力创造自己的道路，她说："虽然我保留着我所重视的弗洛伊德教导的基本理论，但是我觉得……为了得到更好的理解，我的研究走向了与弗洛伊德不同的方向。"（舒尔兹，1983：372）

霍妮的新方向便是一种强调精神分析中社会和文化因素的方向。她认为弗洛伊德把文化与神经症之间的关系仅看作一种量的关系，这难免失之偏颇，因为这两者之间应该是一种质的关系。所以不仅要研究神经症患者的人格与个别差异，而且要更多地研究产生神经症的社会文化因素。霍妮指出，在现代工业社会中，人与人之间普遍存在疏离、惧怕、敌视和怨恨的感觉，这往往使人产生一种孤立无援的失落之感，从而形成一种基本焦虑，埋下了产生神经症的隐患。1936年霍妮出版了她的名著——《精神分析的新道路》，为自己的转向奠定了基础。她从社会学的角度对西方社会中所存在的这种异化现象做了分析，认为产生这种潜在的敌对态度的文化是以经济领域中的个人竞争原则为基础的，竞争性不仅支配着职业群体中的关系，而且渗透到人们的社会关系之中，渗透到爱情、友情和家庭关系之中，从而在人们生活的每一种关系之中都撒下了破坏性的敌视、猜疑和嫉妒的种子。

此外，霍妮还阐明了一个原则，即心理活动是文化的反映，也就是说，个人潜在的内心冲突实际上乃是他所处的文化中某些特定矛盾的反映，社会上神经症发病率的增加，表明了人们生活于其中的现实条件发生了问题。在霍妮看来，任何一种心理事件，都必然取决于文化和社会环境的因素。她力图表明，弗洛伊德认为起源于本能的一切发展中的冲突都能够把它们归因于社会的力量。因而霍妮开始实行一种没有本能论的精神分析法，她不需要任何假设涉及某一自我或超我作为本能的压抑和冲突的一种不可避免的结果出现，转而强调工业社会的性质和更广阔的文化背景作为"时代神经症人格"的一种基础。由于有大批的追随者，也由于其著述的广泛影响，霍妮几乎已成了精神分析的"一个社会学派的领袖"。她敏感地觉察到弗洛伊德的一些理论受到他所处的那个时代精神的影响，而当她在1940年代开始形成自己的体系时，时代精神已有巨大的变化，学术的和文化的风尚都与前不同了。性本能不再受到重视，社会与文化因素日益引人关注，正如墨菲所说，"20年代以后，心理学家开始在每一次有关人类行为的概述以后都加入'在我们的文化中'这一短语，正如在上一个20年代中开始给'本能'一词加引用号一样"（墨菲、柯瓦奇，1980：616）。在这种时代精神之中，霍妮的理论日趋成熟，精神分析的社会文化学派应运而生。

"社会文化学派"，即心理学史文献中的新精神分析学派，阿德勒为它开了先河，霍妮是它的主将，而学派的最后发展则归结于弗洛姆之手。高觉敷先生在他主编的《西方近代心理学史》中对它评论时说，"精神分析到了他们手里已由力比多说而演进为文化说了"，所以"新精神分析常被称为社会文化学派"（高觉敷，1982：404）。在这里，精神分析完全转向了社会心理学，个体的精神分析变成了对社会的精神分析。

四　社会的精神分析

弗洛伊德在他的晚年为人类的命运殚精竭虑，面对第一次世界大战的残迹和第二次世界大战的阴影，切感一种社会与文化的病患深蕴于整个时代之中。早已身患绝症（口腔癌）并步入了暮年的他，难免会有力不从心与无可奈何之感，但他总是怀着一种希望，他说："我们可以预料总有一天有人将大胆地着手研究一种文化社会的心理病理学。"（Freud，1968：91）十几年后，另一个犹太人，另一个献身于精神分析的学者，埃里希·弗洛姆勇敢地接受了这一挑战。

埃里希·弗洛姆（1900～1980年）出生于德国的莱茵河畔，他出生之年正是弗洛伊德的《梦的解析》问世之年，也是精神分析这门惊世骇俗之说君临天下之际。早在少年时代，弗洛姆就萌发了对弗洛伊德的兴趣，确定了自己一生求索的志向。他既是弗洛伊德思想的追随者，也是自成一家的体系创造者。他立志要找出支配个人生活的社会规律，找出弗洛伊德学说中那些依然闪烁着真理之光的思想和那些需要修正的过时理论。历时50多年的学术生涯，持续一生的不断求索，他用其毕生精力，促成了精神分析的转向，完成了社会文化学派的使命，建立了精神分析的社会心理学，全面展开了对社会的精神分析。

社会潜意识

社会潜意识理论是弗洛姆对弗洛伊德的最大发展，也是精神分析从研究个体转向研究社会的一块基石。在弗洛姆之前，已有荣格提出了"集体无意识"概念，这是精神分析的个体潜意识转向社会潜意识的先声。弗洛姆本人也承认荣格的作用和影响，但认为自己的社会潜意识有别于荣格的集体无意识。荣格的集体无意识直接指出一种普遍存在的精神现象，其中绝大部分是遗传的，是不能成为意识的，而他的社会潜意识则是在社会压抑的前提下提出来的，它主要指被社会意识所压抑下去的那一部分内容。

按照弗洛姆的解释，社会潜意识由社会不允许其成员所具有的那些思想和情感组成。每一个社会都会通过自己的生活现实和交际方式，通过人际的情感和认知形式，发展一种其所有成员都必须遵守的特殊思想体系或规范，加强一种普遍性的社会压抑作用，用弗洛姆的话来说，"这种体系的作用就像一个受社会限制的过滤器，除非经验能通过这个过滤器，否则它们就不能成为意识"（弗洛姆，1986b：120），而只能处于一种受压抑的潜意识状态。

弗洛姆在专门论述社会潜意识的一本书中，深入分析了"社会过滤器"对社会潜意识的影响，认为这一"社会过滤器"是通过三种文化要素来发生作用的，而这三种文化要素也就构成了社会潜意识的主要机制。

（1）语言。由一个文化的共同语所组成的固定的语法和句法规则，强有力地塑造着现实被标记的方式，也即"语言包含着生活的态度"。或者说，语言通过它的词汇、语法和句法，通过其所蕴含的一种精神，来决定哪些经验能进入我们的意识之中，哪些则不能。

（2）逻辑。一种文化范畴中的逻辑规律，决定着其成员认为什么是"自然"的或合理的，决定着人们的思想方式甚至思想内容，所以它也能起到一种社会压抑或社会过滤的作用。

（3）禁忌。社会过滤系统利用社会文化中的"禁忌"来塑造社会性格和社会潜意识，即有些思想、情感或态度会被认为是不合理的、危险的，从而被排除在意识之外。

由于社会过滤器的作用，任何一个特定社会中的不合理之处，都必然导致该社会成员对自己许多感觉和意识经验的压抑。一个社会越是不能代表该社会全体成员的利益，这种必然性也就会越大。因为在社会的强大压力下，普通大众是不能允许自己的思想和情感与其社会的种种规范相左的，他们不得不对这些思想和情感进行压抑。一般来说，潜意识既不属于善，也不属于恶，而是两者的统一，它通常代表了实在的人，一个具有潜能的人，而意识则代表着社会的人，代表着个人所处的历史状况造成的局限性。那么，认识到人的潜意识，便意味着去触摸一种完整的人性。因而，弗洛姆认为，除非一个人能够超越他的社会，认识到这个社会是如何促成或阻碍人的潜能发展的，否则他就不能全面地论及自己的人性。如果揭示潜意识便意味着达到对自己的人性的体验的话，那么不但要揭示个人的潜意识，还要进一步揭示社会的潜意识，必须使普通人能够以价值观来认识社会的动力，批判地估价自己的社会，以期达到对社会潜意识的把握。

社会自恋

以社会潜意识为基础,弗洛姆对许多重要的社会现象都进行了"精神分析","社会自恋"便是其中一种。"自恋"本是弗洛伊德精神分析中的一个经典概念,取自古希腊神话中"那喀索斯"(Narcissus)的故事。据说那喀索斯是一位出名的美少年,但只爱自己,看不上别人,回声女神厄科向他求爱也遭拒绝,爱神阿佛洛狄忒利用厄科来惩罚他,使他"只闻其声,不见其人",只能顾恋于自己在湖中的倒影,最后他憔悴不堪,落水而死,变成水仙花。在弗洛伊德那里,自恋被看作自爱与对象爱之间的一个必然阶段,或是自我保存本能的一种机能。弗洛伊德也认识到自恋不单纯是精神病的一种特征,正常人也都有某种程度的自恋,只是很难认识到它,因为它属于潜意识的范畴。但是自恋有许多表现形式,如洁身自好、忠于职守、施舍行善等,它往往介于自高自大与谦逊礼让之间。"任何人都有很多方式来伪装他或她的自恋,而这些方式及其功能却很难被意识到。"(弗洛姆,1986a:60)

个人自恋固然是一个十分重要的研究课题,但弗洛姆认为社会自恋具有更加特殊的意义。比如,如果一个人自称天才、英俊无比,那么很可能会遭人訾议,但是如果我们称赞我们的国家古老而文明,我们的民族勤劳而勇敢,那就不会受到责难了。政治集团和宗教团体都有着深刻的社会自恋的基础,个人总是在社会自恋中来满足各自的个体自恋。这种遍布于社会生活之中的社会自恋往往在战争的情况下表现得最为充分,如,己方的国家是崇高的、热爱和平的、文明的等,而敌方的国家则恰恰相反,是卑鄙的、奸诈的、残忍的等。弗洛姆说:"人们在第一次世界大战开始时的感受,是自恋主宰一切而理性变为沉默的有力说明。"(弗洛姆,1986a:61)为了战争的利益,英国的宣传机构曾指控德国士兵在比利时用刺刀残杀婴儿(后被证实系编造,但当时大部分人信以为真),德国称英国是一个奸诈的国家,而将本国宣扬成自由和正义而战的英雄。自恋使人们迷失了理性,受驱于庞大的社会潜意识。

与社会自恋密切相关的一种现象是社会移情。移情在弗洛伊德那里主要指病人与医生之间的一种情感联系,往往是病人对精神分析家所产生的爱与恨,表现为一种潜意识的发泄。而弗洛姆则用移情来分析社会,他说:"移情,即一个人对其他权威人物的自愿诚服,一个人感到无助,迫切需要较有权威的领袖,并随时准备听命于这种权威的情境,是社会生活中最常见和最重要的现象。"(弗洛姆,1986a:48)任何有心人都会发现移情在社会,政治以及宗教活动中所起的巨大作用。希特勒的信徒、东条英机的"勇士",都已把社会移情披露得淋漓尽致。从某种程度上说,它与社会自恋殊途同归,都是受命于一种盲动的社会潜意识。

弗洛姆认为,在当代工业社会中,自恋得以发展的条件是人与人之间的疏离和敌视,这是以损人利己为原则的经济制度的必然结果。当缺乏分享精神与互助情感时,自恋便会产生出来。另外,对工业产品的顶礼膜拜将助长一种恶性的社会自恋。在这种膜拜中,"人类已经把自己塑造为上帝。他创造了一个新世界,一个人造的世界"(弗洛姆,1986a:62)。现代人尤其以这种创造而自负,整日沉迷于这种人造新世界的富丽堂皇之中。事实上,在对其创造品的恋慕之中,人是在恋慕他自己。原子能的利用、海洋开发、航天事业、摩天建筑……这一切似乎都成了人类可以从中尽情欣赏自己影子的魔镜,如同那喀索斯顾影自怜的湖面。人脱离了自然,失去了自我,异化于物质主义的阴影里。或许,如果听之任之,将来有一天,人类的命运也会去步那喀索斯的后尘,最终淹没于人造的魔镜。

社会性格

弗洛姆认为,性格存在于人的潜意识机制中,多少相应于人所失去的动物本能,起着支配人的行为的作用。他把人的性格分为两个部分:①个体性格,用以区分人与人之间的差异,是一种固有的因素;②社会性格,指同一文化中所有成员的共同特征,是人的性格结构中的核心部分。性格结构既能决定一个人的思想和观念,又能决定一个人的行为,而社会性格的功能即在于促使每一个人想做其必须做的事,同时又在符合其文化规范的前提下感到心理上的满足。于是,社会性格就成了一个特定社会为了达到自身目的所必须使用的一种工具。另外,它还是人的思想和情感的基础,因为正是从这种社会性格中,各种思想和情感才得以获取其自身的力量和价值。

同霍妮一样,弗洛姆也认为人是社会的产物,文化决定着人格。所以他在阐述他的社会性格理论之前,首先揭示了人的一些基本的社会性要求。他认为人的最重要的需要不是生物性的,而是社会、文化和历史的产物。一些超越生物性的社会需求组成了人的性格结构原素。

（1）归属。为了克服孤独感和与自然及自身的疏离感，人需要去爱与关心他人，与他人发生联系。爱既是一种归属，也是一种结合。

（2）超越。人是既同于动物又有别于动物的存在，唯因他有了理性与想象；正是由于这理性与想象，当意识到面对如此浩大的宇宙时，他不免会感到茫然、若有所失，从而产生一种内在的寻求超越的需要，成为人的基本驱力之一。

（3）根植性。人的一生实际上是离根的一生。出生脱离了子宫内的安逸，成长脱离了母亲的保护，以后又会由于死亡而脱离生命，所以有意识的人类必然在无意识中萌发寻根的祈求，需要一种稳固和永久性的安全感。

（4）同一性。作为人，他必须也应该能说出"我是我"，能够掌握自己的命运。同一性的需要是要去切实地感受和体验自身的生活，切实地体验和感受自我。

（5）目的性。为了使生活更加富有意义，每个人都需要为自己的一生规定方向和确定目标。定向可以作为个人存在的导图，可调动人的内在活力和积极性。

人的这些社会性的基本要求，与其所在的特定社会的社会结构相互作用，便会产生这一社会特有的社会性格。也就是说，社会性格是由这些基本需求和社会结构的关系，也即人与外界的关系所决定的。在解释人与外界的关系时，弗洛姆使用了"同化"和"社会化"两个概念，前者作用于物，后者适用于人，两者皆是人类与外界发生关系时所采取的方式或手段。它们的结合便是弗洛姆性格学中的"取向"，也即弗洛姆所称的性格形成的"基因"。取向不是由遗传决定的，而是受着环境的影响，是由社会经济结构和文化传统因素所决定的。弗洛姆在阐述他的性格理论时，归纳出了五种基本取向。

（1）接纳。以被动、屈从、怯懦、贪婪、轻信和伤感为特征。这是一种只知接受，不知施予的倾向。

（2）贮积。以吝啬、多疑、顽固、迂腐、懒惰和占有为特征。这种取向视外界为威胁，坚持固守，从而导致疏离和异化。

（3）剥削。以寻衅、利己、自负、鲁莽和傲慢为特征，以炫耀武力为荣，"偷来的水果是最甜的"可为这一取向的写照。

（4）市场。以投机、应变、幻想、冷漠和浪费为特征。这种取向形成于以损人利己为原则的经济制度,是把人物化的因素之一。

(5) 生产。以独立、自主、完整、自发、爱与创造为特征。这种取向导致人运用自己的力量来获得自己潜能的实现。

在这五种性格取向中,前四种都是不健康或非生产性的,这主要是当代西方资本主义经济制度所造成的。"病态的社会必然产生病态的人格"是弗洛姆的一句名言。第五种是一种健康的性格取向,这是弗洛姆寄托于人类及人类社会的希望。弗洛伊德的人生准则"爱与工作",在此得到了体现,而对此的进一步论述则导致了弗洛姆著名的爱的学说。就其社会性格理论而言,弗洛姆认为它"既是在社会中起作用的一个主要因素,同时也是在社会经济结构和普遍盛行的思想之间互相转化的纽带"(弗洛姆,1986b:82)。在弗洛姆看来,每一个社会都有一定的结构,它以某种特定的方式相对稳定与持久地运行着。所有的社会都只有通过这种结构的运行才能得以存在,该社会的任何一个成员都不得不按照其社会制度所要求的那种规范和方式去行事。所以,如前所述,社会性格的作用就在于促使社会成员们的行为在无意识中符合社会和文化的要求(也就是说,他们的行为实际上都是由社会性格潜在地决定的);同时,使他们也因为其自身的行为能符合社会的需求而感到心理上的满足。或者说,"在一定的社会中,为使这个社会能继续发挥作用而改变和操纵人的能力,这就是社会性格的功能之所在"(弗洛姆,1986b:83—84)。

弗洛姆于1980年在瑞士的洛迦(Locarno)逝世。他用其毕生精力,承前启后,为精神分析的社会心理学建成了基本的体系框架,尽管它的结构与功能还有待完善。他以社会潜意识为基础对整个社会所做的"精神分析"是深刻而富有意义的。记得弗洛姆在和记者的一次谈话中曾说,他之所以能把精神分析从个体心理研究转向社会心理研究,是因为他们第二代的精神分析学家是站在弗洛伊德的肩膀上的,所以能看得更远。无可否认,通过前后相承的诸多精神分析学者的努力,精神分析的社会心理意义和价值已载入人类思想史册。

五　精神分析的历史意义与评价

美国前图书馆协会主席、伊利诺伊大学图书馆馆长罗伯特·康纳斯博士,曾将弗洛伊德的《梦的解析》誉为"改变世界历史面貌"的16本书之一。①对此或许有人会觉得纯属夸张之语，但是精神分析作为一个整体，确实已经在某种程度上影响了20世纪的历史，你可以称之为一种哲学、一种思想运动、一种心理学的理论或一种精神治疗方法。而它对所有这些领域，包括文学、艺术、经济和政治，都产生了前所未有的影响。它刷新了普通大众的观念，重塑了当代人的世界观，激发了学者们的热情和勇气。可以说，我们20世纪生活的每一角落，都感受了精神分析的冲击。诚然，作为哲学或意识形态，精神分析有它的谬误与偏颇之处，作为科学也有它的局限与不足。但是精神分析首先是一种科学，它的局限与不足是针对它的伟大与贡献而言的。这是我们对精神分析进行评价的基本态度。

精神分析学家的历史地位

从1970年代开始，心理学史家们对历代心理学名人先后排了五次"座次"，而弗洛伊德五次均居首位（Zusne，1984：498）。弗洛伊德作为精神分析的象征，虽然毁誉交加，但至今已没有人能否认他的伟大，把他与哥白尼和达尔文相提并论已是广为接受的事实，这其中蕴含了精神分析的不同寻常的意义和价值。心理学史家波林曾这样评论弗洛伊德，"在西格蒙德·弗洛伊德身上，我们看到一个具有伟大品质的人，他是一个思想领域的开拓者，思考着用一种新的方法去了解人性"（波林，1982：813-814）。弗洛伊德的伟大品质既属于他作为一个普通的人——如他的女儿安娜·弗洛伊德所说的"单纯"——所具的正直与真诚；也属于他作为一个科学家，那种忘我的献身精神。正如前面所提到的，他曾亲笔在英国皇家科学院所珍藏的《名人册》上签下了自己的名字，那上面也有牛顿和达尔文的亲笔签名。这是人类历史对杰出贡献者的不朽记载。

1936年5月，弗洛伊德在维也纳的家中度过了他的80岁寿辰，收到了

---

① 其他15本著作为：《君主论》（马基雅维利）、《常识》（托马斯·潘恩）、《国富论》（亚当·斯密）、《人口论》（马尔萨斯）、《不服从论》（梭罗）、《汤姆叔叔的小屋》（斯托夫人）、《资本论》（马克思）、《海权论·海权对历史的影响》（马汉）、《世界历史的地理枢纽》（麦金德）、《我的奋斗》（希特勒）、《天体运行论》（哥白尼）、《心血运动论》（哈维）、《自然哲学之数学原理》（牛顿）、《物种起源》（达尔文）、《相对论原理》（爱因斯坦）。当然，这一列举，凸显了西方中心论的思想。

来自世界各地的无数贺信与贺电,其中有爱因斯坦在 1936 年 4 月 21 日寄自美国普林斯顿的一封贺信。爱因斯坦在信中说:"我感到很高兴的是,我们这一代人有机会向你这位最伟大的导师表示敬意和祝贺。毫无疑问,你已经轻而易举地使那些具有怀疑思想的普通人获得一个独立的判断。迄今为止,我只能崇奉你的素有教养的思想的思辨力量,以及这一思想给这个时代的世界观所带来的巨大影响……"(引自高宣扬,1986:305)。弗洛伊德与爱因斯坦的友谊,以及爱因斯坦对弗洛伊德的评价,一直受到世界学术界的称颂,故把弗洛伊德与爱因斯坦以及卡尔·马克思相并列,视为近代最伟大的犹太人。弗洛伊德在人类思想发展史上的重要地位得到了普遍认可。

就其在心理学的历史地位而言,弗洛伊德更是出类拔萃,几乎无人能出其右。波林在其 1929 年版的《实验心理学史》中曾表示过这样一种遗憾:心理学没有一个像达尔文或赫尔姆霍茨那样真正伟大的人物。但是仅仅在 21 年之后,波林在此书第二版时便改变了意见——弗洛伊德承担了心理学中的这一伟大角色。波林说,"现在他被看作最伟大的创造,时代精神的代言人,他借助于无意识过程的原理建立了心理学"(舒尔兹,1983:355),并且表示"三百年以后在写心理学史时,似乎不提到弗洛伊德的名字就不能写出一本堪称心理学通史的书。到那时,你就会有关于伟大的最好标准:死后留名"(舒尔兹,1983:355)。

除弗洛伊德之外,荣格、阿德勒、霍妮和弗洛姆等精神分析学家也都被收入了伊丽莎白·狄维娜等人 1983 年主编的《20 世纪思想家辞典》。在任何一本当代心理学史专著里,他们都分别占有相当重要的篇幅。墨菲在他的《近代心理学历史导引》(1972)中说:"的确,人们也可以说,阿德勒、霍妮、弗洛姆和沙利文等都已登上了关心精神病社会面和社会涵义的同一个高峰。"(墨菲、柯瓦奇,1980:414)然而事实上,作为精神分析社会心理学体系创建者的弗洛姆,更是备受重视。有人说,在任何地方,只要真诚地讨论到现代的社会问题,总会提到弗洛姆的名字。

弗洛姆之影响的另一面是他与马克思的关系。当他还是一个初涉社会的青年,渴求理解大众行为的根本原因,面对世界大战的硝烟以祈求能铸剑为犁、天下太平的时候,他便转向了对马克思的研究。他认为"马克思是一位具有世界历史意义的人物,就这点而言,弗洛伊德是不能相提并论的"(弗洛姆,1986b:9-11)。并且他说过,"如果没有马克思,我的思想也就失去了至关重要的动力"（弗洛姆，1986b：9-11）。他把自己的理论基石——社会潜意识说归于马克思的影响，认为"存在决定意识"具有深刻的社会心理学的意义。他说，"马克思为我们提供的社会洞见乃是认识社会潜意识的一个条件，因而也是一个人彻底觉悟的一个条件"（弗洛姆，1986a：155-156）。在弗洛姆看来，一个人只有经验到其生活中潜意识的意义，才能全面地认识到意识形态是何以可能决定社会生活的。因而弗洛姆曾把自己对于社会潜意识的研究，看作对马克思理论的具体补充。诚然，这是弗洛姆尝试着在把弗洛伊德与马克思加以综合，其中也不乏对马克思的误解和修正，但他的努力所向是揭露西方资本主义社会的种种弊端，是致力于用科学服务于人类和人类社会。所以，马克思的理论事实上已为弗洛姆的精神分析社会心理学注入了生命力，增加了它的影响与价值。弗洛姆也因此赢得了他在人类思想史上的突出地位。

精神分析的方法论意义

人们之所以把弗洛伊德和哥白尼与达尔文相并提，是因为哥白尼打碎了人类关于地球是宇宙中心的妄想，达尔文使人类生于上帝的幻影破灭，而弗洛伊德则揭示了人类心灵中潜意识的奥秘，使人类失去了对自己理性的骄傲与"盲从"，人类的自尊心受到了第三次沉重的打击。就此而言，精神分析所带给世人的应该是一种新的世界观，或一种新的"人生观"。正如爱因斯坦所理解与表述的，"我只能崇奉你（弗洛伊德）的素有教养的思想的思辨力量，以及这一思想给这个时代的世界观所带来的巨大影响……"

（1）潜意识。精神分析所秉承的是一句源自古希腊的古老箴言的寓意——"人，要认识你自己"。弗洛伊德及其同人，通过献身于精神分析的研究，首次赋予这句古老的箴言准确的心理学涵义。即人若要了解自身，就必须了解自己的潜意识。在弗洛伊德之前，那些早期的思想家和社会学家都把人看作理性的、有意识的，人的行为与思想受着强大的外界力量的支配。因而作为科学家，他们的任务就是去研究这些外在的力量，人的内在因素与心理学的作用是不受重视的。不否认这些外在力量的存在，弗洛伊德提出了人的另一副形象：非理性、潜意识，受着一些内在力量的驱使。如果人们希望更好地生活，就必须借助于精神分析来认识这人类心灵的另一面。随着弗洛伊德所揭示的人的这另一形象的出现，心理学与社会科学研究的主题都蔚然改变，普通大众的意识世界也发生了根本的变化，一种新的世界观或人生观降临于 20 世纪的开端。

弗洛姆正是在方法论的意义上来理解与发展弗洛伊德的理论的。他认为分析和理解个人的潜意识对认识社会固然重要，但分析与理解社会的潜意识对更好地认识自己，认识人类的本性更不可缺少。或者说，只有在彻底揭示社会潜意识的基础上，人才能够彻底地认识自己，认识人类的本性。

（2）动力观。波林说："正是这个弗洛伊德，他把动力概念引进了心理学，使心理学家们看到了它，又采用了它。"（波林，1982：814）在心理学中，"动力"一词主要是指决定有机体行为的各种动机或驱力之间的相互作用。如弗洛伊德所使用的性驱力、力比多、本能、需求，以及冲突、焦虑和防卫机制等术语，都是一种动力观的象征，它促使人们在事物的内部寻找根本的原因。这种动力观是精神分析方法论中的基本成分，虽然从阿德勒以后，霍妮和弗洛姆等都是侧重于对社会的精神分析，注重于社会、文化等外界因素对人之行为的影响，但由于社会潜意识理论的提出，他们实际上是在不同的层次上运用了动力观。或者说，是用动力观来分析和研究社会心理现象的。从某种程度上说，这种动力观与系统论有着某种"姻缘"关系，因为在它描述各种力的交互作用时，不管是个体的内在驱力，还是社会文化的各种作用力，均是从整个系统来考虑的。这些驱力和动力，本来就是存在于系统之中的。

（3）发展观。注重动力，也就注重了事物的变化，因而也就必然与"发展"产生联系。弗洛伊德曾把动力与发展融为一体，阐述了力比多的一系列发展阶段，或称之为心理性欲发展阶段，如口唇期、肛门期、生殖期等，并以此形成了他的人格渐成论，为心理学中的发展观打下了基础。卡尔·荣格则由此推进了弗洛伊德的工作，他以更易于为人们所接受的语言把人的一生划分为四个阶段：童年、青年、成年和老年，并且分别阐述了各个阶段的心理学的意义及其变化。如童年是一个从内外经验的混沌状态去领悟意义的时期；青年是发展一种自我情结和积累各种财富的时期；成年（40 岁以后）是求索于灵魂的时期；老年是关注于生命本身，以求获得自身的展现的时期。精神分析的发展观经埃里克·埃里克森之手变得更加完善。埃里克森在弗洛伊德心理性欲发展论的基础上，阐述了他的"心理社会发展八阶段"学说，这是当代发展心理学中最具影响的"生命全程观"的最早的系统表述。精神分析的发展观作为其方法论的一个主要成分，已渗入当代心理学研究的大部分领域。

精神分析与当代社会心理学

从严格的意义上说，弗洛伊德与当代社会心理学的关系并非确定的，有些心理学史家并不承认弗洛伊德对当代社会心理学的影响，认为他重在研究治疗，且又是非实验的。但是，所有社会心理学家的著作却都毫无例外地要提到弗洛伊德，这似乎又从某种意义上增加了弗洛伊德的潜在价值。另外，精神分析作为一个整体无疑已是社会心理学理论中的主要倾向之一，当代社会心理学家无一不熟知精神分析，即使他们不把精神分析作为自己研究的基础，也总是会在研究中借鉴精神分析的某种理论和某种观点，或者说，在他们的研究中，已在自觉或不自觉地（意识或无意识地）渗入了精神分析方法论的影响。

然而，有一些当代社会心理学家和社会心理学研究与弗洛伊德有着明显的联系。创立场论与群体动力学的卡特·勒温，曾从弗洛伊德的动力理论中吸取营养与获得启迪，并且看到或找出了这种理论所存在的不足，如个案研究的局限性、缺乏实验的不准确性等，从而为超越这种理论，"用拓扑心理学来改造精神分析"（Marrow，1969：136），为创立更完整的社会心理学理论打下了基础。他的紧张系统学说与精神分析的理论有着明显的联系，而他的关于"代替满足""挫折""倒退"等实验研究，则是直接从精神分析的概念开始的，当代社会认知理论的主要发言人利昂·费斯廷格自认是受承于勒温的紧张系统理论，这里面已包含了与精神分析的间接的、某种微妙的联系。另一位当代杰出的社会心理学家墨菲也承认弗洛伊德对他的影响，他认为弗洛伊德是近代心理学史上最伟大的人物之一，尤其是其潜意识的动力学，对当代社会心理学研究产生了重大的影响。弗洛伊德在后期所发展起来的精神分析自我心理学，至今仍是当代社会心理学中的一支不可忽视的力量。

萨哈金在其《社会心理学的历史和体系》（1982）一书中，对弗洛伊德及其精神分析在当代社会心理学中的意义给予了很高的评价。他认为下列这些著名的心理学家都是从精神分析的立场上来阐述自己的社会心理学理论的，如埃里克森、阿多诺，弗伦克尔·布伦斯维克、列文森（Daniel Levinson）、桑福德、沙诺夫、卡茨（Daniel Katz）、舒兹（William Schutz）和巴尔斯等。阿多诺把社会心理学中对偏见的研究归于弗洛伊德的贡献，他认为弗洛伊德的本能是法西斯主义的情绪根源，而爱欲则属于民主主义的内在驱力。巴尔斯把弗洛伊德的人格理论运用于其对群体行为进行分析的交互过程理论中,已属于自我体系的一家之说。沙诺夫和卡兹阐述了一种精神分析取向的态度和态度变化理论。舒兹则在精神分析的基础上发展了他的行为交互作用论。另一位当代著名的社会心理学家米尔格拉姆曾明确表示,他对服从行为的研究是受启发于弗洛伊德的超我理论,并且其实验的结果也是对超我理论的支持(Sahakian, 1982: 56)。

另外,如同我们在第九章"文化与人格理论"中将要论述的那样,在汇入当代社会心理学主流的人类学或文化人类学一方,至少有两位颇具影响的人物所采取的是精神分析的态度,即林顿和卡丁纳,他们有时又被称为"哥伦比亚精神分析人类学家"。由于他们是站在更广阔的人类学的角度上来进行心理学研究的,也就近似于弗洛姆那样的对社会或文化的"精神分析"。就这一点而言,精神分析笼罩于当代社会心理学的影响要数其"潜意识—社会潜意识"理论了。远古的人类不了解大自然的神力,从而产生了"图腾崇拜"和"上帝"这些概念,这已是引出了一种大的无意识的存在。人所认识和把握不到的"图腾"和"上帝"在支配着所有的生灵。古希腊的亚里士多德认为有一种难以捉摸的"隐得来希"在规定着生的历程,集历代哲学之大成的黑格尔,断定在人的行为背后有"潜伏着"的某种东西在起作用,他称之为"世界精神",认为它虽然没有呈现于人的意识中,但却潜在地支配着人类活动的趋向,决定着人类活动的结果,并且或许还是社会发展的真正动力和历史事变的最终原因。除此之外,斯宾诺莎的"上帝"、波林的"时代精神"等,似乎都与那么一种无形的支配人类行为和影响历史事变的力量有关。然而,所有这些在弗洛伊德和弗洛姆面前,毕竟都只能属于哲学家们的臆测,而精神分析的潜意识与社会潜意识理论的提出,却已经初步对此做出了科学的界定,从而推动了包括社会心理学在内的整个当代社会科学的发展。

我们认为,精神分析与当代社会心理学有两个层次的意义。首先,它本身已在当代社会心理学中占有一席之地,形成了一种主要的理论倾向;其次,它作为一种方法论已对当代社会心理学产生了普遍影响和特殊影响。后者的意义似乎甚于前者,虽然它们是两个层次上的,前者类同于一种"实体"的范畴,因而必然具有一定的时间限度;而后者则属于一种精神,在某种程度上它可以更为持久。

第二章 社会学习理论

在社会心理学领域，人的社会化问题一直占据核心位置。人是怎样成为社会人的？他的内在本性如何展开？社会环境如何影响他的行为？具体地说，人为什么会伤害他人？他又怎样学会助人为乐？诸如此类的问题需要一种言之有理、持之有据的学说给予统括的说明。社会学习理论就是当代西方心理学界一批相当有影响的学者对这类问题给出的说明。"社会学习"一词最早出现于1941年，美国心理学家尼尔·米勒与约翰·多拉德用它来指称一个人对他人行为的模仿。1954年，美国心理学家朱利安·罗特提出了社会行为学习的一些基本原则，对社会学习理论的发展产生了一定的影响。从1960年代开始，美国著名心理学家班杜拉、米歇尔等人对多种社会行为的产生发展进行研究，在吸收新行为主义心理学、认知心理学、人本主义心理学等诸多学派理论观点与方法技术的基础上，逐渐构成了被称为社会学习理论的庞大框架，并在西方心理学界与社会生活领域产生了较大的影响。该理论以对诸种重要社会行为现象的关注和实验方法的精巧而著称，是当今西方社会心理学、人格心理学、道德教育研究等领域的主要学派之一。

社会学习理论从狭义上特指以班杜拉为首的一些理论家的观点。但从本书所列理论范围来看，我们更愿意从较宽广意义上使用这个术语，把早期对社会学习（模仿）的研究也包括进来，并简要追溯一下社会学习理论的行为主义传统。

社会学习理论的基本立场是，个人的行为不是由动机、本能、特质等个人内在结构决定的，也不是如行为主义所说，由环境的力量决定的，而是由个人与环境的交互作用决定的。"学习"一词在这里是个概括的术语，它"泛指一个生物机体在生活过程中，在环境影响之下所发生的行为变化，以别于先天性的活动"（章益，1983：1）。学习的理论就是说明一个机体在它固有的行为结构基础上遇到新情境时，它的行为是为何和怎样发生变化的。因此可以说，社会学习理论就是探究社会行为在社会情境中如何发生变化的。"学习理论"素来是行为主义学者所喜爱的题目。虽然不同的行为主义理论家对行为怎样在环境影响下发生改变有不同的看法，但他们基本上都同意是环境对行为的奖赏（强化）或惩罚（反条件作用）使行为发生了改变，行为是外部因素塑造而成的。社会学习理论虽与行为主义有渊源，但却主张由于人们具有的认知功能，学习（行为的改变）在无实际奖赏或惩罚的情况下也能发生。所以人不是被动的，他有主动影响环境的能力。同时，由于这些因素，人的行为机制就非常复杂起来。

一 社会学习理论的历史先驱

尽管许多人认为，当今的社会学习理论已迥然不同于行为主义，但我们还是得承认行为主义跟社会学习理论的亲缘关系仍在五代之内。当然，"代沟"的距离可能非常之大，以致许多方面竟表现出对立，但我们在社会学习理论的基本面貌之中，仍可依稀辨出行为主义的烙印，例如对行为变量的特殊重视，对强化概念的极大欣赏等。为了完整深刻地理解这个学派的理论基础，我们在本节将介绍行为主义的鼻祖华生（1978~1958年）的立场以及新行为主义重要代表赫尔、斯金纳的一些观点，因为这些理论家对社会学习理论均有较重要的影响。在后面几节，我们还会提到当代认知心理学对它的影响以及人本心理学对社会学习理论的一些启发，以期对社会学习理论能有完整的认识。

华生的行为主义心理学立场

从 19 世纪中叶起，心理学一直为它脱离哲学，能在科学中取得合法的一席之地而努力着。20 世纪初，这种态度在美国人华生那里达到了一种高潮。当时科学的楷模是物理学和化学。在这些领域，科学家能够寻找出"普遍性"规律，并通过对基本过程的还原分析，预测物理化学现象。而在心理学中，甚至对什么是研究对象，不同的心理学家也有不同的看法。华生由此宣称，心理学应该向自然科学看齐，研究明显可见的外在行为，而丢弃谁也说不清楚的意识、体验、动机、意志等现象。他将一切对人的影响力量

（外部环境与内在状态）统称为"刺激"，把人对这些刺激的应答行为称为"反应"。他认为心理学无须考虑人的内心发生了什么，只要研究输入的刺激与输出的反应之间的关系即可。他甚至将思维归结为无声的言语行为，将情绪归结为内分泌腺的活动，完全否定了人的主观世界。

从这个立场出发，华生认为人的行为除少数简单的反射外，完全是由外界环境塑造的。他说，如果环境可以控制，给他一打健康的婴儿，他可以把他们变成任何一类人，无论是伟人还是强盗。华生对生理学家巴甫洛夫的条件反射研究非常推崇，认为该研究展示了行为主义的基本观点。条件反射是指人们在动物先天反射基础上（例如狗对食物的唾液分泌反射），用与先天反射无关的刺激物（例如与食物无关的铃声）和引起先天反射的刺激物（食物）同时呈现，而使无关刺激物获得引起先天反射的价值或作用。华生曾将小动物与"大声"（引起儿童先天性防御反射的无条件刺激物）成对呈现，造成儿童对毛茸茸之物体的恐惧性反应。华生认为，在根本机制上，正是这种环境事件对行为的联想性影响使人形成了对不同事物的不同的反射，而人们只要控制环境事件，就可塑造出不同的人。这种巴甫洛夫式的研究，通常被人们称为经典性条件反射理论。

华生对心理学的影响是普遍而深远的。他影响了整整一代心理学家。这些被称为行为主义或新行为主义的心理学者对华生的纲领加以修改、补充，使之细致化、完整化，最终形成了蔚为壮观的行为主义"学习理论"。

赫尔和斯金纳的学习论观点

华生的行为主义风行不到 20 年，就遇到了新一代行为主义心理学家的挑战，他被指责为过于简单，过于极端化。这些新人把华生完全抛弃的主观世界以各自的术语又召回了一部分，称为中介变量，并以严密的方法和大量的研究为基础建立了许多"刺激-中介变量-反应"关系的公式或定理。这些新理论家主要有托尔曼、赫尔、格思里和斯金纳等人。鉴于赫尔和斯金纳对我们将要介绍的社会学习理论家的特殊影响，这里仅选他们两人的观点予以介绍。

1. 赫尔的假设：演绎系统和工具性学习论

赫尔（1984~1952 年）从小对数学就有浓厚的兴趣，这使他在心理学研究中急欲建立描述行为变化与刺激之间关系的数学法则。1929 年，他在耶鲁大学任心理学教授,在此前后曾受到格式塔心理学和巴甫洛夫经典条件反射学说的较大影响。赫尔的假设-演绎体系是其心理学研究的方法论基础。他认为,欧几里得(Euclid)和牛顿等人关于数学和物理学的演绎系统是他建立概括化行为法则体系的楷模。其基本要点是:首先设立假设,每个假设与一种逻辑系统相结合,从中演绎出结论(定理)来,然后再以经验事实决定假设的取舍。基于这种模式,赫尔把影响行为的因素分为三类,即刺激变量、中介变量和反应变量。刺激变量具体包括刺激强度、强化次数等指标。中介变量较复杂,包括三个层次:①受强化次数影响的习惯强度,受剥夺状态影响的内驱力等;②反应势能,它是第一层次变量的总和结果与总的抑制势能等;③净余反应势能。反应变量包括反应幅度、潜伏期等指标。

我们看到,赫尔将"刺激-中介变量-反应"分解成许多指标,又以数学公式联成复杂关系式,在当时的学习理论中产生了很大影响,俨然一副纯科学的气派。但是,赫尔对社会心理学的影响,尤其是对米勒与多拉德模仿研究的影响却来自他在其方法论框架下创立的工具性条件学习论。所谓工具性条件学习是指个体的自发行为由于其产生的结果(强化)而获得了改变。前述巴甫洛夫的经典性条件反射,学习者是被动地被刺激物引起反射的,而在工具性学习过程中,行为的改变(学习)是自发的行为因其导致的结果而成为习得的反应,所以二者的形成机制是不同的。工具性学习的典型实验是"老鼠走迷津"。一只饥饿的老鼠在迷津里由于某一反应(例如拐向某一通道)而得到食物,以后做出此类反应时的可能性就增强了。赫尔认为,反应减除了饥饿的驱力而使老鼠受到强化。他又通过安排食物剥夺时间而使驱力的状态定量化,观察这种中介变量对反应的影响。

工具性学习与经典性条件反射有几点区别值得我们注意。其一,经典性反射中研究者感兴趣的是刺激如何导致反应;工具性反射中强调的是一个反应如何导致有强化作用的刺激物的产生。其二,经典性反射中不关心反应对动机状态的影响,工具性学习强调反应是以它对个体驱力的影响来区别其性质的。其三,在经典性反射中,反应由实验者引起,在工具性学习中,反应是自发地尝试错误行为。

赫尔的工具性学习论受桑代克学习效果律影响较深。桑代克认为,行为主要受行为效果的修正。米勒与多拉德在研究社会行为的模仿时,也是遵循了这一种思路，因为他们认为模仿不过是一种特殊的工具性条件学习。

2. 斯金纳的操作-强化观点

伯尔赫斯·F. 斯金纳（1904~1990年），是另一位新行为主义学者，其对美国教育、社会的影响雄踞心理学家之首。他创立了操作条件反射理论、程序学习方法，并以非凡的技巧做了许多操作性行为学习的例证。他还提出了以操作学习论改变社会的乌托邦计划。他的理论和研究对心理学本身及对社会学习论的发展均有直接影响。

斯金纳认为，有机体的反应可分为两类：一类由可观察的特定环境刺激引起，叫作应答性行为，如眼皮对喷气的反射。这相当于经典性条件反射。另一类是个体自发的、没有任何可见的外部刺激引起的反应，叫作操作性反应，如狗会跑、鸟会飞等，均由生物本能决定。对于后者，实验者可按特定的程序提供奖赏（强化）而使它被塑造成各种不同的类型。斯金纳设计了一种专门的工具（斯金纳箱），以鸽子、白鼠作为实验对象，以验证他的理论。在斯金纳箱中，大白鼠无意中按压任一个杠杆，均会得到食物，这使大白鼠增加了按压杠杆的可能性。使用这种程序，斯金纳能够训练鸽子打乒乓球，表演各种动作，甚至投掷炸弹。①

斯金纳认为，凡是能增加某个操作行为发生的可能性的，均是强化物，而毋需像霍尔那样假定个人内部发生了驱力减除。强化物不仅包括食物等基本生活的必需品，对人来说，也包括赞赏、认可或了解新信息的机会。某些非强化物可由于与强化物同时出现而获得强化价值。还有某些强化物可替代多种事物用来强化，具有概括性作用，例如金钱。

斯金纳关于强化程序的研究尤为出色。例如他发现，定时强化（按某种时间间隔）比连续强化（每次反应都强化）效果好，定比强化（按某种反应次数间隔）效果更佳。他以强化原理创制的程序教学机器，曾在全世界教育改革中引起较大反响。现在这种程序教学的基本思路已在计算机教学中得到了广泛的应用。

斯金纳的理论对社会心理学另一重要影响是他以行为强化论对社会生活

---

① 第二次世界大战中，斯金纳曾设想通过得到驯化的鸽子凭借脖颈转动引发触发式操纵杆的方式，向敌方投掷炸弹，并在太平洋战争爆发后获得国防研究委员会的经费支持。不过，后来由于无线电、雷达和电视等各种制导技术的突破性发展，以及美国对原子弹试制的大量军费和精力投入，这一设想最终被束之高阁。

前景的分析。他风靡一时的理论著作《超越自由与尊严》（1971年）和小说《沃登第二》（1948年）集中表达了他的社会生活哲学和伦理学思考。其中，《超越自由与尊严》的出版甚至被人们视为20世纪最重要的事件之一，其影响仅次于弗洛伊德的作品（Williams，1973）。

斯金纳认为，传统人文哲学和心理学过分重视无法用科学、客观的方法验证的内心体验，并盲目相信人是自主的、自由的，相信人的自由意志给他带来了尊严，而实际上并非如此。虽然人们：主观上可以自由联想，人的行为却无法摆脱行为后果对他的约束作用，即人的自由只是摆脱有害的事物，选择有利的事物。人是受制于外部环境的，因此人并没有发自内在本性的价值。价值是一种客观事实，是社会中存在的对"好行为"的正强化（奖赏）。所以，一个社会进步的要义在于设计一个能够生存、发展的文化价值体系。在设计文化时要在个人价值、社会价值和文化本身的价值之间取得一种平衡，不能牺牲其中的一方来偏护另一方。

斯金纳否认人有主观选择价值的能力，但他自己却选择了"功利主义"的价值作为理论基础。他的文化设计不也是主观的选择吗？所以他的对人的主观能动性、内心体验的绝对否定遭到了许多批评，这里不再赘述。

总之，斯金纳的操作-强化原理对班杜拉的社会学习理论有相当重要的影响。班杜拉早期的行为矫正研究基本上是在此思路下进行的。虽然20世纪60年代末以来，班杜拉对新行为主义的强化理论提出许多批评，但"强化"这个概念始终是社会学习理论的一块基石。尽管它已在很大程度上经后来者作了修正和限定，但其基本框架还是行为主义的传统。

行为主义学习理论的几个有关概念

在行为主义学习论中，有几个对社会学习理论发展产生重要影响的基本概念。它们往往被不同的行为主义者使用。米勒和多拉德以及班杜拉早期均使用过这些术语，因而有必要给予单独介绍。

（1）类化。它指对某一刺激建立起条件反射之后，对类似的刺激也会发生这种反应的现象，例如以老鼠与大的声音成对呈现给儿童能造成儿童的恐惧反应。

（2）辨别。类化导致对相似刺激的一致性反应，辨别则相反，它使个体对特定刺激建立起精确的个别反应。当反应只发生在特定刺激出现时，而在相似刺激出现时不予反应,辨别学习就实现了。当然辨别亦有程度的不同。

（3）消除。指已建立的条件反射消失或减弱的过程。一般对反应不再给予强化时,反应消除就会出现。

二 早期社会学习理论：模仿过程研究

米勒（1909~2002年）于1935年获耶鲁大学心理学博士学位；多拉德（1900~1980年）于1931年获芝加哥大学社会学博士学位。他们在耶鲁大学期间深受新行为主义理论家赫尔的影响,试图用行为主义的学习原理解释弗洛伊德的精神分析概念,引起了较大反响。他们运用霍尔的工具性学习论,对模仿这一重要的社会行为现象进行了深入的研究；他们的理论虽然没有离开霍尔的一般原则,但对模仿过程的分析却颇为独到而自成一家。

模仿在社会心理学中一直受到极大注意。早在1890年,社会心理学先驱者、法国社会学家塔德就试图用模仿来解释一切社会行为。现代社会心理学的奠基者、英国心理学家麦独孤与美国社会学家罗斯也都特别注意模仿现象。尤其是罗斯,认为模仿是人类行为发生的基本过程。一切社会现象如时髦、习惯、舆论等,均可按模仿的规律进行解释。但所有这些理论家都是从日常经验的角度来分类、概括模仿现象的,一直到米勒和多拉德那里,模仿才得到广泛、系统、深入的研究。

总的来说,米勒与多拉德把模仿看作一种社会学习的过程,更具体说,是一种工具性条件学习的过程。他们合著的《社会学习与模仿》（Miller & Dollard, 1941）一书正是在这种框架下展开对模仿的分析的。

学习过程中的四种因素

米勒与多拉德认为任何学习过程中都包括四种因素。研究模仿也需理出其中的这些因素。这四种因素又可说是影响行为的四类条件,在此分述如下：

（1）驱力。米勒与多拉德认为驱力是一种能够激起有机体产生行动的刺激。例如饥饿是使有机体产生觅食行动的刺激。驱力显然具有动机的作用。驱力可分为不同种类。一类驱力的功能在于有机体的自我保存。它们是生而具有的基本性刺激，因而是动机的主要基础。例如饥、渴、疲劳、疼痛、性的需求等，可叫作初级驱力。另有一类驱力主要功能是社会性的。它们通过与首要性驱力即初级驱力的接近性联想而获得力量，叫作次级驱力。显然这与人们一般所说的社会性动机相近，例如受到赞许等。按米勒与多拉德的说法，次级驱力发展的根源在于社会提倡初级驱力必须以为社会所接受的较文明的方式而获得满足。当社会压制初级驱力的满足时，次级驱力可以"合理"的面目替代它们达到目的，如性的需求由于追求特殊的性对象而成为爱情的驱力等。这些获得性（次级）驱力也被社会以特有的方式（奖励或惩罚）塑造出来。但在初级驱力与次级驱力之间并没有一对一的对应关系，常常是一种次级驱力（社会性需求）有几种初级驱力做基础。例如某种赞赏可能使饥饿或性的需要都得到满足。

在模仿过程中有无驱力存在？米勒与多拉德认为，没有初级或次级驱力的存在，就不会有外显行为，因此研究模仿应当首先寻找产生模仿的驱力。人们之所以模仿他人，就是因为他人的被模仿行为能够满足被模仿者或模仿者的某种需求，或者说被模仿行为会受到某种酬赏。酬赏越可预测，模仿的驱力发展就越坚实。这样看来，在模仿中，他人的被模仿行为是一种获得满足的线索，这种线索导致个人内部的反应，而内部反应产生了要模仿的驱力，驱力又激起个人的外显模仿反应。然后，模仿的反应行为使需要获得满足，导致驱力的减弱，但增加了随后情境中模仿产生的概率。

（2）线索。线索是这样一种刺激物，它决定什么时间、什么条件下发生什么样的反应。按米勒与多拉德的说法，线索是刺激物之间的区别性。驱力刺激以强度来衡量，任何刺激，如果其强度足够使有机体产生行动，便有驱力的作用。而线索是以区别性来衡量的，任何刺激，如能与其他刺激相区别，即为有线索的作用。由此来看，驱力与线索可被看作同一种刺激的不同属性。例如，一种声音，其强度或频率分布能够引起有机体产生对噪音的厌恶及逃避反应时，即具有驱力的作用。但某种声音与其他声音的不同之处在于它能导致在特定条件、特定时间内产生某种特定反应，此时它即具有线索的价值。

在社会学习情境中，一种重要的线索性刺激是他人的行为。行为的不同方式会引起不同的反应，例如挥手与招手即有不同的线索意义。在模仿过程中，示范者的行为为观察者提供了若干线索。这些线索如果与随后的酬赏相互联系，便能使观察者将它作为特定模仿行为的线索。而且，在观察示范者的行为能否获得酬赏的基础上，观察者建立了引导个人在行为场中活动的线索价值层系，即把观察到的刺激线索体系化、结构化了。

线索跟驱力一样，也具有获得性。一个没有区别意义的线索如果能够引起获得奖励的反应，即可获得区别性价值。在模仿过程中，观察者与示范者关系较淡薄的时候，如果想使观察者产生模仿反应，必须先使示范者的被模仿行为具有明显的线索价值，即必须使观察者清楚看到被模仿行为会获得奖励。

（3）反应。米勒与多拉德认为，个人具有主动的反应操作能力，即内在的反应储备。当个人的某种操作性反应（主动、尝试性行为）在出现一个区别性线索刺激时受到强化，学习就发生了。这种模式使我们看到，米勒与多拉德是以霍尔及斯金纳的理论，而不是巴甫洛夫的经典性条件反射模式为其理论基础的，即在学习过程中，学习者不是学到了新的反应，而是学到了特定线索刺激与特定反应之间的联结。奖赏或强化使特定反应的发生概率得以增加，由此形成了新的反应层系。米勒与多拉德称它为"结果性层系"。

既然所有反应均是个人已经储备的，那么新的反应方式如何产生？米勒与多拉德认为，新的反应产生于原有反应的综合之中。

在社会环境中，观察示范者的行为反应会使模仿者减少社会行为学习中的"尝试-错误"次数。观察者通过模仿示范者有经验的行为，学到恰当的反应，能够产生"正确"的操作。米勒与多拉德认为教师或师傅的作用即是帮助模仿者减少错误反应的范围。

因此有人认为，文化（无论是社会舆论还是群体规范）的一个重要作用就是对重复产生的问题提供解决方法（行为反应）的储备，使青年人通过接受老年人的影响而避免惩罚性反应，增加获得酬赏反应发生的概率。

（4）酬赏。米勒与多拉德的酬赏与一般的强化概念并无实质差异，所以从行为主义的强化概念也可理解酬赏的含义。从定义上说，酬赏是决定反应在连续的尝试中是否产生重复的力量。没有酬赏，反应的趋势就会减弱。

米勒与多拉德认为，酬赏的主要作用是减除驱力，这与赫尔的观点一致，它也具有可获得性。由于酬赏与驱力的密切关系，驱力的本质也就限定了酬赏的本质。初级驱力由初级酬赏减除，次级驱力或获得性驱力由次级酬赏减除。食物是初级酬赏，因为它减弱了饥饿。表扬与赞赏则是次级酬赏，因为它减除了社会性驱力。这些获得性酬赏开始是通过与主要酬赏的联系而具有减除驱力的力量的，但随后就成为减除社会性驱力的主要酬赏，因为社会性驱力大多是获得的、次级的。

总之，我们可这样归纳米勒与多拉德的学习模式：

线索→（内部反应→驱力）→外部反应→酬赏

可以说这就是米勒与多拉德用来理解一切种类学习（当然包括社会学习和模仿）的基本范式。

模仿机制

米勒与多拉德认为，几乎所有的模仿行为都可包括在三种类型或三种机制，再或三种过程中。它们是：同样行为、匹配-依赖性行为、摹样行为。

（1）同样行为。在模仿研究中这种机制经常被忽略。简单说，它指两个人在学得合适的反应之后，对各自所遇情况按同样线索做出反应。例如两个人同乘一辆公共汽车去同一地点，同时排队买票等。这种行为可能由于模仿而学会，但并不必然只能通过模仿学会。

（2）匹配-依赖性行为。这是主要的模仿机制，大部分模仿行为均属此类。这种模仿发生于两类人的相互影响中。其中一类人是有经验、资格较老或较为聪明的，另一类人缺乏经验，较年轻，或不大精明。在这种情况下，第二类人往往通过表现出与第一类人（示范者）一致的行为（匹配），依赖示范者找出有关的线索，做出合适的反应。

米勒与多拉德曾以这样的例子说明匹配—依赖性行为。有两个小兄弟在玩耍。其中哥哥听到父亲的脚步声便向门口跑去，接过父亲经常给他们带回来的糖果。弟弟以前从不跟着跑，因为他不知道脚步声是父亲回来的线索。这次他偶然跟着哥哥跑去，得到了父亲糖果的酬赏。以后当他看到哥哥再跑时，便有可能跟着跑。随着酬赏次数的增多，每次跟着跑的可能性也越来越大，但是弟弟可能并未意识到哥哥跑的线索。我们可用图2-1的三个图式表示这个过程。

上述例子清楚地说明，模仿不过是工具性学习的一种特例，它跟其他种类学习一样，并无特殊之处。

哥哥的行为	弟弟的模仿行为
驱力——想吃糖	驱力——想吃糖
线索——父亲的脚步声	线索——哥哥的脚步的快速移动
反应——跑	反应——跑
酬赏——吃糖	酬赏——吃糖

匹配-依赖性行为

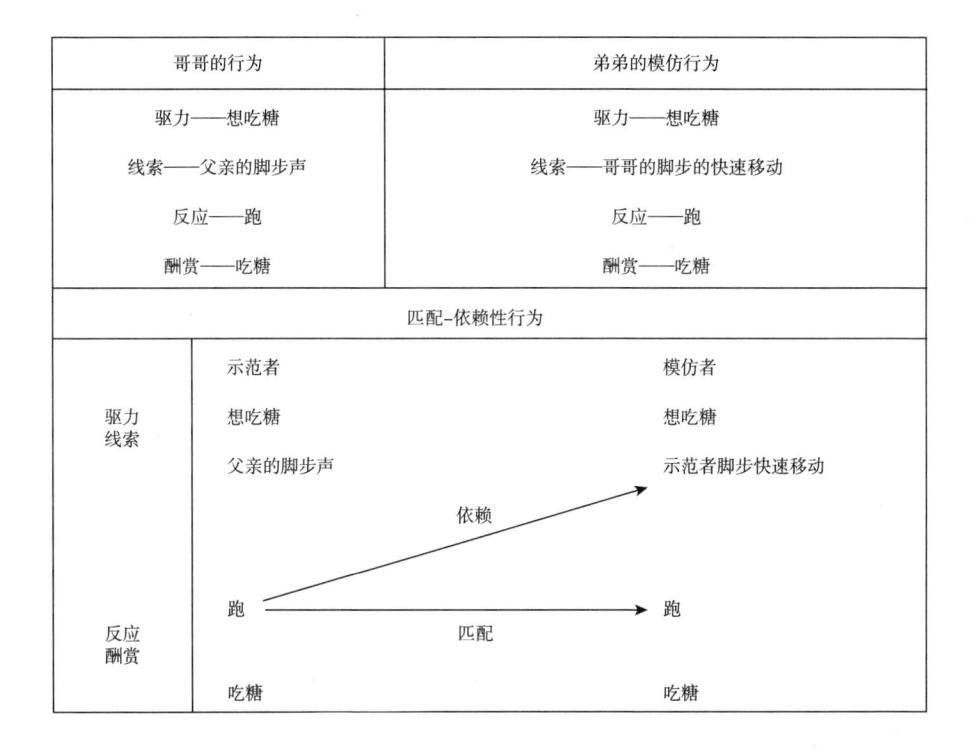

驱力线索	示范者	模仿者
	想吃糖	想吃糖
	父亲的脚步声	示范者脚步快速移动
反应酬赏	跑	跑
	吃糖	吃糖

图 2-1 匹配-依赖性行为

注：本图由本书作者编制。

在匹配-依赖性行为中，关键方面是示范者提供给模仿者的线索。这些线索因为比另外的环境因素更稳定，更能给模仿者提示有利于获得奖赏的反应而被模仿者所使用。米勒与多拉德还举出各种例子说明匹配—依赖性行为机制所能解释的范围。例如他们认为服从、态度改变也可用此种机制加以说明。

（3）摹样行为。米勒与多拉德认为摹样行为是比匹配—依赖性行为更为复杂的形式。在两种行为中，模仿者都对示范者行为中表现出的线索进行反应，但摹样行为与匹配-依赖性行为最重要的区别是，在匹配-依赖性行为中，模仿者只对示范者提供的线索进行反应，而在摹样行为中，模仿者还对他自己与示范者反应之间的相同性和不同性进行反应。在摹样行为中，模仿者一方面对自己在模仿示范者行为时与其存在的差异进行反应，另一方面又对自己现在达到的接近水平与先前的接近水平之间的差异进行反应。在摹样模仿中，模仿者以达到与示范者行为的完全相似作为酬赏。如果在这个过程中有"批评者"出现，以评价反应的相似与差异，会极有利于反应的成功。一旦个人达成对某一反应的完全模仿，他模仿这个反应的任何偏离性线索都会引起他的焦虑反应，而完全相似性线索会成为对他的酬赏。这时候，模仿者成为自己的"批评者"。

米勒与多拉德认为在"从众行为"中能明显见到这种摹样行为，他们还认为摹样反应的驱力与所谓"合群的本能""道德秩序的强迫症"等概念相近，并以此解释社会行为的"一律化"现象。

简短的评价

米勒与多拉德的理论有着极为丰富的内容，但仅通过他们对模仿行为的上述分析，其基本立场也昭然可见。一方面应当肯定，他们对模仿行为的细致、系统的分析是首创性的，并为后来的模仿研究提供了很好的先导。实际上，当今对模仿过程的研究可以说无不得益于此。他们的结论对社会学习的研究也有直接的意义。但是，一个同样明显的事实是，他们的基本理论框架是行为主义的，属于强化理论，这种理论对人的认知过程的漠视，对人的意识、主动性的忽略已注定了这种理论的先天缺陷，使其理论听起来更像描述动物而不是人的行为，也使其理论易陷于简单化。另一方面，从对理论的证明来看，米勒与多拉德曾提出一些研究材料，但许多研究只是就模仿中的强化观点进行了一些证明，能够肯定的也只是：对示范者行为的强化至少是模仿行为发生的充分条件之一。他们的另一些观点如驱力减除模式、匹配-依赖性模式大都受到质疑，其中又以班杜拉的批评最有分量。班杜拉认为，米勒与多拉德理论只是工具性辨别学习理论的特例。他们将示范者的行为仅看作辨别性刺激，其作用只是指示了反应的时间和地点。但在实验上必须在下列条件下才能证明匹配-依赖性行为的模式，即在实验中要剥夺观察者的所有环境线索，只保留示范者的行为，而这是很难做到的。

总之，米勒与多拉德的模仿研究在社会心理学中是开创性的，并对后来的研究具有深刻的影响，但其理论框架有明显的缺陷，实验验证方法也不尽完善。这些特点在下一节对班杜拉理论的介绍中会显得更加清楚。

三　班杜拉的社会学习理论

班杜拉（1925~2021年），美国当代著名心理学家，原籍加拿大。1952年获衣阿华大学博士学位。1973年任美国心理学会主席。他曾多次接受美国心理学界对他的杰出的科学贡献所给予的奖励。多年来一直担任斯坦福大学教授，是世所公认的社会学习理论的巨匠、行为矫正技术的主要创立者。他尤其对侵犯行为做过深入而杰出的研究。

社会学习理论是班杜拉继承前人成果，在自己及其同事的大量研究基础上逐步提出并完善的一种理论体系。有人认为这个体系缺乏内在的统一框架，只是许多研究原则和结论的综合。这的确道出了社会学习理论的某种特点，但仅就班杜拉而言，其理论框架还是明显可见的。

班杜拉早年曾受赫尔的门生肯尼思·斯彭斯及米勒与多拉德的影响。这使他在临床心理学的学习与研究中喜欢用行为主义的方法论作指导。实验设计的精巧，严谨是班杜拉鲜明的特色之一。班杜拉的早期研究集中于儿童的侵犯行为，并由此提出了所谓经由观察学习的个人社会行为发展理论。从20世纪70年代开始，他的注意力指向个人行为的自我调节机制，兹后又转向研究行为改变的机制，提出了"自我效能"理论。如果说50年代末60年代初，他还是个十足的新行为主义信徒的话（在他的有关行为改变的论述中充满了强化、辨别、消除、反条件作用等行为主义的专门术语），到了60年代末则转变成了相当强调人的认知功能以及自我选择、自我调节机制的开放型理论家。

社会学习理论的另一位代表人物是沃尔特·米歇尔（1930~2018年），他曾任芝加哥大学和哥伦比亚大学教授，在斯坦福大学与班杜拉并肩做过多年研究，1968年凭《人格及其评定》一书在美国心理学界一举成名。米歇尔一直对满足延宕行为较为注重，20世纪70年代开始研究个人的社会认知。究其一生，米歇尔自以为受到如下两位导师的巨大影响，一位是人格与临床心理学家乔治·凯利，另一位是朱利安·罗特。罗特早在1954年就提出要重视社会行为的学习过程。他认为人的行为不仅受个人因素影响，也受情境变化的调节。他特别指出强化的作用在于人通过认知功能对特定事件情境的预测，这些思想在后来的社会学习理论中均成了核心性原则。

我们对班杜拉的社会学习理论的介绍将从如下四个方面展开：①他的基本方法论：交互决定论；②社会化主要过程的理论：观察学习论；③班杜拉独具特色的发展：自我调节论；④班杜拉的晚期研究：行为改变的自我效能论。

交互决定论

在心理学中，行为受什么因素影响历来有两大观点：一种观点认为主要由个人内部的本能、需要、驱力、特质、认知结构等决定，另一种观点认为主要受环境的影响。而班杜拉则认为，人的行为受到内在因素与外在环境因素的交互作用影响。行为与环境、个人内在诸因素三者相互影响，构成一种三角互动关系。行为同时受到环境和个人的认知与需要的影响，人的行为又创造、改变了环境，个人的不同动机以及对环境的认识使人表现出不同行为，这种行为又反过来以其结果使人的认知与动机发生改变（图2-2）。个人感受到环境的许多方面，但个人并不只是环境刺激的被动反应者。总之，班杜拉认为，必须在这三者间的不断交互作用中理解人的行为。由此我们看到，班杜拉的学习理论从其基本立场上已超越了新行为主义的环境决定论，提出了人有主动的方面，尤其人的内在动作和认知功能对人的行为具有重要的影响。班杜拉认为，人有使用符号的能力，所以他能够思维、创造、制定计划以及在思想中表征将来的结果。班杜拉的这些基本理论思想贯穿于他的整个研究之中。

图2-2　行为、环境和个人的交互作用

交互决定论否定了描述行为变化的传统公式，行为＝f（个人·环境），以及行为＝f（个人⇌环境）。这类公式仅将行为看作个人环境影响的产物。交互决定论将行为作为参与相互影响的一个因素而起作用，提醒我们从各种因素的相互影响中理解行为。当然，班杜拉本人也认为"同时研究这三角形交互影响的所有方面是非常困难的"（Suls，1982：8），但它毕竟提供了理解人类行为的新的视角。

从班杜拉的研究中，通过模仿他人而获得行为的过程受到了极大的关注。因为他相信，我们的大部分社会行为都是通过观察他人、模仿他人而学会的。"通过观察而学习的能力使人们能够获得较复杂的、有内在统一性的、模式化的整体行为，而毋须通过行为主义设想的那种沉闷的尝试错误逐渐形成这些行为。"（Bandura，1976：12）下面我们就转而详细介绍他对该过程的研究。

观察学习论

按照行为主义的设想，人的行为是由结果的强化或惩罚而塑造的。这样推论起来，驾驶员只有在接受罚款之后才会按交通规则行事，杀人犯也只有在被枪毙之后方悔悟到杀人的错误。班杜拉认为，这正是行为理论的荒谬之处。他们无视人有通过语言与非语言形象获得信息以及自我调节的能力。正是这种能力使人能够不必经过亲身体验，而只通过观察他人习得复杂的行为。他称此为"替代性学习"或通过他人而进行的学习。这种学习有时严格地限于模仿示范者的行为，有时则可创造出新的行为。前者的例子如骑自行车与打字，后者如女孩子从通过模仿爱抚布娃娃到真正成为母亲，甚至成为同情弱者的慈善家。前者容易理解，后者的机制在于，通过把不同示范者的特征综合、概括为新的组合而产生思想与行为的新方式。人们通过观察示范者的行为得出某种认知意象，随后以此指导个人的行为，这使个人减少了尝试的错误，尽快以较恰当方式对情境做出反应。

班杜拉对观察学习过程的分析明显受到了认知心理学的影响，他是按照信息加工的模式来分析观察学习过程的。班杜拉认为，观察学习分为四个过程：注意、保持、动作再现，以及动机或激励（表2-1）。

（1）注意过程。班杜拉认为并不只是看到或跟示范者待在一起就能学会示范者的行为，必须使观察者的知觉指向集中于他要模仿的行为。因为人的注意具有选择性，具有不同需要、不同经验的观察者对呈现于前的示范者会选择不同的特征进行模仿，或者完全不予理会。同时，示范者的行为特点以及示范者与观察者的关系也会影响这种注意。班杜拉及其他人的研究已证实：具有较高的社会地位、富于魅力等特征的示范者易被模仿。观察者与示范者的生活风格、人生目标相似性越大，就越易产生模仿行为，实际上广告商已在充分利用这种规律。

表 2-1　观察学习过程

注意过程→	保持过程→	动作再现过程→	动机或激励过程
个人注意到了，并且集中精力，感知了示范者的行为	个人记住了先前观察到的行为特征，保存在长时记忆系统中	个人将对示范者行为以符号编码保存的特征转译成新的反应模式	如果强化物（外在的、替代的或自我强化物）有可能出现，个人便做出示范者的行为

注：本表由本书作者编制。

（2）保持过程。如果观察者记不住被模仿者的行为特征，模仿显然难以发生。在这里，记忆是以符号编码（词或意象）的方式进行的。在儿童发展的早期阶段，意象是主要手段，尤其视觉意象在观察学习中极为重要。但在信息储存方面，儿童后来发展出的言语编码是极为有力的手段。它以简便的方式对极复杂的信息内容加以编码，使观察、概括复杂行为成为可能。

（3）动作再现过程。该过程指将记忆中已经编码的符号意象转译为相应的行动，这是观察学习中的重要一环。有时尽管人们能够建立起来示范者行为的符号表征，却难以再现正确的示范者行为。这类现象在高技能行为的习得中尤为常见，如滑雪、开车、演奏乐器等。此时仅有观察是不够的，还必须有对行为操作状态和示范者行为的比较与反馈，对所观察行为的重述也会有利于对正确行为的模仿。

（4）动机或激励过程。观察是怎样转变为行动的？在这里，动机对于行为的实际发生来说，是非常重要的。无论人们注意到什么行为，也无论他们有多大能力把这种行为模仿出来，没有足够的动机或激励，他就毋须表现这些行为，而动机是由强化作用引起的。这也就是说，一个人能够看到、记住并有能力做出示范者的复杂行为，但若这种行为受到惩罚或被忽视，他就很难表现出这种行为。在这点上，班杜拉的理论与米勒、多拉德以及其他行为主义者的学习理论有着明显的区别。米勒等人强调,强化对行为的每一步改变都具有塑成作用。换言之,没有强化物,行为学习就无以产生。而班杜拉则认为,行为的学习可以在无强化的条件下完成,只是行为的表现需要强化。进一步,在某些情况下,无强化的模仿也能发生:例如儿童观看暴力镜头产生的模仿,有时并无强化物存在。由此可见,强化有助于模仿行为的产生,但并不是充分必要条件。在这里,班杜拉对行为主义的环境决定论提出了批评,他认为人有能力选择自己的机遇,调节自己的反应。

对于强化,班杜拉也不乏新的见解。他认为人并不仅仅受到自己行为的直接后果(直接酬赏与惩罚)的影响,还受到观察他人所遇到的结果(替代强化)以及由个人对自己的评价、认知所产生的强化(自我强化)的影响。他认为,直接与替代强化对人的行为有两种作用:其一是信息,使行为者知道什么样的反应会有什么样的后果;其二是激励,激起行为者为此目标而努力。自我强化则是内部强化,这是个人对自己达到目标时的酬赏。至于个人不能达成目标而产生的自我谴责,则是消极的自我强化。

自我调节论

自我调节研究是班杜拉的理论与其他行为主义理论最显著的差别。自我调节指的是个人的内在强化过程,是个人通过对自己行为的预期、计划与行为的现实成果之间的对比、评价来对个人行为进行正负调节的过程。这表明,班杜拉的强化已不再是行为主义的那种刺激与反应之间的联结物,而是通过人的复杂认知活动起作用的事物。强化的作用与人的主观期望密切相关,外部结果必须通过人的主观认知影响行为。这就是说,环境、行为与人的认知、动机是互相影响、互为因果的。

班杜拉使用了"自我"这个概念,这与原先的行为主义立场明显相悖。在心理学史中,"自我"历来是个颇有争议的概念,虽然有大量的研究,却难有一致的看法。行为主义心理学坚决抛弃了自我概念,因为它无法用实验验证。但班杜拉又重新使用了它,这使他的心理学对象进一步"人"化,因为研究整体的人无法避开"自我"这一事实。实际上在当代西方社会心理学中已有大量的研究进一步丰富了人们对"自我"的认识。不过,平心而论,"自我"概念并没有特别受到班杜拉的青睐,他只是笼统地将"自我"称为行为的一种动因。在实际的使用中,班杜拉不过是将"自我"与强化等概念连接起来，以表示人们都了解的那种心理活动过程，把它作为一种解释性的结构概念，而非盘桓于脑海的"侏儒"。

自我调节支配着人们的大多数行为，它包括自我酬赏的积极作用和自我惩罚的消极作用。这种正负强化通过动机而影响人的行为，它包括三种过程，即自我观察、自我判断和自我反应。所谓自我观察是指在各种不同的活动中存在不同的衡量标准（例如艺术工作的衡量标准是创新性和美学价值），人们往往依据这些标准对自己的工作进行评价，这种评价对人的行为的影响有积极和消极之分。自我判断过程是指人们自己为自己的工作确立了一个标准并以此判断自己的行为与标准之间的差距，如果超过标准，则会引起积极的自我评价，反之则是消极的自我评价。有趣的是，个人的标准常常是与他人和群体的标准相比较、相参照而确立的。个人先前的行为水平同样也可作为他现在的行为标准。在成功之后，人们会提高其个人标准，而在多次失败之后，则又会降低其个人标准。人们对成功或失败原因的推断也影响其后确立的标准水平，成功归于个人内因（能力等）往往会提高行为标准。最后，自我反应过程，即指个人评价自我行为后所产生的自我满足、自豪、自怨、自我批评等内心体验。自我赞赏产生积极的影响故属正强化作用，自我谴责则属于负强化作用。有时，将自我反应与个人对自己达到某一标准后的物质性结果安排在一起，会对个人行为产生更大的影响。

那么个人如何获得自我调节的标准体系呢？班杜拉认为自我奖惩的标准可通过两种途径：一是分化或选择性强化，即人在成长过程中，由于父母、教师及其他年长者对合乎他们信念的行为予以奖励，对不合者予以惩罚或漠视，这使得个人将这些行为标准内化为自己的标准；二是模仿，即对示范者行为标准的学习，研究证明，不同的示范者（有高、中、低接受酬赏的标准及无标准的人）对儿童的内在标准的确立具有直接影响。

那么，人们为什么会以自己的标准衡量行为，而这一标准为什么又能对个人产生动机作用呢？换言之，是什么原因在支撑人的自我调节系统呢？班杜拉列出了四条理由：①社会的影响：人们不坚持自我行为的标准并为之努力，可能会受到他人的"负性反应"；②对现实情境的预测：一个人不约束自己为达到目标而努力，他会估计到随之而来的境遇；③个人的得益：一个人可能从自我对不良行为的改变中得到实际的好处；④示范者的影响：看到他人因自律而成功会对个人自律的动机与方法有直接影响。

班杜拉对人们为什么会惩罚自己（自我谴责甚至自残）也给予了解释。他认为自我惩罚反应产生于人们错误、失败的行为之时，其作用在于减缓人们思想中的痛苦或失败感，有时还会引起他人的同情。

总之，自我调节理论欲图使人的行为变得富有主动性和选择性，表现了人的认知、情感等对行为的多种影响，这是班杜拉的最重要的转折之点。

自我效能论

从1970年代后半期开始，班杜拉对临床心理治疗中病人行为改变的内在机制产生了极大兴趣，他创立了所谓"自我效能"理论，并就此发表了多篇研究论文和报告，这是班杜拉以新理论框架对其行为矫正技术的总结。班杜拉之所以对自我效能非常重视，在于他始终认为"一个理论的价值最终是由它所产生的（心理或行为）改变程序的效力来判断的"（Pervin，1984：427）。对此理论的了解，可使我们更深入理解班杜拉的思想以及他的近年研究趋向。

众所周知，班杜拉最初是用强化、消除、反条件作用、辨别学习等行为主义概念来解释行为改变机理的。从他对人类认知功能和内部过程的重视开始，行为改变的理论解释也发生了变化。在交互决定论中，我们看到行为、个人动机、认知与环境之间的交互影响关系。其中认知与行为的关系，在班杜拉看来是一直为心理学所忽视的，他的自我效能理论正是为了填补这一空白。班杜拉认为，人的能力并不是一种固定的行动或仅知道做什么，而是将认知与技能组合成统一的行动，并对不断变化的环境协调适应的本领。改变行动的始发与调节是由个人对自己操作能力的判断决定的，这种对自我能力的判断即为自我效能。它包括在自我调节过程中，是"一个人对自己能够怎样有效地组织和施行行动过程以及对付包含许多模糊不清、不可预测并经常令人紧张的成分的未来情境的判断"。在班杜拉看来，自我效能判断与对强化物的预期，对人的行为具有同样重要的影响，有时甚至更加重要。"在特定的合适技能和合适的刺激条件下，效能预期将是人们遇到应激情境时选择什么活动、花费多大力气、支撑多长时间的努力的主要决定者。"（Bandura，1977：194）

1981年8月，班杜拉在美国心理学会授予他杰出科学贡献奖的大会上，发表了《人类动因的自我效能机制》的演说，认为这种机制在人类动机中占有核心位置，有"宽广的解释效力"。他说，"效能的自我感知影响思维模式、行动和情绪激活……它有助于说明各种迥然不同的现象，例如由不同影响方式产生的应付行为……成就的努力……以及职业追求"，其范围可以说包括了大量的常态与变态行为。他甚至认为产生于个人自我效能之集合的集体效能对社会改变亦有影响。

那么，自我效能如何产生、如何改变呢？班杜拉认为有三条途径：①个人的直接经验：一个人屡次成功，自我效能一般会升高，反之则下降；②替代性经验：观察别人在某类问题上取得成功会增加自己处理此类问题的效能感；③社会的影响：例如他人的劝说、一般舆论的影响。

自我效能还能产生迁移和概括化。一般来说，自我效能判断是根据要处理的具体问题而有差异的，是指向具体问题的。但人们常常因某一具体事件的成功而产生"一种更概括的效能之感，它远远超出了特定的治疗情境"。

自我效能理论与观察学习程序相结合使班杜拉建立了非常有效的心理治疗（行为改变）程序。自我效能预期因能精确预测到行为改变的变化过程，被班杜拉用作测验指标，改变的方法则是根据观察学习理论设计的技术。

在班杜拉那里，自我效能包括各种社会行为，例如酗酒、吸毒、焦虑等，事实已说明自我效能理论的广泛解释力。在这一理论中，班杜拉强调了人对环境及个人的认知判断对动机的直接影响，这充分表现了他与行为主义立场的分歧。下面我们选择以社会学习理论为框架对某些重要社会行为现象所做的研究，以期对社会学的理论能有更全面的了解。

四　若干社会行为研究

当代西方心理学及社会心理学发展的重要特征之一，是许多研究者不再各执学派立场相互攻击，而注重于对某种社会行为现象的深入研究，这即导致所谓"中层"或"小型"理论的出现。然而这种研究从选题、理论结构到使用的方法，依然带有相当浓厚的研究者理论立场的色彩。具有社会学习理论倾向的许多研究者对侵犯行为、利他行为和满足延宕等均有过深入细致的探讨，在这里我们选取部分成果予以评价，以期对社会学习理论有全面了解。

侵犯与模仿

侵犯行为系指有意伤害他人的行为，内容多样，由于西方社会恐怖、暴力事件的不断发生，侵犯行为的研究是热门课题之一。在此，班杜拉的研究尤为出色，涉及内容十分广泛。尤其是他与同事对儿童侵犯行为的习得和产生机制的结论在西方社会生活中产生了广泛影响，甚至左右了社会立法。

班杜拉发现，儿童学习侵犯行为的一个重要途径是电视节目中的暴力、攻击性镜头。他与同事获得了大量翔实的资料证明，电视暴力至少在四个方面对青少年具有影响：①教会了儿童怎样施行暴力；②使青少年变得难于控制自己的冲动；③使儿童对周围的暴力行为习以为常、漠然视之；④使儿童产生了一种关于生活现实的虚假意象，似乎暴力是解决问题的万能方法。实验和日常生活资料表明电视暴力对儿童的影响是相当长久的，电影电视中的暴力行为使青少年日常生活中的侵犯性行为明显增长。

电视暴力对儿童的影响即是一种观察学习的过程，它是一种替代性学习。虽然比起直接的暴力行为（家庭虐待、同伴斗殴等），它引起的侵犯行为发生的概率也许低些，但其方式却相当复杂、多样。经过节目编导的精心设计，这些镜头中的侵犯行为或者非常精巧、残酷，或者显得合情合理，因而其影响力是很大的。儿童学得了整套的侵犯行为之后，有时可能产生无目的的模仿，但更经常的是因某种强化的出现而表现出来。对于人的侵犯性行为，不同的理论家有不同的看法。本能论者（弗洛伊德等人）认为侵犯是本能的宣泄，是本性的表现，是无法避免的，米勒、多拉德等人认为侵犯是对挫折的反应，挫折必然引起侵犯，他们因此提出了"挫折-侵犯假说"；班杜拉等人则认为，挫折能否引起侵犯，要看人对挫折如何解释，即使挫折使人的情绪受到了激活（愤怒或激动），人也是根据自己对侵犯行为结果的预期（酬赏、无害还是惩罚）决定采用什么方式来应付挫折的。除了侵犯，人们还可能采取下列方式：建设性解决问题、心身反应、吸毒或酗酒、退缩与顺从、个人奋斗等。然而，由于青少年缺乏社会生活经验，他们的预期往往不恰当，而在电视暴力镜头中侵犯行为往往受到强化，青少年就容易采用学到的侵犯行为处理自己遇到的问题，这导致了青少年犯罪的日益增多。

那么如何减少青少年的侵犯行为的发生率呢？班杜拉曾提出过40条建议，例如在家庭中，他建议父母尽量不以暴力行为解决家庭中出现的问题，对儿童使用非侵犯性手段解决纠纷予以酬赏；控制儿童观看暴力性节目的机会；等等。难能可贵的是，班杜拉深知，上述这些方法虽然在某种程度上能起作用，却并不能完全根除社会中的暴力问题。他说："像人类面对的其他问题一样，没有一种单一的伟大方法能够降低一个社会中存在的这种破坏性。这项工作需在改变社会体制的实践中，把个人的正确努力与集体的行动结合起来。由于侵犯性行为并不是人类必然和不可更改的方面，而是社会中有利于侵犯发展之条件的产物，人类还是有能力降低他的侵犯性水平的。但是这种能力是被合理地加以使用，还是被毁灭性地加以利用，则是另一个问题了。"（Bandura，1973：323）我们由此看出，班杜拉对待社会现象还是颇为明智的，他摆脱了诸如斯金纳等心理学家的学究式幼稚，为心理学与社会改革的关系找到了较为恰当的位置。

满足延宕

满足延宕是社会学习理论对自我控制过程的一种研究，主要研究者是著名美国心理学家米歇尔、班杜拉等人。1978年米歇尔获美国临床心理学分会科学贡献奖，他曾先后任教于哈佛、斯坦福、哥伦比亚等著名大学。

满足延宕指个人为了将来得到较大的、更有价值的酬赏，经由自我控制而舍弃即刻的、较小些的酬赏物的过程。例如小学生为买自行车省下买糖的钱，大学生为了将来的好职业舍弃现在赚钱的机会等。在现代生活中，个人满足延宕的能力非常重要，已有大量研究探索这种能力是如何发展起来的。例如有的研究发现，能够克制眼前利益、追求长远目标者一般出身于父母强调成就、鼓励孩子自我独立的家庭。实际上这种父母本身的行为往往就给孩子做出了满足延宕的示范。班杜拉与米歇尔1965年对观察学习如何影响满足延宕做了一项经典性实验。

实验的第一阶段，选择一些8~10岁的儿童，施以一系列测验，区别出能够为了将来的酬赏忍受暂时剥夺的高延宕能力的一组儿童和寻求即刻满足的低延宕能力的一组儿童。实验的目的是想证明这些行为倾向能够通过观察学习得到改变。第二阶段，把两组儿童再分成三个小组，高延宕能力一组（高一组）与低延宕能力一组（低一组）一起观察真实成人做示范活动，高二组与低二组均观看文字说明材料，高三组与低三组则不给予任何示范影响。高一组、高二组均观察（真实或文字描述的）低延宕示范行为。例如一个示范者可以选择马上得到一副塑料国际象棋或等待一段时间得到一副贵重的木制象棋,这个示范者表现出不愿等的样子,并说:"我要马上玩这副象棋,管它贵重不贵重。"低一组、低二组则观察表现出高延宕行为的示范者。第三阶段,在这些儿童观看示范者表演之后,马上分别进行满足延宕测验。原测的高延宕组测验结果如图2-3。

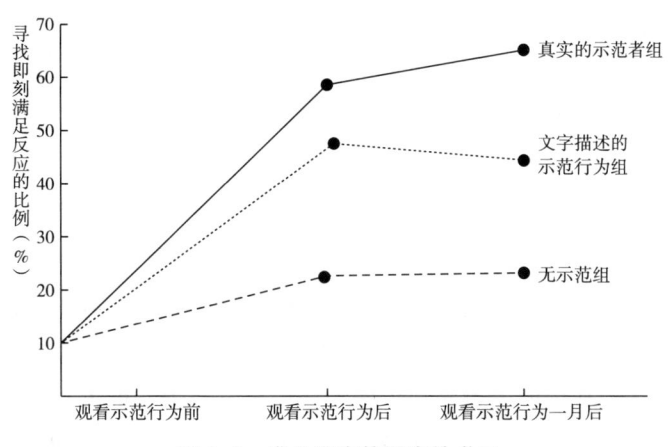

图 2-3　满足延宕的观察性学习

由图可见,原来有高满足延宕倾向的儿童,在观看了低满足延宕行为的表现之后,行为倾向发生了变化,其中真实示范者的影响最大,文字描述的影响次之,无示范组则变动不大。低满足延宕组的测验结果也跟上面图中所示的大体相同。更有意义的是,这些经由观察学习获得的行为改变发生了概括化,在一个月之后重测时,仍然保持着这种改变。

这种满足延宕的观察学习不但发生在儿童之中,在成人中也同样如此。1972年,杰罗姆·斯顿福泽曾以监狱犯人为被试进行了一项研究,在研究中示范者为一位受狱犯尊敬的犯人,结果,其满足延宕行为不但影响了其他犯人当时的表现,也影响了他们随后的行为。

利他行为

利他行为指主动助人的行为,社会学习理论家将它作为一种经由学习得来的反应进行研究。他们认为,利他行为也是由酬赏(强化)引发的,尽管有时利他行为未给助人者带来直接、明显的好处,甚至使其花费了一些代价,但利他行为的酬赏可以是间接或微妙的。这就意味着,利他行为是可教会和可改变的,同样也是可以通过强化来控制的。

对于利他行为,关键是如何促其表现,这就需要对利他行为的强化机制细加分析。米德拉斯基和巴颜在1967年的研究指出,对于把糖分给同伴的儿童,成人若表现出愉快的接受态度,他们以后就会更有可能分糖给同伴。此时这种接受态度显然是一种酬赏的强化。另有研究指出,将两组人置于不同情境中,使甲组相信他们做了伤害他人的行为,乙组没有这样,在随后的献血活动中,甲组比乙组成员表现出了更为积极的献血行为。这是因为甲组成员希望个人"从伤害他人的内疚中摆脱出来"成为一种酬赏,而通过献血便获得了这种自我肯定,这是一种自我强化。这样看来,在外人眼里没有明显酬赏性后果而表现出的利他行为,事实上可能由于行为者个人的先前经验,或按班杜拉的说法,由于认知中介的作用而获得了自我强化。总之,社会学习理论认为利他行为是在外在强化和自我强化双重影响下发展起来的。

此外,还有一些研究揭示了影响利他行为发展的各种因素。有研究证明,接受过他人帮助的人更易产生助人行为。有同情心的人(这可用心理-生理和言语测量出来)在别人体验到痛苦时更愿意帮助人。另有研究指出,心境好时比平常更有可能产生利他行为,成功时比失败时更有可能产生利他行为。但在心境不好或失败时,如果利他行为不需要付出太大努力,也可能产生利他行为,因为这种行为此时会给主体带来自我安慰或他人奖赏,从而改变人的情绪状态。还有研究表明,利他倾向是人生来就有的内在需要,它能使人摆脱不愉快的体验或带来酬赏与表扬,由此获得所谓次级强化作用。利他行为的表现会减除人的内疚感或其预期中的内疚感,这正是所谓社会责任感之类现象产生的心理机制。

利他行为是个极复杂的课题,社会学习理论只是从一个角度深入了下去,却并没有把握全貌。因为利他涉及对人的本性的看法,对利他行为的研究需要从多角度进行。

五 社会学习理论的评价

在社会心理学的诸多流派中,如何评价社会学习理论对社会心理学的发展所做的贡献及其局限,这是一个比较复杂的问题。我们的分析角度是,某一学科领域学派纷起固然说明该领域的繁荣，同时也是该学科不成熟的表现。每一学派都有自己的理论框架及研究资料说明其合理性，却又必然蕴含着自身的不足。因此，本节准备从比较的角度分析社会学习理论的若干独到之处，以期理解它在社会心理学发展中所占的位置。

欧洲社会心理学家威廉·杜瓦斯在《社会心理学的解释水平》一书中，曾将社会心理学的实验研究区分为四种水平：①个体内部水平（intrapersonal level），这是最为微观也最为心理学化的层次。这类研究集中于描述个人怎样组织他的知觉，组织对社会环境、自己行为的评价。在这类研究中，研究者特别注意个人组织其经验的内在机制。他们把个人看作是遵循这些规律的信息加工者。在社会心理学中，较为著名的研究如费斯廷格的认知失调论、人际知觉的研究等都属此类。②人际与情境水平（interpersonal and situational level），这类研究主要关注特定情境下发生的人际关系过程，但并不考虑在这特定的情境之外，个体所占据的不同的社会位置。例如，勒温的同事巴维勒斯1950年所做的研究，揭示了沟通网络中处于不同位置（与别人具有不同关系）对沟通过程会产生一系列影响。我们将在第四章"社会认知理论"中论述的勒温的学生哈罗德·凯利1967年提出的三度归因理论，实际上也属于这个水平。因为它指出观察者对行为者行为意向的推测依赖于行为者与观察者的关系以及行为与行为背景的关系。③社会位置水平（social positional level），它涉及社会角色和社会地位的差别对个人认知、行为的影响。例如我们第七章中将要介绍的角色理论、社会角色对归因过程的影响等。这一层次的许多研究往往与第二层次有交叉的地方。④观念或意识形态水平（ideological level），也称"群际水平"。显然，每一社会都有自己的观念形态、信仰、价值和规范系统，正是这些系统使社会秩序得以维持。所以这一层次的研究特别关心观念形态对个人、社会群体以及民族产生的影响。它还对这些系统的形成机制进行了分析，当代社会心理学中的跨文化研究大多涉及此类课题，而我们在第十二章中将要述及的社会认同论正是这一水平上的重要理论（Doise，1986：10-17）。

从上述四种水平的标准来看，社会学习理论显然介于第一层次与第二层次之间。它既有个人的社会行为如何发展的内在机制分析（例如自我调节系统的建立），又有人与人之间如何产生影响的行为模式（观察学习过程）。但是，对于更高层次的问题，如社会阶层或角色对行为的影响、文化规范与行为的关系,社会学习理论都没有直接涉及。其实,从心理学角度研究社会心理学问题的大部分学者都喜欢在基本的个人心理与行为中寻求解释社会心理现象的规律。他们往往把眼光盯在个人内部或个人与个人之间的过程上,将复杂、多重原因造成的社会心理和行为问题简单化、抽象化、纯心理学化。这种以偏概全的做法往往将问题的研究引入歧途。斯金纳设想用强化方法建立一个美好的乌托邦,显示了他在复杂社会现实面前的幼稚;班杜拉也曾宣称自我效能的群体效应会起到改变落后的社会现实的作用,这同样不近现实,尽管他在研究电视中的暴力镜头对儿童侵犯行为的影响时曾指出消除社会中暴力现象的复杂性。

因此我们说,社会学习理论对社会行为的个人过程(获得、发展、调节、改变)确有独到、深入的研究,它使社会心理学理论与应用都向前迈出了一大步,但它并没有包括社会心理学的各个方面,也许它应该不限于自己熟悉的题目与方法,向一种统一、综合的社会心理学理论迈进。其实,从本书所涉及的一些社会学取向的社会心理学理论来看,有时也有忽略社会行为的个人、微观机制的倾向。许多研究者总喜欢囿于自己的角度,解释所有的问题。

如果说上述评价是从整个社会心理学发展的角度来看的,那么在心理学领域中,社会学习理论孰短孰长呢?应当指出的是,鉴于社会学习理论内部有诸多差异,所以很难一概而论。大的差别表现在早期的米勒、多拉德与后期的班杜拉等人的区别上。而班杜拉与米歇尔,他们和其他社会学习理论倾向的研究者之间,同样也有研究课题、理论偏好及研究方法、结论的若干不同之处。

应该承认,米勒与多拉德的模仿过程研究,具有重要的历史意义。他们不仅开了行为主义心理学研究具体社会行为过程的先河,其成果也极大地丰富了社会心理学。很长一段时间,心理学家对模仿的研究没有跳出他们的框架。当然,现在看来,米勒与多拉德的研究虽然精细、独到,却总是束缚在行为主义的大网之内。他们对模仿的解释没有超出行为主义的理论框架,即没有超出强化、环境刺激等概念。另外他们对理论的实验验证远不如后来的班杜拉那样丰富、充实。

班杜拉等人的社会学习理论具有相当独特的优点。其之所以能在西方社会心理学和心理学领域享有盛誉,具体分析起来,主要有以下长足之处:

（1）理论概念建立在丰富的实验验证资料基础上，其实验方法也较为严谨。班杜拉、米歇尔等人对实验特别重视，例如他们的观察学习模式，是从对各种模仿行为的研究中概括出来的。我们在电视暴力对儿童的影响、满足延宕行为、性别角色社会化等各项研究中均可感到其基本框架的存在。为了验证理论，班杜拉等人也选择了各种各样的示范者——真实的、电影中的、连环画中的、正面的、反面的等，充分而翔实地证实了观察学习的过程规律。他们对实验的重视是深受行为主义立场影响的。

（2）基本理论框架的开放性。纵观班杜拉个人著作的基本内容，即可发现他在20世纪60年代由新行为主义转向自己独特的理论立场。他对认知心理学研究成果与研究方法的吸取，受人本主义心理学若干思想的启发，都是主动的、积极的。他从强调刺激与反应机械联结的边缘机制的理论观点向认知方向的中心加工的理论观点迅速转变，对自我概念的采用，对情绪问题的分析，都说明他已采取了一种灵活的新立场。他的交互决定论不仅表明人直接或间接受环境的影响，也表明人直接或间接影响着其赖以生存的环境。这种理论框架使社会学习理论易于接受各个领域的新成果，也为它发展成为一种综合的个人行为理论提供了良好的基础。

（3）对重要社会行为现象的重视。美国社会心理学素有重视应用的传统，但像社会学习理论家这样将实际社会行为作为研究对象，从中再概括出理论，并以严谨方法程序安排研究的，却并不多见。早在1950年代，班杜拉进入心理学研究领域之初，他就开始研究儿童的侵犯性问题，他对电视暴力镜头对儿童行为影响的研究曾对美国儿童教育产生了很大的影响，而这些研究直接构成了他的观察学习理论。比起其他抽象和渺远的心理学理论，他的研究显然更具说服力，也更为坚实。我们以为，一种真正的社会心理学理论是应以此为方向的。

社会学习理论还有其他令人称道的特点，但这并不能掩饰它的不足，具体说来：

（1）社会学习理论的基本立场还扎根于行为主义之中，这使它在许多方面的发展受到了限制。有人认为班杜拉的社会学习理论虽然开始注重认知过程，但它"很少与社会性内在认知结构及类别思维的研究有关，这一点部分地说明：社会学习理论的智慧之根还在行为主义之中，目前尚未完全整合到信息加工的范式之中"（Wyer & Srull，1984：52）。我们可以看出，行为在班杜拉理论中占有相当重要的位置，它与环境、个人并列为一种互相影响的单元，这是很值得注意的。跟其他研究者相比，班杜拉研究认知显然是为了更好地说明行为，他以行为为重心，因而与人的内心体验、内在动机，认知结构方式等有关的课题（例如内心冲突、同一性、社会认知及其内部表征系统、人格的内在统一性）都被社会学习理论忽略了。这大概也是我们把行为主义诸大师列为社会学习理论先驱的原因所在。

（2）社会学习理论缺乏富有内在统一性的理论框架。许多研究者都有自己关心的课题和研究结论，这些见解也许在某一方面非常透彻、精辟，但如何彼此关联，构成一个有内在逻辑关系、原理、方法、结论井然有序的宏大框架，仍是一个亟待解决的问题。尤其是如何将忽略的题目补充发展起来，使其理论有更广阔的解释性，在这方面仍有许多工作可做。

（3）对某些具体研究结论，尚有一些争议。例如有人对无强化模仿行为的产生表示怀疑，有人对利他行为的研究结论持有异议等。由于对具体结论的看法常常要依研究者的理论立场而有差异，此处不一一列举分析。但是，应当指出，在心理学史上，风行一时而最终归为谬误的概念和结论不胜枚举，因此，对社会学习理论的概念与结论，我们也应抱以"姑妄听之"的态度，进行进一步的检验，不应给以过早的绝对相信。

对社会学习理论的简略评述使我们看到人类社会行为的研究中一支蓬勃的生力军。它也正经历着新的演变。若干年后我们或许会看到它的全新发展。也许将来我们很难以"社会学习"这样的字眼来概括它，也许又有新的学派出于其中。因此，对社会学习理论的"妄断"是危险的，让我们不妨继续拭目以待。

第三章　群体动力学理论

群体动力学是当代西方社会心理学发展史上的一个里程碑，它发端于20世纪40年代，一度成为整个社会科学界所关注的中心。虽然它作为一种自觉的运动至1970年代已趋于低潮，但它的内在活力，它的理论、方法和世界观，仍在很大程度上影响着当代西方社会心理学的研究和发展。美国著名心理学家费斯廷格说，我们今天95%的社会心理学研究，都与群体动力学有着不同程度的关系。因此，如欲理解当代的西方社会心理学，就必须对群体动力学有所了解。在本章中，我们就对群体动力学的理论、历史和发展，做全面的评述。

一　群体动力学的产生

卡特·勒温在1939年发表的《社会空间实验》一文中首次使用了"群体动力学"（Group Dynamics）这个概念，借以标明他要对群体中各种潜在动力的交互作用、群体对个体行为的影响、群体成员间的关系等去做一种本质性的探索。1945年勒温在麻省理工学院创办了群体动力学研究中心，群体动力学作为一种专业和学科得以确立。在其后20年间，群体动力学得到了迅速发展，其影响几乎波及社会生活的各个领域。

群体动力学的定义

从历史的角度来说，群体动力学具有三个层次的内涵：①它属于一种意识形态，即是一种有关群体应该如何组织和管理的方法和态度。在这种意义上，群体动力学十分强调民主领导的重要性，强调成员参与决策以及群体内合作氛围的意义。②它可归于一套管理技术，如角色扮演、群体过程中的观察和反馈等。在这种意义上,群体动力学被广泛应用于人际交往培训、领导干部培训,以及工厂、企业、学校和政府部门的管理。③它也是一种对群体本质的研究。旨在探索群体发展的规律、群体的内在动力、群体与个体,以及与其他群体以及整个社会的关系等。可以说,第三种意义才是群体动力学真正的心理学意义,也是勒温及大部分群体动力学家一致赞同的,对群体动力学的定义。它并不依赖于前两种意义,事实上为意识形态和管理实践提供一个更好的科学基础,正是群体动力学的基本目标之一;但科学地理解群体生活的本质,却是群体动力学的根本目的。

群体动力学产生的历史背景

如欲理解和改进人类的行为,改进人类的生活,那么必然要对群体及群体的本质有一个充分的了解。因为人生而为一个社会中的人,于家庭、学校、工厂、机关,以及各种正式与非正式的组织之中,人无时不处于一种群体生活之中。事实上,人类对群体的思考由来已久。在中国,战国后期的大儒荀子就提出,人能成群乃立世之本,所谓"力不若牛,走不若马,而牛马为用,何也?曰:人能群,彼不能群"(《荀子·王制》);进一步,若要使群聚而生的人能够避免"穷者患也,争者祸也"的痼疾,"则莫若明分使群矣"(《荀子·富国》),即通过建立社会等级和实现社会分工,达致群居合一。显然,在"性恶论者"荀子看来,未受"礼义"之教化的"群众"[所谓"庸众而野"(《荀子·修身》)]是社会之患祸(周晓虹,2018)。同荀子相比,稍早时期的古希腊哲人柏拉图对群众的论述更为制度化,但一样充满恐惧之心,甚至干脆将被统治者一律斥为群氓(crowd)和暴民(mob)(柏拉图,1986:243)。而亚里士多德则把人定义为"政治动物"(亚里士多德,1997),也映现出他已知人必须寓于群体之中的某种道理。近代的哲人学者更是对群体各抒己见,这里面既有"乌托邦"(莫尔,1982),也有"美丽新世界"(赫胥黎,2005)。如果说以勒庞为代表的19世纪社会学家曾深入研究过群体的畸变形式——群氓(勒庞,2018),那么20世纪之后,包括群体动力学在内,社会心理学家则醉心于对群体进行严谨而科学的研究。

群体动力学产生于1930年代的美国,当时那里已具备了一种促使这一新学科出现的社会环境。1930年代前后,经历了大萧条之后,美国的工业生产得到了迅速发展,这是以爱迪生等人创造发明的具体应用为标志的。它使人们看到了科学、文化和教育的巨大力量，知识与技术从而被赋予了极高的价值。同时，世界大战和与西方工业发展结伴而行的经济萧条，使得美国的一些社会问题如移民问题、黑人问题、青少年犯罪和儿童教育问题等变得日益严重。通过社会学家和心理学家们的努力，人们对心理测验、科学管理和儿童福利等已产生普遍信任，科学研究可以促进"社会问题"的解决这一观念已逐渐被人们所接受。群体曾一度被看作是调节工厂和集体冲突的关键，家庭和一些目的性社团则被认为是战争动乱之后复兴社会生活的必要手段。同一时期兴起的其他一些专业，如集体心理治疗、社团福利工作、由约翰·杜威倡导的新教育，以及范围更为广泛的社会管理工作等，要求对群体和群体生活有一个科学的根本性的认识和理解。这种时代精神召唤出了一个代表性人物——卡特·勒温，让他在一个侧面来体现时代的要求，社会科学中诸多涉及群体以及社会实践的研究趋势皆汇聚于一起，形成了群体动力学研究的大潮流。

群体动力学的基本特征

群体动力学家们有着两个基本信念：社会的健全有赖于其群体的作用，科学的方法可用于改善群体的生活。从某种程度上说，这也是群体动力学之所以产生的两个必要前提。唯有当人们理解并接受了这两个信念，认识到经验的研究可应用于群体和社会，重要而复杂的社会现象和社会事件可以进行测量，群体和社会的诸种变量可以为实验所操作，支配群体和社会生活的规律可以被发现和揭示时，群体动力学作为一种新兴学科才能得以产生和发展。在这种意义上，我们可以把群体动力学的基本特征归纳为以下几个方面。

（1）强调理论意义上的经验研究。从学术传统上进行分析，群体动力学应属于经验主义范畴。以观察、定量、测量和实验为基础来研究群体，正是群体动力学家有别于涂尔干、弗洛伊德和勒庞等侧重思辨来研究群体的显著标志。但是，群体动力学又不同于社会科学中极端的经验主义。它从一开始就十分重视理论的意义和价值，在实践中把理论建构和经验研究完整地结合了起来。

（2）注重研究对象的动力关系和相互依存关系。动力性研究是群体动力学的最基本特征。它不满足于对群体性质的一般描述，或对群体类型与群体行为的一般归类,而是要研究所观察的对象是如何相互依存的,群体中各种力的交互作用以及影响群体行为的潜在动力。变化、对变化的抵制、社会压力、影响、压制、权力、内聚力、吸引、排斥、平衡和不稳定性等,都是群体动力学中动力性研究的基本术语。它们可以表示心理力以及社会力的操作,在群体动力学的理论中起着重要的作用。

(3)多学科的交叉研究。严格地说,群体动力学不属于传统社会科学中的任何一门学科,它与社会学、心理学、文化人类学和经济学等都保持着较为密切的联系,而各学科的发展也都有助于群体动力学的研究。实际上,群体动力学既是一种多学科的交叉性研究,也是社会科学中的一次新的综合。

(4)把研究成果应用于社会实践的潜能。应用性是群体动力学的突出特征,大部分群体动力学家的研究都是为了促进群体的功能以及群体对个体和社会的作用。尤其是随着"行动研究"及"敏感性训练"的推广,群体动力学的研究成果也被企业管理、教育、心理治疗、政府与军事等许多领域广泛采用。

二 群体动力学的理论基础

如上所述,群体动力学是 1930 年代末至 1940 年代初西方社会科学中的一次综合,其本身又是一种跨学科的交叉性研究,所以群体动力学中的理论取向较为广泛,至少有以下几种理论倾向存在于群体动力学的研究中,如交互作用论、系统论、精神分析理论和经验统计理论等,但是大部分群体动力学家在选择这些不同的理论和进行具体的研究时,都有着一个共同的内在理论基础,那就是场论。

勒温与场论

卡特·勒温(Kurt Lewin,1890~1947 年),生于波兰莫吉尔诺(Mogilno)的一个犹太人家庭。由于犹太人一向重视子女的教育,勒温小学毕业便被送往德国。他在波森读了高中,1909 年起先后在弗莱堡大学和慕尼黑大学学习医学和生物学,后转往柏林大学,《人论》的作者卡西尔(Ernst Cassirer)曾担任他的哲学老师。1910 年起,勒温追随卡尔·斯图姆夫学习心理学，1914年获心理学哲学博士学位。不无巧合的是，格式塔心理学的三位创始人——韦特海默、考夫卡和苛勒也都做过斯图姆夫的学生。

就在勒温获取博士学位的那一年，第一次世界大战爆发了，勒温作为一名德国公民应征入伍。战场似乎是特地为青年人所准备的，不久以前他们可能还手握吉他唱着自己的初恋，争论着前途和生活的意义，可现在却放下吉他拿起了枪，一种激动、新奇和冒险的精神鼓动着大家。然而，战场远非人们的想象，那血与火的历练，那惨不忍睹的事实，都会深深震撼每一个人的心灵。许多事物的性质在战场上都全然改观了，一切价值在战争中都有了完全不同的意义。有感于此，勒温1917年写就了一篇论文——《战场之观》，勒温的心理学由此诞生了。在这篇论文中，他分析了人的心理承受力和人的行为动机，这就是他的"心理紧张系统论"的最早表露。他描述了一个人从后方的安全处所来到前方生死关头时环境及其意义的改变，从这里产生了"生活空间"这一概念，为他以后的拓扑心理学学说打下了基础；他阐述了情景或人与环境的交互作用决定人的心理事件和行为意义的观点。这就是他的场论的雏形。在战场上，人性和良心要重新定义，人的个性和个人的善恶都不起作用了，每个人都随着其所属的集团而被定性：是敌方的，便是邪恶的；是己方的，便是美好的。个人的性格和品行都被这简单的恶善两分所取代。这种体验和对这种体验的思考，深深地影响了他以后的社会心理学研究和他的群体动力学。

1947年2月12日，勒温在美国逝世，这是他在麻省理工学院创建群体动力学研究中心的第二年。他的一生在心理学史上写下了光辉的一页，场论是他对心理学理论的杰出贡献。

场论的基本特征

场论是勒温一手创造的。由于他早期深受斯图姆夫的影响，又长期与韦特海墨、苛勒和考夫卡三人一起工作，所以基本上秉承了格式塔心理学的传统。但他从一开始就特别注意动机与意志方面的问题，对精神分析理论有独到的研究。他在新物理学世界观的基础上，把心理学中的整体观和动力观做了有机的综合，形成了其素有"心理学中相对论"之称的场学说。

把勒温的场论略作概括归纳，我们可以看到他所描述的"场"（field）在心理学中的意义特征：①场是融行为主体及其环境为一体的整体；②场是一个动力的整体,具有整体自身独有的特征;③场的整体性在于场内并存事实相互依存和相互作用的关系。人的任何一种行为都是场的产物,勒温用公式 $B=f(LS)=f(PE)$ 来表示,说明行为是生活空间的函数或人及其环境的函数。生活空间(live space)就是作用于个人的心理场,是"人和伴随他存在的心理环境"(参见 Sahakian,1982:304),它包括可能对个体发生影响的所有既存因素,诸如需求、目标、潜意识、记忆、信念、政治和经济事件,以及社会活动等。"实在的是有影响的",而这种影响是以人的心理感知为前提的。所以生活空间既是一个动力整体,也是一种认知结构。作为认知结构,它可以分化为不同的区域,每一区域都有各自的疆界、阻碍和引拒值或诱发力(valence);作为动力整体,生活空间中的各种因素都是相互依存,只有用动力概念才能解释这些相互依存的事实。因而勒温主张以紧张系统来表示心理需求,用向量来注解拓扑结构。他把一种新颖的动力观融合于格式塔心理学的整体观中,为其时代的心理学提供了一种新的世界观和方法论。

事实上,勒温自己就曾把"场论"定义为"一种分析因果关系和建构科学理论的方法"(Lewin,1951:45)。在这种意义上,美国心理学家默顿·多伊奇列举了场论的以下特点:①心理取向的研究;②强调整体情景;③一种有别于历史因果法的系统研究;④使用一种建构或发生的方法;⑤主张用数学的形式准确地描述心理环境;⑥坚持动力性研究(Deutsch,1968:414-422)。心理学的取向是勒温的一贯主张,他认为应该对人的行为进行真正的心理学的解释,而不是物理学或生理学的解释。场论一开始就把人的行为环境视为一个整体,人也是其中的一部分,任何心理事件都是由此情景决定的。由于勒温坚持对行为的分析应该用当前的场,这种研究的性质必然是系统的而非历史的。为此勒温规定了"现实原则",认为心理事件只受当前情景的作用,过去的事实或未来的事件只有在成为当前的组成部分时,才能发生作用。坚持建构的方法便是强调概念之间的关系,反对传统的相似性"分类法"。勒温认为分析应严密并合乎逻辑,所以应采用一种数学的语言,比如拓扑学,它完全适用于说明心理事件的结构。最后,动力研究是勒温的一个基本信念,他认为所有生命系统都趋于与其环境保持一种动力平衡,因而在研究时,勒温特别关注诸如需求紧张的产生、目标设立、目的性行动和消除紧张等动力过程。可以说,以上这六点是场论作为一种方法论的基本含义。可以说，场论既是群体动力学的理论基础，也是群体动力学家们所接受的方法论。

场论与群体动力学

勒温的早期研究主要是针对个体的，但由于他重视在生活环境中研究个体行为，他的理论从一开始就隐含着对社会心理学的影响。1939年，他提出"群体动力学"这一概念后，又先后提出了"社会空间"、"群体目标"和"群体氛围"等重要概念，以及"社会渠道说"和"准稳态平衡说"等理论观点，这表明他的整个研究已逐步转入社会心理学和群体动力学，对此，詹姆斯·舍伦伯格评论，"勒温的场论为其转向群体行动研究提供了一个自然的理论基础。把环境包容于生活空间之中，就为统一群体概念铺平了道路。于是，群体的一些特殊功能就可被看作是大部分个体之生活空间中的主要部分。因此，从研究个体的生活空间过渡到研究群体对行为的影响是较为容易的"（Schellenberg, 1978: 78）。

在群体动力学中，研究者一般倾向于把小群体作为研究对象，把它看作是一个基本的实体，从场论的观点出发，可以把所研究的群体区分为结构和功能两个层次。结构方面适用于拓扑学的描述，可展现把群体作为研究对象时直观获得的一些印象，如群体内个体的位置、个体间的邻接或依存情况、外界的影响以及群体的核心人物等。区域、疆界、阻碍和引拒值等概念都可以应用在对群体的结构性描述上。动力方面则主要涉及群体的潜在生活，通常可用移动、向量、紧张、目标和力场等概念来描述。这些概念都可以用来解释群体的变化，而变化则被认为是群体生活中的根本特征。勒温曾提出一种"解冻-流动-重冻"的社会变化模式，认为所有的群体生活都只能是一种准稳态平衡，如同一条河流，即使速度与方向未变，河流中的所有原素却无时不在发生变化。

依据场论的观点，群体的行为像个体的行为一样，也是以所有发生影响的相互依存的事实为基础的，这些事实的相互依存构成了群体的本质。因而从根本上来说，群体并非个体的集合，而是一个包容诸个体的"格式塔"。作为群体，它不是由各个个体的特征所决定的，而取决于群体成员相互依存的那种内在的关系。于是勒温认为，虽然群体的行为要由构成群体的成员来执行，但是群体具有较强的整体性，对个体具有很大的支配力。因而一般来说，要改变个体应先使其隶属群体发生变化，这要比直接改变个体来得容易。勒温与人类学家玛格丽特·米德在1943年一起做的关于"食物习惯"的研究，完全证实了这种观点。勒温指出，只要群体的价值观没有改变，就很难使个体放弃群体的标准来改变自己的意见，而一旦群体标准发生了变化，那么由于个体依附于该群体而产生的那种对变化的抵抗也就会消失。

通过从1930年代中期到1940年代中期前后十余年的努力，勒温的研究成果被汇集成了两本专著：《解决社会冲突》（Lewin, 1948）和《社会科学中的场论》（Lewin, 1951）。它们以场论的基调，为群体动力学奠定了理论基础。

三 群体动力学的理论与研究

群体动力学的形成固然需要理论基础，但更要有实验研究的支持。而如上所述，理论意义上的经验研究是群体动力学的最大特征，在勒温为群体动力学提供理论基础的同时，许多社会心理学家包括勒温本人，也为他准备了实验研究的根据和实验技术。这些实验研究丰富与发展了群体动力学的理论，促进了群体动力学的应用，加深了群体动力学的意义。

勒温之前的实验研究

20世纪20年代前后，在心理学中，关于群体的真实性以及群体现象能否成为研究对象还属一悬而未定并且颇有争议的问题。威廉·麦独孤和弗洛德·奥尔波特关于"群体心理"的长期论战便是一典型例证。受社会唯实论的影响，前者认为群体和文化等都具有别于个体的真实性，像劳动分配、价值体系和组织结构等群体所具有的性质，都不能被看作是个体的性质，支配这些群体性质的规律必须在群体水平上解释；而受社会唯名论的影响，后者的观点则与此截然相反，他主张只有个体是真实的，群体只是呈现在个体心理上的一组理念、思想和习惯，并且只能存在于个体的精神中，因此被其称为"群体谬误"。不过，弗洛德·奥尔波特还说了这么一句话："不要让对这些事物之真实性的争执阻碍了我们的发展，因为我们现在还不能用既存的研究技术来处理它们。"（Cartwright & Zander, 1960: 19）这种诉诸具体研究的倾向是这一问题得以解决或避免无谓争执的关键。正是弗洛德·奥尔波特率先对群体和社会心理现象进行了实验研究，并且影响了许多社会心理学家来从事这一工作。虽然排斥"群体心理"的观念仍然妨碍并限制着研究的进展，但是一个新的方向已经显现出来。

与群体动力学直接有关的首先是穆扎法尔·谢里夫关于社会规范的研究。谢里夫于1936年出版的《社会规范的心理学》一书，对社会规范这一概念进行了系统的理论分析，并对群体中社会规范的产生做了富有独创性的实验研究。通过将来自社会学和人类学的观察和思想与实验心理学中的实验室技术结合起来，谢里夫首先接受了风格、传统价值等行为标准的存在，继而承认了它们的客观性和制约能力。他赞同弗洛德·奥尔波特的观点，认为社会规范一直被人们看作是某种神秘的东西，唯有采用经验研究的技术来进行实验研究，才能改变这种观念而取得科学的进步。谢里夫认为应该同时从两方面来看待社会规范：①作为社会交互作用的产物；②作为影响个体的社会刺激。通过一系列的社会研究，谢里夫阐明了社会规范在实验群体中的形成及其对个体行为和认知的影响，加强了人们对社会现象之真实性的解释。

与此同时，西奥多·纽科姆从自然观察和自然环境入手对社会规范以及社会影响过程进行了实验研究。他主要利用态度测量、社会计量和交谈法来搜集资料，研究持续了5年（1935~1939年），其成果在1943年以《人格与社会变化》一书为名发表，社会心理学中所谓"态度的社会寄托论"也即由此而来。纽科姆的研究表明，个体的态度深植于他所属的群体之中，而群体对个体态度的影响，则有赖于个体与群体之间的关系。从群体动力学的发展史来说，该研究的意义主要在于它所提供的具体、客观以及量化的证据。同谢里夫的研究一样，它也表明了对群体生活进行科学研究的可行性。

第三项研究是威廉·H.怀特在1937年进行的，它体现了群体动力学的社会学和人类学背景。怀特利用三年多的时间对社会群体、政治组织和街头团伙等进行了广泛的研究，发明了"参与观察法"，论证了社会群体在其成员的个体生活以及整个社会的政治结构中的重要作用。这项研究对群体动力学的工作有着三方面的影响：①它细致而深入地揭示了群体在个体生活以及社会系统中的重要意义；②它促成了以个体之间的相互影响来解释团体性质和群体过程；③它引起了关于这些变量——如领导方式、群体形象、互惠和群体的内聚力等——之间关系的一些设想。

以上这三项研究，都有助于群体动力学的形成，也是群体动力学所经常利用的经典性实验。但是，群体动力学的诞生却是以这一时期的另外一项实验研究为标志的，那就是勒温、罗纳德·利皮特和拉尔夫·怀特联袂进行的有关群体氛围的研究。

勒温-利皮特-怀特：群体氛围研究

勒温-利皮特-怀特的这项研究是在 1937 年和 1938 年分两步进行的。它是对当时社会心理学中实验性和经验性研究的一次综合，群体动力学这一概念便是在这一研究中诞生的。利皮特在最初设计这项研究时，既采取了实验心理学的方法，也采取了控制观察和社会计量，并且是以场论为基础来发现问题和分析问题的，充分体现了群体动力学的特点。

研究是以利皮特的硕士课题开始的。他从斯普林菲尔德学院（Springfield College）毕业到衣阿华大学师从勒温，在勒温的指导下开始了这项对"群体氛围"和"领导方式"的研究。研究的第一步由利皮特一人进行，他把一些 11 岁的小学生分作两组，让他们放学后来做面具和其他一些建筑性活动。两组被试的小学生在年龄、性别、学习成绩和家庭状况等许多方面都是相同的，他们都由同一个实验者（利皮特）来领导。但是，利皮特在其中一组扮演了一种民主型领导的角色，在另一组中则扮演了一个专制型领导的角色。每一组各有 5 个孩子，一共聚会了 11 次，有 5 位观察者负责记录孩子以及领导者的行为。开始时，两组孩子的行为表现大致相同，但随着实验的进行，他们很快就表现出差异，越往后越明显。在专制型领导的小组中，孩子们常常发生争吵，相互怀有敌意，而在民主型领导的小组中则有着一种友好的氛围。在前一组，当领导不在时，孩子们就停止工作，破坏自己的产品，捉弄别人，而在后一组，孩子们则在一种和谐与合作的氛围中制作他们的产品。两组孩子的行为都是自然与自发的，因而这项研究中似乎发现了一种用实验来研究生活而又不歪曲"现实"的方法。

1938 年，怀特来到衣阿华大学做他的博士后研究。由于他对政治科学很感兴趣，便和勒温、利皮特一起，对群体氛围和领导方式进行了更为广泛的实验研究。他们把 20 名 11 岁的孩子分成四组，让他们放学后在一个成人领导下做一些娱乐活动。这次加了一个"放任组"和一个"放任型领导"，由于考虑到被试的个性因素，在实验中增加了一个转换阶段，让每个孩子既能得到专制型领导的经验，也能得到民主型领导的经验，重在测定群体氛围或领导方式对个体行为及群体行为所产生的影响。实验的结果可以总结为如下几点。

（1）民主可以提高工作效率。虽然在对专制的服从下工作的量可能多一些，但是在民主群体的情景中工作的创造性更大，工作动机也更强。

（2）放任不同于民主，放任组的工作量很低，质量也差。组员对会议漠不关心，常处于一种无组织的状态中。

（3）专制会产生公开的敌意和攻击。在两个专制组中，被试组员之间的关系都趋于紧张，常常发生争吵和相互捉弄。

（4）专制还会产生潜在的不满情绪，尽管平时没有表现。

（5）在专制领导下人们更多的是依赖性，较少个性和独立性。

（6）在民主领导下人们具有更多的集体意识。

勒温本人把这项研究看作是对群体生活潜在动力的认识，他在研究报告中说，关于领导方式的试验，"并不是要重复任何专制或民主的形式，也不是为了研究何为真正的专制或民主，而是要创造一种立架，这种立架将有助于对潜在的群体动力学的洞察"（Lewin，1948：74-75）。这是勒温首次使用"群体动力学"这一概念。他认为，建构一种关于群体生活之本质的理论体系是可能的。这种理论可应用于家庭生活、工作团体、班集体和军队、政府部门。进而，他把领导、交流、社会规范、群体氛围、群体目标等一些特殊问题都看作是理解群体动力学本质的一部分。群体动力学的研究由此全面展开。

群体动力学的基本课题

勒温-利皮特-怀特的这项研究既是对以往群体研究的综合，也是一系列新研究的开端。紧接着，约翰·弗伦奇在实验室里研究了组织性群体与非组织性群体对挫折与恐惧的反应，巴维勒斯用实验研究了如何改变领导者的实际行为，阿尔弗雷德·马罗等研究了群体决策及其在工业生产中的作用。仅从1945年群体动力学研究中心建立到1950年的5年间，勒温与其同事及弟子们就发表了113项研究成果。这里面有当代著名社会心理学家费斯廷格、卡特赖特、赞德、凯利、多伊奇、沙赫特等，他们都先后云集于勒温群体动力学研究的大旗之下。1953年，卡特赖特和赞德共同主编了《群体动力学：理论与研究》一书，书中收入了二十几项典型的群体动力学研究成果。该书 1960 年出了第二版，在 1968 年又出了第三版，每次再版都增加了许多新的内容。根据卡特赖特和赞德所收集的范围，我们可以把群体动力学的基本理论和基本研究归纳为以下五个方面。

1. 群体内聚力

群体内聚力主要指群体的吸引力，但必须同时考虑两个因素，即群体的性质和成员个人的动机。群体性质包括它的目标、计划、组织形式和社会地位等；个体动机包括一个人追求交往、认同和安全的需要以及他想从作为群体成员中获得某种东西的愿望。因而可以把一个有内聚力的群体描述为其成员为了一个共同目标而一起工作，每一个成员都愿意为群体承担责任，忍受痛苦和挫折，反对外来的批评和攻击等。赋予个体一项共同的任务，在成员中创造一种友谊氛围，各成员间具有相同的背景和态度，加予各成员一种荣誉或某种难以达到的目标，经常的接触和交往，以及具有共同的遭遇和不幸等，都是形成群体内聚力的因素。

群体内聚力是作用于所有成员促使其参与群体的各种力的组合。如何解释群体内聚力中各成员的疆界和力场是该课题中的一个主要问题，因而勒温的场论得到了应用和推广。通过提高成员的感受和认识，使其认识到归属于群体便可满足其所需，将会增加群体正的引拒值或诱发力。这被看作是一条普通原则。如果一个成员把群体看作是其希望的来源，那么它就会努力为它工作，积极维护它的存在。一般来说，提高群体的内聚力可有以下效果。

(1) 责任性行为。作为内聚力强的群体中的成员，更乐于为组织负责，乐于参加会议，能坚持为达到困难目标而工作。

(2) 成员的相互影响。受群体吸引的成员更乐于影响他人，倾听他人的意见，采纳别人的建议。

(3) 价值的一致性。成员们会十分珍重群体目标，遵守群体标准，并劝阻与指责那些违反群体标准的人。

(4) 安全感的发展。作为内聚力强的群体中的成员，较少感到紧张与恐惧，更常在群体关系的活动中得到轻松与安全的感觉。

2. 群体压力与群体标准

群体为了使其成员在行为和态度上具有一致性，总会施之于某些压力。"求同的压力"是群体影响其成员个体的突出表现。一个成熟的群体应拥有控制其成员的压力，使其成员都感到一种适度的求同压力，但同时在许多问题上又会容忍成员们保持己见，承认成员之间的差异，只要群体目标能为大家所接受，群体标准能为大家所遵守。多伊奇与此有关的一项研究表明，如果群体成员能被允许自由地公开表达己见，而不是被迫私下议论，那么这些成员更倾向于与群体标准保持一致。

一般来说，该课题的研究重点是探讨群体的一致性，对此已有三种解释：群体作为整体在很大程度上决定了个别成员的思想和行为；个体倾向于像群体中其他成员一样行事，因为他希望自己在理解问题上是正确的；个体在行动上与群体中其他成员保持一致，是受压力的影响。关于求同压力的来源，群体动力学家认为主要有两种：其一，当一个人发现自己的观点和行为与他人不同时所产生的内在压力；其二，由那些追求直接影响他人的信念和行为的成员所施予的外在压力。这些压力都直接导向群体成员的"被赞许"的行为，所以通常又被描述为群体标准。

在下列条件下，群体将会更有效地影响其成员在信念与行为上的一致性。

（1）群体的特色。一个团体愈富有特色，其求同压力的效果将愈明显。

（2）群体的成就。行为的一致性是群体行动所必需的，所以便出现了群体的压力。群体成员愈是认为一致的行动能有助于群体达到其目的，求同压力的效果就愈明显。

（3）群体的内聚力。在一个内聚力强的群体中，求同的压力也就愈强。

（4）制度的明确性。在某种情况下，求同压力也是保证群体实现其目的的手段，因而违反制度者将受到一定的指责和惩罚。

（5）自信的程度。自信强的成员比自信弱的成员更易于接受群体的标准和求同压力。

3. 个人动机与群体目标

群体目标一直是群体动力学研究中的重要课题。一般来说，任何一个群体都会有一种目的，一种存在和行动的理由。被群体所选定的目标，在很大程度上将决定群体的行动、群体作用的发挥、成员对群体的依赖性、成员的自尊感，他们对群体的态度和信心，乃至群体的内聚力，甚至它的存亡。因此群体目标常被用来作为衡量群体质量的标准。

从理论上来界定群体目标，一般有两个层次的研究：其一，把群体目标看作是个体目标的组合，这样可以把群体变量（如群体移动和群体结构等）

与个体变量（如动机、认知和学习等）联系起来，但这显然不是全面的；其二，把群体目标看作是群体的一种性质，这样就要求在群体的水平上来定义群体目标。在这种意义上，对群体目标的界定与以下事实有关：①群体作为置于其环境中的一个实体；②群体目标是群体所满意的一个位置；③通过群体活动来促进群体向目标的移动；④群体决定为特殊的"目标-途径"结构提供动力。群体目标的本质特征是它能够指导群体的活动，把该群体带到一个它更为满意的位置。因此在该课题的研究中有两个要点：其一是群体目标和群体活动的关系，其二是个体行为是如何成为"群体活动"的。

群体目标与成员的个人动机是密切相关的。从某种程度上说，群体目标本身即是一种动因，一种对群体成员施加影响的动力源泉。有项研究表明，尽心接受群体目标的成员表现出最为强烈的需求紧张，并努力为使群体达到其目标而工作；仅仅是默许群体目标的成员只能产生少量的需求紧张；而那些反对群体目标的则倾向于自行其是。

4. 领导与群体性能

对群体领导的研究是群体动力学中的经典课题，也是最有影响和最有意义的课题之一。事实上，群体动力学的实验即发端于此。领导者的素质及其领导风格，在所有的群体生活、企业管理以及社会生活中都占有非常重要的地位。在群体动力学中，把领导作为一种功能的研究涉及它对群体获取其目标的影响，以及群体生产力的高低。对领导方式的研究有助于解决如何调动群体成员的内在活力的问题。

卡特赖特和赞德认为，应该从群体性质及其存在环境的层次来研究领导风格，而不应把这一问题归之于个体特质。如果群体要实现其目标或某种价值，那么必然就要求其成员有一定的相应行为，领导能力就被看作对这些有助于群体实现其所期望结果的行为的实施。它包括像旨在设立群体目标、促进群体趋向于目标，促进群体间相互作用的质量，提高群体内聚力等由群体成员共同进行的活动。

勒温-利皮特-怀特关于群体氛围和领导风格的研究对这一课题的发展有着两方面的影响：其一，它关注的是领导风格和领导行为，而不是个性和个体素质；其二，用实验来证实经验观察。从1940年到1960年的20年间，关于群体领导方面的研究多达近百项。从理论上予以概括，主要有以下三种特征：①认为研究领导方式的最好方法是以对人际关系的研究为基础；②大部分学者都把研究重点放在如领导态度、领导行为和领导动机等人际关系变量上；③领导者的智力、工作能力和专业知识等因素不再受到重视。

5. 群体的结构性

当一个群体在其成员之间的关系安排上获得一种稳定性时，那么它也就拥有了结构。在这种意义上，有三种不同因素影响着群体结构的产生：①为了提高群体的工作效率。因为具体的分工将有助于工作的推进。②个体的动机和能力。个体的差异导致了他们在群体中所扮角色的不同。③群体环境。群体存在的地理环境及社会环境，都对其结构有所影响。

有些群体动力学家倾向于用职务、身份、地位来描述群体结构中的不同部分。这些术语在他们的使用中具有两种特性：其一，群体的每一成员都位于每一部分"之内"或"之外"；其二，行为的期望、允许和被禁止都与各部分的位置有关。这些群体动力学家认为，群体结构不但包括一些不同的部分，而且还包括各部分之间的关系，如信息的交流、工作的流动和人才流动等。

一般来说，群体的结构性及其影响代表了群体动力学理论的拓扑学方面。这里同样可以运用勒温的拓扑心理学理论，可把它的抽象性在群体情景中具体化，通过研究群体结构中接触或邻近部分的模式，或是通过控制这些接触或邻近部分，都可达到这种目的。对目标取向的群体中交流与控制的研究，以及对群体中社会计量模式的研究，是该课题中的热点。

群体动力学的理论是在实际研究中总结与归纳出来的。但这些实际研究又是以一种理论——场论为基础的。这也是勒温及诸多群体动力学家的一个基本信条：用理论来指导研究，用研究来丰富理论，但根本目的还在于应用。用勒温的话来说就是，心理学不应只用来解释社会心理现象，还应能改造社会，促成社会变革。因而在群体动力学的发展中就衍生出了行动研究和敏感性训练。群体动力学的理论与研究皆会融于社会实践之中。

四　群体动力学的发展与现状

群体动力学发展的一个重要标志是把理论与研究结合于社会实践。群体动力学在社会的需求中诞生，也在解决社会问题的过程中得到发展。它的起落盛衰，都与社会实践息息相关。

行动研究

1945年，勒温在创办群体动力学研究中心的同时，又发起建立了一个"公共关系研究会"。他曾借用一段犹太格言来表明该研究会的宗旨。

如果我不为自己，那么谁又为我？如果我只为自己，那我又成了什么？如果不说干就干，那又更待何时？

勒温解释说，我们既要研究自身，也要研究他人；既要研究犹太群体，也要研究非犹太群体。我们的研究会即意味着行动，意味着"说干就干"。而我们所说的研究，就是"行动研究"，就是在现实水平上的研究。我们的信念是"没有离开研究的行动，也没有离开行动的研究"（Marrow, 1969: 193）。

一般来说，"行动研究"这一概念可有三种层次的含义：①它涉及某些行动过程的外部表现，比像对社会动乱、组织信念或群体生产力等问题的研究；②它表现为一种研究程序，从某种群体活动的参与者中搜集资料，然后把结果进行反馈，以一种有效的方式对该群体的行动过程施加影响；③其本身即为一种研究手段，社会群体的参与者置本人于一种关于他们本人的研究过程中，然后利用这些研究结果来检验他们的工作，目的在于采取一些改进和发展的行动。在"行动研究"出现之前，大部分心理学家和社会工作者常常只是对某一群体的某些方面做些观察和研究，然后把研究的结果以及他们的见解和建议写成文章，研究到此为止，研究者们并没有特别注意研究结果的作用和反馈，没有把这种反馈作为一种影响社会或群体过程的手段。从实践意义上来说，这种类型的研究是不能令人满意的，因为研究报告往往会被忽视，或根本不被接受。"行动研究"在某种意义上就是针对这种弊端而出现的，继而成了群体动力学研究的主要方法之一。

"公共关系研究会"建立后的第一项"行动研究"是由勒温及其同事拉塞尔·霍格里夫进行的，目的是研究"群体行动"及其改变。事件是由一伙意大利天主教的青少年扰乱当地犹太人的宗教活动引起的，勒温与霍格里夫意图通过研究解决三个问题：①团伙能否学会一种为公众所接受的行为方式？②团伙的能量能否转化为建设性的活动？③他们的对抗性和攻击性的消极态度能改变吗？经过一年的研究，三个问题都得到了肯定的答复。

把行动研究应用于态度改变，是既富有成效又具有潜力的领域。勒温的同事库克和克莱尔·塞尔蒂兹对此进行了一系列的研究，形成了一种探讨公众态度变化的有效方法。这是一种精心设计的通过信息反馈来影响态度变化的技术，他们通常把研究结果反馈给被试乃至整个公众，并与他们讨论这些结果的意义以及对行动计划的改进工作。对行动研究中这种反馈过程之意义的理解，导致了弗洛伊德·曼及密歇根大学的一些同事所进行的关于组织反馈规划的研究。研究主要是针对工厂的士气和群体功能进行的。弗洛伊德·曼把研究结果对工厂的一些下属群体进行有选择的反馈，并用经过训练的领导帮助这些群体对反馈来的结果进行分析、解释，再进一步做出相应的改进计划。研究极富有成果，因而它经常在企业管理和组织管理的文献中被引用。

从1945年到1955年的10年间，在勒温领导下的"公共关系研究会"共推出71项与行动研究有关的成果。到了1970年代，行动研究更为普及，从某种程度上说，它已泛化于整个社会科学的研究之中。在斯蒂维斯和维兰1986年编辑出版的《勒温的遗产》一书中，有七篇文章是关于行动研究在当代的应用的。其中斯蒂维斯本人写了一篇题为《一种新勒温的行动研究方法》的论文，对行动研究发展的前景抱有极其乐观的态度。

然而，在群体动力学的发展中，尤其是把群体动力学应用于社会实践的过程中，还有一个与"行动研究"密切相关但又不完全相同的分支，即"基本技术训练"，或称之为"敏感性训练"。

敏感性训练

"敏感性训练"（sensitivity training），是"一种促进个体对自身以及他人的敏感性的方法"（Harré，1983：625）。因为受训者是以小组的方式活动的，故又称"敏感性训练小组"，或英语文献中简称T-group。它的基本目标是增加个体对自身情感的感知、对他人的反应能力以及对他人的影响力，提高个体倾听别人意见的技术，促进对他人富有同情心的理解以及情感的表达等。

敏感性训练发端于1946年的夏天，康涅狄格州政府约请勒温来解决政府部门的工作效率问题，勒温为此设计了三个培训班，由他的同事利兰·布拉德福德、肯尼斯·比纳和迈克尔·皮特分别担任训练员。每班配置了一个研究生任研究观察者，训练的目的是帮助受训者更有效地处理复杂的人际关系和群体工作问题。一个偶然的机会，几个受训者参加了研究者对训练情况的讨论，并表达了自己的不同意见。他们的参与讨论对随后训练中的行为表现产生了十分有效的作用，一种反馈的效果被发现并得到了充分的应用。随后，在美国的新伦敦、贝瑟尔和缅因州等地都先后设立了培训班，敏感性训练的基本形式得以形成：从当前人际交往和受训者本人的经验中收集典型例子，对训练过程和"反馈"效果进行观察，运用积极或消极的影响来造成一种强烈的情感氛围，以及对个人价值和组织变化的评价。

敏感性训练通常被认为是一种内容广泛的职业性训练，它涉及诸如教育、军事、管理、经营、劳务和政府工作等许多领域，这使得敏感性训练有可能成为一种特殊的组织。巴克在他的《言外之意》一文中对这一运动的历史作了回顾和总结。

到了1960年代末和1970年代初期，群体训练在某种程度上被人类潜能运动所取代，人们的注意力转到了个体以及个人的成长上。但是敏感性训练的基本技术却保留下来，只是训练的重心稍微转向了自我表现、物理操作和强烈的情感体验上。但是，到了1980年代，勒温的观点又有了复兴的趋势，即人们重新把小群体看作是社会和个人之间的必要联结，由敏感性训练所产生的技术和价值似乎又有了新的意义。

理论的发展

从以上所介绍的群体动力学的研究和实践中，我们可以看出它的理论基础——场论被扩展了。1947年，勒温本人在群体动力学研究中心建成不过两年时便因心脏病而去世，他的许多已经开始了的工作都是由他的弟子所完成的。从群体动力学诞生至今，勒温的弟子已延至三代或者四代，其中有卡特赖特、费斯廷格、赞德、弗伦奇、巴克、多伊奇、凯利、沙赫特、阿伦森和辛格等，每一个名字都代表着当代社会心理学中的一种理论，如卡特赖特的群体决策论、费斯廷格的认知失调论、多伊奇的合作与竞争论，以及凯利的归因理论等。每一种理论都与勒温和群体动力学有着联系，或均可看作是群体动力学的发展。但由于这些理论一般都被归入了社会认知理论的范畴，我们在下一章再做重点讨论。这里仅就弗伦奇的社会权力论、多伊奇的合作和竞争论，以及费斯廷格的社会比较理论略作评价。

弗伦奇是勒温在群体动力学研究中最早的合作者之一,曾参与领导培训和敏感性训练中的多项合作。1947年,勒温与他计划了一项关于社会影响和态度变化的研究,勒温去世后,他继续与丹尼尔·卡茨(Daniel Katz)进行这项工作。1959年,他与伯特伦·拉维一起发表了《社会权力的基础》一文,形成了他的社会权力说。在弗伦奇看来,权力是一个人(A)可以施加于另一个人(B)的生活空间之上的最大合力。在人际交往中,A对B的权力通常有五种基础:①吸引力;②奖赏力;③强制力;④合法力;⑤特殊力。奖赏力和强制力都导致依赖性行为,而其他三种力则可产生较独立的行为。另外,弗伦奇对权力的作用和权力的结构也做了独到的研究,成就了社会心理学中的一家之说(French & Raven, 1959)。

多伊奇是在勒温领导下的群体动力学研究中心获得博士学位的,他的博士论文以"群体过程中合作与竞争的效果"为题于1948年在麻省理工学院发表,从而为他的合作与竞争理论打下了基础。多伊奇认为,在合作性的情景中,每个人都能实现其各自的目标,而在竞争性的情景中,一个人获得了目标,则意味着另一个人就不可能获取其目标。因而,合作是以人们扩充了的接受他人的能力为基础的。成功的合作者有助于人们的互利、彼此的信任和相互理解。

费斯廷格是认知失调论的创始人,也是著名的群体动力学家。他曾于1939年专程赶往衣阿华大学,做了勒温的研究生。他的认知失调论和社会比较学说,都可看作是对群体动力学理论的发展。就其社会比较说而言,费斯廷格认为,当不能用某种客观标准来进行比较时,人们为了评估自己的态度和能力,就往往用他人作为比较的标准。以这种观点看来,人们多倾向于与那些态度相近、能力稍优的人相处,因为这种交往可提供最有效的社会比较。另外,社会比较过程在积极的社会认同的发展中也起着重要的作用。在本书第八章"参照群体理论"中,我们还将进一步论及社会比较理论。

如上所述,就理论发展而言,群体动力学的主流已经融汇于当代社会心理学的认知理论中,这是下一章的主要内容。群体动力学的兴盛时期是1945年至1965年的20年。种种原因之下,群体动力学作为一种自觉的运动发展到1970年代便逐渐衰退了。利皮特和费斯廷格在1965年前后相继离开了群体动力学研究中心,卡特赖特和弗伦奇等先后退休,这或许是群体动力学失势的一个重要因素。另外,公众的兴趣和热情都已下降,或已转向他方;社会心理学的实验室研究已不再会引起人们的过度重视。这些都不利于群体动力学的继续发展。或许我们可以在这里借用波林的一句话:群体动力学"因其成功而消亡"。但是有一个事实却不应被忽视,即在当代的社会认知理论和整个社会心理学研究中,都蕴含着群体动力学的生命力和影响力。

五 群体动力学的历史意义与评价

虽然群体动力学尚未完全成为历史,但我们却不妨从心理学史或社会心理学史的观点对其意义进行一番评价。如前所述,群体动力学是一范围广泛的运动,它涉及诸如管理、教育、军事、家庭、政府工作等许多领域,其本身便含有意识形态、社会实践和心理学研究三层意义,对现代社会心理学尤其产生了前所未有的影响。

有关勒温的评价

从某种程度上来说,勒温是群体动力学的公众形象,所以对勒温的评价与群体动力学的意义休戚相关。勒温1947年去世后,美国"社会问题心理学研究会"设立了每年一次的"勒温奖",以鼓励那些在社会心理学研究中卓有成效的学者,这是官方首次承认勒温的普遍影响。心理学家爱德华·托尔曼和高登·奥尔波特分别获得了1946年和1950年的"勒温奖",以后高登·墨菲(1953年)、玛格丽特·米德(1954年)、卡特赖特(1958年)、弗里茨·海德(1959年)、西奥多·纽科姆(1962年)和多伊奇(1968年)等也都先后获奖。在第一次"勒温奖"颁布会上,托尔曼、奥尔波特和马罗应邀做了纪念性发言。马罗高度评价了勒温对人际关系所做的独创性研究以及行动研究法的意义(Marrow,1969:230)。高登·奥尔波特的发言题目是《卡特·勒温的天才》,后发表在美国《人格杂志》1947年第16卷上。勒温的许多概念都已渗入心理学的标准语言之中,如紧张系统、欲求标准、时间观、认知结构、生活空间和群体决策等。用高登·奥尔波特的话说,"勒温把人既看作是其生活空间中一个分化的区域,又看作是一个核心区域,这或许是人格和社会行为领域中最有意义的概念了"(Allport,1947:1-10)。

托尔曼的评价更为广泛,其追索了勒温整个思想的发展,后发表在美国《心理学评论》1948年第55卷上。关于群体动力学,托尔曼说,"只有勒温所具有的天才和勇气,才能把关于用精确的控制性实验来研究群体的设想付诸实践,他与他的学生为心理学的研究开辟了这一全新的领域,永远值得人们称赞"(Tolman,1948:4)。文章的最后一段是心理学史家波林曾在他的《实验心理学史》上所引用的话:在未来心理学的历史上,有两个人必将超出众人,弗洛伊德与勒温。他们的洞察力相反又相成,"初次使心理学成为可以同时适用于真实的个人和真实的社会的一门科学"(波林,1982:835)。

心理学家乔治·曼德勒曾写道,由于勒温的著述,由于勒温在美国,美国的社会心理学、发展心理学和实验心理学都大为改观。墨菲说:"勒温具有一个伟大心理学家的所有禀赋";玛格丽特·米德说:"勒温和他的学派代表了整个美国、整个社会科学的生机";麦金农则说:"群体动力学已是当今的文化。而这一切都起源于勒温"(Marrow,1969:232-233)。

以上诸评论大多出于1940年代和1950年代前后,这说明到这时为止,勒温及其群体动力学已被他的时代接受了,这也是社会心理学的荣耀时刻。

群体动力学的方法论意义

一种成功的理论,其本身就是一种可启迪后人的方法。群体动力学也不例外。从心理学史的角度予以概括,至少可将其方法论意义归结为三个方面。

(1) 实验的社会心理学。由于勒温及广大群体动力学家的努力,对社会心理现象和群体生活进行实验研究的方法进一步获得确立,群体动力学也被称为"实验的社会心理学",勒温也获得了"实验社会心理学之父"的称号。社会现象和群体生活的真实性被认可,"群体心理"和"文化"不再是虚无缥缈的东西,而成了经验的社会科学所研究的范畴。这是社会心理学发展史上的一次重大转变——从书斋里的思辨转入了经验性和实验性的研究。新的观点被确立,新的方法被引入,随之带来了研究对象和研究课题的全新变化。

(2) 动力整体观。动力整体观是勒温场论的核心,也是群体动力学家所恪守的"世界观"。它始终把研究对象看作是一个动力的系统,一个格式塔,一个整体,强调整体的特性,强调各部分之间的相互联系。群体动力学家们对群体目标、群体内聚力和群体压力等的分析,以及坚持从群体水平来研究群体的主张,都是这种动力整体观的体现,从某种程度上说,这种动力整体观已基本上脱离了在心理学中占统治地位的牛顿的物理观，而转向了以量子论和相对论为标志的新物理学的世界观。比如它也坚信事物的相互联系、活动的交互作用以及动力性和整体性，而这些都是属于新物理学世界观的特点。

（3）理论与实践的统一。群体动力学大致继承了勒温的传统，即用理论指导研究，用研究来丰富理论。尤其是"行动研究"主导群体动力学研究以来，理论、研究和实践基本被融为一体。马罗所写的《勒温评传》一书的英文原名是《实践的理论家：卡特·勒温的生活与工作》（Marrow，1969）。"实践的理论家"，这既是对勒温的评价，又可看作是整个群体动力学的形象。

群体动力学展望

诚然，至1970年代，群体动力学已处于低潮。一批主将的相继离去似乎是群体动力学的发展中无可弥补的损失，公众兴趣的转移和实验技术的失宠都有碍于群体动力学的继续发展。马文·肖在他的《群体动力学：小群体的心理学》一书中，列举了许多群体动力学具有的阻碍其自身发展的内在因素，虽然其多有言过其实与失之偏颇之处，但以下几点尚有参考价值：如过分强调实验室实验，忽视传统的群体（指家庭、学校等，因群体动力学以研究非正式群体而著称），过分依赖于统计标准等（Shaw et al.，1981：445-451）。但是马文·肖对群体动力学的未来发展却抱有乐观态度，他认为严格的研究方法也可以采用，但应更加重视所研究问题的意义，注重对自然环境中社会心理现象的研究，注意统计分析的逻辑性，扩大群体动力学的研究范围，这样就可以使群体动力学重新充满活力，取得新的发展。

利皮特在1984年应邀为雷蒙德·考西尼主编的《心理学百科全书》撰写有关群体动力学的词条时说，勒温的群体动力学理论在1980年代已有复兴的趋势，群体动力学将展现新的意义（Corsini & Ozaki，1984：415）。这种趋势确实已逐渐明显。1980年费斯廷格主编了《社会心理学的回顾》一书，收入了包括赞德、多伊奇、凯利、巴克、沙赫特、辛格、阿伦森等在1979年前后撰写的论文共10篇。对勒温的学说及群体动力学的意义做了新的探讨，书中的10位作者均已是第一流的社会心理学家，这在某种程度上再次验证了费斯廷格曾经说过的一句话："我们今天的95%的社会心理学家，都属于勒温或他所激发的群体动力学研究的范畴。"（Marrow，1969：

232）1984年，在美国坦普尔大学（Temple University）召开了第一届国际勒温研讨会，1986年该会议的论文集由施普林格出版社出版，定名为《勒温的遗产》。该书主编斯蒂维斯把勒温的影响与杜威、马克思、达尔文和弗洛伊德相提并论。1987年，西德在庆祝柏林建城750周年时，举行了一项名为"柏林的科学"的演讲活动，勒温被推为四位"伟大的教授"之一，勒温的女儿、社会心理学家米里亚姆·勒温应邀作了主题为《勒温的心理学》的报告。她在演讲临结束时说："我们今天的社会心理学是否应该继续向勒温学些什么呢？我认为是应该的，勒温的方法还可以给当代心理学以丰富的启发"；她因此也专门撰写了《卡特·勒温的遗产》一文（Bargal, Gold & Lewin, 1992）。1987年，美国心理学全会在纽约召开，群体动力学第三代的发言人阿伦森当选为该届心理学会主席，场论发展学会主席罗伯特·克拉纳向大会递交了名为《卡特·勒温：历史形象还是当代动力?》的论文，提到勒温对今天的心理学研究有着特别重要的意义。1988年，著名群体动力学家、经典《群体动力学》一书的主编之一赞德也表示，群体动力学还可以向前发展，"如果合理应用，在中国进行群体动力学的研究将具有重要的意义"。① 或许，这将揭开群体动力学发展史上新的一页弗里茨·海德曾说："我每每谈勒温，总觉意犹未尽，飘闪着一些未能捕捉到的东西，在那里尚蕴藏着意义和价值，潜伏着新的发展。"（Rivera, 1976: Title Page）这既是写勒温的，也是写给整个群体动力学的。

---

① 赞德1988年1月写给本章作者的信。

第四章 社会认知理论

社会认知理论是西方社会心理学中一个重要的理论派别。作为一种理论定向，长期以来，社会认知理论在西方社会心理学中一直产生着巨大的吸引力。詹姆斯·A. 舍伦伯格曾指出，尽管行为主义在美国心理学传统中根深蒂固，但"大多数科班出身的社会心理学家首先重视的是认知理论。个体在主观上如何塑造他或她在其中行动的框架是他们注意的焦点"（Schellenberg，1978：126）。尤为值得注意的是，社会认知理论自产生以来影响与日俱增，目前它已成为西方社会心理学中势力最大的理论派别之一。

一 社会认知理论的兴起

"社会认知理论"是心理学家常用的一个术语，它外延较广，并不特指某一种具体的理论学说，而是各种社会认知理论学说的通称。不过，从理论派别的角度，人们更愿意在方法论的意义上使用这一术语，用以概括所有从社会认知入手对人类的社会心理和社会行为进行研究的方法，以及由此提出的各种学说。的确，西方很多社会心理学家坚信，人类的行为受其内在的认知过程的支配。因此，要理解和预测人类行为就必须深入这种内在的认知体系中，抛开人类认知而去孤立地研究人的外显行为是没有出路的。这一思想是整个社会认知理论的出发点，也是社会认知理论形成的基础。

除了共同遵循上述意义上的方法论之外，社会认知理论家们在理论来源上还具有一定的共性。对此，我们可以从以下几个方面予以简单的论述。

首先，传统的认知理论是社会认知理论的直接来源。传统的认知理论起源于美国心理学家托尔曼和格式塔心理学。托尔曼虽然也是一个行为主义者，但他反对华生提出的"刺激-反应"公式，最先提出了"中介变量"的概念，用以表示有机体的内部过程在引起行为反应中的作用。"中介变量"介于环境刺激和行为反应之间，虽不能直接观察到，但它却是引起特定反应的关键，是行为的决定者。中介变量包括需求和认知两种变量，其中认知变量指的是对客体的知觉、再认等心理过程。托尔曼认为，有机体的行为总是有目的的，行为必定受目的的指导，而对环境的认知，则是个体达到目的的手段和途径，学习实际上就是一种通过认知达到该目的、理解其间的各种环境所代表的意义的积极过程。由此，托尔曼突出了认知过程对行为的决定作用，为此后认知理论的提出提供了基础。

格式塔心理学是社会认知理论的另一理论来源。前者对社会认知理论的形成影响最大，许多社会认知理论家都自称是格式塔学派的传人。格式塔学派认为，决定人的行为的不是客观的地理环境，而是人感知到的"行为环境"。地理环境是现实的环境，而行为环境则是人们意想中的环境。行为产生于行为环境，受行为环境的调节。支配行为的行为环境并不总是和客观的地理环境相符合的。这是因为个人在环境的相互作用中，并不是消极被动的，而是积极主动的，常常通过组织自己的知觉和观念，形成一个单一的、有意义的总体。正是这种对环境的组织作用影响着我们对环境的知觉，并进而影响着我们的行为方式，这一基本思想同样构成了社会认知流派产生的理论根据。当然，格式塔学派对社会认知流派的影响是多方面的，它的许多思想，诸如强调知觉整体性的完形论、强调物质过程与精神过程之间的结构相似性的同形论、强调主体认知过程的主动性和积极性的动力论直至其他更为具体的原则，在社会认知理论的著作中都随处可见。

其次，勒温心理学的影响。具体来说，勒温的场论也是认知理论最重要的理论来源之一。勒温的研究摆脱了正统格式塔心理学主要研究知觉过程的束缚，将格式塔的一般原则运用于解释人的社会行为，着重研究人的需求、动机、意志和个性，实现了从正统格式塔心理学重视主客观关系的认知到重视主客观关系的动机方面的转移。这对社会认知理论的形成具有直接的影响。

勒温提出的许多思想和概念都已成为社会认知理论的基本原则，诸如心理环境、现时原则、需求与紧张心理系统说等。心理环境指的是存在于我们头脑里并对我们的心理事件实际发生影响的环境，主要包括准物理事实、准社会事实和准概念事实等三大类。在第三章中我们已经说明，勒温认为人的行为就是个人和其心理环境的函数 $[B=f(PE)]$[①]，这实际上强调了个体内部主观因素的实在性及其对行为的影响作用。勒温提出的现实原则指的是：行为或心理事件是由当前的场的动力结构决定的，心理事件只受当前情境的影响，而不受过去或未来事实的影响。过去和未来的事实只有成为当前场的组成部分时，才能对人的行为发生影响。后来的一些社会认知理论家十分注重个体当前所获得的信息对行为的影响作用，而忽视过去经验、情感等因素对行为的影响作用，和勒温的这一思想不无联系。勒温的"需要—紧张"心理系统说的基本思想是，人的行为动力来源于人的需求，需要可以引起活动，活动的目的在于使需求获得满足，因为个体在需求的压力下，可引起一定的紧张心理系统，使人心神不安，需求得到了满足，紧张的心理系统就得到解除。对此，勒温还曾借用物理学上的"平衡"概念来阐述，认为人一旦产生紧张系统，心理就失去平衡，紧张解除，才能恢复平衡。这种关于心理动力及其冲突的思想对后来认知一致性理论的提出影响极大，他被称为该派的奠基人之一是当之无愧的。

最后，现代认知心理学有力地促进了社会认知理论的发展。认知心理学兴起于 1950~1960 年代，是美国心理学界发生的重大历史事件之一。认知心理学的核心思想是把人看作为一个逻辑理论家，把人的大脑看作为一个信息加工系统。这个系统能够用符号来表示外部环境中的事物和自身的操作过程，从而能够对外部环境事件及其自身的操作过程进行信息加工。认知心理学家反对局限于研究孤立的、外观的反应，而致力于研究大脑中进行的认知活动，提出了大量有价值的见解。作为一种思潮，认知心理学推翻了长期在美国心理学界占统治地位的行为主义心理学，并逐渐渗透到心理学各个领域。在社会心理学领域，其意义之一就是直接助长了社会认知流派的发展。可以说，社会认知流派之所以能不断发展壮大，与现代认知思潮的促进作用是分不开的。

当然，社会认知流派的理论来源十分复杂，上面仅简单介绍了与其形成有直接联系的几种主要来源。应该进一步指出的是，不应将社会认知理论看作为先前某种理论或原则扩展的结果。应该说，上述各种理论来源对社会认知理论产生的作用主要体现在心理学研究的一般方向上，这就是它们都强调

[①] 在该公式中，B 为行为，P 为个人，E 为心理环境，f 为函数。

心理研究的中心是知觉、动机和目的指向性行为等内在心理过程，而不是感觉肌肉系统所代表的外围心理过程。社会认知理论正是社会认知理论家们自觉地沿着这一方向开展研究的结果。

一般认为，对社会认知的研究开创于1940年代中期。我们知道，知觉一直是心理学中一个重要的研究课题，但在20世纪40年代以前，心理学家们大多局限于对物体知觉过程的研究，注重于知觉对象的特性尤其是物理特性对知觉的影响，而相对忽视知觉主体本身的欲望、价值、情感、人格以及其他社会因素对知觉的影响。第二次世界大战中，一部分从事军事心理学研究的人逐渐看到了以往知觉研究中的这种缺陷。1947年，美国心理学家杰罗姆·布鲁纳最先提出了"社会知觉"的概念，强调知觉过程受社会因素所制约。二战以后，这方面的研究蓬勃开展起来，并形成了一个以布鲁纳、利奥·波斯特曼和爱德华·麦金尼斯为代表的所谓"新观点学派"。

进入1950年代中期，社会认知研究在广度和深度上都前进了一步。人们围绕从社会知觉到社会印象再到社会判断这个完整的社会认知过程展开了全面的研究，并就有关的问题提出了形形色色的认识学说。但是，此间最著名的认知学说是海德、纽科姆、查尔斯·奥斯古德和费斯廷格等人创立的所谓"认知一致性理论"。

然而，从1960年代中期开始，人们不再满足于社会认知过程的笼统研究，并很少再试图建立一种能够阐明社会认知整个过程的理论模式，这也就是说，对社会认知的研究更趋细致了。在理论建设上，以着重阐述社会认知动力过程的认知一致性理论开始走下坡路，并逐渐为着重阐述社会认知过程本身的归因理论所代替。

二 认知一致性理论

认知一致性理论是社会认知理论的一种典型代表。其基本观点是：人具有一种保持心理平衡的需要，而认知矛盾往往会打破心理上的平衡，使个体出现不愉快的心理状态，这种心理状态又会促使个体做出一定的行为，以重新恢复心理上的平衡。由于对认知一致性所下的定义不同，从上述基本观点出发，这一理论又分成许多具体的模式或学说，其中比较有影响的有：海德1946年和1958年提出的"认知平衡理论"，纽科姆1953年提出的"认知均衡理论"，奥斯古德和塔南鲍姆1955年提出的"认知和谐理论"，费斯廷格1957年提出的"认知失调理论"。

在社会心理学中，一般将认知一致性理论作为态度改变理论来看待。诚然，这些理论的确可以用以解释人的态度改变现象，但应强调的是，除其中的个别模式以外，这些理论的适用范围并不完全限于人的态度改变，作为一种解释范式，它同样也适用于其他一些社会行为。尤其是费斯廷格的认知失调论，它不仅适用于解释人的社会行为，而且可以用以说明人的非社会行为。正因如此，我们或许可以将它看作从人的社会认知出发系统研究和解释人的社会行为的第一次有益的尝试，这不仅具有理论意义，而且更具有方法论意义。

平衡理论

弗里茨·海德（Fritz Heider，1896~1988年），生于奥地利维也纳，1930年移居美国，社会认知理论最重要的创始人之一。海德是卡特·勒温的密友，并深受格式塔理论的影响。1958年，他在《人际关系心理学》一书中率先运用认知一致性概念，提出了认知平衡理论。其基本思想是：在日常生活中，人们总是倾向于建立和保持一种有秩序、有联系、符合逻辑的认知状态，也就是说，力求保持自己的认知体系处于平衡状态。所谓平衡状态，则是表示这样一种情境："在这种情境中，被知觉的单位和情绪无应激地共同存在着。因此，不论对认知组织的变化还是情绪表现的变化都没有压力。"（Heider，1958：176）

那么，个体在日常交往中是如何建立平衡的认知体系的呢？为了说明这个问题，海德首先设想了一种简单的交往情境，该情境由P、O、X三者组成。其中，P为认知主体，O作为P的认知对象的个人，X代表与P和O有一定关系的某种事物、现象、观点或其他人。海德认为，在真实的知觉情境中，P、O和X三者通过感情和单元关系发生联系。感情关系又称态度关系，指喜欢与不喜欢、爱与憎、赞成与反对、尊重与不尊重、褒与贬等各类评价。可分为正负两种类型：爱、喜欢、赞成、尊重等为正向感情关系，憎、不喜欢、反对、不尊重等为负向感情关系。P与O的关系一般为感情关系。单元关系指单元内两个对象由于相似、接近、所有、相属而形成的关系，也有正负两种类型，接近、类似为正向单元关系，分离、相异为负向单元关系。P 与 X、O 与 X 的关系一般为单元关系。

海德认为，个体的认知体系是否平衡，决定于自己的单元关系和感情关系是否和谐一致。那么，在什么条件下，这两种关系和谐从而使个体 P 的认知系统达到平衡状态呢？海德设想出下列四种条件：①P、O、X 三者之间的关系都是正的；②P 与 O 的感情关系为正，P 与 X、O 与 X 的单元关系都为负；③P 与 O 的感情关系为负，P 与 X 的单元关系为负，而 O 与 X 的单元关系为正；④P 与 O 的感情关系为负，P 与 X 的单元关系为正，而 O 与 X 的单元关系为负。这四种条件可用图 4-1 说明。

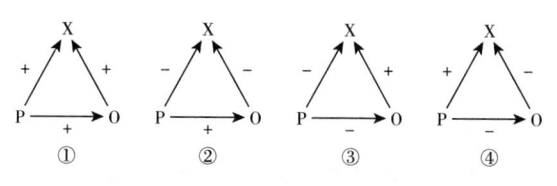

图 4-1 认知平衡状态

由图 4-1 可见，上述 P、O、X 的关系符号（"+"或"-"）相乘的积为正，表明 P 的认知体系处于平衡状态。举例来说，P 是大学生，O 是 P 尊敬的教授，X 代表某种观点，如果 P 拥护 X，O 也拥护，在这种条件下，P 的认知体系是平衡的，其他条件可依此类推。

但是，在现实生活中，P 与 O、X 之间的感情关系和单元关系并不总是和谐的，即，P 的认知体系常会出现不平衡状态。为此，海德又推论出引起不平衡状态的四种条件：①P、O、X 三者之间的关系都是负的；②P 与 O 的感情关系为负，P 与 X、O 与 X 的单元关系都为正；③P 与 O 的感情关系为正，P 与 X 的单元关系为负，而 O 与 X 的单元关系为正；④P 与 O 的感情关系为正，P 与 X 的单元关系为正，而 O 与 X 的单元关系为负。

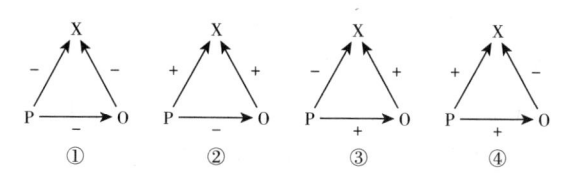

图 4-2 认知不平衡状态

从图 4-2 可见，上述 P、O、X 的关系符号相乘的积为负，这表明 P 的认知体系处于不平衡状态。

根据平衡理论，当个体认知体系处于不平衡状态时，会产生一种心理上的压力、焦虑或痛苦。这种压力、焦虑或痛苦的体验将会驱使个体改变其认知体系，使其重新达到平衡，从而消除这种心理上的压力、焦虑和痛苦。个体改变认知体系的方法主要有两种：改变 P 与 O 的感情关系或者改变 P 与 X 的单元关系。举例来说，P 是位大学生，对政治十分关心，坚决主张进行改革，对政府的改革措施（X）深表拥护和支持。O 是 P 十分敬佩的大学教授。当 P 得知 O 反对他拥护的政府改革措施（X）时，P 的认知体系便会呈现不平衡状态。为了消除这种不平衡状态，P 可能会改变对这位教授的态度，降低对他的评价，认为他不过是个饱读经书而无远见的迂腐学者而已，P 也可能改变对政府改革措施的态度，接受 O 的观点，认为政府改革措施或有不足，或是多余之举。由此可见，认知不平衡状态具有动力的性质。

作为较早的一种社会认知理论，海德的认知平衡论在对人类社会认知问题的解释上具有一定的合理性。这表现在：①海德一反只从主体与客体关系上考察个人认知的传统，把人际关系引入认知研究领域，在主客体及主体与他人的多种关系上来研究认知，从而更接近于现实的社会情境。②海德将复杂的认知情境简化为一种易于观察的模式，清楚明白地揭示了认知一致性的内涵，概念易于为人们理解和掌握。③海德的模式虽较简单，但却包含了丰富的思想，为后人的研究提供了基础和出发点。不过，认知平衡理论也因失之过简而遭到了一些人的批评。的确，认知平衡理论只注意到了 P 与 O 的单向关系，没能考虑到 O 对 P 的反馈对 P 的认知的影响。同时，在确定感情关系与单元关系时，采用了正与负的二分法，没能确定正与负的程度，因而不便于实验操作。然而，海德的平衡理论最先对人的社会认知系统进行了动力学的系统论述，突出了人的内在认知系统对行为的支配作用，从而将人们的眼光从对外显的行为、外在的刺激的注意上拉回到人的内部的认知过程上，开辟了一条研究人类社会行为的崭新途径，并由此大大促进了社会心理学家对人类社会认知过程的兴趣。这一历史意义则是人所公认的。

继海德之后，一些心理学家对人类认知系统一致性问题做了进一步的探讨，对认知平衡理论做了这样那样的修正和发展，从而使该问题一度成为社会心理学研究中的一个热门课题。

认知均衡理论

西奥多·M. 纽科姆（1903～1984年），生于美国俄亥俄州东北部的阿什塔比拉市（Ashtabula）的一个乡村。1924年从奥柏林学院毕业后，曾做过乡村教师；1925年，入纽约联合神学院，其间曾跟随华生、加德纳·墨菲学习心理学，并于1927年正式转入哥伦比亚大学，1929年获哲学博士学位。他在海德的平衡理论基础上提出了认知均衡理论。纽科姆认为，个体的确有一种使自己的认知系统保持均衡的倾向。这种倾向不仅可以用以说明个性的内部系统，而且可用以解释群体内认知和人际沟通与交往现象。纽科姆认为，当两个个体彼此主动感知并与某个第三者建立一定的关系时，就会产生对第三者指向的趋同意向，这种趋同意向随人际沟通的发展而加强。由此，可以推测，当两个人对某一客体的指向产生差别时，就会引起个体的不协调感，由此将会导致沟通的变化。

和海德一样，纽科姆也采用了一个模式（即A-B-X模式）借以阐明他的观点。在该模式中，A代表认知者，B代表另一个体，X代表被认知的事物或现象。在纽科姆看来，A、B、X之间的关系至少有四种：①A与B之间的关系是感情关系，即接近或回避，赞成或反对；②A与X的关系是认知关系，是A对X的属性、特点的认知。以上两种关系是相互依存、相互转化的。这两种关系也有正向和负向两种类型。至于③B与A的关系，和④B与X的关系则不是简单的感情关系和认知关系，而是对A-B感情关系的认知和对A-X的认知关系的认知。纽科姆认为，正是这四种关系构成了人的认知系统。而影响个体认知系统变化的主要因素有两个：其一是认知对象X的重要性；其二是两个或两个以上个体人际沟通的共同依存度。个体的认知系统有均衡与不均衡两种状态，决定均衡与不均衡的条件与海德的观点基本相似。

根据均衡理论，均衡的认知系统将能给认知者带来积极的价值，因为它能使个体准确地预测他人的行为，同时态度上的一致对个体来说也是一种奖励，能增强个体对自己所持态度的自信心。但是，不均衡的认知系统将会导致紧张状态，从而促使个体做出特定的行为来取得认知系统的均衡。个体用以消除这种不均衡的方法是很多的，主要包括：①减少对B的喜欢程度；②减低与X的关联程度；③减低所感知到的X与B的关联程度；④减低X

的重要性；⑤减低所感知到的 X 对 B 的重要程度；⑥X 改变自己的态度；⑦改变关于 B 对 X 的态度的知觉。

纽科姆的认知均衡理论虽然是在海德的平衡论基础上提出来的，但它突破了后者，将平衡论发展了一步。主要表现在：①认知均衡论将认知均衡扩大到人际沟通上，将人际沟通中出现的条件，尤其是沟通中的认知反馈因素纳入认知过程的研究中。这样所考察的社会认知更加接近真实社会情境中的社会认知现象。的确，真实社会情境中的社会认知，不仅像海德所假设的，受认知者原有的实际态度的影响，而且受被认知对象不断反馈回来的信息的影响，认知反馈直接涉及认知过程的状态和认知的发展。②纽科姆将认知均衡理论扩展到了群体内的认知上，突破了海德设想的个体与个体认知的框框。③认知均衡论突出了认知对象 X 的重要性，将它对认知者的价值考虑在内。同时，又把主体同人们对认知对象 X 的共同接触频率、相互之间的依存度作为影响认知变化的一种因素。这与认知平衡理论相比较为合理。

认知和谐理论

认知和谐理论由美国社会心理学家查尔斯·E. 奥斯古德（1916~1991 年）和珀西·H. 塔南鲍姆（1927~2009 年）于 1955 年提出，它是认知平衡理论直接扩展的结果，更加适用于人类态度改变情境。和平衡理论一样，和谐理论也设想了一个具有三种因素的基本的态度改变情境，即①其他的人；②这个人所表示的态度；③他自己所表示的意见的感情。每一种因素都与评价有关。这三种因素的三种评价之间有两个负号，就决定了和谐状态。不和谐就会产生某种压力而趋向一致。这些观点与平衡理论相同。但是，与平衡理论不同的是，奥斯古德应用因子分析法把认知变化的方向和程度引入认知过程中，把认知变化数量化了。例如，对于某一对象，可以是有点喜欢，也可以是比较喜欢，甚至可以是非常喜欢。这就是情感评价不同。对此，奥斯古德与塔南鲍姆曾设计了一个七分量表，将人的态度定量为+3、+2、+1、0、-1、-2、-3。这样就为人们预测态度变化的程度和方向提供了方便。比如，A 与 B 是一对好朋友，当他们对国家改革措施 C 的评价一样之时，A 的认知系统没有矛盾，处于和谐状态。如果 A 对 C 的评价是+3，而 B 对 C 的评价是-3 时，那么，A 的认知系统就呈现不和谐状态。在 A 的认知系统中，他与 B 对 C 的评价差距越大，认知系统就越不平衡，越不和谐。这样一来，奥斯古德的和谐理论就打破了以前关于认知变化理论的抽象性，使之具体化为数量表示法，这种从定性到定量的转变使社会认知理论的研究又向前迈进了一步。

认知失调理论

利昂·费斯廷格（Leon Festinger，1919~1989 年），1939 年获纽约市立大学心理学学士学位后，赴衣阿华大学跟随勒温攻读硕士和博士学位，1942 年获博士学位。毕业后先后在衣阿华大学、罗切斯特大学、麻省理工学院、密歇根大学、明尼苏达大学、斯坦福大学任教，并于 1972 年成为美国国家科学院院士。1957 年，在《认知失调理论》一书中，费斯廷格提出了著名的"认知失调理论"。同认知均衡理论与认知和谐理论相比，认知失调理论具有更广泛的思想和理论来源，同时，与先前的认知一致性理论相比，它虽然注重社会对象的认知和再现，但最为强调的是认知要素引起的矛盾冲突，集中研究的是认知组织的动力过程，因而这一理论具有更广泛的方法论意义和适用范围。

费斯廷格将认知看作一个涵义较广的概念，既包括社会知觉（即认识某种事物，得知某种消息，形成某种观点、思想、态度和信念等），也包括对自身行为的知觉。个体对有关环境、他人以及自己的行为的知识、观点、信念、观念和态度的总和，就是一个有结构的认知系统或认知结构。每种认知结构或系统都是由许多基本的认知元素构成的。所谓认知元素，指的是对于环境、个人、人的行为或自身的某种知识、见解、观念。认知元素有很多，认知系统的状态就决定于这些基本认知元素之间的关系。费斯廷格将基本的认知元素之间的关系区分为三种：第一种是协调关系。例如，"我不吸烟"和"吸烟会致癌"两种认知元素之间的关系就是协调的。第二种关系是不相关的。例如，"今天要下雨"和"我吸烟很厉害"两种认知元素之间就是不相关的。第三种关系就是不协调，这是费斯廷格所着重研究的。

费斯廷格的"协调"与"不协调"概念实际上得自海德的"平衡"与"不平衡"概念。他曾经给认知不协调下了这样一个定义，"就两个认知要素而言，如果一个要素可以导致另一个的反面，那么，这两个要素就是不协调的"（Festinger，1957：13）。例如，"我吸烟很厉害"和"吸烟会致癌"

两个认知元素之间的关系就是不协调的。基于对认知元素之间不协调关系的研究，费斯廷格提出了其著名的认知失调理论，其中包括这样几条基本的假设。

第一，认知元素有其各自的相对独立性，认知矛盾或认知失调是不可避免的。

我们知道，在费斯廷格提出认知失调论以前，认知一致性理论家们大多把认知不平衡看作是认知系统的反常状态。但费斯廷格则认为，认知失调是人的认知系统的一种正常状态，认知失调是不可避免的。他在1957年发表的《认知失调论》一书中开宗明义地指出：每个人都努力使自己的内心世界不发生矛盾，同样，也努力使自己的知识或信念与自己的行为之间不产生矛盾，然而事实上这却是不可能的。力图使自己达到无矛盾的状态，大概十有八九是要失败的。对这种认知矛盾或失调的必然性，费斯廷格从认知上作了分析。他认为，人的认知是对现实的一种反映或描绘，现实是变动不居的，而人们预见信息的能力却是有限的，加之事物本身又如此纷繁复杂，因此，认知与现实之间的差距不可避免，这种差距在心理上的表现就是认知上的失调。

费斯廷格认为，认知失调在程度上具有高低之分，因此有必要测定失调量。他为此确立了两条测定原则：①失调量是认知成分对个人意义的函数。一般说来，认知失调的程度与认知对个人的重要性成正比，认知对个人越重要，其失调程度可能越大；反之，认知对一个人不重要，其失调程度可能就小一些。②失调量依赖于不协调认知的数目与协调认知数目的相对比例。这两条原则可用下面一个公式来表示。

$$失调量 = \frac{不协调认知数目的数量 \times 认知项目的重要性}{协调认知数目的数量 \times 认知项目的重要性}$$

由公式可见，失调量一般与不协调认知数目的数量成正比，与协调认知数目的数量成反比。

第二，认知失调将会造成特定的心理压力，使人产生一种求得协调的动机，故不协调状态具有动力学的意义。

认知失调不仅是认知上的不协调关系，而且也是心理上的一种失调状态。认知上的失调将会造成个体心理上的压力和不快，因而减少失调不仅意味着改变现存的认知关系，而且意味着心理失调状态的消除，心理压力的减小。人类行为的动力正是来源于认知上的这种矛盾。这样一来，费斯廷格就在人类行为原因的解释上，用认知元素的矛盾代替了本能、内驱力、需要，这类传统的观念，把人类行为的动机从需求水平上转移到认知水平上，从而更加突出了人类理性的力量。

第三，认知矛盾运动具有特殊的心理表现形式，其运动方向总是指向消除矛盾，减少失调。

认知矛盾出现以后，总是驱使人们去想方设法减少认知失调。而减少失调的方法主要有这么三种：①改变与认知者行为有关的认知元素，其中包括改变行为本身，否认或者歪曲自己的行为。例如，"我喜欢吸烟"和"吸烟会致癌"是两种矛盾的认知元素，为消除这两种元素引起的认知失调，一个人可以通过把烟戒掉，变"我喜欢吸烟"为"我不吸烟"，从而消除"我喜欢吸烟"与"吸烟会致癌"的矛盾。②强调某一认知元素的重要性。例如，为了消除由"我喜欢吸烟"和"吸烟会致癌"而引起的认知体系的失调，一个人可以强化吸烟对他的重要性，他可能认为"吸烟虽可能导致肺癌，但吸烟能够使我感到快乐是最重要的，一个人不应该为将来可能发生不幸福的事而牺牲目前应该享受的乐趣"，此外，他也可以强调另一元素的重要性来消除失调状态，他可能认为"肺癌是最可怕的，一个人不应该为了目前的享受而牺牲将来的幸福，因而我应该下决心把烟戒掉"。③增加新的认知元素，以加强认知系统的协调。比如，为了协调"我喜欢吸烟"和"吸烟可能导致肺癌"的矛盾，一个人可能会增加其他一些认知元素，诸如，"世界上吸烟而长寿的人很多"，"吸烟有助于消除心理紧张，从而有利于心理健康"等，这样就降低了不协调的程度。

认知失调论提出以后，在西方心理学界引起了巨大的反响。拥护者有之，反对者也不乏其人。一般认为，和其他一致性理论相比，认知失调论更具有灵活、适应范围广的优点。该理论不拘泥于具体的认知过程，而试图从宏观的角度来把握人的认知系统，通过把复杂的认知关系简化为认知要素之间的协调与不协调的关系而跳跃出具体的社会认知领域，使人们对认知系统的研究有了一个更高的起点。然而，与该优点相联系的是，这一理论的许多概念还较为模糊，甚至相互矛盾，让人难以把握，难以测量。正因如此，人们普遍认为，该理论提出的问题超出了对问题的解决。

三 归因理论

在西方社会心理学中，归因是一个新兴的研究领域。从理论派别上看，归因理论是继认知一致性理论之后出现的又一典型的社会认知理论。这一理论，将社会认知理论研究推向了一个新的高度。

归因理论的涵义

归因研究，顾名思义，就是研究归因。那么什么是归因呢？归因研究者们认为，生活在复杂社会环境中的人，常常想控制这种环境，但要达到这个目的，他首先必须认识环境。因此，在日常的社会交往中，人们为了有效地控制和适应环境，往往对发生于周围环境中的各种社会行为有意识或无意识地做出一种解释。用社会认识的术语来说，就是认知主体在认知过程中，常对认知客体的某种属性或倾向做出推论和判断。在对人的认知中，则表现为从他人某种特定的人格特征或某行为特点上推论其他特点，并寻求各种特点之间的因果联系。如见到他人助人为乐的行为，就常去推论该行为的动机以及该个体的思想品德，并试图将这种行为的原因归属于某种内在的品质。这种由认知主体将认知客体的某种行为特点或倾向归属于其他属性或倾向，并建立其间逻辑联系的认知过程就是归因。这里的属性包括动机、目的、态度、价值、经验、能力、环境影响等，这些属性表现为一定的心理倾向和行动倾向，因而，归因也可以看作是对客体活动倾向的推论和判断。1958年，社会心理学家海德在《人际关系心理学》一书中谈到了归因现象。但是，当时人们由于过多地注意于他提出的认知平衡理论，而对他的归因思想未加应有的重视。1960年代早期，很少有人研究归因现象。直到60年代末期，爱德华·E. 琼斯和基思·E. 戴维斯的《从行动到倾向性——人的知觉中的归因过程》、哈罗德·H. 凯利的《社会心理学中的归因理论》两篇专门论述归因现象的文章发表以后，归因研究的重要性和必要性才真正为社会心理学家所觉察。此后，归因研究蓬勃开展，很快就成为社会心理学的一个热门领域。据统计，仅1970年代的10年间发表的有关归因研究的文献就达900种之多。

从横断面上看，归因研究大体上可以分成两大块：一块是对前提和归因关系的研究；另一块是对归因和后果关系的研究。所谓前提，指的是导致人们把某一特定事件归属于某种特定原因的因素。所谓后果，则指的是受归因影响的因素。著名的归因理论家哈罗德·H.凯利在综述归因研究时，曾用下列模式（图4-3）来表示整个归因研究的概况（Kelley & Michela, 1980: 460）。

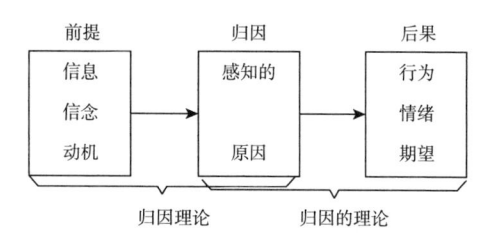

```
前提              归因           后果
信息             感知的          行为
信念      →       原因     →     情绪
动机                            期望
       ⎿___归因理论___⎾⎿__归因的理论__⎾
```

图4-3 归因领域的一般模式

在归因研究这个广阔的领域中，对认知过程感兴趣的研究者主要集中于研究前提和归因的关系，而对行动动力感兴趣的研究者则主要集中于研究归因和后果的关系。因而有人作了这样一种区分，把研究前提和归因关系的研究者提出的学说称为归因理论，而把研究归因与后果关系的研究者提出的学说称为归因的理论。由此可见，和认知一致性理论一样，归因理论也不是某种具体的学说，而是对围绕人类如何归因的问题所提出的各种学说及其相应研究的一种总称。

近几十年来，人们围绕归因现象提出了很多学说或假设，诸如对应推论模式、方差分析模式、观察者和行动者归因差异说、成就归因模式等。要全面地介绍这些学说是很困难的，因此，在这里我们仅列举其中影响较大的三种学说加以说明。

琼斯和戴维斯的对应推论模式

对应推论模式是第一个系统的归因模式，由爱德华·琼斯（1928~1993年）和基思·戴维斯提出。这一模式的核心是阐述认知者如何从行动者的行为或本可以做出的行为，推论与该行为相对应的行动者的内部品质或意向，重点在于分析认知者对应推论的标准或尺度。所谓对应推论，指的是认知推测与特定行为相对应的行为意图的过程。在现实生活中，人们的行为意图是很多的，由此导致了行为的千姿百态。不过，对于特定的行为来说，它总是由特定的意图支配的。也就是说，对于特定的行为，总是存在与之相对应的行为的意图。正因如此，认知者在观察到某种行为之后，就自觉或不自觉地去推论隐藏于该行为背后的意图。对应推论模式则是这一推论过程概括化、理论化的成果。

对应推论模式建立在两个先决条件的基础之上：第一，它假定行为者本人能够预见自己行为的后果，这也就是说，行动者做出某种行为总有其目的，是为一定的意图服务的。这就为认知者的对应推论提供了可能。第二，认知者对于行动者的能力、经验等是有所了解的，如果不了解，也就无法确定行为的真实意图了。

在这两种先决条件下，认知者依据什么准则来推断行为的意图呢？

琼斯和戴维斯认为，在上述两个先决条件下，认知者对应推论主要依据两个准则：第一个准则是行为效果的期望度，表现为该种行为是否具有社会合理性，是否符合社会规范，是否能给行动者本人带来利益。如果答案是肯定的，则不易做出对应的推论，如果答案是否定的，那么就能比较肯定地做出对应的推论。例如，假设一个人（P）说某个人（N）好，那么，他是出自真心实意，还是口蜜腹剑呢？根据对应推论模式，如果周围的人都说N好（意味着P的行为具有社会合理性，符合社会规范），或者P说N好是为了请N帮忙（能给P带来利益），在这样的情况下，P说N好，在观察者看来，就不一定是真心实意，而可能是随声附和或别有用心。反过来，如果周围人都说N坏（意味着P的行为不符合社会期望），同时，P说不说N好并不能给P带来好处，在这种情况下，观察者就会推论，P说N好可能是出自肺腑之言。

认知者用作对应推论的第二个准则是非共同效果原则。在琼斯和戴维斯看来，任何特定的行为都是行动者本人选择的结果，那么，通过行动者所选择的行为能够产生的效果和未被选择的行为所能产生的效果相比较，就可以推测他的意图之所在。当然，他选择的和未被选择的行为都能够产生的效果，即共同效果，不会是行为的真实意图或原因，只有那些不共同的或非共同的效果，才是行动的原因。

琼斯等人曾做了一些实验来论证自己的理论。其中有一项实验是让被试听一段录音，内容是一群求职者与雇主的洽谈。职业有宇航员和海员两种。

实验者事先告诉被试，宇航员的条件要求性格内向（有自主性和独立性），海员的条件是性格外向（爱交际、能和别人友好相处），同时告诉被试，求职者事先知道每种职业所要求的条件。在洽谈中，一部分求职者给被试造成了内向型印象，另一部分则造成了外向型印象。听完录音后，要求被试描述求职者性格特征以及他对求职者是否真正具有这种性格特征的自信程度。结果表明，那些给被试造成内向型印象而又说自己愿当海员或那些给被试造成外向型印象而又说自己愿当宇航员的求职者，比那些给被试造成内向型印象并说自己愿当宇航员或给被试造成外向型印象并说自己愿当海员的求职者，更易使被试自信地推论其相应的性格特征。这说明，不合角色的行动比符合角色的行动更能给观察者带来关于行动者内部品质的有效信息。

凯利的方差分析归因模式

在归因理论中，哈罗德·H. 凯利（1921~2003年）的归因学说可以说是影响最大的了。凯利先后分析了两种不同情况下的归因：一种是能够多次观察同类行动或事情发生的情况下的归因，即多线索归因；另一种是在根据一次观察就做出归因情况下的归因，即单线索归因。凯利认为这两种情况下的归因是有区别的。

凯利用方差分析归因模式阐述了多线索归因。他认为，人类归因过程是一个合理的、逻辑的过程。人类归因所依据的主要手段就是分析原因和结果之间的协同变化，以便从多种可能的原因中找出和行为事件共存亡的条件，并将之确定为特定行为的原因。由此，凯利提出了一条基本的归因原则——协变原则。"如果某种条件存在，特定的结果也存在，这种条件消失，结果也随之消失，那么，这种结果就可归因于这种条件。"（Levine，1967：192）按照协变条件原则进行归因，所遵循的逻辑同科学研究处理实验结果常用的方差分析方法的逻辑非常相似，凯利由此就把自己提出的归因学说称为方差分析归因模式。

按照方差分析方法的逻辑进行归因，就会涉及这样两个问题：①归因者会把哪些原因看作行为的可能的原因？②归因者最终又是怎样从这些可能的原因中筛选出行为的真实原因的？方差分析归因模式对此做了明确的回答。

凯利认为，尽管导致行为产生的客观原因纷繁复杂，但人们通常用来解释行为的原因不外乎三大类：即行动者个人方面的原因（能力、努力和倾向性等）；环境方面的原因（外在压力、气氛和他人的影响等）；以及刺激方面的原因（刺激的程度、性质及属性等）。这三类因素通常是导致社会行为的主要因素，它们足可供普通人来解释社会行为。

按照方差分析模式，归因者为了确定特定行为究竟是由哪些原因引起的，他在感受到这种行为之后，一般就从个体、实体和时间三方面去分析考察行动者、环境和刺激三类因素对行为作用的程度。由此，个人、实体和时间三方面就可构成一个原因的协变分析的基本框架。凯利（Kelley，1973：109）用图4-4所示的一个三维立体模式来表示。

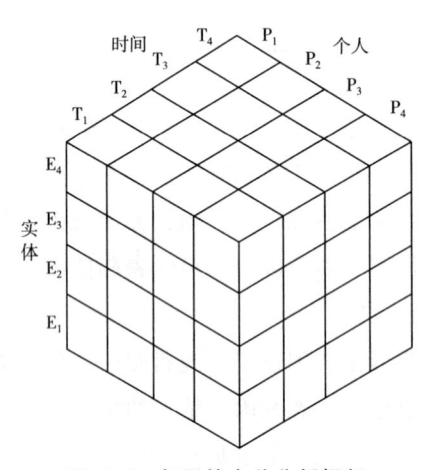

图 4-4 归因的方差分析框架

从个人、实体和时间三方面去考察行为的原因，归因者将会获得三种不同的信息。①从个人方面，归因者将获得共同性信息，它表明行为是否与大众相同；②从时间方面，归因者能获得一贯性信息，它表明对同一实体的反映前后是否相同；③在实体方面，归因者将获得区别性信息，它表明行动者对不同实体的反应是否相同。这样，归因者从每个方面获得两种信息，总共可以获得六种信息。就共同性信息而言，如果它表明行为与大众相同，那么就是高共同性信息，反之就是低共同性信息。就一贯性信息而言，如果它表明行动者对同一客体的反应前后相同。那么就是高一贯性信息，反之则是低一贯性信息。同样，就区别性信息而言，如果它表明行动者对其他实体的反应不同，那么就是高区别性信息，反之就是低区别性信息。因此，归因者在每种归因过程中，能获得由其中三种信息组成的一个信息模式。按照排列组合规则，上述六种信息就可以组成三种信息模式。凯利将它按共同性、区别性和一贯性顺序排列，并用 H 和 L 分别代表高和低，可以获得八种信息模式，具体表述为：HHH、HHL、HLH、HLL、LHH、LHL、LLH 和 LLL。凯利认为这八种信息模式会分别导致不同的归因。他用 S 代表刺激归因，C 代表环境归因，P 代表个人归因。上述八种信息模式分别导致的归因是 S、SC、PS、PSC、PSC、C、P、PC。这样，凯利就用一个抽象的理论模式概括了从行为的感知到做出原因归属的一般过程。举个例子来说，如果某人对某部影片大加称赞，那么，人们对之如何归因呢？按照凯利的模式，归因者就会自觉或不自觉地从上述三方面去找原因。如果他获得了 HHH 信息模式，即其他人也称赞这部影片，这个人对其他影片从不轻易称赞，这个人一直认为这部影片好，那么，归因者就会归因于刺激，即这个人之所以称赞这部影片，是因为这部影片本身确实非常好。

方差分析模式假设人们的归因是在多次观察行为和其赖以发生的环境，从而取得做出原因判断所需要的充足信息，并同等使用这些信息之后做出来的。但是，这和我们的日常生活经验并不完全符合，经验表明，在许多场合，人们对于所发生的行为事件并不总是多加观察，同时也并不总是搜罗各方面的信息，而往往是一感知到某种行为事件，凭着有限的信息，就做出某种特定的归因。对于这种单线索的归因，方差分析模式显然是解释不了的。为此，凯利提出了一种因果图式说，以图弥补方差分析模式的不足。

所谓因果图式就是人们在日常生活中逐渐形成的关于各种现象之因果联系的一种基本的经验和认识结构。在现实的归因过程中，这种后天习得并贮存于大脑记忆系统中的经验和认知结构可受到许多因素的激发而参与对行为事件的归因。正因为头脑中预先存在因果图式，所以人们在归因过程中总是期待着与因果图式相符合的新信息，并且在信息不足的情况下，人们往往根据特定的因果图式去主动地猜测，添补信息，从而不仅使得归因者能够一感知到行为事件就做出归因，而且保证了人在各种条件下都能对特定行为做出一种相应的归因，尽管这种归因是否正确有时连归因者本人也感到怀疑。

凯利认为，因果图式是多种多样的，不同形式的图式发生作用的场合往往不同。人类考虑行为事件之原因的最简单方式可以表示为这样一条原则：

"一种原因产生某种结果的作用可因其他原因的存在而打折扣。"凯利称之为折扣原则。除了这条简单的归因原则之外,凯利还区分了其他一些因果图式,诸如多式必要因图式、多式充足因图式、补偿因图式、长条形图式和对称形图式等。

维纳的成就归因模式

成功和失败是生活中常见的现象,人们是如何对这种现象进行归因的呢?这个问题也是归因研究者们最感兴趣的。伯纳德·维纳(生于1935年)对此提出了一个模式。他认为,人们对于成功与失败一般是按四种因素进行归因的,即努力、能力、任务难度和运气。这四种因素可以从稳定性、控制点和控制性三方面来加以区分。努力是一种内部的、不稳定的和可以控制的因素,能力是一种内部的、稳定的和不可控制的因素,任务难度是一种外部的、稳定的和不可控制的因素,运气是一种外部的、不稳定的和不可控制的因素。对原因的这样一种区分,显然要比凯利早先从环境、个人和刺激三方面所作的笼统区分更为具体和细致。维纳认为,无论把成功和失败归因于哪一个方面的因素,都会对情感、期望和行为产生一定的影响。根据维纳的研究,把成功归结为内部原因(努力、能力),会使人感到满意和自豪;把成功归结为外部原因(任务容易或机遇)会使人产生惊奇和感激的心情。把失败归因于内因,会使人产生内疚和无助感;归于外因,会产生气愤和敌意。把成功归因于稳定因素(任务容易或能力强),会提高以后工作的积极性;把成功归因于不稳定因素(碰巧或努力),以后工作的积极性可能提高,也可能降低。把失败归因于稳定因素(任务难或能力弱)会降低以后工作的积极性,而归因于不稳定因素(运气不好或努力不够),则可能提高以后工作的积极性。维纳的模式着重探讨了归因与行为的联系,故一般被划入归因理论的范围。

四 社会认知理论的评价与展望

社会认知流派从产生到现在已有数十年的发展历史,但纵观全局,它目前似乎仍处于上升阶段。因此,现在要对它盖棺论定,为时尚早,但总结其历史和现实意义并预测它的发展趋势,却不仅是应该的,而且是可能的。

社会认知理论的历史和现实意义

在当代社会心理学的发展中,社会认知理论经久不衰并不断发展壮大,这本身就说明了它的价值,这具体表现为以下几方面。

首先,社会认知理论重视对社会认知的研究,动摇了行为主义学派反心理主义的立场,对意识心理学的发展做出了独特的贡献。

在西方心理学中,对人类认知的研究源远流长。科学的实验心理学创始人威廉·冯特一开始就把心理学定义为研究直接经验的科学。在他所建立的世界上第一个心理学实验室中,研究者们用严格的实验内省的方法研究了大量的有关人的认知过程的课题,诸如感知、注意等方面的研究,但冯特的心理学集中研究的是认知内容。对此,与冯特同时代的心理学家弗朗兹·布伦塔诺提出了异议,他认为心理学应研究意识的过程而不是内容,他由此建立了意动心理学,展开了对意识过程的研究。稍后,奥斯瓦德·屈尔佩又建立了两重心理学,试图将冯特的内容心理学和布伦塔诺的意动心理学调和起来。由此可见,在20世纪初,在心理学中占统治地位的是意识心理学。但是由于种种原因,这种心理学并没有解决好意识这个复杂的问题。于是,华生在1913年吹响了行为主义的进军号,随后,行为主义心理学统治西方心理学界达半个世纪之久。

在社会心理学中,行为主义理论派别避而不谈人的内部心理过程,或者把心理过程置于无足轻重的地位,或者干脆将它行为化,只研究人的外显的社会行为,并将主动行为看作是社会学习的结果。而社会学习又被看作主要是通过联想、强化和模仿建立起来的刺激-反应的联结。社会行为只是一组牢固建立起来的习惯反应和反应模式。社会认知流派的产生,原因之一就是出于对这种心理学的反抗。从其产生的后果来看,它强调对人类社会认知的研究,并在这个领域取得了丰硕的研究成果,有力地动摇了行为主义的统治地位。同时,和传统的意识心理学相比较,社会认知流派不仅研究认知内容,而且尤其注重对认知过程的研究,并且认为认知过程是能动的、具有结构性的,它受个人情感、心境、前后关系和目的或意图等许多变量的影响。因此,它注重对存在于社会情境中的具体的社会认知过程进行多层次的综合性探讨。这样,就比传统的意识心理学仅从主体本身或从主体与认知对象的关系上去研究人的意识更进了一步。

其次，社会认知理论不仅强调对社会认知过程本身的了解，而且尤为强调认知和行为的统一。就此而言，它既继承了格式塔心理学的思想，但又不囿于格式塔心理学的思想。格式塔学者提出了"行为环境"的概念，特别强调有意义的知觉结构对人的行为的影响，这确实比行为主义更进了一步。但格式塔学者重点研究的只是认知特别是知觉本身，对认知如何支配人的行为并未深究。他们只是提出了问题，并未解决问题。社会认知流派则注重社会相互作用下认知过程的重要性，认为对认知过程的了解是理解复杂的、有目的的社会性行为的关键。他们强调必须根据人的认知过程来系统地理解社会行为，在实际的研究过程中，尤其注重认知对行为的动力学意义，强调认知与行为的联系。在研究方法上，他们继承行为主义学派从观察行为入手进行研究的方法。不过着重点不像行为主义者仅在于了解人的行为的规律，而在于"寻求解释个体在行动准备中如何主观地组织自己的世界"（舍伦伯格，1987：136）。此外，它还尤为注重社会认知研究和现实生活的结合，很多的研究都是从常识，从日常生活中存在的社会行为出发的。这明显朝解决问题的方向前进了一步。

还应指出的是，在行为与认知关系的问题上，社会认知流派和普通认知心理学的看法也存在一定的差别。现代认知心理学家关于行为与认知关系的经典模型是，信息改变认知的方向，从而影响行为。这就是说，认知改变在先，行为改变在后，认知与行为改变的关系是因果关系。社会认知学派则认为认知和行为的关系并非一种简单的对应关系。例如，认知失调论的创始人费斯廷格就指出，认知改变和行为改变并不存在直接的因果关系，行为造成外部现实，通过认知再现而产生认知失调，认知改变是失调效应的直接后果，认知改变的目的也只是要给行为赋予意义，使之合理化，因为认知与行为的关系不是因果关系，而是意义关系。归因理论家凯利也指出，在现实生活中，归因的前提（信息、信念、动机等），归因和归因的后果（行为、情绪、期望等）并不是一种直线关系，而是互为因果，后果也能反过来影响人们的归因。这种关于认知与行为交互作用的观点，在我们看来更为合理。

再次，社会认知理论注重人类理性的作用，动摇了一切非理性主义心理学的地位。

在西方社会心理学中，早期产生的几个心理学取向的理论流派都有一种非理性主义的倾向。行为主义流派将意识排除于心理学之外，把人看作一种被动的、"空洞的"有机体，人和动物的区别仅在于他的行为比动物的复杂，并拥有动物所没有的言语反应，因而没有任何意志自由而言，他的一切行为都由环境决定，和外部刺激有着确定的函数关系。在行为主义者眼里，人只不过是一只较大的白鼠或一架机器。麦独孤的社会心理学则建立在本能论的基础上，认为人的社会行为是由先天的不学而能的本能决定的。同样，弗洛伊德的精神分析学派则将存在于无意识当中的本能和欲望看作是人类行为的基本动力，人只是这种愿望的奴隶。由此可见，无论是华生、麦独孤还是弗洛伊德，都把人看作是残缺不全、缺乏理性的。这种认识导致了他们悲观主义的人生观，不是认为人处于被塑造的地位，就是认为人与社会的冲突是永恒的、不可调和的。与此相反，社会认知理论则基本上将人看作是有理性的，它不仅认为人具有认识外部世界，并根据认识的结果做出决断的能力，而且具有巨大的主观能动性，能够利用自己积累起来的经验，利用自己现存的认知结构去主动地反映外部世界，从而合理地调整自己的社会行为，使个体达到与社会的和谐一致。例如，诸种认知一致性理论都认为人具有一种使自己的认知体系趋向一致或平衡的需求和能力。从理性的角度看，这种平衡或一致的认知是合理的，也就是说，人有一种使自己的认知体系趋向合理的要求和能力。在这一点上，归因理论家凯利走得更远，他的方差分析模式将人设想为一名朴素的科学家，有着足够的能力从外部世界获取信息，并且能利用科学的策略来加工这些信息，从而合乎逻辑地做出结论。在当时非理性主义心理学家占统治地位的情况下，对意识和人类理性的重视不能不说具有重要的历史意义。

最后，在人类行为的动力观上，社会认知理论家实现了理论参照点的转移，在人类行为动力的问题上，除典型行为主义心理学家直接从外部环境中寻找，用外在强化（酬赏和惩罚）来解释人类行为的巩固和消除以外，大多数心理学家都从人的内在的本能、欲望和需求上来解释。如本书前几章所述，弗洛伊德以现实原则和快乐原则之间的对立，以伊底、自我和超我之间的矛盾冲突，以生的本能和死的本能之间的斗争来阐述人类行为的动力；而勒温则以需求的满足状况来解释人的需求（包括需求和准需求），若得不到满足，就会引起一定的心理紧张状态。这导致人做出一定的行动去满足需求，从而消除心理紧张状态。与上述理论不同，社会认知理论家们将人类行为动力的理论参照点由本能、欲望、需求移到人类的认知上。在他们看来，人类认知体系的不协调或矛盾的冲突是人类行为的动力。这种认知矛盾动力在费斯廷格的认知失调论中得到了最系统的论述。在海德那里，认知不平衡基本上还是作为人类认知的反常现象来看待的，但在费斯廷格看来，认知的不协调或矛盾，是人类认知体系本身固有的，是不可避免的，人类行为正是这种认知矛盾所产生的效应的结果。

与此相应，归因理论家们大多也是从认知上来寻求人类行为的原因，他们将人类行为的千姿百态归结为归因不同的结果。这种崭新的动力观的意义在于它在需求和行为之间架起了一座桥梁，由传统的"需求-行为"的动力观过渡到"需求-认知-行为"的动力观。在社会认知理论家看来，人的行为都是有特定目的的，社会情境中的人只有在为解决和作用于某个问题时，才试图思考它。因而，人既不是由内部需要直接驱使的，也不是由任何外界刺激随意摆布的。作为问题解决者，他有自己的情绪、动机，受到外界的要求、情境的促动时，他会主动地、有目的地选择出适合当时情境的行为方针。因而要了解人的行为，就要结合考察他所处的环境、他的目的以及这个目的对他的意义。由此出发，社会认知理论学家们打破了心理三分法的传统观点，用统一的认知过程来理解知、情、意，将动机视为认知过程的一部分。这种动力观应该说是对动力心理学的一大贡献。

社会认知理论不仅具有重大的历史意义，而且具有重大的现实意义。这主要体现在两个方面。一方面，社会认知理论作为一种理论框架，它过去和现在都具有一种解释的职能，即可用作理解广泛的社会行为的一种工具。本来，社会认识理论家们都是在社会心理学各个具体领域的研究实践中提出他们的学说的。一般来说，他们的理论都有一定的实验作依据，即便是用逻辑推论的方式提出的模式，也不例外。因而，这些理论或学说对其所指向的社会行为都具有一定的解释作用，这就为我们进一步理解和研究该种行为提供了方便。事实上，直到现在，我们还是将认知一致性理论作为一种主要的态度的改变理论来看待，并用来解释包括人际知觉、人际沟通在内的许多社会心理现象。归因理论更是如此，常被用来理解广泛的社会行为。不仅如此，这些理论为我们深入一步的研究提供了出发点和基础。这不仅因为这些理论本身包含着丰富的有待进一步检验或论证的假设，而且因为这些理论都存在这样那样的缺陷，有待我们去发展它，完善它。同时，这些理论在发展的同时，也为我们提供了一系列新的研究课题。从这个意义上讲，以往的社会认知理论为我们提供了一副攀登人类知识大厦的脚手架。

但是，相对而言，社会认知理论另一方面的现实意义更为巨大，即它充分证明了支配社会行为的内在过程的可测性和可述性，并为我们开创了一条揭示社会心理过程的比较成功的道路。长期以来，主体内部那种抽象的认知过程一直令人望而生畏，以至有的心理学家干脆宣布它是不可测、不可述的，并弃置一边不加探究。现在，社会认知理论家们的研究却成功地表明，这种心理过程是可测和可述的。社会认知理论家们成功的关键在于他们将主体内在的抽象过程和外在的具体表现统一了起来。社会心理作为一种内在过程存在于主体内部，的确难以捉摸、难以描述，但是，这种内在的过程又在人与人的交往中通过其行为具体表现出来，这就为观察描述隐藏于行为背后的这种内在过程提供了可能。社会认知理论家们都从不同的角度为我们提供了揭示社会心理内在抽象过程与外在表现之间"天然"联系的具体方法，如凯利提出的协变原则，琼斯和戴维斯提出的非共同效果原则，都是这种研究的突破点。依靠这些原则，可使由各种条件引起的行为者的内部过程公开化。然后，他们再通过建立模式的方法，将这种内在过程比较完整地描述出来。这种研究为我们开辟了一条新的道路。

社会认知理论的基本特点

通观社会认知理论的现状，我们可以归结出以下特点。

（1）归因研究取代认知一致性研究而成为中心研究课题。认知一致性研究开创于1940年代，1950年代处于全盛阶段，1960年代趋于稳定并开始走下坡路，到了1970年代人们的兴趣则转向了归因问题。他们不再满足于对人类认知系统进行笼统的动力学描述，而试图对社会认知现象进行更细致的研究，从此归因研究逐渐取代了认知一致性研究。今天，社会认知理论家对个体如何认知、如何解释其周围环境有浓厚的兴趣，注重研究人如何收集、处理和利用信息以及认知者本人的价值观、情感、期望对其认知的影响，认知者被看作一个更具理性的人，他能运用各种策略来达到对周围环境的合理认知，并由此对不同情境采取不同的行为策略。

（2）对社会认知本身的研究越来越细致，越来越微观化。对此，我们简单回顾一下归因理论发展的历程就不难看出。在1960年代末期以前，研究归因的人比较少，研究的焦点集中在归因的一般性质与一般过程上，研究者们力图提出一个概括一切归因过程的抽象模式；到了 70 年代，归因研究的范围大大扩大，涉及社会认知的多个方面，此阶段研究课题多而零碎，诸如成就行为的归因，人际交往中的归因、归因与夫妇冲突、归因与习得无助、归因风格、观察者与行动者的归因差异、归因中的错误与偏见等；1980年代后，归因研究已成为国际社会心理学界的一个热门领域。除美国外，英国、加拿大、德国、以色列、中国等国的社会心理学家也从各个不同的侧面对这一现象展开了研究，研究的范围进一步扩展，归因的社会属性、社会功能、文化差异方面都被引入研究之中。同时，人们也对如何运用归因研究的成果渐感兴趣。这种状况不能不使我们得出这样一种看法，目前对社会认知本身的研究似乎正处于描述和分析阶段。

（3）社会认知理论作为一种方法论，已不再局限于社会认知本身的范围。它已逐渐渗透到社会心理学的其他研究领域，成了一种普遍的思潮。我们知道，社会认知理论的核心思想是：个体的一切社会行为都是以其对特定环境的认知为基础的，故要理解并预测人的行为，必须从了解其认知过程着手，这一思想正被越来越多的社会心理学家所接受。目前，即使是倾向于行为主义的社会心理学家（如社会学习理论的理论家们）在他们的研究中也不再对人类内在的认知过程不闻不问了。事实上，在目前西方社会心理学的每一个领域，诸如社会化、社会动机、人际沟通等，都将人的认知过程引进了研究的范围。

社会认知理论展望

社会认知流派的发展前景如何？对此，西方一些心理学家感到乐观，认为它的发展前景比其他派别要广阔，甚至有人认为，社会认知理论最为强调对社会心理的"综合探讨"，故可指望成为整个社会心理学理论发展的方向。威廉·J. 麦奎尔（1925~2007年）曾写道，在预测社会心理学的进一步发展时可以断定，认知方向的传统问题将重新上升到"宠儿"的地位。

我们觉得，这些看法虽过分乐观，但也不是毫无道理的。可以肯定，在今后的一段时间内，对社会认知的探讨将会进一步深入下去，并将取得更丰富的研究成果。同时，作为一种具体的方法论，也将受到更多人的重视。但是从现有的研究来看，社会认知理论也存在下述不足，这势必会成为其进一步发展的隐患：①现有的社会认知理论所运用的基本概念大多数都模糊不清，未能做出严格而明确的规定；②现有的社会认知学说或模式都失之过简，对个体行为的解释和预测功能也嫌不足，难以令人满意；③很多社会认知理论都以肯定人类理性为理论前提，例如，认知一致性理论认为人类对自身认知体系的逻辑性与和谐性的需要是基本的心理需要；归因理论则认为人的行为建立在对行为情境合理解释的基础上，这种理论前提本身的正确性如何尚待推敲，故这些理论赖以生存的基础并不是很牢固的；④在方法论上，社会认知研究有很大的缺陷，它脱离真正的社会情境，脱离个体的实践活动而抽象地研究人的认知过程。这是对人的心理实质缺乏科学理解造成的。因此，依靠现有的社会认知理论是不能将社会心理学中的基本概念和观点统一起来的。不过，可以认为它将会为这种统一起到铺路作用，为新的科学范式的出现提供契机。

第二编

社会学的路径

第五章 社会交换理论

社会交换理论是当代西方社会学理论的主要流派之一，在社会学取向的社会心理学理论中，社会交换理论同符号互动理论、社会角色理论、参照群体理论一起被誉为最有影响的四大流派（Rosenberg & Turner，1981：30-65）。现代社会交换理论形成于 20 世纪 50 年代末 60 年代初，其奠基之作是一篇论文和三部著作：论文是霍曼斯的《作为交换的社会行为》（1958 年）；著作则是霍曼斯的《社会行为：它的基本形式》（1961 年）、约翰·蒂博特和凯利的《群体的社会心理学》（1959 年），以及彼得·布劳的《社会生活中的交换与权力》（1964 年）。而在社会交换理论形成、发展和传播的历史中，乔治·霍曼斯、彼得·布劳和理查德·埃默森则是人们公认的三大代表人物。

一　思想来源

社会交换理论着眼于人们在社会生活中的相互交往关系，在社会交换论者的眼中，人际的社会交往过程可以被视为"一种至少是在两人之间进行的交换活动，无论这种过程是有形的还是无形的，也无论其报酬或代价的大小如何"（Homans，1961：13）。尽管社会交换理论的形成至今不过 60 年，但从历史上看，欲图从人际交往的"互酬性"入手解释社会生活的倾向却古已有之：中国春秋战国时期的政治家商鞅、韩非等人都曾从类似的立场出发分析人类行为和人际关系，古希腊哲学家亚里士多德更是如此，他在《尼考马可伦理学》中对社会行为所作的精湛的交换论描述至今仍被人们奉为金科玉律，并对现代交换论的思想形成产生了巨大的影响。

虽然社会交换理论的思想渊源能够追溯到古代思想家的天才著作中，但是构成其直接的思想来源的却是近代西方的功利主义经济学、功能主义人类学和行为主义心理学。诚如乔纳森·特纳所说，现代交换理论是上述学派"迷离扑朔的、无法分排的混合体（特纳，1987：259）。

功利主义经济学

功利主义经济学的代表人物为亚当·斯密、大卫·李嘉图等人。在这些英国古典经济学家眼中，唯利是图是一般的"人性"，人们在自由贸易和市场竞争中与他人交易时，总是理性地追求最大的物质利益。人们作为自由市场的理性单位，拥有获得各种信息的渠道，能够权衡所有可行的选择，并基于这种考虑，理性地选择那种代价最小但能够获得最大报酬的行为。

斯密在《国民财富的性质和原因的研究》（即《国富论》）中指出，人类有一种"互通有无、物物交换、互相交易"的互助倾向，这是人与动物的根本区别，而人类社会也就是这种交换的联合。但是，斯密认为这种互助的基础并不是利他主义，而恰恰是利己主义。他认为，一个人如若想要求得他人的帮助，就要"能够刺激他们的利己心，使有利于他们，并告诉他们，给他做事，是对他们自己有利的，他要达到的目的就容易得多了。不论是谁，如果他要与旁人做买卖，他首先就要这样提议，请给我以我所要的东西，同时，你也可以获得你所要的东西，这句话是交易的通义"（斯密，1972：13）。

经济学中的这种功利主义的观点给了社会交换理论极大的影响。霍曼斯认为，这种对人的经济行为的理解完全可以在修改之后用于对人的全部社会行为的解释。他信心十足地写道："在考虑了各自所确立的特殊条件后，经济学的基本原理可以与基本的社会行为完美无缺地结合起来。"（Homans，1961：61）交换理论对人的基本行为的假设，充分体现了这种对功利主义原则既有继承又有改造的结合。

　　1）人并不追求最大利润，但在与他人发生社会交易时总是试图得到一定的利润。

　　2）人并非是完全理性的，但他们在社会交易中的确进行成本和利润之间的核算。

　　3）人并不具备可供选择的完备信息，但他们认识到至少有些选择是评价成本和利润的基础。

　　……

6）在所有社会中，人们在明确规定的市场中的确进行着经济交易，但它仅仅是发生于所有实际社会环境中个体之间更为普遍的交换关系的特例。

7）人们的确在交换中追求物质目标，但他们同时也流通和交换非物质的资源，诸如感情、服务和符号。

（特纳，1987：260-261）

如果说前三条假设对功利主义的修改体现在某种程度的限定上（如从"最大利润"改为"一定的利润"），那么第六、第七两条假设的修改则表现为欲图使对人类互动的解释摆脱经济市场中物质交换的局限，申明人类社会的交换包括物质的也包括非物质的资源交换。而这种"突破"的契机则是从文化人类学的研究中获得的，因此，特纳认定"功利主义是通过本世纪初的文化人类学而间接地影响当前交换理论的"（特纳，1987：261）。

文化人类学

1919年，英国人类学家詹姆斯·弗雷泽（1854~1941年）在三卷本《〈旧约〉中的民俗》一书中提出，可将原始社会中盛行的交表婚姻视为由经济动机所引发的一种交换行为。在这一过程中，那些缺乏财富但又希望娶妻的人，能够通过嫁出自己的女人（姐妹或女儿），保证换回另一个女人。通过对原始社会中形态殊异的亲属和婚配习俗的交换论解释，弗雷泽欲图证实：①作为特定文化象征的某种社会结构模式（如婚姻模式），实际上是人们的经济动机的反映；②由于资源拥有的不平等（比如姐妹或女儿的多寡），这会造成社会系统在特权和权力方面的分化。例如，"由于在澳大利亚土著中妇女具有较高的经济价值和商业价值，拥有很多姐妹或女儿的男人就是富有者，没有的则是贫穷者，并有可能根本就无力娶妻"（Frazer，1919：198）。

尽管弗雷泽的研究在人类学界具有不可否认的开拓性质（尤其是关于交换过程会导致群体的权力与地位的分化的论述），但他的"经济动机律"解释却未能超出功利主义经济学的樊篱。弗雷泽的致命弱处促成了英国功能主义人类学大师马林诺夫斯基的成就。马林诺夫斯基富有创见地发现，在原始社会中，支配经济生活的原则是基于社会义务的互惠性交换。这一与现代经济生活相左的特点，决定了在原始社会中经济行为和其他社会行为在功能上是密切相关的，原始人在互惠性的交换行为中所追求的并非物质上的最大获利，而是社会性的和礼仪性的声望与价值的满足。

马林诺夫斯基对功利主义和弗雷泽的超越体现在他的《西太平洋的航海者》（1922年）一书中。他明确区分了物质或经济的交换与非物质或符号的交换，分别能够代表这两类互惠性交换制度的是特罗布里恩德（Trobriand Islands）人的"吉姆瓦利"（Gim wali）仪式和库拉（kula）仪式。前者交换的是鱼和芋头等日常生活用品，而后者交换的则是代表声望及象征性价值的东西——红贝壳串成的项圈和白贝壳串成的手镯，简言之，这是一种非物质的或符号的交换。马林诺夫斯基写道："在特罗布里恩德的所有交换形式中，既没有赢赚的迹象，也没有任何理由以功利的和经济的眼光看待这种交换，因为通过这种交换，双方的效用没有任何增加。"（Malinowski，1961：178）在这种交换背后隐匿的不是经济的而是社会的动机，因为这种交换（不同于经济交换）具有下述功能。

（1）建立友谊纽带。"库拉关系为其交换圈中的每个男人找到少数关系密切的朋友。"（Malinowski，1961：92）

（2）确立个人的优等地位。一个人从交换中得到的项圈和手镯越多，其地位和声望也越高。

马林诺夫斯基使交换理论成功地摆脱了功利主义的束缚。在这位功能主义者的眼中，符号的交换关系是基本的社会过程，像库拉圈这种持久的社会模式具有满足个体关于社会整合和社会团结的心理与社会需求的作用。

在《作为交换的社会行为》一文中，霍曼斯曾坦率地承认，他关于人际交往是物质的和非物质的物品交换的观点受到了法国人类学家马塞尔·莫斯（1872~1950年）的启发（Homans，1958：597）。但霍曼斯忽略了莫斯撰写的《礼物》（1925年）一书，道道地地受了马林诺夫斯基对库拉仪式所作的天才分析的启发。自然作为后来者，莫思及其同胞法国人类学家列维-斯特劳斯对社会生活现象的交换论分析更为直接而深刻。从马林诺夫斯基的终点起步，莫斯注意到了社会结构对交换过程的调节作用，列维-斯特劳斯则欲图说明各种直接的和间接的交换类型与各种社会组织模式（而不是个人的动机）的联系。这些观点都对社会交换理论产生了多方面的影响。

行为主义心理学

行为主义心理学直接得益于俄国生理学家巴甫洛夫的经典性条件反射和美国心理学家桑代克的动物行为实验。巴甫洛夫说明了条件反射的建立和消退的一般原理,并强调了"酬赏"在条件反射形成中的作用;而桑代克在《动物的智慧:动物联想过程的实验研究》一书中进一步证明,动物在实验中所获得的那些能够得到"酬赏"的行为模式,比如,与使迷宫中的猫能够逃脱的行为相联系的"酬赏"是猫习得这一行为的原因。

巴甫洛夫和桑代克的天才性见解由华生和斯金纳给予了进一步的发挥,尤其是斯金纳的操作性条件反射理论更是直接激发了社会交换论的创始人霍曼斯对行为主义心理学的兴趣,为其提供了奠基之石:人们所做出的全部行为要么是为了获得报酬,要么是为了逃避惩罚。

行为主义心理学宣称"人与动物之间不存在分界线"(华生),因此,对动物行为的理解必然能够导致对人类行为的理解。霍曼斯经受不住这种富于诱惑的宣传,干脆将斯金纳从动物行为实验中确立的理论命题搬入社会交换论中。

> 1)在任何既定情境中,机体将发射能够获得最大报酬和最小惩罚的行为。
> 2)机体将重复以往曾获得报酬的行为。
> 3)在与过去行为曾得到报酬的情境相似的情境中,机体将重复那一行为。
> ……
> 7)机体从某一特定行为中得到的报酬越多,则行为越不值得(由于满足而使驱力减弱),机体越可能发射替代行为以寻求其他报酬。
>
> (特纳,1987:274)

行为主义心理学能够和功利主义经济学一起成为现代交换理论的理论来源,在于它们共同基于这样一条原则:人类是追求酬赏的有机体,他们追求那些将能产生最大酬赏和最小惩罚的行为选择方案。从这一意义上说,现代交换论者从行为主义那里借用的"酬赏"一词实际上就是经济学家的"功利"一词的同义语，但"酬赏"一词又突破了功利主义者将交换行为囿于经济动机的考虑，这使社会交换论者能够把人的社会行为视为受心理需求驱使的结果。

交换论者在借用行为主义的"酬赏"一词克服功利主义经济学的局限的同时，也运用功利主义者对交换或交易的分析扩展了行为主义者得之于实验室的原则。这些原则得之于"单向的"刺激与反应情境，因为这里只存在实验者对被试（动物）的操纵，不存在被试对实验者的明确影响。而人际互动却是一种相互影响、相互酬赏的过程。

尽管我们后面将提及，交换论者（主要是霍曼斯）由于过分地求助于用心理学的原则解释复杂的社会现象，而被人们斥为心理学的还原主义（即将复杂的社会结构、社会组织、社会制度还原为个人行为加以解释），但从上面的论述来看，行为主义心理学毕竟对了解人的社会行为提供了有益的借鉴。

二　霍曼斯的行为交换理论

乔治·卡斯帕·霍曼斯（1910~1989 年），社会交换理论的创始人，美国当代著名社会学家。1932 年毕业于哈佛学院，获文学学士学位。随后又在哈佛大学进修，选听生物学家和社会学家弗朗西斯·亨德森主讲的"帕累托讲坛"，并参加了关于帕累托学说的小组讨论，1934 年出版《帕累托理论介绍》一书（合著），并凭此叩开社会学界的大门。1939~1941 年任哈佛大学讲师；第二次世界大战期间在美国海军服役；1946 年重回哈佛大学，并正式调入社会学系。1953 年升任教授，并曾担任社会学系主任（1970~1975 年）和美国社会学会主席（1963~1964 年）。

霍曼斯的一生与哈佛大学有着不解的联系，事实上他的整个学术生涯是由他对诸多哈佛同人的一系列兴趣构成的：早期受教于社会学家亨德森，并引发了对帕累托的兴趣，中期受到功能主义大师帕森斯、默顿的影响，采用功能主义方法研究分析小群体，写成《人类群体》（1950 年）一书，晚期转向新行为主义者斯金纳，创设社会交换理论，撰有《作为交换的社会行为》（1958 年）一文和《社会行为：它的基本形式》（1961 年）一书。

人类群体的功能主义描述

《人类群体》和《社会行为：它的基本形式》两书不仅出版日期前后相隔八年，而且采用的观点和研究方法也相去甚远，但这两部著作涉及的都是有关小群体的研究，后一部著作可以说是前一部著作的继续。如果说这两部著作还有什么不同的话，可以说霍曼斯在《人类群体》中欲图通过归纳方法对社会现象进行描述，他从五个现场研究的报告中归纳出了一系列的经验性的概念和命题，而在《社会行为》一书中则欲图通过演绎方法对社会现象进行解释。

《人类群体》一书所依据的五个现场研究为：罗特利斯伯格等人的《管理和工人》、怀特的《街角社会》、雷蒙德·弗思的《我们提科皮亚人》、哈奇的《一个农村社区结构的变化》，以及阿伦斯伯格等人的《一家工业公司的士气测定》。在这部有关小群体研究的著作中，霍曼斯强调观察人的实际行为以及人在多种群体中活动的重要性。这本著作颇受好评，连罗伯特·默顿也毫不吝啬地称赞道："自齐美尔发表《初级群体》以来的半个世纪中，还没有一本有关小群体研究的著作能像霍曼斯的《人类群体》一样，对群体的结构、过程及功能的社会学理论做出了这样大的贡献。"（Homans，1950：23）

霍曼斯对群体的功能分析，基本上囿于初级群体而不涉及较大的次级群体或组织。这显然同霍曼斯的群体定义有关，在他看来，群体是由"若干经常进行跨时间沟通的人组成的，为了使每个人都能够面对面地与其他一切人进行沟通，而不是通过他人进行间接沟通，他们的人数往往不多"（Homans，1950：85）。这一定义和第六章"符号互动理论"将论述的查尔斯·库利的"初级群体"或曰"首属群体"（primary group）的概念完全一致。

霍曼斯认为，像"地位"和"角色"等社会学家用来说明群体过程的概念，是与实际群体中所发生的事件多多少少分离的，为了使这些高度抽象的名称（他称之为"次级抽象"）底层坚固，霍曼斯认为有必要引入"初级抽象"作为群体中发生的实际事件的标签或名称。他引入了下述三种初级抽象，作为描述小群体的要素。

（1）活动，是指在一既定情境中群体成员在干什么。

（2）互动，是指群体成员之间的相互交往和影响。

（3）感情，是指群体成员的内在心理状态。

由这三种初级抽象入手，霍曼斯进一步把这种由群体构成的社会系统分为两个部分：一为内系统，即由各个成员构成的整个群体，比如《管理和工人》一书中提及的组合配线车间的14位工人就构成内系统；二为外系统，即为群体在其中活动的环境布局。

霍曼斯从对组合配线车间的分析中，归纳出一些关于群体形成及其详情的结构性假设，又选用了另外两个小群体（诺登街头帮派与提科皮亚家庭）的研究结果加以比照、修改。他所提出的假设包括以下两点。

（1）群体成员相互交往的次数增加，则感情也会加深。

（2）如果内群成员互动频繁，则他们与外群成员的互动次数就会减少，与外群成员的感情也会淡漠。

霍曼斯正是将若干这样的假设联系起来，构成他关于群体的结构和功能的统一理论。在霍曼斯看来，社会的各个部分被组成为系统，而这种系统又是以最小的社会系统（小群体）为基础的。因此，对小群体的研究将有助于对更大的群体和整个人类文明的理解。

尽管这种对小群体的功能分析受到普遍好评，但依旧没有阻止霍曼斯向功能主义揖别。他认为结构功能主义只代表了进行发现和描述的努力，而他却不能满足于此；1950年代末，霍曼斯首创社会交换理论，正是他欲图用新的理论来解释社会结构的大胆尝试。

人类行为的交换论解释

霍曼斯的社会交换理论的一个最大的特色就是强调心理学对于解释社会现象的重要性。具体说来，霍曼斯坚信斯金纳的操作性行为主义的原则可以用来解释人类行为，无论这种行为发生在简单群体之中还是复杂群体之中。对斯金纳的笃信，促使霍曼斯勇敢地打破了涂尔干对心理还原主义的忌讳——社会事实不能用心理学来解释。他明确宣称，对社会行为的所有解释归根到底都是心理学的解释。

不过，平心而论，尽管霍曼斯认为心理学掌握着解释人类行为的钥匙，但他并未放弃用经济学来描述交换关系，以致理查德·埃默森半埋怨半为其开脱地写道："……社会交换理论还未能像它应该的那样更进一步地同心理学结合。事实上，虽然霍曼斯竭力宣称心理学的还原主义，但他的著作中却很少涉及个人心理学，而过多关注于社会互动的本质。"（Emerson，1981：

73）造成霍曼斯"言行不一"的原因在于，虽然斯金纳提供了这样的原则——如果动物有需求，它就会从事在过去使该需求得到满足的活动，但在斯金纳的实验中显然不存在酬赏和惩罚的交换（只是实验者对动物的单向给予）。相比之下，简单的经济交易原则倒更加接近人类互动的实际情境，这促使"各种交换理论家都分享了社会互动是与经济交易相类似的这样一种假设"（Poloma，1979：31）。而这种分享也使得斯金纳的原则经过改造能够适用于人类社会组织：人们的需求的满足来自他人，并且人们相互交换酬赏和惩罚。

霍曼斯对经济学和心理学的兼容并蓄，充分体现在其理论的基本概念之中，这些概念包括剥夺和满足、酬赏和代价、利润和投资等。

剥夺和满足这两个概念取自心理学，两者具有反比关系。剥夺是指某人获得一特定酬赏之后所经历的时间间隔，而满足是指在刚刚过去的时间获得酬赏的数量。

酬赏和代价则是经济学和心理学互为修正、补充的概念。酬赏是个人在与他人的交往中所得到的收获，包括物质性的（如金钱、佳肴）和非物质性的（如指导、爱慕、感激）酬赏。而社会赞同是人们在社会生活中可能获得的最高酬赏。

代价是指个人在与他人交往中所蒙受的任何内在的或外在的惩罚与损失。代价涉及两个方面：其一是指蒙受的损失，如一位男子邀请一位女子，付出的代价是他的"面子"，以及可能遭受拒绝对其自尊心的打击；其二是指既定酬赏的损失，如一位已婚者从事"婚外恋"所需要付出的代价，包括与妻子的温情、与子女的感情维系、社会舆论的指责、金钱的开销、新的恋爱可能遭受的挫折以及法律后果等。

利润和投资这两个概念取自经济学，但又不囿于经济学。比如，利润这个概念指的是酬赏减去代价后的纯奖励，它给人们提供的满足既包括物质性的，也包括非物质性的（心理的或精神的满足）。简言之，这是一种社会现象而不是一种单纯的经济现象（马和建，1985：49）。

投资这一概念与代价有所不同，如果说代价指的是个人在某次交往中所遭受的损失，"投资则可以被看成与特定的社会遭遇有关的个人的全部特征和经验"（Johnson，1981：352）。它包括人们的社会地位、知识水平、学术专长、人生阅历以及年龄、性别、种族等。一般说来，投资的多寡和利润的多少成正比，霍曼斯说由于人们普遍会有进行"分布的公正性"的判断倾向，那些在社会交往中投资高的人都期望自己能够获得较大的利润。

上述概念都汇入了霍曼斯用从斯金纳那里借用来的五个互相联系的命题建构的演绎系统之中。霍曼斯正是从这五个命题出发去解释作为交换过程的整个人类的社会行为的（Homans, 1961: 11—68）。

（1）成功命题：对于人们所采取的全部行动来说，一个人的某种行动越经常得到报酬，这个人就越愿意从事该行动。

成功（获得报酬或躲避惩罚）使个人产生重复获致这种成功的行为倾向，这一原则是由斯金纳从鸽子行为的研究中获得的。这一原则由霍曼斯推广到对人类行为的解释，由此，日常生活可以看成由人们寻求酬赏的行为构成的。努力工作期望得到较高的奖金，认真复习为了获得较多的分数，微笑的表情则可以换来热情的欢迎。

（2）刺激命题：如果在过去一特定刺激或一组特定刺激的出现曾成为一个人的行为得到酬赏的原因，那么，现在的刺激越是同过去的相同，该人就越可能采取这种行动或与此类似的行动。

该命题描述的是能获得所期望的酬赏的行动。比如，一位学生希望获得优秀的成绩，如果该学生从以往的经验中已意识到考前一个人复习是有益的，这种作为刺激的个人复习能给他带来期望的酬赏（好成绩），那么这次他就仍会选择个人复习而对集体复习不感兴趣；反之，则会采取和同学一起的集体复习。

（3）价值命题：一行动对某人越有价值，那么他越有可能采取该行动。

该命题涉及行动后果的酬赏或惩罚。如果某一职员要巴结其上司，但这又必须以自尊为代价，他就会面临这样一个价值问题：获取上司的好感和维护个人自尊相比，价值孰大孰小？霍曼斯认为，此人将从事他认为较有价值的行为。

（4）剥夺-满足命题：某人在近期越是经常得到某一特定酬赏，随后而来的同样酬赏对他来说就越没有价值。

该命题涉及的是行动次数和行动价值之间的关系，实际上是对庸俗经济学中的"边际效应"的另一种形式的阐释。仍然借用上述例子，如果此人从来都受到上级的好评，那么这次他可能会感到在新结识的女友面前维护自尊更有价值。

（5）侵犯-赞同命题：该命题包括两层含义：①当某人的行动未获得期望的酬赏或得到了未估计到的惩罚，他将会被激怒并可能采取侵犯行为，此时该行为的结果对他更有价值；②当某人的行动获得了期望的报酬（特别是大于期望的报酬），或未遭受估计的惩罚时，他会高兴，并可能采取赞同行为，该行为结果对他来说也变得更有价值。

霍曼斯强调，必须以整体的眼光来看待这些相互联系的命题。每一个命题充其量只能对人类行为做出部分解释。因此，只有对全部五个命题通盘加以考虑才能解释人的社会行为。

霍曼斯认为，分析到最后，我们将会发现，用这五个命题来分析的社会交换，是我们的社会制度和社会本身的存在不可或缺的前提。"我们可以说，政府以保证个人的幸福生存换取他的权力；教士花费时间去忠告教区的居民，探望病人、操持礼拜换取他的教区并获得一个谋生的职位；教育体系为保证教职员工的职业，用其服从来换取学生的学费……这里的例子涉及的酬赏都是物质的，但霍曼斯申明酬赏可以是物质的，也可以是非物质的……放弃自己的财富去帮助穷人的人道主义者不需要任何物质的酬赏，他的非物质酬赏包括满足、他人的尊重和帮助那些贫穷者的道德观念。"（Poloma，1979：40）

交换、权力和社会变迁

虽然人们大多指责霍曼斯的研究过分囿于公正的社会交换，但平心而论，他也曾尝试过对社会生活中存在的大量的不平等交换做出解释。霍曼斯借用了社会学家维拉德·瓦勒的"最小利益原则"的概念，以解释权力和权威的起源。具体说，在连续的社会情境中，获得最小利益的一方最能为整个合作指定条件。瓦勒在《家庭》一书中，通过分析约会关系对该原则进行了生动的论证。他发现，在一对配偶中，不热衷于保持关系的一方对支配这种关系具有较大的权力。在这种关系中，一方获得了名声或其他酬赏，而另一方获得的则是对方的顺从，即在这一关系中的权力地位，如他可以决定约会的次数、参加活动的性质，甚至可以按自己的时间来决定对方做些什么。

如果说霍曼斯并未忘却社会生活中的不平等交换现象（尽管他的论述不尽如人意），那么他同样也未因致力于微观的、个人的或小群体水平上的交换而全然忽视在更大的"社会结构"或曰"文明"中存在的交换现象。霍曼斯深信,"社会之所以得到合成和构造,其基础是引起小群体合成的交换过程"(特纳,1987:310),奉着这一信念,在《社会行为:它的基本形式》的最后一章"制度和次级制度"中,霍曼斯将其从个人或小群体的研究中得出的结论推演到对大的社会组织、社会制度的阐释之中,并通过对制度化行为和基本形式的社会行为之间的冲突描述,论述了社会变迁的具体景象。

在霍曼斯那里,基本形式的社会行为是指面对面的人际互动行为,这种行为是由互动的双方提供直接和迅即的酬赏来维持的,而在大的社会组织中,人际的交换关系具有间接的特征(因为社会产生了复杂的劳动分工),因此制度化行为是由间接的酬赏来维持的。尽管基本形式的社会行为和制度化行为之间存在诸多差异,但这两种行为也有着某种联系,因为复杂制度的建立也无非是为了个人的需求能够得到满足,借用霍曼斯的话,"制度必须提供这样的物品:人们发现它是有报酬的,不仅因为这些人是特定文化的享受者,而且因为他们是人"(Homans,1961:366)。

霍曼斯不仅论述了基本形式的社会行为和制度化行为之间的一致,也进一步论述了两者之间的冲突,正是这种冲突导致了旧制度的崩溃和新制度的诞生。在霍曼斯的社会变迁理论中,变迁的动力就是基本形式的社会行为的不息运动,这种运动使之与原有的制度化行为相脱节、相冲突,两者之间不再能够充分地交换酬赏,这时建立新制度以取代旧制度的任务就历史性地落在人们面前。

三 布劳的交换结构理论

彼得·布劳(1918~2002年),美国当代著名社会学家,社会交换理论的巨擘式人物。布劳原籍奥地利,后移居美国,1952年在罗伯特·默顿指导下获哥伦比亚大学哲学博士学位,先后执教于康奈尔大学、芝加哥大学和哥伦比亚大学,入选美国社会学会主席(1973~1974年),并担任哥伦比亚大学社会学系主任、美国艺术与科学院院士。1981年和1987年布劳曾两度来华讲学,在南开大学社会学系开设"西方社会学史"课程及专题讲座。

如果说霍曼斯是由于受到斯金纳的吸引而主动地投身于社会交换理论的

创设的话，那么，布劳则是被霍曼斯生拉硬扯而被动地置身于社会交换理论的阵营的。1955年，布劳在《科层组织的动力学》一书中，曾顺带描述了雇员如何频繁通过用给予他人工作帮助换取尊敬、以信息换取社会赞同及其他非物质酬赏的交换过程。当时的布劳绝不会想到，正是由于几年以后霍曼斯在《社会行为》一书中大量引用了他在该书所归纳的材料，激起了他对社会交换理论的兴趣。更有趣的是，尽管布劳对社会交换理论做出了卓越的贡献，但他却自称是"结构主义者"，并每每欲图"用宏观结构主义来代替他的交换理论"（特纳，1987：521），甚至连《社会生活中的交换与权力》这部公认的交换理论的扛鼎之作，在他看来也不过是有关"社会结构理论的前言"（布劳，1988：1）。

布劳对宏观社会结构研究的倾心，决定了他的交换理论同霍曼斯理论的分歧。具体说来：①霍曼斯的理论侧重于心理还原主义，认定对个人行为的解释将导致对所有群体行为的解释，而布劳则警告社会学家注意还原主义的危险，切勿陷入"忽视突生的社会和结构特性的还原主义大漩涡"（布劳，1988：3）。布劳认为心理还原主义的局限在于，它"仅仅按照支配个体行为的动机去解释社会生活"（布劳，1988：3），而在现实的社会生活中，这种理论并不能对从微观社会到宏观社会组织进行有效的概括，因为微观的社会结构是由面对面互动的个人组成的，但宏观的社会结构则是由相互联系的群体组成的，两者有着本质的区别。②和霍曼斯将一切社会行为都看成交换行为有所不同，布劳虽然承认交换是社会生活中的一个极其重要的过程，但他认为"并非所有的人类行为都受到交换的考虑指导"，能够成为社会交换的人的行为必须具备这样两个条件："一是该行为的最终目标只有通过与他人互动才能达到，二是该行为必须采取有助于实现这些目的的手段"（布劳，1988：5）。简言之，只有那些具备目标取向（可以是内在目标，也可以是外在目标），且采取了有利于实现这些目标的手段的行为，才是交换行为。

用布劳的话说，《社会生活中的交换与权力》用了各三分之一的篇幅讨论了三个问题，为了论述的方便，我们的讨论也就这三个方面展开。

社会交换：微观过程的分析

布劳在前四章中用了全书三分之一的篇幅"对交换和人际关系的有关

过程进行了分析"（布劳，1988：5）。尽管我们已经指出布劳的交换定义要比霍曼斯狭窄得多，他指的交换活动仅限于那些指向具体的目标或酬赏的行动，但他也认为这类行为比人们意识到的要多得多，它不但存在于市场关系之中，而且存在于像友谊、爱情这些以亲密形式出现的多种社会关系之中。"邻居们交换恩惠；儿童们交换玩具；同事们交换帮助；熟人们交换礼貌；政治家们交换让步；讨论者们交换观点；家庭主妇们交换烹饪诀窍。"（布劳，1988：104-105）他同意霍曼斯的基本观点，将社会生活理解为行动者在其中相互进行讨价还价的交换以获取利润的市场，这使布劳在限定交换活动的同时，全盘采用了霍曼斯交换理论的基本概念，诸如酬赏、代价和利润等。但是，平心而论，即使在这种"全盘的借用"中，布劳依旧殚精竭虑，对这些概念做了尽可能的扩充。

酬赏，这一从霍曼斯那里借用来的概念，就被布劳合理而精细地划分为内在酬赏和外在酬赏两个部分。内在酬赏来自亲密关系本身，这种关系提供给双方的酬赏就是肯定和维持这种交往，如一位含辛茹苦的母亲给了孩子们挚爱甚至甘愿为他们牺牲一切，她所期求的只是孩子的尊重（这种尊重是对母子关系的肯定）；外在酬赏则不同，在这里人们交往或建立某种关系的目的是通过这种"交往"或"关系"谋取其他的利益，如商人和顾客的交往只是赚钱的手段，不能实现赚钱的目的时，这种交往就是多余的。布劳认为，在那种能够提供内在酬赏的交往中，交往的一方在做出自己的奉献时（这是他对维持双方的亲密关系负有坚定的责任感的象征），他则"期望他对别人的奉献将通过那人对该交往的持久责任感而得到回报"（布劳，1988：42）。

应该说，这种对人类行为的交换论解释，并非庸俗低级。布劳并没有一概否认在社会生活中或曰在人际交往中存在高尚和无私的奉献，但他指出这种奉献一般依赖于对维护与他方的关系感兴趣。这同样可以解释像爱情这种近乎神圣的感情关系中，一位女子的无私奉献只能属于她所爱的男子，即她期望与他建立并维持性爱关系的男子。在爱情的交往中，一方给另一方酬赏并"不是为了按比例获得外在利益作为回报，而是为了表示和证实他自己的责任感并促使他人对该交往产生责任感"（布劳，1988：89-90）。

除了将酬赏划分为内在酬赏和外在酬赏，布劳还区分了人们在社会生活中所期待的四种类型的酬赏：金钱、社会赞同、尊重和服从。在交换关系中，这些酬赏的价值由前往后递增。金钱在大多数社会关系（如母子关系）中都是一种不适宜的酬赏，故价值最小；社会赞同是一种适宜的酬赏，但对大多数人来说它的价值并不是很高的；尊重是一种受到大多数人喜爱的酬赏，但这与能够命令他人提供对己有利的服务来说，则又相形见绌。因此，最有价值的酬赏是他人的服从。"愿意按照另一个人的要求行事，这是一种普通的社会报酬，因为给他的权力是一种广义的手段，……可以用来达到各种各样的目的。"（布劳，1988：24）

尽管布劳将人的社会行为置于交换关系中加以理解，但他却明确指出社会交换和严格的经济交换不同，这种区别具体表现在两个方面：其一，在经济交换中所获得的利润往往有一个可度量的市场价格，可用充当商品的一般等价物的货币来衡量，但在社会交换中，人们对所获得的物品、服务或社会赞同的价值的认识基本上依交换双方的个人的主观判断而定。社会交换中所获酬赏的模糊性，恰好说明这种交换不是以金钱为赢利的主要目标的，它更多地具有象征性符号的意义。其二，如果说在经济交易中，利润的实现往往是一次性成交的，所谓"一手交钱，一手交货"，即使不能立即兑现，也可以通过合同规定有待交换的准确数量；那么"社会交换则相反，它涉及的是这样一条原则：一个人给另一个人施恩，尽管对于某种未来的回报有一种一般期望，但它确切的性质在事先并没有作明确的规定"（布劳，1988：109）。这一事实决定了社会交换的实现靠的是交换双方的信任，而这种信任感是由小到大逐渐建立起来的。交往开始时，双方提供的物品或服务都较少，这种交换风险较小，故需要的信任也较小，如一方未予回报，另一方可轻易地用停止提供帮助的方法避免进一步的损失。如获得了回报，则说明对方值得信赖，可以继续交往。这样，随着交往次数的增多，双方互酬的价值增大，信任感也越来越高。借用布劳的公式，社会交换中信任感的提高，与提供给对方的酬赏成正比，同时，与得不到这一酬赏的回报的危险性成反比。

要对布劳丰富的交换论思想作一简述，难免会挂一漏万，这里我们不妨借用乔纳森·特纳以命题形式概括的布劳的主要交换原理（特纳，1987：318）。

（1）理性原理：人们在发射某一特定活动中相互之间越期望得到利润，他们越有可能从事该活动。

（2）互惠原理：

a. 人们相互间交换的报酬越多，越可能产生互惠的义务并引导这些人以后的交换。

b. 人们越是违反某一交换关系的互惠义务，被剥夺者越倾向于消极地制裁互惠规范的违背者。

（3）公正原理：

a. 交换关系确立得越多，它们越可能受到"公平交换"规范的约束。

b. 在一次交换中，公平规范越不能实现，被剥夺者就越倾向于消极制裁规范的违背者。

（4）边际效用原理：发射某一特定活动所得到的期望报酬越多，则该活动价值越小，并且越没可能发射该活动。

（5）不平衡原理：在社会单位中某些交换关系越是稳定和平衡，其他交换关系就越可能变得不平衡和不稳定。

这五条原理有的我们论及了，有的则未曾论及。我们之所以不拟在此花费更多的笔墨，原因在于布劳所关心的问题远远超出了对微观过程的分析。尽管布劳同意霍曼斯的观点，承认"个体在他们的社会交往中追求社会报酬，这是一条原则"（布劳，1988：20），但他却坚持认为交换只能成为小群体的取向原则，而大的社会组织中活动的进行就不能被还原到这种心理学的水平。为此，他离开了霍曼斯，力求获得对复杂的社会结构内部过程的解释，获得对权力分化、社会变迁等社会现象的解释。

权力分化：宏观结构的阐释

布劳深感霍曼斯对社会生活中的不平等交换所作的分析过于轻描淡写，在他看来，人际关系可以是交互的，但也可以是单方面的。在小群体中，当双方或几方都可以用付出的代价换取对等的酬赏时，是一种交换关系，而在社会的分层系统中，则只有当这种关系无论对上层成员还是对下层成员均有利时，才可以说是交换。然而在现实生活中，这种对等性的关系往往为强制性的权力关系所取代，结果导致一种不平等的交换关系，在上层成员获得较多酬赏的同时，下层成员只获得了较少的酬赏。换言之，社会分层系统"是用权力系统而不是用社会交换来维持的"（Poloma，1979：45）。因此，用交换的心理过程是无法充分解释这种具有"整体效应"的现象的。为此，布劳在《社会生活中的交换与权力》一书中,用了第二个三分之一的篇幅,详尽地讨论了单方面的交换是如何导致权力的分化,以及权力的合法化对稳定的组织群体所具有的意义的。

布劳的权力定义受到了马克斯·韦伯的影响,他将权力看成一种通过消极惩罚而形成的控制,"是个人或群体将其意志强加于他人的能力"(布劳,1988:137);而在论述权力的形成时,布劳则借用了理查德·埃默森考察"权力-依赖"关系的分析框架。

埃默森在《权力-依赖关系》(1962年)一文中提出,那些需要别人提供某种服从的人可以通过以下四种途径实现自己的愿望。

(1)他们可以为他提供某种他极其想要的利益,足以诱使他以服务作为回报,这种对等交换的前提是,他们具有某种他需要的资源。

(2)他们可以在别处获得这种服务,这也将导致互惠性的交换,尽管是在不同的伙伴关系中。

(3)他们能够强迫他提供服务。

(4)他们可能学会不要这种服务也行,或能够找到其他替代物(布劳,1988:139)。

我们可以布劳在《社会生活中的交换与权力》的第一章"社会交往的结构"中引述的一个例子来说明这种"权力-依赖"关系。A在工作中时常需要B的帮助,如果A能够以某种B急需的资源给予回报,那么他能够维持和B的这种对等交换;如果他除了赞许、感激之外,拿不出更大的酬赏回报B,而B的能力碰巧走红,C、D、E等人也需要他的帮助的话(图5-1),A就必须具备另外三项条件中的一项,或能够从其他人那里获得帮助,或能够强迫B给予帮助,再或学会独立工作。如果A也不具备这几种条件,那他就失去了选择权,"只有服从他(即B)的愿望,因为他能持续地提供那些依他的服从情况而定的必要服务"(布劳,1988:139)。换言之,这种单方面的交换迫使资源缺乏的A方服从资源丰富的B方的愿望和要求,而A方的这种服从造成了B方支配A方的权力。

这一步,资源的提供者为了维护对资源接受者的权力地位,就必须有效地阻止其他资源提供者的介入。这样来看,地位及权力的分化是资源短缺的产物。而地位或权力竞争的结果,就是社会分层系统的形成,即将人们按权力基础进行排列。

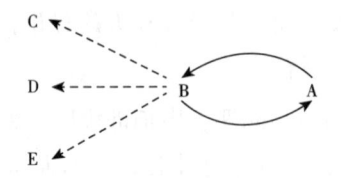

图 5-1　除 A 外，C、D、E 也潜在地对 B 的帮助构成了需求

布劳对权力的论述并未到此而止。在社会生活中我们一再看到，尽管人们可以被迫去从事劳动或服从命令，但权力的强迫使用往往会导致冲突和反抗。这使布劳进一步注意到"只有合法的权力才会获得心甘情愿的服从"（布劳，1988：231）。合法的权力即所谓权威，这和强制性的权力不同，它是一种有效的约束群体成员的手段。比如，一位身强力壮的汉子可以具有训斥一群孩子的权力，但他可能并不具有这群孩子的老师教育他们的权威。

布劳认为，权力合法地转化为权威，有赖于某一集体中规定行为的共同规范，它可以强迫其个体成员去执行管理者的命令。这些规范被群体成员所内化并由他们去实行，例如，教师承认校长聘任的权力，学生接受教师判分的权力。在复杂的交换关系中，为了达成这种"规范协议"，交换的参与者必须经历共同价值体系的社会化。人们正是通过这种社会化接受了现存的规范（它支配着上级和下级的行为），并进而学会了接受权威。换言之，正是这一套共同价值体系促成了权力的合法化。

显然，布劳欲图通过"共有价值观念"来说明大的社会组织中的交换现象。在他看来，交换只能充当初级个人互动的基础，人们在这种面对面的简单的人际交往中从事社会交换，是因为这种活动能够给他带来直接的酬赏，但在社会群体和组织中，则只有"共有价值观念"才能充当社会交易的媒介。这种"共有价值观念"是在群体或组织的活动中产生的，它一经产生就成了群体共同行动的规范，约束着群体中每个成员的行动，使得群体或组织中的绝大多数成员在进行社会交换时能够以它为准绳。"共同的价值标准产生了交换的媒介，只有这些媒介才使我们有可能超越个人交易和发展间接交换的复杂网络。"（布劳，1988：128）因此，对涉及内在酬赏和外在酬赏的直接交换的分析只能说明个人间的互动，而理解这种"共有价值观念"才是理解较大社会组织中的交换和权力的关键。

社会变迁的辩证力量

如果说布劳的理论不仅涉及了人们面对面的微观的交换分析，也涉及了大的社会群体和组织的宏观结构阐释，那么，借用布劳自己的话，他的理论到此为止还有一个严重的局限性："那就是它们意味着一个有关社会生活和社会结构的静态概念。……仍然不能指明社会力量之间的种种冲突以及社会变化的动态过程。"（布劳，1988：358-359）

令人感到难能可贵的是，尽管布劳的交换结构理论具有明显的功能主义色彩，但他却深刻地意识到社会组织总是充满着冲突和对立，它不可避免地要产生社会结构中整合和对立的辩证法。为此，布劳在《社会生活中的交换与权力》一书中用了最后三分之一的篇幅，从有关对权力的反抗研究入手，将社会变迁理论融合进自己的理论模式之中，对社会结构中包含的动态过程进行了详细的考察。他指出，在社会结构内部，"每个趋于均衡的运动都会突然带来动乱和失衡，并因此产生新的动态过程。持久不断的调节与反调节表现在社会变化的某种辩证模式之中"（布劳，1988：359）。由此，在该书最后一章中，布劳从下述四个方面对社会变迁进行了论述。

首先，两难困境。布劳提出，在社会生活中充满了各种进退维谷式的两难困境。具体说，社会交往中的两难困境有这样三类：①交换中的利益冲突造成的两难困境。比如，在社会交往中，人们都尽可能地使自己承担较小的责任，同时欲图使他人承担较大的责任，但是过分扣发自己的责任又会危及与他人的关系。②人们在社会互动中追求社会酬赏，但过多地提供酬赏又会降低其价值。这在社会赞同和爱情中最为明显。③目标状态的不相容的要求也会导致两难困境。比如，在一群体中获得某一领导位置就会如此。因为要当领导既要求获得支配他人的权力，又要能够获得社会的赞同，而"获得超过其他人的优势的过程与赢得他们赞同的过程是相互冲突的"（布劳，1988：256）。

布劳认为，正是个人在非结构情境中的这种"两难困境"会导致地位的分化。比如，在一团伙中获得某一领导位置的两难困境会促使团伙的潜在领袖先用体力去对付其成员、确立统治，再领导他们去对付外人。如果他成功了，他对团伙的福利贡献就会赢得成员们对其领导的合法赞同。但正是这种群体和社会中发展起来的地位或权力的分化，在解决原先的两难困境的同时，又会产生新的冲突，即产生新的变迁的辩证力量。

其次，分化。人们对于稀有的社会资源的竞争，将导致这种资源按成员对集体的贡献大小进行有差异的分配，这便产生了拥有特权的领导位置。进一步，领导者通过劳动分工分派任务，以促进这种地位的分化。

再次，动态。由于分化而形成的社会结构并不是一种稳定的结构，占据统治地位的个人权力可以适度而公平地使用，但也会导致压迫。当人们处于不公平、压迫性的权力之下时，就可能产生一种向这种占据统治地位的权力进行挑战的反对行动。正是这种反对力量导致了有组织的社会生活的动态过程。

最后，辩证法。在社会生活中存在许多矛盾的力量，布劳将此称为辩证法。比如，交换的相互性原本是一种平衡性力量（每一种社会行动都会由某种适当的反行动加以平衡），但正是这种相互性要求，使那些从他人那里接受单方面服务的人，在以服从他人为回报恢复交换的平衡的同时，创造了两人在权力上的不平衡。因此，可以说，社会力量具有相互矛盾的意义。"每个恢复平衡的社会过程都会引起某些新的不平衡。"（布劳，1988：385）而在社会产生新的需要和新的问题时，这种社会变迁的辩证力量就会开始发挥作用，从而形成结构性重组。换言之，"在社会结构的许多水平之上，反复地打破平衡和恢复平衡的力量被反映在结构变化的辩证本性之中"（布劳，1988：387）。

四 埃默森的交换网络理论

欲图填补社会学研究中微观过程分析和宏观结构阐释之间的鸿沟，是社会交换理论的长足之处。但是，平心而论，这种尝试在霍曼斯和布劳时代并不是十分成功的。霍曼斯幻想能从行为主义心理学的公理中推演出社会结构原理，但这种还原主义的努力使他实际上未能提出任何有关系统结构特征的原理；布劳虽然认真探讨了社会结构中的不平等和权力，但他坚持认为可以把人际交往过程纳入有关社会结构的理论中去分析，导致他事实上放弃了社会交换理论。

前人的缺失之处，往往是后人施展才能的天地。生前为美国华盛顿大学社会学教授的理查德·W. 埃默森，这位在霍曼斯、布劳风头尽出之时刚刚获得博士学位的后来者,自 1970 年代以来,正是通过社会交换理论和社会网络分析的成功结合,完成了从简单结构中的微观过程向复杂结构中的宏观过程的过渡。尽管他在学术巅峰时期不幸早逝,但他在两篇同名文章[①]中阐释的交换网络却被公认为对社会交换理论做出了卓越的贡献。

交换关系的结构形式

研究对象不同,是埃默森与霍曼斯等人的基本分歧之一。埃默森认为,霍曼斯等人之所以会受挫于微观过程向宏观过程的过渡,主要的错误就在于他仅仅将行动的个人作为其理论的研究对象,而在事实上,即便是最简单的社会交往也需要两个人的共同参与,即不仅需要有 A,还需要有 B,才能构成交换。由此来看,社会交换理论的研究对象就不应该是"行动的个人",而应该是那种至少形成于两个人之间的相互交往的关系,或曰人们的交换关系的结构形式。

对于这种交换关系,埃默森的论述也颇具独到之处。他用 A、B、C……N 来代表社会交往中的行动者,用 U、V、W……Z 来代表这些行动者所分别具有的社会资源(占有物或行为能力)。但是埃默森专门指出,并不是行动者的任何特征或"占有物"都能够成为社会资源,交换中的社会资源是一个或一群行动者所具有的,而同时又是另一个或另一群行动者所期望获得的。因此,"如果我们以 Ax 来代表'行动者 A 占有资源 x',这样的表述是不完全的,并有可能导致谬误。起码应该写成(Ax;B,),这表明'A 能够提供 x,而 B 也珍视'"(Emerson,1981:41)。换言之,将 A 在与 B 的社会交换中所具有的资源正确地写成(Ax;B,)首先需要知道 B 是珍视 x 的。"尽管了解这点有许多途径,但最好的方法是在交换中 B 向 A 表现出追求的行为。"(Emerson,1981:42)因此,要全面地表达 A 和 B 这两者之间的交换关系,公式就必须写作(Ax;By)或(By;Ax)以此代表 A 和 B "交换"x 和 y。埃默森执意认为,交换是发生在两方以上的共同活动,是各方为得到对方的资源而结成的一种特定关系,因此,以关系或这种关系的

---

① 埃默森的这两篇同名为《社会交换理论》的文章分别载于 Alex Inkeles, James Coleman, and Neil Smelser (eds.), *Annual Review of Sociology*, Vol. 2, Palo Alto: Annual Reviews; Rosenberg, M. & Turner R. H., 1981, *Social Psychology: Sociological Perspectives*, New York: Basic Books。

结构形式作为交换理论的研究对象,是无可非议的。

正是由于将这种交换关系(而不是结成关系的行动者)视为理论的最小分析单位,埃默森的理论视野就由行动者内在的变量因素(如个人的价值观)转而投向外在于行动者的变量因素。在他看来,我们毋须知道个人进入交换关系的原因,我们只需将个人进入了该交换关系并愿意和他人交换酬赏作为一既成的事实来加以接受;因而理论所要说明的是"A-B"这一交换结构的特征,而不是 A 与 B 为什么要结成"A-E"结构。应该承认,埃默森的理论颇具启发性:将"A-B"结构的形成作为理论的终点,只不过像霍曼斯那样凭借行为主义的公理(人是追求酬赏的有机体)说明了人们进行社会交换的原因,而将"A-B"结构的形成作为理论的起点,就能对由此才真正开始的社会交换过程本身加以研究。

研究对象的转移,帮助埃默森解决了社会学理论概括中微观过程与宏观过程相分离的问题。既然交换理论应该描述的是一已知的交换关系形式的固有过程,而组成这种关系的单位既可以是微观的(个人)也可以是宏观的(群体、组织、国家),那么理论运用中微观与宏观之间的差异也就不复存在。借用特纳的话说,"因为现在所要解释的是'关系的形式'而不是单位的性质"(特纳,1987:394)。

社会交换的网络分析

完成对社会交换理论的研究对象的论述之后,埃默森接着运用网络分析的方法对交换关系的结构形式进行了较为成功的描述。他首先对下述两个关键的概念进行了界定:

a. 行动者:在关系网络中可以用不同的字母(A、B、C……N)代表拥有不同资源的行动者,用相同的字母(A_1、A_2、A_3 等)代表拥有相同资源的行动者。

b. 交换关系:如 A-B,A-B-C、A_1-A_2 以及其他各种能把不同的行动者联系起来、构成一个关系网络的模式。

在界定了行动者和交换关系这两个概念之后,埃默森在《社会交换理论》一文中对下述几种基本的网络形式进行了较为详细的讨论。

(1) 独占型交换网络。在图 5-2 中,行动者 A 是行动者 B_1、B_2、B_3 的有价资源的唯一来源。在这种交换网络中，行动者 B_1、B_2、B_3 为行动者 A 提供报酬，但由于 A 获取酬赏的途径有多个，而 B 的途径只有一条，便形成了一种独占式的交换关系。在这里，由于行动者 A 的资源独占，也就在一定程度上造成了支配 B 的权力。比如，A 是一位楚楚动人的女孩子，同时追求她的有 B_1、B_2、B_3 三位男士，这就造成了独占稀有资源（如美貌、动人的气质）的 A 能够支配三个具有共同资源如力气、殷勤、金钱的 B。埃默森注意到，这种结构是不平衡的。当 A 运用权力优势，使每个 B 增加交往代价时，B 就会从 A_2、A_3…中寻找替代性酬赏，网络就会改变。如上例中的四角关系，就会因其他女孩子的出现而破裂。

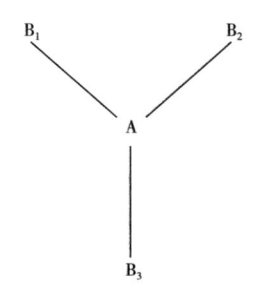

图 5-2 独占型交换网络

（2）封闭型交换网络。埃默森认为有两种形式的交换，其一发生在类别之间（不同资源的交换，如金钱与商品、爱情与服务），如上述独占型交换；其二发生在类别内部（相同的资源交换，如以爱来交换爱、以尊敬来换取尊敬），封闭型的交换网络就是类别内部的交换，其网络结构中的每位行动者所拥有的资源是相似的。这种封闭型的交换网络是平衡的，它抵制其他 C_5、C_6、C_7 的进入，否则网络就会失去平衡。

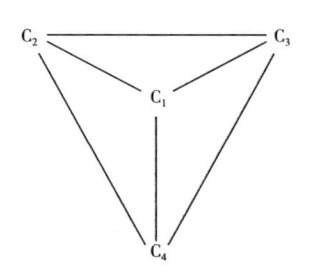

图 5-3 封闭型交换网络

（3）多向垄断型交换网络。图5-4是一种包括三级结构的复杂的交换网络，埃默森及其后来者卡伦·S.库克曾对此做了精湛的分析。比如，以传统的观点看，在这种网络结构中占主导权力地位的是D，但埃默森和库克却认为随着时间的推移，复杂网络中的权力将日益集中于E_1、E_2、E_3，而D的权力则会越来越小，并进而丧失自己的中心地位（Emerson，1981：52）。其理由是，从权力动因和依赖所产生的结果是，E_1、E_2、E_3各自独占两个以上的E（如E1垄断着F_5和F_6）。为了获得资源，D必须和E讨价还价，而E可轻松地从自己所垄断的F处获得资源。竞争的结果，D有可能沦为和被独占的F一样的地位，而网络的中心将移至E_1、E_2、E_3，它们拥有的相对资源较多。古代皇帝与藩王的关系就与此十分相似。因此，为巩固自己的地位，皇帝总要千方百计地削弱藩王的势力，以免落到被架空的地步。

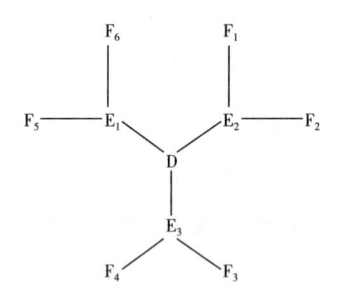

图5-4 多向垄断型交换网络

埃默森的理论侧重分析交换关系的结构形式，并运用较为严密的数学方法解释交换关系网络，在一定程度上使交换理论摆脱了原先的困境（比如，较好地解决了微观和宏观的并系，避免了理论的循环论证等），这都是值得肯定的。但是，应该指出，埃默森理论的大多数命题，定理和推论依然是在心理学的行为主义前提下和微观的实验环境中加以验证的，缺乏宏观范围中的严格验证，这使得他的理论依旧存在致命的弱处。

五 社会交换理论的评价

社会交换理论自20世纪50年代末产生以来，经过几十年的发展，完成了自己的基本理论建构，成为西方（主要是美国）微观社会学理论中的一个独立的理论流派，同样也为完善和丰富社会学的社会心理学理论做出了卓越的贡献。在 1960 年代末美国出版的煌煌八大卷《社会心理学的现代趋向》中，第一卷就是肯尼斯·J. 格根所撰写的《社会交换的心理学》，这充分说明了社会交换理论在现代西方社会心理学中已占有重要的地位。确实，这一理论从诞生以来就使无数社会学家、社会心理学家心驰神往。据统计，在 1960 年代和 1970 年代短短的一二十年中，就有 120 多位学者在不同程度上把自己的研究重点放到了社会交换理论的研究之上（Hare，1976：253）。

尽管某种理论的形成在其具体的时间和形态上有其偶然性，创始者的个人品质和经历有时也会在其上留下鲜明的烙印，但追根溯源，它的诞生毕竟与特定的社会历史条件有着千丝万缕的联系。具体说来，第二次世界大战后迅猛的社会变迁以及由此决定的社会学理论思潮的流变，是社会交换理论得以在 1950 年代末到 1960 年代初的美国应运而生的基本前提。

第二次世界大战以后，美国凭借着自己在战争中收敛的大量的物质财富以及文化、科技人才，迅速引发了一场大规模的科学技术革命，伴随着以电子计算机为核心的各种新技术的运用，以及新材料和新能源的开发，这场以"信息革命"为主要标志的人类文明的"第三次浪潮"席卷到人们日常生活的每一个角落，极大地促进了资本主义的工业以及整个经济的发展，并进而使社会生活发生了巨大的变革。美国垄断资本主义经济的迅速发展，不可避免地形成了日益激烈的竞争局面，高度发展的商品经济使美国社会的经济关系乃至其他一切社会关系中的契约性质更为明显、普遍，资产阶级的唯利是图的本性在人们的政治、经济生活乃至一般的人际关系中得到了充分的暴露，这充分地表明"在现代资产阶级社会中，一切关系实际上仅服从于一种抽象的金钱剥削关系"（马克思、恩格斯，1962：469）。可以说，这种以交换为基础的社会形态以及整个社会关系的交换性质，促成了社会交换理论的形成。

进一步，自 1950 年代后期开始，美国社会经历了战后 10 余年的平和稳定的发展之后，社会发展中的新的矛盾与危机日渐暴露：1958 年的经济危机，以及随后而来的 1960 年代的黑人运动、学生运动、妇女运动和声势浩大的反战运动，使整个社会生活出现了日益动荡不安的局面。在这种现实生活的危机面前，战后发展起来的并成为美国社会学主流的以塔尔科特·帕森斯为代表的结构—功能主义理论黯然失色，"均衡模式"无法解释现实生活的不均衡现象。在这种状况下，许多社会学家对结构—功能主义的"乌托邦"性质和整个理论体系的保守性表示了极大的不满。一时间，美国社会学界流派纷呈，其中最为突出的就是以拉尔夫·达伦多夫和刘易斯·科塞为代表的冲突理论和以研究"作为社会动物的人的行为"著称的社会交换理论。

对社会交换理论形成的历史背景有了大致了解以后，我们可对该理论的贡献及其不足做出以下简短评价。

首先，社会交换理论的大师们以十分确定的社会背景——资本主义的社会条件作为自己的理论基石，敏锐地注意到资本主义社会的人际关系是以对彼此利益的得失计较为特征的，交换现象遍及人们的政治生活、经济生活乃至精神生活的各个方面，这促使他们富有见地借用市场交换的观点来解释人类互动，并确实在某种程度上揭示了资本主义社会的本质，展示了当今美国社会乃至一切资本主义社会的人际关系受制于交换关系这一事实，而"在理论上宣布符合于这种资产阶级实践的意识，相互剥削的意识是一切个人之间普遍的关系——这也是一个大胆的公开的进步，这是一种启蒙，它揭示了披在封建剥削上面的政治、宗法、宗教和闲逸的外衣的世俗意义……"（马克思、恩格斯，1960：480）。

但是，应该指出的是，社会交换理论毕竟是建立在资产阶级功利主义的基本原则之上的。它所反映的是在资本主义的生产关系占统治地位的社会中特有的社会价值观念，因而具有明显的阶级局限。例如，社会交换理论将"唯利是图"描绘为人的普遍本性，把资产阶级处理人与人之间关系的尔虞我诈、金钱交易的准则视为人类共有的不变通则，这种有着浓厚的辩护色彩的"资产阶级语言"（马克思、恩格斯，1960），自觉或不自觉地掩盖了人际交往受制于交换关系这一现象产生的社会历史原因。这种观点甚至在西方学者那里也引起了极大的不满。法国当代社会心理学家塞尔日·莫斯科维奇就曾指出，将市场交易原则当作社会心理学的一般理论基础是不恰当的，因为"市场——这是一定历史时期特有的特殊的社会设置"（Moscovici，1972：26）。

其次，社会交换理论的大师们集功利主义经济学、功能主义人类学和行动主义心理学之大成，他们着眼于个人日常的社会行为，通过人与人之间的交换行为来描述社会秩序的形成，欲图"从充满了个体间日常往来和他们的人际关系的较简单过程推导出支配着社区和社会复杂结构的社会过程"

（布劳，1988：2），这既为了解人的社会行为并进而为社会心理学的发展开辟了新的途径，同时也在一定程度上纠正了社会学研究中微观过程和宏观过程脱节的倾向。具体说来，霍曼斯反对单纯的宏观社会学（如结构—功能主义）对社会生活中活生生的人的漠视，他借用行为主义心理学的原理阐释其社会学理论，并终于使社会交换理论做出了"这样一种尝试，它力图使理论的钟摆从极端的社会学一端移向重新评价社会系统中个人的作用"（Poloma，1979：32）；接着，布劳在霍曼斯的基本的交换命题的基础上，把社会价值规范引入了交换理论，确立了微观过程（交换行为）和宏观过程（社会结构）的有效联系（尽管后来他事实上放弃了这种努力）；最后，埃默森则通过交换理论和网络分析的结合，完成了从简单结构中的微观过程向复杂结构中的宏观过程的过渡。

遗憾的是，社会交换理论（尤其是它的早期形态）却具有浓厚的心理还原主义的色彩。霍曼斯对自己的还原主义立场供认不讳，他笃信一切复杂的社会现象都可以还原到个人行为的水平之上，根据心理学（主要是行为主义心理学）的命题来加以解释。他曾再三宣称，"社会学是一种心理学的必然结果"（Poloma，1979：37），"行为主义的普遍命题，不仅是社会学，而且是所有各门社会科学的普遍命题"（霍曼斯，1987）。乔纳森·特纳曾尖锐地指出，"如果我们接受了这一论点即社会学命题可以还原为个体的命题，那么个体的命题就可以还原为心理学命题，进而又可以还原为生物学命题，如此下去，还原的结果则以无机物的基本规律告终"（特纳，1987：304）。这种心理还原主义不仅取消了各门学科研究对象的相对独立性，更重要的是它完全忽略了人类行为的整个社会前提。作为后来者，布劳虽然意识到了心理还原主义对解释社会现象的危害，注意到社会结构一旦从基本的社会交换过程中产生，就具有独立于它所得以产生的原始过程的自身的规律（即社会结构的突生性质），但他的理论依旧有着一个最大的弱点，即它无法摆脱这样一个重要的理论前提——人类行为整个是以交换为指导的。也正是这点，使布劳无法彻底摆脱霍曼斯，摆脱霍曼斯的心理还原主义。

最后，我们不失时机地再交代一笔：社会交换理论对权力、社会公平、社会变迁等现象的论述也是极富成效的，尽管由于篇幅所限，我们未能——加以评价，但这毕竟是令人遗憾的"疏忽"。在细心的读者面前，我们不如再坦白一些：我们的"疏忽"还不限于此。比如，该理论中的许多具体学说，像蒂博特和凯利的"人际交往矩阵"、尤利尔·福阿等人的"社会交换的资源理论"，我们也未能予以评述。不过，我们相信，这里所论述的已足以说明社会交换理论对洞悉人类行为所做出的贡献，以及它在整个西方社会心理学理论体系中应占有的地位。1982年，威廉·S.萨哈金就曾满怀热情地赞誉道："霍曼斯为社会心理学鞠躬尽瘁，做出了卓越的贡献，这不仅在于他提出了上述这许许多多的假设，更在于他尽可能地确立了这些假设。"（Sahakian，1982：205）霍曼斯是如此，布劳、埃默森，以及那些我们提及或未提及的众多的交换理论家又何尝不是如此！

第六章 符号互动理论

符号互动理论是美国土壤中土生土长的微观社会学和社会心理学理论，其基本观点滥觞于美国早期心理学家和社会学家的思想，罗伯特·帕克、詹姆斯、库利、托马斯、杜威等人对这一理论的形成做出了巨大的贡献。米德则集前人思想之大成，系统地提出了符号互动理论。乔治·赫伯特·米德（1863～1931年），生于美国麻省，其父为牧师，颇注重子女教育。米德成年后就读于奥柏林学院（Oberlin College），1883年毕业。1887年入哈佛大学专攻哲学，翌年转至德国进修。1891年受聘在密歇根大学心理学系任教，并在此结识了杜威、库利等人。1892年应杜威之邀到芝加哥大学哲学系任教，直至1931年谢世。米德生前著述不多，他对学生的影响主要是通过课堂教学。其著作多是由学生在课堂笔记和讲稿的基础上整理出版的。其中《精神、自我和社会》一书是人们公认的符号互动理论的"圣经"。

当代社会学家赫伯特·布鲁默（1900～1987年）是符号互动理论承先启后的关键人物。他系统地将芝加哥社会心理学的传统发扬光大，"符号互动论"一词就是他首先使用的。在当代美国社会学界，符号互动理论影响很大。互动论者除了布鲁默外，较为著名的还有欧文·戈夫曼、曼夫德·库恩、爱德华·罗斯、诺曼·登津、格雷戈里·斯通、艾尔弗雷德·林德史密斯、安塞姆·斯特劳斯、杰罗姆·马尼斯、伯纳德·梅尔策、涩谷保等。

一 文化背景与知识根源

任何理论思想的产生和发展，总是和当时的历史条件、文化背景有着千丝万缕的联系。作为社会心理学理论的符号互动论，当然也是当代美国文化与社会的产物。

20世纪初的美国是一个刚从移民运动中长成的社会，是一个从原野里创造出来的国家。"自由""平等""竞争""成功"等观念是美国人所坚持的价值标准。这些标准发生在有充分发展机会的大陆上，是那些从专制和贫困的欧洲挣脱、勇于冒险求生的移民的理想。正如费孝通先生所说："这些价值标准产生了厌恶权力、崇尚自助的性格；也产生了相互牵制、三权分立的政治制度；放任独占、缺乏阶级意识的经济制度；孤立内向的小家庭制度；注重分数、考试和绩点的教育制度——那一切被认为是'美国式'的社会形态。"（费孝通，1985：208）同样，这些价值标准也产生了强调变化、注重人的主观意义和创造性的符号互动论。符号互动论的理论和观点都从不同的方面反映、折射出美国文化的精神。这具体表现在下述三个方面。

首先，符号互动论所描绘的人是主动的、积极的，富有无穷的创造性，这和美国文化中的"拓殖精神"是一致的。符号互动论强调人具有运用符号的能力，人的活动包括内部活动和外部活动两个部分。在拓殖的时代，人所生活的环境充满了冒险、机会、变幻，在这里产生了一种需要自由、创造性和个人责任的精神。美国心理学家埃德温·波林说："美国是一个新开拓的国家。在准备去开发它并向大自然夺取生活的强有力的先锋们看来，国土是自由的，适者生存是新世界文化的基调。美国的成功哲学，基于个人的机遇和野心，所以是产生大众的民主（'人人皆国王'）、实用主义（'淘金王国的哲学'）和心理学内部形形色色机能主义的背景。"（波林，1982：578）同样，这种基调的文化也是产生符号互动论的背景。

其次，美国文化中的平等主义精神促使互动论者以流动和过程的观点看待社会和人。美国学者利昂·沙斯考尔斯基说："如果符号互动论这样一种理论在其他社会政治背景中而不是在美国这样具有平等主义精神和流动的阶级结构的社会产生，这是很值得怀疑的。它所依据的基本论点显然无法运用于具有一定阶级结构的社会，在这种社会中以一种代代相传的方式形成一种形式化的、通常是僵死不变的和等级森严的行为模式。"（Meltzer, Petras & Reynolds, 1975：56）符号互动论研究的单位既不是孤立的人格，也不是宏观的社会结构，而是人与人之间的互动，其重点是互动的性质和过程。这样，互动学派便把一切都看作过程，个人不再具有一成不变的人格，社会不过是互动的过程。这种变化的、互动的观点正是当代美国社会的迅猛变迁在理论上的反映。

最后，19世纪末20世纪初的美国社会环境直接培育了符号互动学派注重实际、偏好经验研究的传统。符号互动论的产生可以追溯到美国早期社会学中的芝加哥学派。自1893年芝加哥大学创办社会学系之后，在芝大社会学系的周围便聚集了一批社会学家，形成了芝加哥学派，托马斯和帕克便是这一学派的得力干将。米德当时也在芝加哥大学哲学系讲课，虽然他和托马斯、帕克等人的直接往来不多，但他对社会学系学生的影响却很大，因此通常也被包括在芝加哥学派之内。美国社会在19世纪末20世纪初经历了一系列的巨变，包括外国移民的大量迁入、急速发展的工业和大都市的兴起。当时芝加哥大学的社会学家们便以领导改革和解决社会问题为己任，芝加哥社会学的研究特色是理论研究和现场调查相结合，以都市内的种族问题和犯罪问题为重点，分析和解决实际问题。这种注重经验研究的传统同偏爱理论研究的欧洲社会学大异其趣。芝加哥学派的许多观点和方法都为符号互动论所承继。

符号互动论不仅是美国文化的产物，而且和当时的哲学思想以及社会学、心理学流派都有着密切的关系。在早期互动学派的著作中，尤其是在米德那里，我们可以发现实用主义哲学、达尔文进化论和华生行为主义的影响。

1. 实用主义的影响

实用主义是美国土壤中培育出来的一个哲学流派。在理论上，实用主义与现代西方哲学中的科学主义思潮和人本主义思潮都有着相当密切的关系。实用主义以多元的宇宙观推出多元的社会历史观，反对机械的历史观。实用主义者把人看作主动的主体，富有创造性，可以决定自己的命运。正是实用主义哲学把詹姆斯、杜威和米德、库利等人联结起来。实用主义对符号互动论的影响表现在以下四个具体命题上：①真理和现实并非处于真实世界，只有当个人参与这个世界及解释它时才存在；②是否有用是衡量知识的标准；③我们根据客体的适用价值对其进行定义；④要想理解行动者，只有通过了解他的实际行动才有可能。

符号互动论从上述几个方面接受了实用主义的影响。因此在符号互动论者那里，他们总是集中研究行动者与外在世界之间的互动，认为无论是行动者还是外在世界都是动态的过程，并因此重视行动者解释世界的能力。

2. 达尔文主义

乔治·米德深受达尔文主义的影响。达尔文是自然主义者，他认为我们必须在不求助于超自然解释的前提下来理解这个世界。米德也主张以自然主义的眼光来理解人。米德探讨自我、思维、符号等概念的方法都是自然主义的，他试图把这些特性看作是人作为自然的一部分发展而来的，是我们从动物王国中继承下来的一份财产。

另外，达尔文的进化论对米德也产生了同样重要的影响。达尔文认为人是一种动物，是一种社会的动物，像其他动物一样，人也是进化的产物。当然，人具有其独特性，人具有推理的能力，人能运用符号同自我及他人沟通。在米德看来，人运用符号和推理的能力，改变了人和自然的关系。在某种意义上，它改变了进化的过程。因此人在自然中不是被动的，而是积极主动的，在某种程度上，他可以控制自己的进化。

达尔文强调宇宙是进化的、动态的，而不是静止不变的。米德和其他互动论者也把有关人的一切东西看作过程，没有一成不变的人格，社会和群体都是人际互动的一个过程。

3. 行为主义心理学

达尔文进化论和实用主义的结合形成了米德的思想。除此之外，米德还受到华生行为主义心理学的影响。1900年，当米德在芝加哥大学任教时，华生是米德的学生。后来，华生回忆说，当时"米德对我的动物实验一直劲头十足，好多个星期天，我们俩都是在实验室守着老鼠和猴子度过的"（舍伦伯格，1987：47）。华生后来到霍普金斯大学创立了行为主义心理学。这一学派从两个方面对米德的思想产生了影响。一方面，行为主义认为要科学地理解人，唯一正确的方法就是研究人的行为。米德也主张研究人的行为，"米德和华生的共同之处，是他们决意把行为的来龙去脉前后关联，而不是把独立存在的心灵作为心理学研究调查的出发点"（舍伦伯格，1987：48）。正因为这样，米德才说："社会心理学从可观察的活动，即动力学，进行中的社会过程和要科学的研究分析其成分的社会行动这一意义上谈起，是行为主义的。"（舍伦伯格，1987：48）另一方面，华生从反面影响了米德。米德和华生在芝加哥大学时虽然私人关系不错，但米德的行为主义和华生的行为主义有着性质上的不同。华生认为心理学要走向科学，就不该使用意识、心理状态等字眼，而应当用刺激、反应等词。而米德则深信，如果不研究符号、自我、精神，就根本无法理解人。只研究人的外部行为而不研究人的内隐行为，那就会把人等同于动物。米德坚决反对行为主义拒斥研究人的内部世界的倾向。所以查尔斯·莫里斯在编辑米德的《精神、自我和社会》一书时，用的是"社会行为主义"一词，以别于华生的行为主义。

二 符号互动论的先驱

符号互动论导源于芝加哥学派和实用主义哲学家的思想。后两个学派的许多学者对互动论的形成有着直接的影响。这里，我们简单讨论詹姆斯、库利和托马斯三位先驱对符号互动论的贡献。

威廉·詹姆斯

威廉·詹姆斯（1842~1910年）是美国著名的实用主义哲学家，他不仅是机能主义心理学的创始人，而且对美国社会心理学的发展也有很大影响。他在《心理学原理》中提出了与后来的符号互动论有很大关系的三个概念，即"本能"、"习惯"和"自我"。

在《心理学原理》中，詹姆斯认为，"本能通常被界说为一种为产生一定的结果但未预见到结果且无需事先经过教育就能自动完成的这样一种方式的动作官能"（James，1890：383）。虽然詹姆斯把人的许多复杂的心理现象都归结为天赋的本能，但另一方面他却强调理解本能是如何受社会习得习惯的影响和抑制的重要性。在他看来，每一种本能都是一种冲动，人类比低级动物有更多的冲动，而且这些冲动和本能一样是盲目的，只是由于人的记忆力、反省力和推理能力，当他屈从过它们一次并且体验过它们的结果之后，就会结合着对那些结果的预见，一一感受到它们。理智并不能抑制冲动，不过理智可以做出推论，推论能激发想象，其结果是使其他方式的冲动获得解放，从而起到中和作用。另外，由于人有记忆，曾经是本能的行为在重复时就会记起上次完成这一行为时的情景。当这类行为被重复之后便不再是盲目的，而是能够预测其结果的。因此，人的本能行为的多寡和行为的复杂程度并无太大的关系，应当注意的是可以追溯到某一本能的重复行为的经验。他说："大部分本能都是为了引起习惯而被赋予的，而……一旦这一目的达到之后，本能本身就在身体组织中失去了存在的理由并相应地逐渐消失。"（James，1890：402）值得注意的是，詹姆斯对本能的强调并没有否定人的能动性，没有把人等同于动物，而是肯定人的能动性。当后来布鲁默提出"符号互动论"一词时，这一观点在互动论者的著作中得到了反映，并成了符号互动论的特点。

詹姆斯的自我概念也对符号互动论有很大的影响。19世纪末的美国社会学家热衷于研究社会改革和社会问题，很少研究人与群体关系这样的问题，而心理学家们对人格发展和影响人类行为的条件颇感兴趣。因此，心理学家们更多地探讨了个人与群体关系的本质。詹姆斯提出了他的自我概念。他认为，自我这一概念是"所有个人可以称作他的东西的总和"。根据这一定义，他把自我分为四个部分：物质的自我、社会的自我、精神的自我和纯粹的自我。詹姆斯这一观点的意义就在于把自我概念从纯粹先验的樊篱中解脱出来，认为至少自我的某些方面是在社会环境的互动中获得的。他是这样界说社会自我的："一般来说，一个人认识多少个在他们心目中具有该人之印象的人，他就有多少个社会自我。伤害其中的任何一个印象就是伤害他。不过具有此印象的这些人可以自然地分作几种类别，所以实际上我们可以说，他关心多少个群体成员的观点，他就有多少个社会自我。"（James，1890：308）

查尔斯·库利

查尔斯·霍顿·库利（1864~1929年），美国早期著名的社会学家，生于密歇根州，他的一生也差不多是在那里度过的。如果说杜威、詹姆斯等人对社会中个人行为问题的阐述具有较浓的哲学味的话，那么库利则是从社会学的角度来阐述这一问题的。库利认为任何对人类社会的有效解释都须说明社会的两个独特性质，即社会的有机性质和精神性质。他把社会看作一个有机体，但与斯宾塞不同，不作生物学的类比，他强调的是社会像一个有机体，每一部分、每一过程的相互作用具有不可分割性：这"是一个在相互作用中存在和发展的各种形式或过程的综合体，这一整体是如此紧密地结合在一起，以致其中一部分发生的事情都会影响到其他部分"（Cooley，1918：28）。这就是社会的有机性质。那么，什么是社会的精神性质呢？他认为，社会存在于构成社会的个人思想中，组成社会的许许多多单个人的思想有一定的共同期待模式，正是这样才把较大的社会组织结合在一起。通过对社会组织这一概念的探讨，库利指出了对社会进行解释的框架。互动的作用就在于它是社会环境和个人之间的相互联结,通过仔细研究互动的作用,就可以获得对人类社会这两种性质的相互依赖性的了解。

既然社会的性质在于个人与个人之间观念上的联结,因此要了解社会,就要了解这一联结。库利把影响人的非精神因素称作"社会物质事实",而把这一观念的联结称作"社会事实"。这一观点对符号互动论颇有影响。库利在讨论"初级群体"(primary group)暨首属群体和"镜中我"(looking glass self)这两个概念时,进一步阐述了这一观点。

在《社会组织》一书中,库利是这样给"初级群体"下定义的:"初级群体具有亲密的、面对面的结合的特征。这些群体之所以是初级的,其意义是多方面的,但主要是指它们对个人的社会性和人的观点的形成是基本的。"(Cooley,1909:23)在心理上,这种亲密结合的结果是整体上的对个性的一定程度的融合,产生了一种"我们"的感觉,这种感觉把自己看作群体中不可分割的一部分。为什么这种群体是基本的呢?库利认为,个人通过初级群体最先和社会发生联系。在初级群体中,不成熟的、以自我为中心的个人逐渐需要和他人协调,适应社会生活。初级群体使个人能够把自己放在别人的位置考虑问题,使个人走出自己的狭小天地。

库利认为一个人的自我产生于和他人的交往,为此他提出了"镜中我"的概念。我们在镜子面前看到我们的相貌、仪表和穿着,我们对这些属于我们的东西感兴趣,并且看这些东西是否与我们的意愿一致而感到高兴或不快。同样,通过交往,我们觉察到在另一个人的思想中对我们的外表、举止、目标、行动、性格、朋友等的看法,而且不同的看法对我们有不同的影响。镜中我由三个部分组成:①他人关于我们外表的印象;②他人对我们外表评判的印象;③某些自我感觉,如自豪或屈辱。自我产生于社会互动的过程,反映于个人的意识之中。库利进一步认为,社会是许多精神自我的相互混杂和相互影响。我在想象你的思想,企图弄清你的思想是怎样考虑我的思想,以及你的思想是怎样考虑你的思想的。通过我们的思想和他人的思想之间对相互间的印象和评价的不断地、多边地交换,不同的观点取得一致。这样,社会就进入个人的心理,成了个人自我不可分割的一部分。

最后,值得一提的是库利对社会的看法和实用主义的传统有着密切关系。虽然库利是位"安乐椅上的社会学家",但像实用主义者一样,他认为他关于人类行为的理论是实用的。

威廉·托马斯

威廉·艾萨克·托马斯（1863~1947年），美国早期社会学芝加哥学派的代表人物。托马斯对人类行为的研究最先是以发表关于性别差异的原因和结果的文章开始的。他用生物学和社会文化方面的资料探讨羞怯、女性特征和劳动的性别分工等问题。虽然他把性别间的行为差异看作内部条件（生物的）和外部条件（社会文化的）共同作用的结果，但是他还是未能撇尽当时流行观点的影响，强调生物因素的作用。换言之，他多少有点"心理还原主义"的倾向。不过，他并没有始终坚持这一倾向，这可以从他的"四需要说"和研究行为的情景方法中看出来。

托马斯最初在《初级群体规范的保持》一文中提出了"四个需要"的概念。所谓四个需要就是和得到新经验、优越、赏识与安全的"要求"有关的"兴趣"。他没有指出这些需要在动机范围中的确切位置。但他认为它们是从害怕、愤怒、爱等"原始的情感反应"中来的，而且他声称所有的行为方式最终都可以归结为食、色这两个特性。在《欧洲和美国的波兰农民》中，需要被界说为兼具生物和社会的性质。优越和安全的需要分别与憎恨和惧怕的"本能"相联系，但得到新经验和赏识的需要则不受生物本能的限制。托马斯在《不适应的少女》中对需要作了最后的阐述，他用需要来分析和解释各种女性犯罪。根据爱的本能，他用"反应"的需要取代"优越"的需要。在这里，获得新经验和安全的需要也被分别与愤怒和恐惧的本能联系起来，唯独赏识的需要完全是和社会经验相联系的。托马斯在该书中把需要看作"促使行动的力量"。

在20世纪20年代末，托马斯从四个需要所包含的意动方法转向"情景方法"，认为以各种本能、需要、要求为出发点解释行为并无益处，应该在不同的情景中观察比较行为，找出各种决定行为因素的相互关系，这样才能对行为做出科学的解释。

和上述方法相联系的是托马斯著名的"情境定义"（the definition of the situation）。他认为，"……高级动物，首先是人类，具有一种拒绝接受他们早先追求的刺激的能力……我们把这种能力称为抑制力……任何一个自我决定的活动，在其开始之前，都有一个考察和检验的阶段。我们可以把这个阶段称为'情境定义'……不仅具体的活动要依赖情境定义，甚至整个生活方针和个人性格都毫无例外地遵从一系列这样的情境定义"（Thomas，1923：23）。人不像动物那样对客观刺激进行纯粹的反应，人在行动前都要经过对情境进行定义的过程，赋予事物一定的意义，即使行动的基础是主观的，但其结果仍然是客观的。用托马斯的话说，"如果人把某一情境界说为真实的话，那么就会产生真实的结果"（Thomas，1923：23）。情境定义强调介于客观刺激和行为模式之间的主观过程，它说明人不是机械的，习惯是重要的，但社会的突生特性更为重要。

三　符号互动论的基本概念

不仅每门学科都有自己的专业术语，而且同一学科中的不同流派又各有自己的一套概念术语。在此，我们拟通过对符号、自我、思维、扮演他人角色、行动、互动等概念的探讨来阐述符号互动理论的基本思想。

符号

符号是互动学派的中心概念。

我们先来看看符号互动论对现实的观点。在符号互动论看来，人们是通过互动而产生对社会的认识的，人们对世界的解释依据的是对社会的定义。当然，符号互动论也假定有一个不以人的社会定义为转移的客观世界存在，有时，符号互动论学者称这种客观现实为"存在的情境"。但是，人们并不是对这种客观现实做出直接反应的，我们要对"存在的情境"进行定义，而这一定义又是由我们的互动过程所决定的。因此，除了客观现实之外，还有一种被人们解释和定义过的现实，这是"社会现实"。又因为每个人对现实的观察角度并不一致，便又有"个人现实"。

互动学派不仅认为现实是社会现实，而且客体也是社会客体。符号互动论所讲的客体和我们通常所说的客体（脱离主体而独立存在的东西）不同。互动学派认为，凡是能够指点出来的东西，都可以看作客体，"客体包括人所指或涉及的任何东西"（Blumer，1969：68）。所以客体既可以是实际存在的，又可以是想象出来的东西。比如你可以想象上帝、鬼怪的存在，那么上帝、鬼怪对你来说就是客体。人们对客体有一个选择、归类、解释以及通过社会赋予其意义的过程，因此任何客体都是社会客体。社会客体随着互动过程中的定义和再定义而不断变化，当然这并不是客体本身变化了，而是人们对它的定义发生了变化。布鲁默认为，意义"不是客体所固有的"，我们往往先给事物取个名字，然后了解其特性和用途，人们就根据某一客体在特定情景中的用途来定义。意义"产生于人们最初准备怎样对待它"（Blumer，1969：68）。大多数以物质形式存在的客体都可能具有无数的用处，因而人们也就可以赋予它无数的定义。这样，每个客体便会构成一大批的社会客体。米德、布鲁默以及其他人都认为，人们对某一客体往往依据可能采取的"一系列行动"来定义。换言之，我们是根据感觉到的某种客体的诸种用途进行定义的。

在了解了什么是社会客体之后，我们再来看看互动论对符号的定义。在互动学派看来，所谓符号就是人们在相互沟通的过程中用来代替某一或某类东西的社会客体。符号本身也是一类社会客体。当然，并不是所有的社会客体都是符号，而只是当它们用来表示其他东西时才成为符号。十字架被用来代表基督教，鸽子则象征着和平。这些用来表示其他客体的十字架、鸽子等，便是符号。

许多东西可以被当作符号。首先，人们运用最多的符号是语言。我们用语言表示事物、感情、观念和价值。其次，我们的动作也常被当作符号。一颦一笑、举手投足，当我们用以表示某种东西、赋予其意义时，它们便也成了符号。此外，还有许多客体，也被用作符号代表其他客体。

在符号互动论看来，符号具有社会性，符号的使用具有目的性，人们赋予符号的意义具有隐意性。

自我

不少哲学家和心理学家都对自我这一概念作过探讨，但各派的界说很不一致。符号互动论的自我概念也有其特定的定义。

乔治·米德认为，人能够把自我当作客体看待，因此，他把自我分为两部分——"主我"（I）和"客我"（Me）。我们先来看看米德的"客我"。所谓"客我"，就是作为社会客体的自我。在米德看来，人不仅和他人、环境发生互动，而且还和自己的内心交往，和自己发生互动。在这种情形之下，自我便被当作一个社会客体，即自我像所有的客体一样被指出，被社会所定义。自我产生于互动之中，在互动中得到定义和不断地重新定义。因此，自我像其他客体一样，是一个不断变化的过程。我们如何看待自己，我们如何定义自己，以及我们对自己的评价都完全取决于他人对我的社会定义。以这种观点来看，自我不再是从一个情景转移到另一个情景的坚实、既定的实体，而是一个在他所进入的社会情景中不断产生和重新产生的过程。既然自我是互动的结果，我们是根据他人的定义来看自己的，因此，自我是社会的。这种客体的、与自我互动的、社会的自我，就是米德所谓的"客我"。

如果说"客我"是社会的我、客观的我的话，"主我"则是自然的我、主观的我。"主我"是作为主体的我，是"个人经验中对社会情景进行反应的东西"。因此，"主我"是自我中积极主动的一面，是个人活动的推动力。米德是这样区分"主我"和"客我"的："'主我'对由概括他人态度而产生的自我做出反应。通过概括他人的态度，我们产生了'客我'，而且我们以'主我'的形式对其进行反应。"（Mead，1934：174）如果说"'主我'是有机体对他人态度的反应，而'客我'则是一个人自己设想的他人态度的组织。他人的态度构成了这一组织起来的'客我'，然后一个人作为'主我'对它做出反应"（Mead，1934：175）。

米德把自我看成由"主我"和"客我"构成的。但是，这种自我不是与生俱来的，自我是在社会化的过程中，在和他人的互动过程中形成的。米德把自我的发展分为如下三个阶段。

（1）准备阶段。这是自我发展的最初阶段。这一阶段的自我是原始的、不能运用符号的自我。模仿他人是这一阶段的行为特点。小孩模仿他人动作，把自己当作客体，一两岁的小孩可能会模仿其父亲阅读书刊，或模仿其母亲向客人说"再见"，但他并不理解这些动作的意义，这种动作仅仅是模仿，缺乏意义和符号的理解。这个阶段的小孩不能运用语言对自我和客体定义，故称"准备阶段"。

（2）玩耍阶段。米德认为，当小孩学会了语言之后，自我的发展就进入了玩耍阶段。掌握了语言的小孩可以用具有意义的词汇对客体进行定义，因此原来以模仿对待客体的方式就为依据互动中产生的具有意义的反应方式所取代，自我也为他人所指出和定义。在这一阶段，对儿童自我发展产生重大影响的是像父母、兄弟这些与儿童生活关系重大的"重要他人"（significant others）。重要他人通常是儿童的角色模型，通过和这些角色模型的互动，儿童知道了如何调节自己的行为。在这一阶段，儿童能从重要他人的角色看问题，即学会扮演他人角色。但是，这一阶段的儿童在一定的时间内只能扮演一个重要他人的角色,而不能同时从几个重要他人的角度看待自己。儿童把重要他人分离开来,因此对于自己的观点也是支离破碎的。

(3) 游戏阶段。和前一阶段在特定时间只从单个的重要他人角度看问题不同,这时必须同时从几个重要他人角度看问题。在米德看来,这一阶段的自我是成熟的自我,因为这时的自我已经能将自己所有的重要他人概括综合为一个"类化他人"(generalized others)。自我会随着互动情景的变化而变化,但在玩耍阶段,自我的变化较为激烈,儿童每次和不同的重要他人互动,其自我都会发生变化;而在游戏阶段,由于将所有重要他人综合而成为一个"类化他人",自我便相对稳定和统一。随着自我的成熟,我们对社会的理解也趋于成熟。梅尔策十分强调类化他人的内在化,他认为当个人形成类化他人之后,就能以有组织的、一致的方式处理事情,就能以一致的观点看待自己。因为类化他人使我们将各种期待和定义进行概括,根据这种概括了的期待和定义,个人的行为在不同的情景中就可以表现出较大的一致性。

综上所述,可以看出,一个人的自我是不断发展的。在没有学会语言的孩子那里,自我以原始的形式出现。随着儿童的成熟、语言的掌握和社会化的进行,儿童逐渐能从重要他人、类化他人的角度看待自我和观察思考问题,这样,自我的发展便日臻成熟。

精神与扮演他人角色

什么是"精神"(mind)? 在符号互动论看来,精神是一种运用符号的活动,是和自我的符号互动。个人通过运用符号与自我沟通。米德认为精神和自我是一同产生的,而且二者相互依赖,不可分离。精神是"引起理智反应的……连续的内部交谈"(Mead, 1936: 403)。我们在思考,实际上是我们在和自己交谈,回答自我的问题。布鲁默认为,精神是"意识的内部活动",是"个人向自我指出的任何东西","而且个人……从醒来到睡着的时间内都是对其接触和注意到的事情的一个持续不断的自我提出一种注释的过程"(Blumer, 1962: 179-192)。也就是说,我们并非在某些时候才思考,我们在任何情景中都在思考。

在互动论看来,精神活动具有标示作用。客观存在的事物无穷无尽,在每个情景中我们不可能对所有的东西都加以注意。通过精神活动,我们把那些和自己有关的客体与其他客体区别开来,然后对这些客体进行定义,而对其余的客体则视而不见。通过精神活动的这种标示作用，外在世界便转变为一个定义的世界，我们也不是对客体做出反应，而是对客体的解释做出反应。布鲁默十分强调这一点。我们从外在世界中抽出某些东西，加以定义，依据其用途赋予一定的意义，然后做出行动。布鲁默说，"标示某一事物就是面对该事物并且把自己置身于对其积极反应的位置，而不是机械地做出反应。面对一个被标示的东西，一个人可以不急于做出反应，先审视判断一番，弄清其意义，断定其可能性，而后做出反应。由于互动的机制，人的行为不再是外部因素、内部因素或二者作用的结果，人不再是两个简单的反应机体。实际情况是，人通过对面临的东西做出解释并据此解释组织行动来对其世界做出反应"（Blumer，1966：536）。

在社会化过程中，当儿童能够以爸爸、妈妈的口吻说话时，他就能够从他人的角度看待自我和世界，这就是互动学派所说的"扮演他人的角色"。这时儿童在想象中将自己置于他人的地位，而且还像某个人一样对自我和他人做出反应。米德在讨论重要他人和类化他人在自我发展中的重要性时指出，他们之所以重要，就是因为儿童扮演了重要他人和类化他人的角色，从他们的角度看待自我。儿童这种离开自身在想象中从他的位置观察世界的能力使他能够客观地看待自我。因此，扮演他人角色就是从他人的角度看待世界并据此指导自我。

行动和互动

行动，在米德那里有时又叫作"动作"。人们往往倾向把行动看作是有始有终、相对独立的单位。从这种观点看来，我们每天都要从事一系列的行动：起床、穿衣、如厕、梳洗、吃早饭、上班……如此等等，每一动作都有开端和结束。当然，每一行动并不是单一孤立的肌肉运动，而是十分复杂的、有组织的行为模式。人们还赋予每一动作一个名称，即一个约定俗成的符号。虽然人们习惯把动作看作有始有终的单位，但实际上动作是从不间断的一个持续过程，一个永不停息的"行动之流"。

为了研究的需要，我们可以将不间断的行动之流分为许多有始有终的动作，尽管对每一动作的开端和结束做清楚的划分并非易事。米德将动作分为如下四个阶段。

（1）冲动。米德认为，动作始于有机体内的"不均衡状态"，一种"导向行为的不适"。冲动是"动作的一般性意向",它既没有叫机体干什么也没有规定动作的目标。冲动没有决定动作的方向,而只不过是应有某一类动作。

(2) 知觉。在这一阶段,个人首先对情境进行定义。人们寻找刺激,对环境中的和实现目标有关的方面进行定义。米德说:"……对于有理智的人来说,其思虑是他的动作最重要的部分。而这种思虑主要是一个对情景进行分析、找出应从何处着手、应避开哪些东西的过程。"(Mead, 1936: 403)为了消除不均衡,人们在情境中形成了目标,例如,我们决定吃午饭(目标)以消除饥饿(冲动),他准备穿上大衣(目标)以使身体不颤抖(冲动)。也就是说,人们对目标进行定义,对情景中的客体进行知觉和定义,以使被破坏的均衡重新出现。

(3) 操纵。经过上一阶段的知觉,这个阶段就有了外部动作。人们对环境进行操纵,在环境中动作,和环境有关方面接触,根据目标运用客体。

(4) 完成。这是动作的结束阶段,此时目标实现,均衡状态得到恢复。

符号互动论认为,当人把行动导向他人,和他人发生关系的时候,这种行动就是社会行动。诸如说话、拥抱、下棋、讲课……都是互动。人的大多数行动是社会的,而这些相互的社会行动就是互动。布鲁默说:"个人被卷入一个巨大的互动过程之中,在这里他们必须对不断变化的行动进行相互的调适。这一互动过程既要向他人表示自己的所作所为,又要对他人的行动进行解释。"(Blumer, 1969: 20)个人事先想好了一系列将要进行的动作,他人向他做出某一动作,他对这一动作进行解释,根据解释他对自己的动作进行或多或少的调整、改变,他人又根据他的动作进行新的调整。这是一个经常的、不间断的过程。

人与人之间的互动是运用符号进行的,是符号互动,即人们赋予每一动作以一定的意义。在和他人互动的同时,我们也运用符号和自己互动。比如,你推我一把,我打了一个趔趄,我可以有不同的解释,也就有不同的结果:如果我认为你是过火的取闹,我就用责怪你的谈话来解决问题;如果我认为你心怀恶意,那我就挥动拳头继续和你互动;如果我认为你这纯粹是友好的玩笑,那我也许会推你一把以示亲热。正因如此,米德把人的动作称为"有意义的动作",而在动物那里,则仅仅是"动作的交互作用"。

在互动中,人们需要对情境做出定义。人们是在定义后的世界中活动,而不是对客观的现实进行反应。从这一观点来看,对人们行动有重要影响的不是外在的世界,而是人们对情境的定义。由于情境定义的重要性,个人不仅为了自己的行动对情境进行定义,而且也努力为他人进行情境定义。例如,我们通过仪表、穿着来表明(或掩饰)自己的身份,暗示对方我们可能出现的动作交往。戈夫曼在《日常生活中的自我表演》中研究了个人如何在别人心目中创造出一个印象,运用哪些技巧来给人留下怎样的印象。

四 符号互动论的当代发展

我们已经通过分析符号互动论的基本概念介绍了这一理论的大致内容。这些理论观点主要属于符号互动论的代表人物乔治·米德,也包括赫伯特·布鲁默,同时还涉及库恩、戈夫曼以及其他当代互动论者。必须指出的是,当代符号互动论者的观点并不完全一致,有形形色色的分支流派,有这样那样的分歧争论。下面我们将分别讨论当代互动理论中的芝加哥学派、衣阿华学派、戏剧理论和日常生活方法论这几个主要流派的发展演变情况。如果说上一节阐述的是符号互动论者观点中共同的一面的话,那么这里则讨论的是他们思想中的不同之处。

芝加哥学派和衣阿华学派

芝加哥学派和衣阿华学派是社会互动理论中的两个主要派别。赫伯特·布鲁默通过在芝加哥大学和加州大学伯克利分校的学术活动,形成了芝加哥学派,而曼夫德·库恩则在衣阿华州立大学(Iowa State University)发展了衣阿华学派。芝加哥学派继承了米德的衣钵,是一种经典的符号互动论,而衣阿华学派则代表一种折中形式的符号互动论。因为这两个流派在许多观点和方法上都是对立的,为了便于比较分析,我们把它们放在一起论述。

芝加哥学派和衣阿华学派的最大不同是方法上的分歧。在这里我们又碰到了在各种行为学科中都存在的"人文的"和"科学的"方法之争。尽管布鲁默和库恩都对人类"大脑中的"东西感兴趣,但究竟如何去研究,他们的方法却大相径庭。布鲁默强调行为科学的独特性,认为人类行为的研究者应该进入行动者的世界,"仔细探索行动者的内部经验",用行动者的眼光看问题,因为每个行动者的行为都有其特殊的意义。通过某种形式的交感反省，研究者就能站在被研究者的角度，用行动者的分类方法把握住行动者的意义世界。而库恩则认为所有的科学在方法上都应具有一致性，他强调"符号互动论的关键思想都可以操作化并成功地运用于经验研究"。基于这一想法，库恩认为他的自我理论就是一系列可以为经验研究检验的陈述。为了达到这一目的，他努力把米德的思想"经验化"，对那些他认为是"非经验的"的概念予以重新定义或摈弃。他在著述中一再强调要使概念操作化，使其符合"一般的科学标准"。

布鲁默既然坚持交感反省，因此，他便极力提倡使用生活史、自传、个案研究、日记、信件、非结构性访谈和参与观察等研究方法。为了研究"我们经验的自然社会世界"，布鲁默认为必须使用一种"敏化概念"（sensitizing concept）。这种概念和传统的科学概念不同，前者仅指出观察的方向，而后者则规定要观察什么。布鲁默认为社会是变化不定的，行动者具有创造和建构环境的能力，因此一个概念应使人对研究任务高度敏感，这一任务就是"弄清事件的独特性质，而不是把这种独特性抛在一边……"（Blumer，1954：3-10）。在具体的研究方法上，库恩则摈弃了那种试图"进入个人内部并直接观察内部行动计划"的方法，他认为问卷或态度量表可以有效地用于测量自我态度。1950年，库恩提出了一种"二十陈述测验法"（TST），也称"我是谁测验法"。这一方法充分体现了库恩试图将互动理论操作化的努力。衣阿华学派对概念的性质和功能的看法也与今日社会学中的正统观点较一致，库恩努力使米德不精确的概念转变为可供经验研究的"变量"，使概念操作化。

芝加哥学派和衣阿华学派的分歧不仅表现在方法上，而且还表现在另一个问题上，即人的行为究竟是自由的还是被决定的？如果说布鲁默对人的认识导致了他那独特的研究方法的话，那么库恩与正统社会学保持一致的研究方法则使他在对人的认识上偏离了米德的思想。布鲁默认为人的行为是无法预测的、非决定的，人具有创造性。因为行动是自我的本能方面和社会方面，即米德所说的"主我"和"客我"相互作用的产物。"主我"代表个人的冲动倾向，是人类经验中的初始的、自发的和非组织的方面，它代表个人未受约束、指导和训练的倾向。而"客我"是类化他人的内在化，是群体态度和定义的体现，是道德规范的化身。因此，人的行为就是冲动和规范、"主我"和"客我"交互作用的结果，因而"不能用行动前的因素加以解释"。

在库恩的自我理论中，我们既没有发现冲动，也找不到"主我"与"客我"的相互作用。对库恩来说，行为是被决定的，是被行动者的定义（尤其是自我的定义）所决定的。因此，自我成了纯粹的"客我"，行为是完全可以预测的。在他看来，如果我们知道行动者的参照群体，我们就可以预测他的自我态度，知道了自我态度，就可以预测他的行为。简言之，先决条件决定了人的自我，人的自我决定了人的行为。这种观点当然要舍弃诸如"主我""冲动"等"非经验"的概念。这是一种决定论的观点。

芝加哥学派和衣阿华学派对人的行为的不同观点又导致了其他问题上的分歧。芝加哥学派习惯用过程的观点来看待社会和自我，而衣阿华学派则喜欢用结构的观点解释社会和自我。这种对立的观点具体表现在两个相互关联的问题上：首先，行为究竟是被"创造"出来的还是被"释放"出来的？其次，角色扮演的过程究竟是"创造角色"，还仅仅是"表演角色"？

布鲁默主张用过程的观点看待人的行为，把自我看作是"主我"和"客我"相互作用的过程，而不是二者的简单结合或仅仅是诸种态度的总结。因此，行动是在实行的过程中被创造出来的，而不是"某些因素作用于结构之后由既存的心理结构释放出来的"（Blumer，1966：536）。行动之前的情景条件并不能解释行为，因为"人类具有自我互动的机制，人就不再是一个反应的机体，人的行为也不仅仅是外部因素、内部因素或者二者的产物"（Blumer，1966：536）。人的行为总是充满新奇和变化的。库恩虽然也认为"个人并不是被动的机体，只能对群体赋予客体的意义进行反应"，但是他的研究方法和决定论思想使他偏离了这一观点，他把自我看作是个人的诸种地位和角色内在化之后所形成的结构。库恩摒弃了"主我"、"冲动"和"自我"的自发方面，这就使得他不能把自我看作是一个过程。

综上所述，我们可以得出这样的结论：布鲁默对人的认识决定了他的方法论，而库恩的方法论则决定了他对人的认识。布鲁默一开始就把人的行为描绘成突生的、自由的过程，是冲动和社会定义的相互作用。在方法上，为了理解行为的意义，他必然要倡导参与观察法和敏化概念。这是研究中的"发现逻辑"。相反，库恩强调的是科学的、操作的方法，他使用 TST 问卷，这是一种"证实的逻辑"。方法上的科学主义和决定论使他偏离了米德的思想，结果他放弃了"符号互动论"这一名称，而给自己的理论贴上了"自我理论"的标签。

戈夫曼的戏剧理论

符号互动论中戏剧理论一派的主要代表人物是欧文·戈夫曼（1922~1982），他生于加拿大曼维尔，1945年毕业于多伦多大学，1953年在芝加哥大学获博士学位。在芝加哥大学学习期间，戈夫曼曾师从布鲁默，又通过布鲁默接触到了乔治·米德等早期互动论者的思想。在理论上，戈夫曼和芝加哥学派关系密切，不过他的研究重点和布鲁默不同。他主要研究给他人的"印象"，即个人运用哪些技巧，如何在别人心目中创造出一个印象，所以他的理论又被称作"印象整饰"（impression management）。

戈夫曼最具影响的著作是出版于1959年的《日常生活中的自我表演》。他认为，在日常生活中，要给人留下你所希望留下的印象，就要在别人面前表演。因此，生活就是演戏。在戈夫曼看来，人的行为要表达出来，而表达分为两种：一种是明显的表达，另一种是表演，它传达的是隐含着的意义。戈夫曼所研究和所强调的正是这种隐含着的、具有戏剧化色彩的意义。戏剧学所要研究的正是这种隐含的东西。戈夫曼指出，表演必须有一个表演者，其他人则分为观众、共同参与者（即协助演出的人）和纯粹的观察者。观察者与观众是两种不同的人。表演是给观众看的，而观察者则是纯粹的第三者，不受表演者影响。

表演时，从空间上可以划分为两大领域，即"台前"和"台后"。台前部分就是指在表演中使观众获得意义的那一部分，台后指不让观众看到的部分。表演中要注意台前和台后的关系。台后的现实往往与台前的表演不一致，有时甚至是相互矛盾的。台后为台前做准备，掩盖台前所不能表达出来的东西。台后可以休息、松弛，所以台后也往往是防止观众闯入的区域。戈夫曼认为社会学家应观察人从台后到台前的瞬间是怎么转变的。

戈夫曼认为，在表演中有两种人的区别：一种是犬儒主义者，这种人明确知道自己是表演，是作假，对他所表演的那一套根本不信，不过是做给人看的；另一种则完全是真诚的，虽然也是在表演，但他却是真心实意地去表演。这两种人有可能发生转换。一个玩世不恭的人，扮演某角色时间长了，就会相信这种表演。

除了《日常生活中的自我表演》外，戈夫曼还在其他一系列著作中谈到他的戏剧理论，《互动仪式》是他1967年发表的又一部重要著作。该论文集的第一篇文章是《论面子》，介绍了人与人在互动中是如何保住"面子"的。《遵从和举止的性质》引用戈夫曼对精神病人的观察材料说明遵从是如何表现出对人的尊敬，而行动者又是如何通过举止这一手段给别人留下印象的。在《窘迫和社会组织》中，戈夫曼描述了这样的情景，在这些情景中某些事件对行动者已经表现出的要求构成威胁、挑战或者不信任。窘迫的社会功能则正是为丢脸的行动者找到托词，表明这次丢脸是由某种原因造成的，下次他有可能表演得出色一些。《互动的疏远》谈到了这样一种情况，有人会心不在焉，爱"走神"，这和要求互动双方都必须高度注意谈话的中心这一社会要求不相吻合。《精神病症状和公共秩序》一文认为，精神病者的行为可以看作是患者无力遵从那些调节人际交往的行为规则而形成的，这些规则虽然心照不宣，却是举止正派、行为得体的保证。在《行动在哪里》一文中，戈夫曼运用赌博方面的词汇分析了赌博活动，在这些活动中，行动者明知故犯地去冒那些本来可以避免的危险，因为这是行动者树立威信和保全面子的机会。

和日常生活方法论一样，戈夫曼认为那些调节、支配社会行为的规范往往不被人们所注意，这正是人们对这些规范司空见惯、习以为常的结果。他强调，在这些场合人们的行为背离了规范，这倒可以使规范得到重视，为人们坚持。兰德尔·科林斯和马可夫斯基把戈夫曼和日常生活方法论的这一共同之处称作"凡人俗事的社会学"。

戏剧学和芝加哥学派的共同之处则在于它们修正了那种认为角色决定行动者行为的流行观点。他们强调行动者的行为是与情景息息相关的，需要不断地定义和思考，因此规范、地位、角色仅仅是互动借以进行的一个框架。当然，这两种理论在如何看待角色表演方面是有较大的分歧的，这在第七章"社会角色理论"中将会有所论及。

学者们对戈夫曼的学说褒贬不一。戈夫曼对日常生活中的印象整饰进行了具体的描述，他使用的是交感反省的方法和巧妙得当的介绍风格。因此有人称赞他是"极富洞察力的、敏锐的观察家"，有人说他的文章"文体优雅""才华横溢、引人入胜"；但也有人对他的理论和方法提出了批评。有人说他的著作没有明显的理论，而只有一个似乎可能的参考框架，实质上没积累多少证据，只有靠一些印象、轶事来说明问题；很少提出可以经得起验证的论断，而只是众多的富有启发性的观点。还有的评论者指出，戈夫曼所描绘的关于人和社会的景象是可怜的、沮丧的，人是"孤独的、理性的印象整饰者"，而自我则成了"纯粹的商品"。

日常生活方法论

近年来，日常生活方法论应运而生，这一理论与现代西方哲学中的现象学有密切关系，他们受到胡塞尔和舒兹的启发，提出这样一个问题：社会学家和其他群体的人们之间彼此是怎样创造并维持客观世界有真正的本质这样一个假定的呢？

哈罗德·加芬克尔（1917~2011年），日常生活方法论的代表人物。自1954年以来，他一直在加州大学洛杉矶分校任教。加芬克尔生前，有一帮追随者标新立异，提出了一套独特的理论。这一学派首先提出了一系列独特的概念，主要概念如下。

（1）计算。这是指行动者用以描述、分析和评判特定环境中的行为方式，在日常互动中每个人都用到的依情景赋予行为意义的能力。日常生活方法论特别感兴趣的问题是：计算是如何形成的，是否被互动的对方所接受？

在日常生活的共同活动中，人们对其行动所赋予的计算，通常以"省略方式"进行。因为在共同的对话互动中，他们已经拥有"共同的理解"。像这些既能为双方所了解，又不必为口头解释的部分（被省略却为对方所了解的意义），加芬克尔称为"索引式表述"。

（2）索引性。指所有实际行动与其所表达的计算，都应该依据其特定情境与特殊的互动关系去分析、研究与解释。因为同一种行为，在不同情境与特殊的互动关系下，会有不同的意义产生。由此可见，在日常生活世界的任何情况下，计算与意义的赋予，都与情境和行动有关。只有在情境因素所构成的互动关系里，我们才能够真正有效地了解互动。

（3）等等原则。在观察一个实际互动过程时，许多意义都是隐含着没有说出来的。行动者必须时常填补或等待那些给别人的语言和行为带来意义的信息。行动者的这一做法就是运用了等等原则。他们同意不因为平常需要的信息破坏互动过程，他们情愿去等待或填补信息。例如，最常用的"你知道"这个经常出现在一个人发表意见后的词，是一个行动者告诉另一个行动者的断言，并引起等等原则。另外一个行动者则被告知不要用反对的话语如"我不知道"来破坏互动和情景中的现实感。

（4）自然语言。这是指实际互动中所形成的基本对话结构，如人们如何转变话题或内容方式。日常生活方法论非常重视对这种基本对话结构的分析，认为语义不能单纯地以语法结构或抽象的文字、句子来考虑，因为语言所隐含的意义包含在对话之中。

日常生活方法论不仅在概念上标新立异，而且在对社会现实的认识上亦与传统社会学有所不同。它既反对社会现实的客观实体论，也不接受互动论的社会现实既存论。相反，日常生活方法论认为，社会现实是存在于日常生活世界里的动态的、变化的东西。每一个人不但是建构社会现实的参与者，而且还是影响、修正或改变社会现实的参与者。日常生活方法论认为，所谓社会现实，应具有如下特点：

首先，社会现实是一种内省活动。在日常生活方法论看来，每一个人都通过本身的思想与行为，参与社会现实的建构过程。然而，每一个人并不知情，也没有意识到，因为通常都被我们自己把它隐藏在内心里。

其次，社会现实是知识的凝聚体。在日常生活世界里，大家都把这个世界组织得相当和谐，社会学家也把它当作井然有序的对象来研究。然而，当我们提出了一种跟现实不一样的秩序时，问题就会产生。因此，日常生活方法论提出了所谓破坏式试验的研究方法来研究社会现实。

再次，社会现实是一种互动活动。也就是说，社会现实并不是既存的外在的东西，它的存在有赖于参与建构者之间永无止境的社会互动。换言之，社会互动一旦停止或消失，社会现实也就不复存在。

最后，社会现实具有脆弱性。社会现实并没有坚固的结构，它是一种非常脆弱的东西，很容易遭受破坏。正因如此，才能进行所谓破坏式研究，从而得以了解社会现实的建构过程。

日常生活方法论抛开是否存在一个拥有规范的世界、角色、价值观和信仰的外部世界这一问题，或者用胡塞尔的话说，就是把它束之高阁。日常生活方法论者所要研究的是互动如何在行动者头脑中形成一个客观世界的存在这个概念，它关心的是行动者如何创造出一种共同的现实感。日常生活方法论发现了许多传统互动论者没能加以概念化的一系列人际互动过程。人们在对秩序感的沟通中所运用的隐式方法是社会互动和组织的一个重要方面。日常生活方法论的理论目标就是要详细说明个体运用多种日常方法所需要的一般性条件。因此，我们可以把日常生活方法论看作是互动理论的一个重要补充，而不是像有些日常生活方法论者所自吹的那样，是一种对互动论的挑战。"因为日常生活方法论的几个有限的新发现并不能使它划入一个新的意识形态范畴，而只是互动论的补充。"（特纳，1987：492）

五　符号互动理论的评价

符号互动论是滥觞于社会学传统的一个社会心理学派别。因此，要理解符号互动论的意义，就应将其与西方社会学和社会心理学的发展联系起来加以考察。

从某种意义上说，社会学是近代理性主义运动的产物。孔德的思想深受近代哲学精神的影响，他接过休谟、狄德罗等经验派思想家的旗帜，着手创建实证主义哲学。孔德认为社会是自然的一部分，社会现象同自然现象是一样的，因而他主张用自然科学的经验方法，即观察、实验和比较方法研究社会现象。孔德的实证社会学对后来的社会学有很大影响。这种实证主义谱系的社会学理论强调运用自然科学的方法研究社会，坚决抗拒对社会作形而上学和思辨的解释，这对社会学的产生和发展都产生过巨大的影响。但是，这些社会学理论出于过分强调社会现象和自然现象的一致性，因而忽略了二者的差别。结果，人的主观能动性被忽略了，社会现象被等同于自然现象，失去了其主观意义，人被当作消极、机械的客体，缺乏创造性、自由和个人责任，如同木偶一般。

在当代心理学中，也有类似实证社会学忽视人的主观能动性的倾向。华生的行为主义心理学力图削足适履地把心理学变成一门自然科学，把人的内心活动排除在心理学的研究领域之外。对行为主义者来说，人是他所处的那个环境的牺牲品，环境决定着他的行为。弗洛伊德的精神分析学说虽然表现形式与行为主义迥异，但这一学说却带有浓厚的宿命论色彩。弗洛伊德从绝对的决定论出发，认为在人的精神生活中，从日常琐事到睡眠、做梦，从正常人的偶然失误到失常者的各种症状，都绝对不会是偶然的，因此也就必须通过细致而深入的精神分析来彻底研究心理现象的真相。因此在弗洛伊德看来，人并没有任何意志自由，潜意识、本能以及无数未知的和无法控制的力量在左右着我们的生活。

符号互动论的基本观点与社会学和心理学中的这种否定人的主观能动性

的倾向迥然不同。符号互动论所描绘的人是积极的、主动的。符号互动论的意义就是使被实证主义社会学以及其他心理学理论所扭曲的人的形象得到恢复，被忽视的人的内心世界又重新得到了研究，被否定的人的主观能动性又得到了肯定。符号互动论对人的主观能动性的肯定主要表现在以下三个方面。

首先，这一理论对人的精神活动进行了广泛深入的研究，认为人具有运用符号的能力，人对外界的反应是通过符号进行的。实证主义社会学家把社会现象看成"似乎是物"，运用自然科学方法进行研究，而主观的东西、社会现象含义方面的问题则由"括号中移出"。行为主义心理学则把人的精神活动比作一个黑箱而排除在科学研究的领域之外。与实证主义社会学和行为主义心理学不同，符号互动论对人的内心世界进行了深入的探索。在符号互动学派看来，人的独特性就在于他能运用符号。通过符号，人能够保存过去的经验和建立新的意义，同时也能憧憬未来的理想，因此人生活在一个意义的世界中。人能运用符号进行思维，这和人的自我是分不开的，米德把自我分为"主我"和"客我"两个方面，因此人不仅能运用符号和他人交往，也能运用符号同自我交往。"主我"是代表个人冲动的倾向，而"客我"则是群体态度和定义的体现。人的行动就是"主我"和"客我"交互作用的产物。从这种观点出发，米德认为人对环境的适应就不是如动物一样以"刺激-反应"的形式进行，而是首先对事物、环境进行一番解释，而后才做出积极的反应的。米德把动作分为冲动、知觉、操纵、完成四个阶段，并且在这四个阶段中既有外部的活动，又有内部活动，即知觉阶段的思维活动，通过符号，人对外界的事物进行解释定义，然后才做出反应，这是一种"延迟反应"。这样，人类的行为就不是外来力量或生理本能决定的，相反，在许多场合下都是自愿的行为。

其次，符号互动论以人际互动为研究单位，把社会和个人都看作是过程，从社会的因素来考察人的精神活动，对社会学传统的社会心理学的丰富、完善做出了卓越的贡献。在早期社会学家那里，许多人十分注重对社会做宏观层次的分析，而忽视了对社会的微观研究。孔德以"社会静力学"和"社会动力学"的划分对社会总体进行纵横两方面的研究；斯宾塞以社会有机体的学说对社会进行了结构分析，滕尼斯则以"礼俗社会"和"法理社会"的概念对人类社会进行了历史考察；帕累托也认为社会学的目的

"在于研究整个人类社会",现代社会学中的结构功能理论同样热衷于从宏观的角度分析社会的结构与功能。这些理论由于忽视了对社会的微观分析,带有浓厚的决定论色彩。与上述观点不同,符号互动论的研究单位既不是宏观的社会结构,也不是孤立的人格,而是诸如人的社会化、人际互动等微观的社会过程。在这点上,符号互动论和第五章"社会交换理论"是十分一致的。因此,"在这里,社会学和社会心理学的联系是非常紧密的,它们之间实际上没有明确的分界"(安德列耶娃,1987:155)。应该说,作为"社会学的社会心理学"的主要流派,符号互动论对个体的社会行为的微观研究是不同于"心理学的社会心理学"的。诚如乔治·米德所述,"我们在社会心理学中不是根据组成社会群体的个别个体的行为来研究社会群体行为。我们主要是从复杂群体活动的社会整体出发,在这种复杂群体活动范围内分析每个个体的行为"(Mead,1934:7)。从上文论述来看,可以说这种分析是较为成功的。

最后,在具体研究方法上:符号互动论强调对社会行为主观意义的研究,倡导定性的研究方法[①]。实证主义传统的社会学强调社会现象和自然现象的一致性,主张用自然科学的方法研究社会。大多数实证主义社会学家把社会科学看作验证关于人类行为之因果假设的手段,这就是从事物中找出两个或更多的变量,而后对其关系进行验证。布鲁默指出,传统社会学运用变量分析是不恰当的,因为个人的行为是持续不断的修正过程,因此在方法上就必须寻找一种能够了解主观意义的方法。符号互动论认为对互动过程的详细描述就是社会科学的目的。社会研究并不一定要了解社会变量之间的关系,而是观察社会行动,对其进行详尽的描述。因此,互动学派强调通过对真实生活情景的观察收集材料,社会科学应在真实的背景中研究人,而不是在实验室里或用问卷来研究。布鲁默说:"符号互动论相信必须通过对真实的经验世界的研究,而不是对世界的模仿研究,对预先设置的模型的研究,对从分散的观察中获得的图景的研究……来确定问题、概念、研究方法和理论计划。……对符号互动论来说,通过直接的,详细的和探索的研究就可以发现和了解经验的社会世界的本质。"(Blumer,1969:48)

[①] 我们在第四节中已经谈到以库恩为首的衣阿华学派注重定量分析,在许多问题上偏离了米德的观点,因此这里讨论的主要是米德和以布鲁默为首的芝加哥学派的观点。

总之，互动学派由于强调对人际互动的研究，重视人的主观意义，因此使人的主观世界在科学中获得了应有的地位，恢复了被自然科学方法所扭曲的人的形象。但是，正如美国学者 J. 舍伦伯格在《社会心理学的大师们》中所指出的，任何领域的大师都专心致志地朝一个目标努力奋斗，而这种大胆无忌又使他们产生了某种盲目性，使他们的理论出现了"盲点"。因而在肯定符号互动论积极意义的同时，我们也有必要指出这一理论的缺陷。

（1）符号互动论忽视了人类行为中情感和潜意识的作用。互动学派强调了自我意识的作用，却忽视了互动过程中情感和潜意识的成分。除了个别互动学者偶有谈及某些情感（如库利的"同情"、戈夫曼的"窘迫"）外，当代其他互动论学者很少注意到在互动过程中诸如爱、恨、怒、乐、悲等情感因素的存在。另外，互动学派还忽视了潜意识在行为中的作用。在互动学者的著作中很难找到关于潜意识的论述。事实上，人的许多习惯性动作都是无意识的，而有意识的反应通常只和人们所面临的任务相联系。

（2）符号互动论忽视了对社会组织和社会结构的单独研究。互动学派的分析单位是人与人之间的互动过程。在这一理论看来，社会就是互动中的个人，因此群体、组织、社区这些概念是可以相互使用的。很明显，这一理论在很大程度上忽视了社会组织和社会结构的研究。符号互动论对社会组织和社会结构的忽视，具体表现在对经济、政治、历史等方面的研究欠缺上。皮特·霍尔为了弥补互动学派对政治研究的不足，写了《政治学的符号互动理论》，爱德华·A. 罗斯的《权力结构》也是这方面的一个尝试，但是，当他们试图进行客观分析的时候，往往背离了互动学派的观点。此外，弗朗西斯·梅里尔对文学社会学的研究是唯一试图在历史背景中考察人的范例。艾迪森·希克曼和库恩的《个人、群体和经济行为》是关于经济的。在其他互动学者那里，我们就很难找到有关这方面的著述了。

第七章 社会角色理论

社会角色理论在社会心理学中具有独特的地位。一方面，它对解释和研究人类行为有其方便和独到之处；另一方面，我们又不得不承认，社会角色理论看似简单，实际上却复杂得有点混乱。因为角色理论所使用的概念取自戏剧舞台术语，这固然有便于人们理解和应用的优点，但也存在不利的一面：人们对某些概念可以根据自己的生活体验进行不同的解释并能轻而易举地予以发挥和想象。正因如此，有人甚至不承认存在一种独立而系统的角色理论。尽管人们对有关角色概念的理解和使用存在很大的差异，以致众说纷纭、莫衷一是，我们认为仍不应该否定角色理论作为一种社会心理学理论的重要性。

一 概念的缘起与涵义

在整个角色理论中，最基本也是最重要的概念是社会角色，它是整个理论大厦的基石，因此我们要从介绍角色一词的缘起并分析其内在涵义入手。

角色概念的缘起

社会心理学中的角色概念是从戏剧舞台用语中借用来的。不过这种借用并非某些学者的心血来潮，而是有其历史必然性。人们很早就发现了社会与戏剧舞台之间的内在联系，即舞台上演出的戏剧正是人类社会的缩影，或者说社会就是一个大舞台。伟大的英国戏剧家威廉·莎士比亚可以说是第一个做出这种发现的先哲，他在《请君入瓮》一剧中写道：

全世界是一个大舞台，

> 所有的男人女人都是演员。
> 他们有各自的进口与出口,
> 一个人在一生中扮演许多角色。

人们很快发现,把社会比作舞台,把社会中的人比作舞台上的演员,不仅生动形象,而且为研究和解释人类行为,分析社会关系和解剖社会结构提供了一种独具风格的研究方法。它使纷繁复杂、不可捉摸的社会在人们的心目中豁然清晰起来。因为"演员在舞台上有明确的角色,社会中的行为者也占据明确的地位,演员必须按照写好的剧本去演戏,行为者在社会中也要遵守规范,演员必须听从导演的命令,行动者也必须服从权势之人或大人物的摆布;演员在台上必须对彼此的演出做相应的反应,社会成员也必须调整各自的反应以适应对方;演员必须与观众呼应,行为者也必须扮演不同的观众或'类化他人'和概念化的角色;技能不同的演员赋予角色以独特的解释意义,行动者也由于各自不同的自我概念和角色扮演技巧而拥有独特的互动方式"(特纳,1987:430)。

虽然学者们在建立角色理论的过程中对社会实际生活进行了概括和抽象,但我们发现整个理论体系完全建立在对社会与舞台、社会行动者与舞台角色进行比附的基础之上。

角色理论的产生源远流长,因为它曾是好几门学科共同关心的问题。但最先将角色这个概念引入社会心理学的是第六章"符号互动理论"中重点介绍的美国社会心理学家乔治·米德。不过在米德的著作中我们无法找到关于角色的定义,因为"米德在阐明自己的观点时,没有给角色概念下定义,他把它当作无定形的和很不确切的概念来使用"(安德列耶娃,1987:167)。米德之后,许多学者运用不同的观点和方法对角色问题进行了大量的研究,提出了各种不同的观点。在这些学者中,贡献较为突出的有林顿、萨宾、戈夫曼和默顿等人。

角色的涵义

什么是角色?这个看来非常简单的问题却从角色理论产生之日起就一直在困扰着人们,并且大有动摇角色理论大厦的根基之虞。因为"主要的问题是不同的作者常常给相同的现象标上不同的标签。戴维斯叫作角色的东西，纽科姆则称之为角色行为，而萨宾又管它叫角色扮演。而且，人们也不能因为两个人运用了同样的术语就可以断定他们是在指同样的事物。社会角色有时用来描绘社会地位，有时又是指某一种与地位有关的行为……"（Rosenberg & Turner, 1981：94）。

情况的确如此，布鲁斯·J. 比德尔在其所著《角色理论——期望、身份与行为》一书中列举了许多人对于角色的不同定义，例如，帕森斯认为角色是角色扮演者与其他人所形成的一种关系，利维则视角色为一种在一定的社会结构中区分个体地位的用语；如此等等（Biddle, 1979：55-56）。在蒂博特和凯利所著的《群体的社会心理学》一书中，他们对角色概念进行了如下阐述。

第一，角色是社会中存在的对个体行为的期望系统，这个个体在与其他个体的互动中占有一定的地位；第二，角色是占有一定地位的个体对自身的特殊期望系统，也就是说，角色是个体在与其他个体相互作用中的一种特殊行为方式；第三，角色是占有一定地位的个体外显的可观察的行为（引自安德列耶娃，1987：170）。

要了解角色的真正含义以及为什么人们会对角色有如此不同的解释，参考一下肖和康斯坦佐的著作是有益的，他们在《社会心理学理论》一书中对角色进行了六个方面的分析。

（1）从历史渊源上说，角色概念借自于古希腊罗马剧场中的戏剧和舞台，角色意指在一场戏剧中演员所扮演的某个人物的特征。

（2）角色以其舞台原意进入社会科学领域，其概念本身并无变化，它指的是一个人在一定的社会背景下所表现出的行为特征以及这种行为所发挥的作用。

（3）正如演员角色的扮演要受到同台演出的其他演员的制约一样，社会中的角色也在一定程度上受制于该社会环境中与之发生关系的其他人。如果形形色色的"演员"角色彼此不发生关系，那么舞台上将戏不成戏，社会则无法形成一定的结构。

（4）社会科学中角色概念的出现事实上带有学科交叉的性质，对于角色理论的贡献大多来自人类学、社会学和心理学领域。

（5）现代角色理论的先驱者们都是在他们各自学科领域的研究中建构起各自的角色概念，例如，詹姆斯（1890年）和鲍德温（1897年）是心理学家，他们是在研究"自我"问题时提出角色概念的；萨姆纳（1906年）、罗斯（1908年）和涂尔干（1893年）是社会学家，他们是在研究习俗、规范和社会结构时涉及角色问题的。他们每个人都对角色理论的形成和发展做出了卓越的贡献。对角色理论做出贡献的还有杜威（1890年）、库利（1902年）、莫雷诺（1919年）和齐美尔（1920年）等人。

（6）这种通过多门社会科学的共同参与而发展的结果，导致了一种综合心理学、社会学和人类学有关内容，并形成独特语言系统和概念系统的角色理论的产生（Shaw & Costanzo，1970：296）。

既然不同学科领域的学者站在不同的角度研究角色问题，因此人们对于角色的见仁见智就不难理解了。

虽然如此，在人们对角色概念的不同理解中，我们仍可从中发现共同的东西，那就是，谁都不可能离开社会的客观期望和个体的主观表演来谈论角色。任何一位对角色理论有过贡献的学者，无论他认为角色是一种行为，还是一种关系，都不可能离开社会结构和个体心理来谈论抽象的角色。而这正是建立和形成统一的社会角色理论的基石，也是角色概念的本质所在。因此，如果要从根本上了解角色概念的内涵，还必须从角色的客观和主观统一性上去把握。

角色的本质

通过对角色概念的分析，我们可以看出，角色的本质内容就在于它的客观与主观的统一性。首先，角色是处于社会结构中某一地位的一个社会成员，因此社会对他有着一定的行为规范和要求，这是一种不以人的意志为转移的客观存在。但是，由于个体人格结构和心理状态的差异，他们在处于相同的社会地位、扮演类似的社会角色时带上个人的主观色彩，表现出不同的角色行为。

角色的主观与客观的统一性，主要表现为角色与互动和角色与地位的关系。

（1）角色与互动。角色与互动的关系十分密切。一方面，角色通过互动表现自己，互动又是角色之间的互动；同时，角色的形成和扮演也是在互动中完成。乔治·米德之所以把角色这个概念引入社会心理学，其目的是更好地解释互动问题。正如特纳所说，"人类创造和使用符号，用符号交流，通过角色扮演进行互动,这种角色扮演涉及识别他人使用的符号。由互动产生的精神和自我使人类成为独特的物种。反过来,人类这些能力的产生,使互动成为社会的基础"(特纳,1987:406)。

人们通过使用一定的符号进行互动,个体在使用符号和理解他人的符号时表现出不同的能力,这就是米德所说的"扮演他人角色的能力"。为什么说互动成为社会的基础呢?因为互动是角色之间的互动,而角色除了"扮演他人角色的能力"在主观上存在差异之外,更为重要的是,角色是个体在社会结构中所处的一定位置即社会地位的体现。

(2)地位与角色。与角色概念密切相关的另一个重要概念是地位。地位是角色的客观属性的反映,即社会对各种角色的要求和期望。戈夫曼说角色是"实现与一定地位有联系的权力和义务"(Goffman,1959:16)。拉尔夫·林顿进一步指出:"角色——这是地位的动力方面。个体在社会中占有与他人地位相联系的一定地位,当个体根据他在社会中所处的地位而实现自己的权力和义务时,他就扮演着相应的角色。"(转自安德列耶娃,1987:170)

由此可见,虽然人们对角色概念的理解差异很大,但只要我们抓住它的主观与客观统一这个本质,分析它与互动和社会地位的关系,社会角色就不再是个捉摸不定的概念,"角色概念显示了社会与个体之间的联结点,这种联结包括那些占据不同地位、承担相应义务并运用角色扮演能力去适应不同类型期望的个体"(特纳,1987:435)。

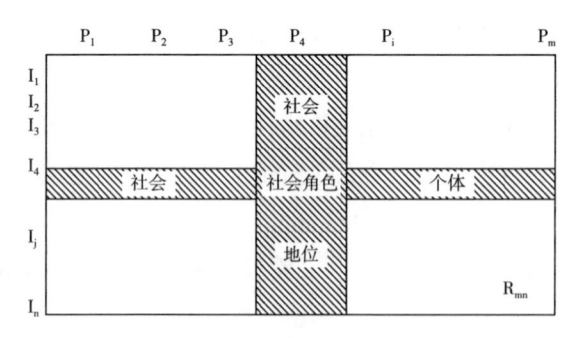

图 7-1　社会角色的矩阵示意

把角色概括为社会与个体之间的联结点,这的确非常中肯地反映了角色的本质特征。在这里,"社会"不再是抽象的概念,而是被赋予了一定权力和义务的"社会位置"(地位)的集合,而个体则是具有一定生理心理特征的各种角色扮演者,只有当社会地位与角色的扮演者结合为一体,或者说,只有当把一定的个体安放到一定的社会位置上之后,才会产生社会角色。图7-1是一个描述社会角色的矩阵。矩阵的行表示社会地位,它分为 P_1、P_2、P_3、P_4、……P_i……P_m 个不同的"位置",矩阵的列则表示 I_1、I_2、I_3、I_4……I_j……I_n 个不同的个体,不同的个体与不同的地位结合便产生了不同的社会角色。

二 角色的扮演与形成

角色是个体因占据一定的社会位置而产生的行为模式。这种行为模式一方面取决于社会位置的性质,另一方面又受到个体生理心理特征的影响。一定的个体进入或占据一定的社会位置的过程,也就是扮演和形成相应的社会角色的过程。

角色的扮演

有人认为在将社会比作戏剧舞台的时候,角色扮演(role-playing)一词会给人以脱离现实生活、伪装或故意做作的感觉,因为舞台上出场的角色和演员本身是两个不同的人,演员在舞台上完全是逢场作戏。因此,萨宾建议将角色扮演改为"角色行使"(role-taking)(Sarbin & Farberow,1952)。实际上,我们认为角色扮演一词更形象地表现了角色的意蕴。虽然我们不能把社会与舞台完全等同,但二者的相似之处已如前所述,角色扮演也是如此。尽管舞台上的演员与其所扮演的角色一般来说是两码事,但不能说演员本人与所演角色没有任何联系。如果这样,那就谁都可以成为演员。而事实是,要做一名能将角色惟妙惟肖地表演出来的好演员,对演员本人的素质要求非常高,他们必须有很好的艺术修养,必须具备逢场作戏的能力。我们说社会角色也须扮演,虽然不是说人在社会生活中完全是假戏真做,却也并不否认一个人要成为一个合格的社会成员,并且在不同的社会位置上表现出恰如其分的行为方式,在各种场合游刃有余,也的确要有进入角色甚至逢场作戏的本领。

正因如此,从角色理论的始祖乔治·米德到戈夫曼,都把角色扮演作为角色理论的一个重要内容进行研究和探讨。

米德认为,角色扮演是互动得以进行的基本条件。人与人之间之所以能够进行互动,就因为人们能够辨认和理解他人的语言,识别对方所使用的交往符号的意义并从而预知对方的反应。米德把这些基本能力称为"扮演他人角色能力",它是一种能够看到他人态度和行为意向的能力。在米德的理论体系中,这种角色扮演的能力被称为"精神"(mind),它包括:①理解常规姿态的能力;②运用这一姿态去扮演他人角色的能力;③想象演习各种行为方案的能力。如果个体具备了这些能力,个体便具有了"精神",从而也就具备了与他人进行互动的基本条件。

米德认为,在精神的基础上发展起来的"自我"(self)是能否成功地进行角色扮演的关键因素。因为自我能够传递对角色期望的认知以及角色扮演的方式。在一定程度上说,角色扮演的技巧取决于人们在互动中的自我形象。这种在互动中形成又影响着互动进行的自我形象,就是我们通常所说的角色意识。米德强调指出,正如人们能够用符号标示环境中的其他成员一样,他们也能够像对待客体一样用符号标示自己。这种在互动过程中将自己看成一个被评价的客体来获得自我形象的能力与精神紧密相连。在米德看来,个体在与具体他人的互动中产生的是一种暂时的自我形象,这种自我形象不断发展,最后进入一个将自己确定为某一类客体的"自我观念"阶段,这时便意味着"自我"的真正形成。正是这种自我在互动过程中左右着个体角色的表演。

在米德看来,社会结构也是人们互动的产物,或者说社会就是一个互动组织,它依赖于人们的"精神"和"自我"的发展。因为没有这种具备角色表演能力的精神和自我的存在,人们便无法协调他们的行动,社会便无法有秩序地存在和发展。他认为,"个体能够控制自己的反应,这是角色扮演带来的直接效果。如果个体有能力去扮演他人的角色,那么他在合作的过程中,就可以对自己的行为加以控制。从群体中行为组织的观点来看,正是这种通过扮演他人角色而获得对自己反应的控制能力,才使得这种交往形式具有价值"(特纳,1987:388)。

从这里我们可以看出,角色扮演在米德的理论中具有重要的地位。

如果说米德只是抽象地论述了角色的扮演,那么戈夫曼则对角色扮演进行了具体的研究,这使他在角色理论中占有重要的地位。

戈夫曼角色理论的特点是他从角色概念出发，将社会与舞台进行了更加广泛的比附。我们在前一章曾谈及，戈夫曼提出了"社会戏剧艺术"这一概念，几乎把现实生活情境完全比作戏剧表演，把社会成员看作演员，着重研究角色行为的符号形式。在他的理论中引入了"观众"、"门面"、"前台"与"后台"等一系列舞台用语。"观众"是对角色发生影响作用的其他人，他把个体在扮演角色时有意或无意采用的标准的表达手段称为"门面"，门面的组成成分是周围环境、个人外貌以及行为方式。角色扮演的"前台"与"后台"，是根据角色在与"观众"互动中所处的位置来区分的，在"前台"，角色与"观众"发生直接的互动；而角色在"后台"所表现出的行为虽然可能与角色的扮演有关，但通常不为观众所直接感知，因而可看成是角色与"观众"之间进行的间接互动。对于角色来说，在"前台"要求他严格按照角色要求行动，而在"后台"则没有这种要求（安德列耶娃，1987：177）。

由于将上述舞台"行话"用以说明社会生活，戈夫曼的角色理论形成了自己的特色。这一方面使他的理论更接近实际，并且在解释问题时生动形象，易于为人接受和理解；但另一方面也暴露了这种理论的局限性，那就是他过分重视角色的扮演，重视社会生活中的"逢场作戏"。戈夫曼把社会互动的整个过程解释为个人对社会情境的"自我化装"过程。这样，他就完全忽视了个体的个性特征在角色扮演中的作用。在戈夫曼看来，角色扮演者与角色之间几乎不存在什么关系，角色扮演者是角色行为的"中性载体"，不同的角色都是从外部加于角色扮演者的。因此，戈夫曼便割裂了角色的主观与客观的统一性。

角色社会化

米德认为角色扮演是一种与精神、自我有关的能力，戈夫曼则认为角色是外部加于角色扮演者的一种行为符号。但是角色扮演能力如何形成和发展，外界又是如何将角色符号加于角色扮演者的呢？这就涉及角色社会化问题。

角色社会化是个体学会扮演一定社会角色的过程。按照戈夫曼的观点，个体在社会中学习扮演某种角色与演员学习角色扮演完全一样。演员扮演的角色在"出台"之前要经过"师傅"或"导演"的教练，经过反复的排演练习。个体在担任一定的社会角色之前也要经过类似的"教练"和"排演"过程,由家庭、学校等社会化机构出任"师傅"或"导演"。一个人出生后经过十几、二十年的角色社会化,才能进入社会大舞台,扮演各种不同的社会角色。

对于角色的社会化,米德进行了深入细致的研究。米德在《精神、自我与社会》(1934)中提出,社会角色的形成也就是个体形成和发展"角色扮演能力"的过程,这种能力建立在"精神"和"自我"的基础之上。因此,角色的形成过程也就是个体精神与自然的发展过程。米德认为,精神与自我的发展并不是一个自我成熟的过程,它是个体在社会环境中通过互动,即通过他人的影响而形成和发展的。因此精神与自我的发展是社会化的结果。米德认为角色社会化的主要力量来自"类化他人",相当于戈夫曼理论中的"一般观众"的含义。米德的这个观点继承和发展了库利的"镜中我"的思想。

米德认为,个体在与他人互动中通过"类化他人"这面"镜子"而产生的自我,要经历三个发展阶段,这就是我们在第六章中所论述的准备阶段、玩耍阶段和游戏阶段。经过这三个阶段,当个体可以扮演"类化他人"的角色时,便标志着个体的自我意识亦即角色意识的产生。此时,个体在对付必须与之互动的他人时,已完全有能力来确定自己应该做出何种恰如其分的反应。而且,这时个体的自我评价或自我形象已由具体上升到一般,意味着个体的角色扮演能力不断提高,扮演角色的范围不断扩大。

虽然戈夫曼和米德在角色社会化问题上所强调的着重点不同,戈夫曼强调社会的"教练"作用,认为是社会把一种角色符号加在角色扮演者身上;而米德更重视角色在社会化过程中的内在变化,即个体自我或角色意识的发展,但是无论角色符号的"外赋"还是角色意识的内在发展,从其社会化的机制上说都是一致的,都是一种广义上的学习活动。学习意味着从"不知"到"知",意味着学习者心理和行为的发展变化。不过,角色学习比一般心理学意义上的学习,其涵义更加丰富。

人们在解释社会化的机制时,通常都要运用巴甫洛夫的条件反射理论,把学习解释为条件反射系统(动力定型)的建立,借助于斯金纳的操作性条件反射原理,将学习的成功视为强化的结果;或如第二章所述的班杜拉的社会学习理论,把学习说成是一种模仿、认同以及接受社会影响潜移默化的过程。角色的社会化固然与条件反射的建立，与强化，与模仿、认同有关，但这些并不就是角色形成的全部机理。我们说角色是主观与客观的统一体，社会或"观众"对大多数角色有着明确的规范和要求，但也有不少角色，社会的期望是模糊不清的，有时只是变动不居的。而且，不同的个体对同一角色期望的理解也存在很大的不同，因此可以说大部分的角色没有固定不变的行为模式。这就导致了角色学习与一般意义上的学习的不同。因此有人认为，角色社会化的过程不仅仅是一个学习的过程，而且还是一个创造的过程。那就是说，很多角色由于无一定的行为模式可循，角色的扮演者很难从他人那里学到现成的角色行为，只能根据自己的理解、经验去设计和创造这种角色的行为模式。当然，角色的创造并非毫无根据，个体的生活经验和角色扮演能力是角色创造的基础和依据。

角色的创造说明了角色社会化的复杂性，它不是一种简单模仿式的学习，而是一种带有创造性特征的复杂活动。为了研究的方便，我们可以将角色的社会化分成相互关联的三个阶段。

（1）角色认知阶段。角色认知，是指角色扮演者对于与一定角色有关的权利和义务的认识和了解。这是角色社会化的开始阶段。个体通过耳濡目染，通过家庭和学校的"教练"，对各种社会成员的言行举止有了了解，知道了对于一定的角色什么行为是恰当的、什么行为是不正确的，应该怎样、不应该怎样等。

（2）角色移情阶段。角色移情指角色扮演者不仅在认知水平上而且在情绪水平上进入了角色，即不仅知道了某种角色的行为规范和表现方式，而且从情感上对其有了体验。我们平常所说的"设身处地"或"感情共鸣"就是指的这种情况。这时角色扮演者与角色的情感融为一体，即所谓进入了角色的境界。角色扮演者不再有逢场作戏之感。

（3）角色行为阶段。角色行为是角色的表演方式，一个角色以怎样的言行举止出现在"观众"面前，这就是角色行为。角色行为认知和角色移情的结果和表现形式，不仅随着个体角色认知和角色移情的变化而变化，而且还与一个人的先天素质有关。例如，一个人的语言能力、模仿能力、想象能力和记忆能力等都会影响到个体能否成功地扮演某一角色。

角色的分类

通过角色社会化，个体学会扮演各种不同的角色，这是社会生活的需要。人的一生要进入不同的社会位置，因此要扮演不同的角色；而且，社会生活的多元化使处于同一社会地位上的个体也要同时扮演不同的几种角色。为了把握各种不同的角色，人们对角色进行了分类。

（1）先赋性角色与获得性角色。哈罗德·凯利根据角色所占据的社会地位的取得是否经过角色扮演者的主观努力，把角色划分为先赋性角色与获得性角色。先赋性角色是指那些不经过角色扮演者的努力而由先天因素决定或社会决定的角色。这里有两种情况：有些先赋角色是由遗传、血缘等先天因素决定的，如性别角色、由父子关系决定的父亲角色和儿子角色等，这些是人一生下来就决定了的。另一种是由社会规定的先赋角色，如通过世袭制而继承的地位。获得性角色则是指个体通过自己的努力和奋斗进入某一社会位置后所扮演的角色，如通过考试而成为大学生，通过竞选而当上议员或总统等。

（2）活跃性角色与潜隐性角色。拉尔夫·林顿根据角色表现的显隐状况将角色区分为活跃性角色与潜隐性角色。林顿认为，个体作为社会成员，要扮演多种角色，但是每一时刻他只能扮演一种角色，这种角色便成为活跃性角色，他所扮演的其他角色此时便成为潜隐性角色而暂时不表演出来。显然，活跃性角色与潜隐性角色是相对的，它们可以相互转化。每一种潜隐性角色都能成为活跃性角色，而同时活跃性角色也会转化为潜隐性角色。

（3）正式角色与非正式角色。正式角色与非正式角色，通常是根据社会对角色有无明确规范以及角色对规范的执行情况来划分的。一般来说，社会对每一种角色都有一定的规范和要求，或称为角色期望。尽管有的存在明确的规定，有的含混不清或只可意会不可言传，但总归还受角色规范。那么，从这种意义上说，凡是符合一定社会规范要求的角色便是为社会所认可的正式角色，而那些违反、破坏社会惯有规范的角色则成为社会所不容的非正式角色，这种非正式角色相当于人们通常所说的"反面角色"。

此外，正如我们前面所说的那样，角色的社会化包含着角色创造的成分，随着社会的发展，人们会创造出一些新的角色。这些新的角色对于社会或"观众"来说是陌生的，因此社会对他们暂时没有形成一定的规范。人们将这些角色也称为非正式角色。这些新角色也可分为两类，一类是对社会有积极意义的角色，即所谓"新生事物"，它们会发展成为社会所认可的正式角色；另一类则是对社会只有消极作用的角色，这些角色时间一长会被社会所否定而淘汰（丁水木，1987）。

（4）角色的参与程度分类法。处于相同的社会地位、扮演同样社会角色的个体，有的人全力以赴，竭尽全力扮演好自己的角色，例如诸葛亮为了扮演好蜀国丞相这一角色，"鞠躬尽瘁，死而后已"；有的人则尸位素餐，名不副实。戈夫曼用"角色投入"，萨宾用"角色参与"来表示个体为扮演好角色所做出努力的程度。他们认为母亲为照顾孩子所表现出的献身精神令人吃惊，即便是再柔弱的妇女，当她扮演母亲角色时，都会表现出不同寻常的能力，所谓"女本柔弱，为母则强"大概就是这个意思。戈夫曼把这种情况称为角色的"全盘投入"，即母亲为了扮演好这个角色，全力照顾好自己的孩子；萨宾和艾伦则称为"生物性参与"，意思是说，像母亲全心全意抚育子女这样的行为是生物本能使然。他们认为，除了母亲角色之外，"全盘投入"或"生物性参与"还在诸如献身事业的学者、虔诚的教徒、负责的主管、着迷的恋人、沉迷的赌徒等人身上出现。

根据角色参与的程度，萨宾把角色分为七个等级，也就是七种类型的角色。"0度"参与的角色只是被看作某一角色的体现者，实际上并没有扮演这种角色，而最大参与的第七级角色则是一种在超自然力作用下的参与（表7-1）。

表7-1 萨宾的角色参与分类（Sarbin & Allen，1968）

参与程度与角色类型	角色实例
第一，"0度"参与	街上行人、电影院观众
第二，漫不经心参与	浏览商品的顾客
第三，传统仪式性参与	婚丧仪式上参与的亲友
第四，生物性参与	母亲对子女，专心致志的科学家、虔诚的教徒
第五，神经质型深度参与	职业赌徒（倾家荡产都在所不惜）
第六，情迷意乱的参与	深恋的情侣
第七，精神与外物合一的参与	神灵附体的道士

三　角色理论的体系

前面我们已经介绍了角色这一概念的历史渊源和涵义，又阐述了角色的形成和扮演的问题。在此基础上，我们再来研究作为一个完整体系的角色理论。作为一种理论，它必须能够在一定水平上对某方面的问题做出比较全面和系统的解释，角色理论也不例外。角色理论所要解释的是处于一定社会地位的人们的各种社会关系和复杂的社会行为。

结构角色论与过程角色论

人们在对角色概念的理解上分歧很大，但在建立系统的角色理论，即运用角色及其有关概念去分析和描述人们的社会关系和社会行为时，其分歧却要小得多，基本上可以分成两个大的派系，即结构角色论与过程角色论。

结构角色论者以角色在社会结构中所处的位置为出发点，研究角色的行为、社会对角色的期望、角色所面临的冲突以及角色与社会的关系等内容，由此形成他们的理论体系。正如乔纳森·特纳描述的那样，"结构角色理论家认为，社会是一个由各种各样的相互联系的位置或地位组成的网络，其中个体在这个系统中扮演各自的角色。对于每一种、每一群、每一类地位，都能区分出各种不同的有关如何承担义务的期望。因此，社会组织最终是由各种不同地位和期望的网络组成的"（特纳，1987：431）。

结构角色论起源于帕克、齐美尔、莫雷诺、林顿和米德的思想，而林顿的影响则更为深远。如果说是米德第一次将角色概念引入社会心理学并阐发了为后人争相效法的思想的话，那么林顿便是创造性地发展米德的思想，为结构角色论奠定基础的人，他关于角色是地位的动态表现的思想是结构角色论的一块基石。正是在这块基石上，人们才得以建筑起结构角色论的大厦。

与结构角色论不同，过程角色论以社会互动作为基本出发点，围绕互动中的角色扮演过程展开对角色扮演、角色期望、角色冲突与角色紧张等问题的研究。与结构角色论一样，过程角色论也起源于米德的思想，经过许多人的共同努力而形成了自己的理论体系。为建立过程角色理论做出贡献的主要是符号互动学派的理论家们，以布鲁默、拉尔夫·H.特纳等人，特别是特纳的过程角色理论最具有代表性。

特纳也是在米德思想的基础上建立他的过程角色观点的。他一直从下述几个方面批评结构角色理论：①由于强调角色规范，地位和角色期望的表现，所以结构角色理论对于人类社会的看法是空泛的；②结构角色理论过多地把注意力集中在对角色失范问题的研究上，如研究角色冲突、角色紧张等，这样就失去了对人类互动的常态过程的分析；③结构角色论不是一个严谨的理论，而是一系列前后互无联系的命题；④结构角色论没有运用米德角色扮演的思想作为它的中心内容（特纳，1987：449-452）。

虽然特纳并不否认角色与社会地位的关系，因为"规范与地位可以作为分派角色和验证角色的基础"（Turner，1974：52-73），但他认为角色附属于地位和规范这一点并不重要。重要的是，角色是通过互动表现出来的，而互动是一个过程，因此只有从动态、从角色扮演的全过程来分析角色，建立系统的角色理论才是有价值的。

人们早就试图调和结构角色论与过程角色论之间的矛盾，以建立一个统一的角色理论。现在看来，这种努力不仅是必要的，而且是完全可能的，因为它们之间的共同之处多于它们之间的分歧。

这两种理论有着共同的思想基础，它们的根都扎于乔治·米德的思想之中。它们所研究的是相同的社会现象，得出的结论也大同小异；除了对角色这一基本概念的理解存在不同之处，在它们的理论中用以进一步阐述角色问题的其他概念，如角色扮演、角色期望、角色丛、角色冲突与角色紧张等，两种理论对它们的阐述和研究并无多大差别。这些都为我们建立统一的角色理论提供了条件。当然，两种理论的分歧也是不容忽视的，那就是它们研究问题的出发点和着重点不同，这种不同始于它们对角色这一原始概念解释上的差异。结构角色论者把角色当作一定的社会权利与义务的体现和一定社会地位的动态表现；而过程角色论者则视角色为互动过程中的符号载体或互动的表现形式。虽然结构角色论者并不否认互动与角色的关系，也不否认从动态研究角色的必要性；同样地，过程角色论者也没有完全忽视角色与社会地位的关系，放弃对角色的静态分析。但是，他们各自研究的出发点以及对于对方理论的贬低，使得他们各自的理论都难以令人满意。因此，一种全面系统的角色理论应该将上述两种理论融为一体，取其所长，弃其所短，使之更加切合实际。

角色期望与角色共视

角色期望（Role Expectation）是角色理论中的重要范畴。我们说角色是作为客观条件的社会与作为主观条件的角色扮演者的统一，而角色期望便是这种统一的具体表现。作为社会来说，它对处在每一社会位置上的角色都有着一定的要求，为他们规定了行为规范、权利和义务，这就是社会对角色的期望，称为角色期望，但从角色扮演者来说，不同的个体因对角色期望的内化不同而使角色行为带上了主观的个人色彩。

角色期望这一概念的产生，也与戏剧舞台有关。人们最先是研究舞台上的角色期望问题，认为舞台上的角色期望包括"剧本期望"、"演员伙伴期望"和"观众期望"。以后有人将此推广到社会，认为在社会生活中也是如此。

（1）剧本期望。舞台上的剧本期望原指戏剧的脚本对演员演技的要求。演员必须熟悉剧本，根据剧本的要求去扮演自己的角色。在社会生活中，认识社会现实就像读戏剧的脚本一样，因为社会这部大剧本同样规定了处于一定社会位置上的个体的行为准则，人们只有对此有了认识和了解，才能成为一个合格的社会成员，扮演好一定的社会角色。

（2）演员伙伴期望。在舞台上，通常需要不同角色的合作才能演好一台戏，这些角色在合作中彼此都对对方存在一定的期望，这就是演员伙伴期望。在社会生活中，人们总是在一定的群体中与一定的角色伙伴进行互动，例如家庭中的夫妻互动、学校里的师生互动。角色伙伴之间的期望便相当于舞台上的演员伙伴期望。所谓角色伙伴，是指与一定的角色发生关系或互动的其他个体；与一个具体角色有关的所有角色伙伴称为角色组。

（3）观众期望。戏剧演出中的观众期望，指剧场内的观众对演员演技的要求和希望。演员要引起观众的共鸣，给观众以美的感受和教益，就必须使自己的角色行为符合观众的期望。在角色理论中，"观众"的涵义较为广泛，可以是社会群体或某些人物，或是米德所说的"类化他人"。戈夫曼在他的著作中经常使用"观众"这个概念，他认为我们在日常生活中经常与观众沟通，制造印象，角色扮演与观众的关系比人们所想象的更为密切。按照米德的观点，在个体的"自我"活动中也有"观众"存在，"自我"由"主我"和"客我"两部分组成，当自我进行活动时，客我扮演角色，主我则成为评头论足的"观众"。

角色期望的功能则主要表现为两个方面：第一，规范功能。角色期望是社会对一定角色的权利和义务所做的规范，因此它是角色行为赖以产生的依据，是"演员"进行角色扮演的"脚本"和标准。第二，预测功能。个体在互动中通过角色期望预测角色伙伴的反应，这就是角色期望的预测功能。例如，在讲究礼节的庄严场合，说话做事要格外谨慎，因为人们知道如果言行有失检点，会惹出难堪局面甚至受到责备。相反在老朋友们聚会时却可以肆无忌惮、为所欲为，因为人们心里有数，老朋友之间即使再无礼也不会计较。

虽然角色期望是角色扮演者行动的指南，但角色期望并不等于角色行为，角色期望还需要通过角色扮演者的加工创造才能以角色行为的方式表现出来。角色行为与角色期望的相符程度取决于角色扮演者对角色期望内化的状况。所谓角色期望的内化，是指角色扮演者通过对角色期望的"同化"和"顺应"而将其纳入自己认知结构的过程。一般来说，只有当角色期望真正内化为角色扮演者的需要时，个体才会以"全盘投入"来扮演好自己所担当的社会角色。

角色期望的内化受多种因素的影响，但就角色期望本身来说主要是角色期望的清晰度。不同的角色期望为角色扮演者提供的信息不同，这就是角色期望的清晰度。角色期望越明确具体，其清晰度则越高，反之则越低。有着明确角色期望的角色，其扮演者可以循规蹈矩，使角色行为与角色期望保持一致。而当角色清晰度很低时，角色扮演者无章可循，因而其角色行为的主观随意性增大。一般来说，角色期望清晰度越高，角色行为与角色期望吻合的可能性越大。

如果个体在角色期望的内化过程中出现偏差，不仅会使角色行为偏离角色期望，而且会使角色伙伴对同一角色缺乏共视或共识从而影响互动。角色的共视是指角色伙伴对某个角色的期望有着相同的认知和理解。如果缺乏这种共视，互动便难以进行。例如在研究生与其导师这一对角色伙伴之间，如果他们对研究生这一角色的期望缺乏共识，为人师者视研究生者为学生，希望他对导师毕恭毕敬，言听计从；而身为研究生者，则以学者自视，视师长为同事，因而希望导师对自己平等相待，其结果如何便可想而知了。

角色丛与角色冲突

在社会生活中，处于一定社会地位的个体并不只是扮演一种角色，而是要同时扮演几种角色。这是由社会地位的特点和社会生活的多元性决定的。社会地位是社会结构网络上的一个"结点"，它与其周围的其他"结点"（地位）彼此相连共同组成社会系统，这就决定了每个角色都要与之相关的其他各种角色发生联系和互动，与比他地位高的角色相比，他是下级或晚辈，而对地位比他低的人来说，他又是上级或长辈；处于同一地位等高线上的人们则相互为同事、同僚或同辈，如此等等。此外，社会生活是多元的，一个人除了工作、生活外，还要娱乐，既追求物质上的富有，还要获得心理或精神上的满足。因此，一个人既有工作中的同事、生活上的伴侣，还有娱乐方面的朋友等。个体在与这些不同的伙伴互动时分别扮演不同的角色。

由此可见，无论是社会地位的结构性还是社会生活的多元性，都决定了现实生活中的个体虽然社会地位没有发生变化，却要扮演多种不同的角色。角色理论用角色丛（role set）来描述这种情况。

罗伯特·默顿在《角色丛：社会学理论中的问题》一文中对角色丛进行了系统的阐述，他说："我们说的角色丛意思是指那些由于处在某一特定社会地位的人们中间所形成的各种角色关系的整体。因此……社会的某一个别地位所包含的不是一个角色而是一系列相互关联的角色，这使居于这个社会地位的人同其他各种不同的人联系起来。"（Merton，1957b：106-120）

为了进一步阐述角色丛这一概念的涵义，默顿还以医学院学生这个角色为例来说明。一个医学院学生的地位，不仅使他担当起对他的老师来说是一个学生的角色，而且他同其他学生、医生、护士、社会工作者、医疗技师等人有着多种多样的不同关系。所以这个学生还要扮演一系列其他的角色。这个医学院学生所扮演的全部角色组成他的角色丛。因此我们可以把角色丛定义为与一个特定的社会地位相关的所有角色的集合。

每一个角色都有着自己特定的角色丛，该角色丛中与之发生互动角色的伙伴对他有着一定角色期望，当这些期望彼此出现矛盾或个体对过多的期望难以一一应付时，角色冲突便产生了。角色冲突通常指占有一定地位的个体与不相符合的角色期望发生冲突的情境，也就是说，个体不能执行对角色提出的要求就会引起角色冲突情境（安德列耶娃，1987：179）。

角色冲突的产生以及产生的强度取决于角色期望的性质和个体角色扮演能力。就角色期望的性质来说，角色伙伴对个体的各种期望之间的差别越大，则个体越有可能体验到角色冲突；角色伙伴对个体的期望越严格、清晰，角色冲突也可能越严重。从个体的角色扮演能力来说，角色扮演能力越大的个体，处理和协调各种不和谐角色期望的本领越强，因而产生角色冲突的可能性较小。当然我们不能排除有些角色冲突是难以调和的，此时个体处于无能为力的境地，如所谓"忠孝难以两全""鱼与熊掌不可兼得"就是这样的情形。

角色冲突有两种表现形式，第一种形式是角色间冲突。具体指的是个体必须同时扮演过多的不同角色，由于缺乏充分的时间和精力，无法满足这些角色所提出的期望，特别是当这些角色期望彼此矛盾时，个体便会产生更大的角色间冲突。例如许多妇女在事业与贤妻良母之间所体验到的角色冲突就是如此。对于处于一定地位上的妇女来说，她同时扮演着三种角色，工作者、妻子和母亲。这些角色期望有可能使这位妇女顾此失彼、应接不暇，产生角色冲突。同时，我们还会发现，妻子和母亲两个角色期望的相同程度较之二者与工作者的相同程度要大。也就是说，妻子和母亲有更多共同的角色期望，而妻子与工作者以及母亲与工作者则存在不少矛盾的角色期望。作为工作者，人们希望她以事业为重，献身于工作；而作为贤妻良母，丈夫和孩子希望她多为他们服务。由此推知，这位妇女在担当妻子和母亲角色时虽然也可能体验到角色冲突，但比起她扮演妻子与工作者或母亲与工作者角色来，其冲突当然要小得多。

有一种所谓"夹在中间的人"，实际上就是一个处于冲突状态的角色。典型的例子是处于母亲与妻子之间的男人，当婆媳关系紧张时，他便成了"夹在中间的人"。除非他有着高超的角色扮演能力，否则便难以摆脱这种冲突的境地。此外，中层管理者通常也扮演着这种"夹在中间的人"的角色，他们同时面临来自上级和下级的往往是相互矛盾的期望，因而产生角色间的冲突。

第二种形式是角色内冲突。角色内冲突指两个或两个以上的角色伙伴对同一角色抱有矛盾的角色期望所引起的冲突。角色内冲突既可来自不同类型的角色伙伴矛盾的角色期望，也可以出自同一类型的角色伙伴矛盾的角色期望（郑全全，1987：49-52）。例如同是教师角色，不同类型的学生期望就不一样。好学生希望老师对他们严格要求，而差学生则希望老师对学生放任自流。同一类型或同一角色伙伴对某一角色也可能提出相互矛盾的角色期望，使角色扮演者无所适从。例如有的丈夫既希望妻子温柔体贴、百般依顺，又希望妻子在事业上出人头地。

角色冲突使角色扮演者感到力不从心，左右为难。美国社会心理学家古德称之为"角色紧张"。角色紧张对社会、对个体的身心健康都有害无益，因此一旦产生了角色紧张，就要设法消除。古德认为，个体首先应该从许多角色中挣脱出来，把时间和精力用到那些对其更有价值的角色上。根据什么标准来决定角色的取舍呢？古德认为应从下述三个方面去考虑：①该角色对个体的意义；②不扮演某些角色可能产生的积极的和消极的后果；③周围的人们对拒绝某些角色的反应（Goode，1960：483-496）。

角色评价与角色适应

角色期望是"观众"对角色的希望与要求，而角色评价则是角色行为产生以后"观众"对这种行为所作的一种品评和估价。在戏剧舞台上，观众通常会对演员角色评头品足，说某某角色扮演得惟妙惟肖，与真人真事一模一样；而某某角色则扮演得不三不四，令人失望。这就是角色评价。在社会舞台上也是如此。常听人们议论，某干部像个当官的，某个孩子的爸爸不像父亲等。

人们对角色行为进行评价的根据仍然是角色期望。实际上，角色评价就是人们将理想的角色期望与现实的角色行为进行比较的结果。一般来说，角色期望与角色行为之间的差异越小，人们对角色的评价越高。

角色评价可以分为观众评价与自我评价。观众评价是个体的角色伙伴对角色所作的评价，而自我评价则是角色扮演者对自己的角色行为的一种自我感知或自我观察，它同样是个体将角色期望与自己的角色行为进行比较的结果。不过，角色的自我评价在很大程度上依赖于观众评价，这与通过"镜中我"对自我认知是一致的。角色扮演者也是通过自己在扮演中"观众"的反应来进行自我评价的。"观众"反应热烈，喝彩声不绝于耳，个体自然自我感觉良好；如果"观众"反应冷淡，甚至喝倒彩，个体便知自己表演不适当，有令"观众"失望之处。

因此，我们可以说角色评价是"观众"对角色行为的一种信息反馈，正是通过这种反馈，角色扮演者得以不断地进行角色调整，以达到角色适应的目的。

角色适应是角色扮演者调整自己的角色行为使之与角色期望逐渐吻合的过程。角色适应通常发生在角色期望模糊不清或角色期望发生变化的情况下。

当角色期望的清晰度很低时，角色行为没有一定的参照系，因此个体只能根据其行为的社会认可程度或社会反馈来不断地对角色行为进行修正调整，最后使自己的行为成为能被社会接受的行为。与此相似，当一种新的社会角色出现时，在社会尚未对其形成一定的角色期望之时，角色扮演者也必须进行这种调整和适应。

此外，当角色期望发生变化时，角色扮演者也面临角色调整与角色适应问题。我们知道，角色期望建立在社会需要和一定的价值规范的基础之上，当社会变迁引起社会需要和人们价值观念的改变时，人们对社会角色的期望也就自然会发生变化。角色期望变化的必然结果是角色行为的调整和角色适应。例如，过去人们常说共产党的"官"好做，因为只要会看文件、会作报告就行了。但随着改革的进行，人们对官的期望发生变化，不仅希望他们会看文件会作报告，更要求他们真正成为人民的公仆，成为各个方面的专家，外行领导内行的时代已成为过去。在这种形势下，许多为官者不得不对自己进行重新审视和改造，对自己的心理和行为进行调整，使之名副其实。又如"师者，所以传道授业解惑也"，这一直是中国人对教师这一角色的期望，现在这种期望也在发生变化，主要表现为社会对教师提出了更高的要求。现代化的建设人才应该是具有竞争意识和竞争能力、知识广博的专门人才，这就要求我们的教师首先成为这样的人才，因为师高才弟子强。因此，在新的角色期望面前，教师必须进行自身的调整和提高，以适应新的形势。

总之，社会在变化，组成社会的芸芸众生自然也要发生变化。一方面，他们所扮演的角色越来越多，这需要他们不断提高自己的角色扮演能力，避免角色冲突，消除角色紧张；另一方面，社会的角色期望也在不断变化，这又要求我们不断改变自己，调整自己的角色行为，以适应新的角色期望。

四 社会角色理论的评价

自从乔治·米德将角色概念引入社会心理学到现在,角色理论已成了社会心理学中最富有吸引力的理论之一。在西方,特别是在美国,社会心理学家们不仅从理论上研究角色问题,而且对角色进行了大量的实验研究。角色理论无疑已对现代社会心理学的发展产生了深远的影响。当今的社会心理学家很少有在阐述自己的理论和见解时不提及角色理论的。角色理论之所以有如此大的影响,这是由理论本身的性质和特点决定的。角色理论以其丰富的内涵、独特的解释问题的方法和广泛的适用性深得社会心理学家们的青睐,它不仅可以解释一般的社会生活现象,而且特别是在阐释社会行为、分析社会关系以及人格的研究等方面均有其独到之处。

社会心理学曾被许多人定义为研究社会行为的科学。无论这种定义恰当与否,社会心理学要解释和研究社会行为则是确定无疑的。不过社会行为是一个空洞而抽象的概念。就其性质而言,社会行为是相对于动物的本能行为来说的。因此人类的一切行为可以说都在社会行为之列。那么,人类为什么会有各种不同的行为表现或行为模式,人类的社会行为是怎样产生和发展的,它与社会是一种什么样的关系呢?

当社会心理学家们为解决这些问题颇感为难之际,角色理论的出现使他们豁然开朗。因为角色概念及其相应的理论体系使得上述看来十分复杂的问题变得简单明了。

角色理论家们认为,角色既是社会对处于特定的与他人发生互动的社会地位上的个体的期望系统,又是占有一定社会地位的个体对自身的期望系统;而且,角色还是具有一定社会地位的个体在与他人发生互动时所表现出的外显的、可观察到的具体行为模式。因此,社会行为的产生,一方面是因为每个人都处在一定的社会位置上,社会对他们产生了角色期望,给他们以限制、规定和引导;另一方面,个体又是在与他人的互动中生存,通过互动认识自己、了解别人,学会各种角色规范从而形成一定行为模式。由于人们处在不同的社会位置上,因而社会对他们的角色期望千差万别。同时,由于个体生理心理条件各异,因而在他们扮演不同角色时表现出不同的行为方式,甚至不同的个体在扮演相同角色时其角色行为也存在很大的差异。由此可以看出，人类行为与社会的关系是，社会为人类行为提供一定的规范和模式，人们由互动而形成一定的社会关系。

角色理论不仅为人们理解和从理论上研究人类的社会行为提供了明晰的思路，而且使社会心理学家们采用定量或定性方法研究各种社会行为成为可能。定量研究社会现象的前提是要能对研究对象进行操作化处理。角色理论有效地解决了社会行为研究的这一难题。因为以角色的观点来看，社会行为就是一种角色行为，而角色行为产生的基础是社会地位和角色期望。因此我们可以将抽象的社会行为操作化为具体的社会地位和角色期望。

社会角色理论影响现代社会心理学发展的另一主要方面是，角色理论在人格社会化研究方面的贡献。

我们知道，人格问题不仅是人格心理学研究的问题，而且也是社会心理学所要研究的重要课题。人格研究中最根本的问题是要解释人格的形成和发展，而这也正是人格心理学家们所面临的难题。众多的人格心理学家所提出的各种理论，如弗洛伊德的伊底（本我）、自我和超我的精神分析人格结构理论，高登·奥尔波特的人格特质分析理论，乔治·凯利等人的人格认知理论以及卡尔·罗杰斯和亚伯拉罕·马斯洛的人本主义人格理论等，在解释人格的形成和发展时，要么让人觉得荒诞不经，要么显得软弱无力。因为人格形成与发展的关节点是人与社会的关系问题，正是在这个问题上人格心理学家们未能做出令人满意的解释，而社会角色理论在社会心理学领域一出现，马上在人格研究中显示出强大的生命力。

对人格的形成和发展亦即人格的社会化问题，特别是对研究个人与社会相互作用的机制的重视与兴趣，使人格研究者们必须更深入地研究各种社会因素对个人行为和自我意识的影响。因此，没有比用"角色""地位"等概念来描述和解释人格在"个人-群体-社会"系统中形成与发展这一复杂过程更加恰如其分的了。

个人生活在社会之中，社会根据个人不同的社会地位对他们提出不同的角色期望和要求。个人接受这种要求，遵循角色期望去行动的过程便是角色扮演的过程，亦即角色社会化的过程，而从实质上来说，这也就是人格的社会化过程。

从具体机制上说，个体人格的社会化是在一定的社会群体中进行的。每个人都分属于一定的群体，因此社会将人格社会化的任务具体委托给不同的群体来完成。在群体中，个体通过互动来实现这一目的。

符号互动始终是角色理论中的中心概念，无论是角色的扮演、角色期望的内化、自我的形成，以及角色行为的表现，其内在的契机无一不是互动。同样的道理，互动也是人格社会化的内在机制。用互动来解释人格的形成与发展，使人格社会化成为一个积极主动的过程，从而避免了以往将人格的形成解释为个体消极被动地接受社会教化的弊病。

在人格的社会化过程中，自我的获得与发展有着极其重要的意义，而角色理论对自我的产生与发展的阐释正是其人格社会化理论的精华所在。角色理论家们提出的"镜中我""类化他人"等概念，使得他们对自我形成机制的解释显得深刻而又生动形象。

此外，正如角色理论开辟了社会行为定量研究的新途径一样，角色理论中互动和参照群体等概念的可操作化，为人格社会化机制的定量研究提供了条件。

当然，我们说社会角色理论对现代社会心理学的发展做出了很大的贡献，并不是说角色理论是一个完美无缺的理论，相反，角色理论的缺点与不足也是显而易见的。

首先，正如我们在本章一开始就提到的那样，不同的学者对角色概念的解释存在很大的不同，由此派生出了过程角色理论和结构角色理论，并且二者形同水火，互不相容。这给人们理解和运用角色理论增加了困难。作为一个完整的体系，这不能不说是美中不足。

其次，西方社会角色理论中，有一种将角色扮演的主客观条件分离的形而上学倾向。有些角色理论家把角色看成社会赋予个体的一种外在符号，一种社会从外部强加给具有一定地位个体的权利和义务，完全忽视了角色扮演者的主观条件对角色行为的影响。这是一种非常有害的非人格角色观点，它抹杀了角色扮演过程中人的主观能动作用，使角色变成一个缺乏人情味的机械式偶像。角色应该是社会地位所规定的权利义务与角色扮演者个性的有机统一体。因此，角色行为不仅表现为角色扮演者对角色期望的遵从，而且表现为个体对角色期望的创造性理解与执行。

最后，西方有些角色理论家在运用角色理论分析社会关系时，将社会关系简化为或等同于人际关系。从米德开始，很多人都遵循着这样的逻辑解释社会关系，人在互动中发展精神，进而形成自我，在精神与自我的帮助下，人们在群体中通过互动形成和谐的人际关系，这就是社会。这种观点，即将社会关系等同于互动过程中的心理关系的做法，显然过于简单。互动发生在角色之间，而角色都具有一定的社会地位，所以决定社会关系的根本因素应该是以经济地位为原始基础的社会地位。人们在互动过程中形成的人际关系只能是复杂的社会关系的一种直接表现形式，或者说是社会关系的心理侧面，但绝不是社会关系的全部。

综上所述，社会角色理论虽然在社会心理学中占有重要的地位，但由于本身存在的缺陷和不足，它的理论发展和应用都受到了一定的局限。因此，角色理论有待进一步修正，以使之成为更加完善的社会心理学理论。

第八章　参照群体理论

1942年，美国社会心理学家赫伯特·H. 海曼（1918~1985年）率先提出了参照群体一词（Hyman，1942）。在当时，恐怕他并没有意识到参照群体日后会成为社会心理学的一个重要的研究领域。仅仅15年后，社会心理学家艾尔伯塔·E. 辛格等人就感慨地说："如果说，迄今为止，社会心理学界对隶属群体所拥有的能够左右个体价值和态度的重要影响力给予了足够的重视，那么，近来出现的一个趋势就是学者们的注意力开始转向参照群体：人们企望并极力维持的一种归属。"（Siegel & Siegel，1957：360-364）辛格的话作为对一个理论未来命运的预言最终得到了应验。参照群体理论的影响不仅迫使社会心理学教科书的撰写者们为其辟出专门的章节加以介绍，而且已经走出社会心理学的门槛介入社会学、精神病学、管理学、大众传播学等学科的理论体系，成为学者们解释人类行为的一种特有角度，尽管参照群体理论的效能并不像它的倡导者想象的和人们所期望的那样完美。这庶几也是我们在这里为参照群体理论大费笔墨的主要理由。

需要指出的是，一般来说，理论流派的形成有赖于某个核心人物的影响，相比之下，参照群体理论或许缺乏这种鲜明的派别性。它的形成和发展更多地得益于许多研究者（尤其是以研究群体为兴趣的学者们）的共同努力。也就是说，参照群体理论既没有高高在上的理论权威，也没有所谓的集大成者。确切地说，参照群体理论是一种解释角度，当然，这种解释角度对人们价值和态度的形成及改变有很大的针对性。然而，这无损于参照群体理论作为一种社会心理学理论的存在的合理性，因为正如霍曼斯所云，理论的实质本来就是一种解释而已。相反，正是参照群体理论的这种特点使我们确信它能够避免经典理论式的自我封闭的命运而获得永久的魅力，而这正是时代所呼唤的。

一　理论发展的主要线索

如前所述，社会心理学并不是社会心理学家独立经营的果园，它的产生乃至发展始终离不开社会学家的智慧。统计资料表明，迄今为止，已经公开发表的社会心理学研究文献中至少有三分之一出自社会学家的笔下。虽说我们不能断言参照群体理论完全被包含在这三分之一内，但至少我们可以肯定，参照群体理论作为一朵人类的智慧之花，它虽开在社会心理学的花园内，但它的根却牢牢扎在社会学的土壤中，它尤其受到了符号互动论的巨大影响。[①]
"参照群体"概念的最初提出，是以海曼的假设为基础的。海曼认为个体对其社会地位的估价取决于他所选择的用以比较的社会框架（Rosenberg & Turner, 1981：67）。实质上，这个观点的产生得益于 19 世纪末和 20 世纪初的一些社会学家的理论思考。

在这些理论家中，马克斯·韦伯的影响是不容忽视的。韦伯是"理解社会学"的创始人，他所创导的理论及研究方法为构筑反自然主义的理论范式建立了不可磨灭的功勋，而恰恰是这种范式的确立引动了从宏观社会分析到微观社会探究的这场发生在社会科学领域中的历史性变革。韦伯的学术实践为社会学与心理学的交接而产生现代社会心理学做出了重大贡献。在一定意义上，正是韦伯使众多的社会学家及心理学家不知不觉中成为社会心理学家。"社会行动"一直是韦伯的主要研究兴趣之一。在韦伯有关"社会行动"的论述中不难看到参照群体思想的萌芽，他曾写道："行动是可以公开的，也可以是完全内在的或主观的，它可以包括对某一情境的积极介入，也包括对这种介入的有意禁止，或者消极地默认……这种社会行动要考虑他人的行为，据此在行动过程中调整自己的行为。"（参见特纳，1987：388）

韦伯的观点强调了人们免不了将他人的行为作为参照的坐标来确定自己的行动目标和过程。这个观点在今天也许不足为奇，但在 20 世纪初就非同小可了。

[①] 这样的界分是相对的，因为我们常常无法在社会学与社会心理学之间找到分水岭，这也许可归因于社会学本来就是社会心理学孕育其中的母体之一及业已出现的社会心理学的社会学化倾向。

如果说韦伯思想的产生意味着社会学家不再满足于简单的生物有机论的类比而力图从心理的角度来阐述人类行为的动因及机制，那么，这种企图在库利的研究中更为明显。尽管在第六章中我们已一再提及库利，这里仍有必要指出，他的"镜中我"的观点对参照群体理论的支持者们来说不啻是深刻的启发。库利写道："社会性自我，不管在形式上是一个观点还是一系列观念，其形成有赖于人们相互间的交流活动。"（Cooley，1902：179）他进一步解释道："这种自我观念往往包含三个基本要素：有关自己在他人面前表现的想象；有关他人对这种表现的评价的想象，相关的自我感觉，如骄傲或耻辱感等。"（Cooley，1902：179）库利的这些观点后来常被参照群体论者所引用。

倘若我们进一步追溯就可以发现，一如我们在本书第六章中所言，库利的观点深受机能主义心理学家威廉·詹姆斯的影响。詹姆斯也曾针对个性结构提出了"社会性自我"的概念。他认为，"有多少承认他并对他具有概念的个体，他实际上就有多少个社会性自我……既然这些个体隶属于某些阶级，那么，我们实际上就可以断定：有多少个他所重视的群体，就有多少个不同的社会性自我"（James，1892：179）。显然，这里面包含着丰富的参照群体思想。

参照群体理论的更为直接的渊源当推被誉为符号互动论圣经的乔治·米德的《精神、自我与社会》。米德的这本巨著完成了对威廉·詹姆斯、查尔斯·库利及约翰·杜威部分思想的高度综合，并在这基础上创立了被人们称为"社会行为主义"（舍伦伯格，1987：47-55）的社会心理学体系。这个体系的主题就是社会与个体的互动关系——一方面社会塑造了个体的精神世界及自我，另一方面社会的存在和发展又受个体的角色扮演与自我评价过程的"钳制"。显然，米德的研究明确而又深入地切入了社会科学家们长期注意的理论焦点——社会与个体的联系。这种切入在当时虽是初步的，却是独特的。可以说，符号互动论的发展史正是这种切入的不断深化史。诚然，如此深化的过程是和在实用主义和实证主义哲学滋养下的美国及西方社会心理学的壮大相一致的。

米德的思想构成了符号互动论的理论大厦，同时也是奠定参照群体理论大厦的一块不可或缺的基石。直接继承米德思想传统的符号互动论者的主要兴趣是"探讨个体在试图调整彼此关系时的角色扮演、想象演习和自我评价是如何成为社会组织的基础的"(特纳，1987：399)。而参照群体理论的创导者们则更多地强调了米德观点的另一方面：社会制约着个体的精神与自我。参照群体理论的创导者们当然不会满足于米德所给定的分析概念，向纵深的突进也需要以研究对象的具体化为前提。深得实证研究要义的美国社会心理学家们不难做到这一点，他们巧妙地将社会制约着个体的精神与自我这样一个主题，具体化为参照群体如何通过它的比较功能和规范功能对个体的态度和行为发生影响。参照群体论者强调的是作为一个社会变量的参照群体的重要性。尽管如此，我们不难发现这个理论的一个潜在的假设：自我概念是通过和他人的互动形成的。就这点而言，参照群体理论与符号互动论不无相通之处。难怪社会心理学学术史家们总是倾向将参照群体理论归入符号互动论的名义之下。

参照群体理论的长足发展是第二次世界大战中的事。当时，开始形成的对实证研究法的崇拜与对小群体研究的迷恋是美国社会学及社会心理学的主要趋势。小群体研究的重点自然落在个体所属群体对其态度和行为的直接影响方面，而参照群体的影响在1945年之前并没有引起人们的足够重视，尽管此时海曼已经提出了有关参照群体的基本理论假设，西奥多·纽科姆也完成了为期四年的一项有关参照群体的实证研究①。这种局面的扭转应归功于1945年《美国士兵》一书的出版，而这是一本在社会学史②和社会心理学史上颇具意义的书。这本书是塞缪尔·斯托弗和他的助手们在大量的实证研究的基础上写成的。他们发现，只有极少晋升机会的兵种（如宪兵）比起有许多晋升机会的兵种（如空军）对提升机会有更强的满足感。他们把这种现象解释为人们不仅从他们所挣的金钱数额中得到满足，而且也从比他们的伙伴挣得更多这个事实中获得满足——倘若他们的钱比伙伴挣得少，不管这笔收入的绝对数额有多大，他们都有一种被剥夺感。基于这样的事实，斯托弗提出了一个重要的概念，即"相对剥夺"。相对意味着比较，其中用来做比较的群体就是参照群体。《美国士兵》就是通过这样一个引人注目的研

---

① 纽科姆于1935~1939年对贝宁顿女子学院的学生进行了深入的调查。他发现，同伴是这些学生的首要的参照群体，它对学生的态度产生重要的影响。他的结论主要依据如下事实：和同学交往越多的人在个人生活风格上越趋向于自由，反之，越和家庭保持亲密关系的学生，其态度越趋向于保守。
② 甚至有人将此书的出版看作是当代社会学的起点。

究揭示了参照群体的现实性。

《美国士兵》一书对参照群体理论的发展具有十分重要的意义，这是不容怀疑的，这个事实的本身也是意味深长的。参照群体理论正是以这些实证的研究为资本在学术界取得合法的席位，它绝对不是躺在安乐椅上的某个学者冥思苦索（社会宏观理论的热衷者常常如此）的产物。无怪乎著名的经验功能论者罗伯特·默顿毫不犹豫地做了参照群体理论的热心支持者。这岂不暗示着参照群体理论吻合默顿的"中层理论"的要求，而创立"中层理论"正是当代美国社会科学家们（当然也包括社会心理学家们）孜孜不倦追求的目标。在这个意义上，参照群体理论在美国的脱颖而出绝不是偶然的。就其特征而言，参照群体理论有其明确的针对性，也具有明确界定的操作化概念，而这些概念构成命题以说明某些社会现象之间的协变关系。

默顿又岂止是一个参照群体的支持者而已，他为参照群体理论的进一步发展做出了不可忽视的贡献。我们甚至毫不夸张地说，参照群体理论正是凭借着这位社会学的一代名师的声誉而受到学术界的青睐。除此之外，我们恐怕不应该也不能忘记他曾经根据斯托弗"相对剥夺"的概念提出了有关参照群体的独特见解。默顿认为参照群体有三种形式：①经常与之交往的群体；②和个体所属群体处在相同社会地位的群体；③和个体所属群体处在不同社会地位的群体（Mitchell，1979：157）。默顿还用威廉·萨姆纳（1840~1910年）的"内群体"和"外群体"的概念扩展了参照群体的概念。他指出，当某人将外群体的规范（他的参照群体的规范）作为自己的规范时，就势必与所隶属的内群体所服膺的规范有所抵牾（Merton & Kitt，1950：40-105）。值得一提的是，默顿应用参照群体的概念，对《美国士兵》一书中的研究成果做出了自己的解释，而这些解释成了被学者们屡屡引用的经典。

默顿于1957年左右发表的有关参照群体的观点再次提醒我们，参照群体理论具有明显的"社会学血统"。

随着研究的深入，参照群体这个最初含混不清的概念取得了相对①明确的定义。绝大多数学者均倾向于在下列意义上使用这个概念：个体在心理上所从属的群体，以该群体的价值和规范为评价自身和他人的基准，不仅如

---

① 参照群体始终缺乏一种公认的定义，故我们谓之"相对"。

此，这些价值和规范亦是个体形成社会观和价值观及态度的依据（安德列耶娃，1987：179-182）。凭着这个定义，使学者们对现实群体（即实际隶属的群体）和参照群体加以区别成为可能。

随后，参照群体这个概念在学术圈中不知不觉成了一个挂在嘴边的常用术语，这一点的确是海曼最初提出这个概念时始料未及的。针对这种局面，海曼颇有感慨地说："现在，'参照群体'这个概念不胫而走，进入了澳大利亚、以色列、印度的学术界。在本国（美国），这个概念几乎充斥着所有的社会科学学术文献。精神疾患、正式组织、市场及公共关系、大众传播、文化移入、政治行为、消费行为、劳资关系、青少年越轨行为……的研究者们都不能在他们的论著中摒弃这个概念，甚至连专门关于农民、科学家、醉汉、新闻记者的研究报告也无一能够'幸免'。"（Rosenberg & Turner，1981：67）

"参照群体"这一概念的广泛的贴切性无疑标志着参照群体理论的高度实用性。这在美国是件理所当然的事。

"参照群体"被高频率地引用所产生的一个结果就是人们对这个概念的认识趋向深化。研究者们意识到，被人们作为参照对象的不仅仅是群体也可以是个人或"地位类属"①；某人的参照群体既可能是他所隶属的也可能是他根本就不可企及的，常被人们用来作为参照对象的群体往往不止一个，而这些群体很可能互为犯忌或彼此强化，认识到参照群体（或个人或地位类属）可能具有负功能，这为研究者们进一步去分辨社会类属与初级群体，隶属群体与非隶属群体的相对效能创造了有利的条件。

在参照群体理论发展史上，另一个举足轻重的人物是我们在第四章"社会认知理论"中一再提及的哈罗德·H. 凯利。1952 年，凯利在综合海曼、纽科姆、斯托弗等多人的研究成果后富有创见地指出，参照群体的概念涉及个体与群体关系的两个方面：其一是动机过程，其二是认知过程。在此基础上，他对参照群体的功能进行了界分：比较功能和规范功能（Rosenberg & Turner，1981：68）。前者指参照群体提供了某种标准，而这种标准又是人们对自我、他人或个人所享有的社会待遇进行估价所必备的条件，后者指参照群体在人们的规范内化及态度、价值形成过程中扮演着不可或缺的角色。凯利颇具说服力的分类为参照群体理论的系统化奠定了坚实的基础。即便我们说这个分

---

① 如职业就是一种重要的社会类属。

类的诞生标志着参照群体理论的成熟也不过分。事实上，在贴有参照群体理论标签的所有观点中，就属凯利的这个分类及有关的解释被引用的频率最高了。鉴于上述考虑，我们打算借助于凯利提供的角度来对参照群体理论做进一步的考察。

二 参照群体的比较功能

如果说在现有的社会心理学理论中，符号互动论侧重于说明人们之间的相互作用及相互影响取决于日常生活中面对面的接触，那么，参照群体理论则揭示了非面对面的人际接触同样制约着人的行为。有一个学者曾经说过这样一句话："每个人身上都烙有其隶属群体的印记。"（Douglas，1983：48-49）诚然，这句话是千真万确的。但在承认这句话的同时我们应该意识到，参照群体以它无形的力量使人接受某种人为尺度的检测（无论是自觉的还是不自觉的）。无怪乎参照群体被人们称为"隐形委员会"，也无怪乎社会心理学家卡洛琳·W. 谢里夫将参照群体喻为个人生活之舟的"社会之锚"（Douglas，1983：48-49）。她甚至断言，倘若你对某人的所有的或大部分的"社会之锚"懵然不知，那么你永远也不可能成为他（她）的知音。卡洛琳·W. 谢里夫的话生动地说明了参照群体对个体的制约作用，而这种作用正像凯利及其他的参照群体论者所指出的那样，是和参照群体的比较功能不可分割的。

所谓参照群体的比较功能是指它往往是个体对自我、他人进行估价时所采用的比较性标准。可想而知，在这里，"比较"也是人们社会关系范畴中的一个重要内容。

比较对象的选择

"比较"，首先涉及比较性参照群体的选择问题。对这个问题，社会心理学的其他理论如社会比较论、社会角色论、符号互动论及社会学理论中的微观结构论等均有所触及。也许，正是这种状况注定了这个问题的答案的多样性。

在上述理论中，更为切题的当推费斯廷格在1954年提出的"社会比较理论"。费斯廷格这个理论的基础是他的一个假设：人人有把自己和他人进行比较的倾向。具体地说，①人具有想清楚地评价自己能力和意见的动机；②倘不能获得比较"客观"的手段来评价自己的能力和意见时，人们倾向于在与他人的比较中判明自己的意见和能力；③只有当那些用作比较的他人和自己"类似"时，人们才可能对自己做出有效的估价（Rosenberg & Turner, 1981: 77-78；古畑和孝，1986: 169-170）。在费斯廷格假设的基础上，斯坦利·沙赫特根据自己的研究结果，对社会比较理论进行了扩展。他认为，就动机而言，人们常常是为了消除对自身所处环境的不明确性而去寻求作为比较对象的他人，尤其是和自己类似的人。显然，沙赫特将情绪也引入了社会比较的内容中。从费斯廷格和沙赫特的观点中我们可以发现一个原则，即选择比较对象的"相似性原则"——人们总是喜欢和自己相类似的他人做比较。

尽管费斯廷格和沙赫特的理论获得了某些实验[①]的支持，但不免有过于简单化之嫌。杰弗里·M. 施瓦茨等人发现，人们和不相同的他人（可能是更优异者，也可能是更平庸者）更易发生比较，也就是说，现实的社会比较取决于人们把什么属性以哪种目的和他人比较，不一定像费斯廷格所说的，在任何情况下和自己一致的或类似的他人做社会比较更有效。

事实上，社会比较过程要比人们想象的复杂得多。这一点也被一些学者注意到了。早在1942年，海曼就发现社会比较本身是多维的，可包括智力、经济等诸方面，而比较对象的选择也无固定的程式可言，任何将一个既定的"原则"强加给实际的比较过程只能是削足适履的蠢举。海曼进而论证道，社会比较的结果不外两个：不是地位的提高就是地位的剥夺，而这两个结果意味着人们完全有可能同与自己有别的他人进行比较。

近来，有些社会心理学家企图从认知需要的角度来对比较对象的选择做新的理论解释。他们设计了一系列的实验，意欲以此作为立论的根据。然而，他们的研究结果不尽令人满意。这归咎于他们提出的命题往往因附加诸多的实验条件而失去了活力。

在对这个问题的回答方面，一些社会学家的思考庶几是富有启发性的。他们认为，人们对自己做出明确的估价不过是引发社会比较的潜在的多种动机之一，比较对象的选择在很大程度上取决于选择行为发生其间的情境结构

---

① 如穆萨和罗奇对女高中生的研究（Musa & Roach, 1973）及沙赫特著名的《亲和心理学：有关群居性根源的实验研究》（Schachter, 1959）。

及特定的规范。鉴此，他们指出，与其笼而统之地侈谈什么"选择原则"，不如悉心地去考察在实际的自然情境中，在特定的规范的作用下，人们选择什么样的群体或个体作为自己比较的对象，这才是至关重大的。因为社会学家们较多地留心地位和角色因素，他们能够认识到在业已形成比较关系的主体与客体之间往往在某些方面有共同之处，而在另一些方面则大相径庭。

从如上的介绍中，读者也许不难发现，在比较对象的选择问题上，研究者们的分歧主要表现在是强调选择的自然情境、主张结合自然情境来探讨具体的选择过程，还是力主根据研究需要，设计出实验性的结构化情境，以便确定具体的分析变量。显然，这种在研究方法上的分歧必然会逻辑地演化出理论观点上的出入。

强调自然情境的研究者们当然会把注意力投注于自动选择（相对于实验控制条件下的被迫选择）上。就总体而言，关于自动选择的研究报告并不多见。在这方面海曼（1942）、凯勒（1953）、福姆与格什温德（Form & Geschwender, 1962）、朗西曼（1976）以及莫里斯·罗森伯格和拉尔夫·特纳（Rosenberg & Turner, 1981: 79）的研究颇有代表性，他们发现，在涉及生活水准、社会地位的"自动比较"过程中，人们倾向于选择与自己具有密切交往关系的群体如家庭、友伴或那些享有与自己相似的社会地位的他人作为比较对象。比如，凯勒等人及朗西曼分别在法国和英国进行了研究，他们的研究结果充分显示了在高度流变的社会中被个体用来比较的参照群体的种类及规模之多令人咋舌。与此同时，他们也用翔实的证据说明了在人们对自己的职业成就进行估价时，家庭成员及其他与之密切交往的人构成了主要的参照框架（霍尔茨纳，1984: 29）。

上述的研究表明，"接近性"因素影响着人们的自动选择。这里，所谓的"接近性"具有两方面的含义：其一是类似性，其二是邻近性。从理论上说，类似性和邻近性两者常常是不可分离的，但这种分离的可能不是没有，那么，假如这种可能变成了现实会导致什么样的结局呢？像这样的问题，自动选择的研究者们是无法避免的。安塞姆·L. 斯特劳斯和莫里斯·罗森伯格等人的研究结果也许可以被看作对这个问题的回答。

斯特劳斯的报告是十分有趣的。她在 1968 年竟别出心裁地将盲人作为她的研究对象。她意外地发现盲人一般不会去选择具有同样命运的其他盲人作为自己的比较对象，而偏偏去和那些与自己截然不同的人——视力正常者进行比较。她认为这种结果归因于这些盲人生活在非盲人中间，倘若能够将盲人世界从正常人世界中分离出去，情况就不是这样了。

1972年，罗森伯格与罗伯塔·西蒙斯合作，以美国中学生为对象进行了研究。他分别调查了那些黑白人种学生混合编班的学校及那些专供黑人子弟读书的学校。他发现，在后一种学校里，黑人学生有更多的自信心。对此他解释为在黑白人种学生兼有的学校里，黑人学生倾向于将白人学生作为比照对象，在这种情况下，难保不会有"相形见绌"的不安感（Rosenberg & Simmons，1972）。

根据如上事实，我们也许能借助自己的抽象思维能力得出一个结论：发生在一般情境中的选择性行为服从"舍远就近"的原则——人们习惯于将生活在自己周围的和自己不同的人作为比较对象。致力于参照群体理论的研究的学者们正是在实证研究的基础上不断去构筑自己的理论表述体系的。

思路在不断拓宽。研究者们也指出，选择过程受社会结构的制约，因为他们发现，较有概率成为比较对象的参照群体常常是那些具有某种共同社会属性的"大多数人"。

正如我们在本节一开始就提到的那样，以费斯廷格为代表的研究者们常常强调选择的个别动机（如自我估价），其结果就是他们热衷于在实验控制的条件下寻找预设变量之间的协变关系，进而揭示影响选择过程的因素。也正如我们在前面所讨论的，循着这条思路所开展的实验研究首先使那些早期的研究者们发现了选择的"相似原则"。实际上，倘若从某种存在的倾向上去理解，这个原则是无可厚非的，问题在于当早期的研究者们试图在人固有的心理特征的意义上去扩展这个原则的普遍适用性时不自觉地罹患了"理论伤食症"。诚然，就学术研究方法而言，武断地判定孰优孰劣是对科学的亵渎，而作为服膺科学精神的研究者们则必须意识到每种具体方法的局限性。可喜的是倡导实验研究的学者们已经尝试着克服自己原有的偏颇。最近的一些研究充分说明了这一点。

布里克曼和布尔曼的研究就是一例，他们摒弃了对选择动机的简单化的考察。他们企图建立一个具有高度涵盖性的理论模型，以兼容各种现实的可能性，如人们可能将与自己不相同的人作为比较对象，但不相同的只是某些方面，这并不妨碍彼此在其他方面的一致（Brickman & Bulman，1977）。事实亦是如此。人世间恐怕不存在两个绝对相同或绝对不相同的人。作为一种尝试，布里克曼和布尔曼的研究因为涉及诸多的分析变量势必要遭际重重困难。正因为如此，他们的学术实践就显得不同凡响，尽管其理论前景尚有待时间去揭示。

比较的结果

比较的结果显然是一个为参照群体论者着力论述的问题。因为这是个核心问题，故难免成了争论的焦点。社会比较理论、相对剥夺理论及平等理论和地位-价值理论在这个问题上均有独到的见解。

首先，让我们看一下社会比较论者的观点。社会比较论者善于从认知协调这个线索来谈论比较的结果，他们认为，具体的比较必然服务于某种现实的目的，意见的改变就是比较的一种结果，这种比较易发生于那些都想改变他人意见的人中间，倘若如此努力归于失败，则又倾向拒绝将对方作为比较的对象。

正如我们在前面曾提到的那样，社会比较论的首席发言人费斯廷格的假设是，倘不能获得比较客观的手段对自己的意见进行评估时，人们总是通过与他人的比较来评估自己意见的正确性。费斯廷格断言，对于自我来说，协调性的比较意味着高度稳定、精确而又可信的判断。人际吸引和亲和就是这种比较的结果。相反，不协调的比较所导致的结果必然是意见的不确定和不可靠，在这种情况下，或是首先改变自己的意见，或是说服他人放弃原有的意见，或干脆拒绝进行比较就在所难免了。至于协调比较的意义，近来的一些研究者认为在特定情况下，它是增加自我知识的重要途径，特别是当比较者和被比较者在某些特质上具有明显的反差时。比如，欲评估自己有关政府经济政策的意见的正确性，一个行之有效的方法就是将具有不同政见及信仰的他人的意见和具有相同政见及信仰的他人意见作为评估的标准。

综上所述，令社会比较论者始终感兴趣的是比较对自我及人际吸引、亲和所具有的潜在意义。相对而言，他们对群体间的互动和社会性的评估过程则很少论及。

其次，如果说社会比较论强调了积极性评估的结果，那么，相对剥夺论的支持者们谈论得更多的则是消极性评估的结果。除此之外，相对于社会比较理论而言，相对剥夺论更重视社会群体和社会类属间比较的结果，也更经常地探讨比较对他人、群体和整个社会所产生的影响。换句话说，社会比较论长于从自我的角度来说明比较的结果。这些特点，在相对剥夺论者的著作中不难发现。

相对剥夺论作为一种阐释模式，它的核心概念自然是"相对剥夺"。斯托弗正是用这个概念成功地解释了二战期间与美国士兵有关的种种有悖于人们常识的社会现象①。然而，相对剥夺概念的涵义要比斯托弗本人所想象的更为丰富。默顿和爱丽丝·S.基特后来基于斯托弗的成果所进行的深入研究就是明证（Merton & Kitt，1950）。默顿和基特之所以能够超越斯托弗的成果并取得更强的阐释能力，在很大程度上是因为他们善于挖掘比较结果的社会结构意义，正如他们用"参考框架"一词来说明参照群体对行动者的制约作用。在他们看来，参照群体是构成行动者参考框架的主要内容（Shibutani，1955：562-569）。

继默顿和基特之后，在一些学者的努力下，相对剥夺理论向实证化目标又迈进了一大步。托马斯·D.库克等人以大量的实验研究和现场研究为依据，指出人的需求往往呈如下过程：无 X，欲得 X，和拥有 X 的并与自己有共通之处的他人进行社会性的比较，对自己享有 X 进行合理化。他们进而论证，这样一个过程构成了人需求的两重性：一方面是具有理所当然地占有某物的权利感，另一方面则是缺乏对不能拥有某物的自我谴责之心，而这种两重性恰恰是对他人怨恨之情赖以产生的温床。显然，这个研究所揭示的比较结果既是消极的，又是侧重于对他人（而不是自我）所产生的影响。

再次，平等论者所关心的是关于平等原则的实验研究。他们撇开社会群体这个人群关系范畴而去探究存在于个体之间的纯粹的不平等关系。当然，他们也不敢轻视对参考框架具有标定作用的社会规范的意义，否则，他们就无法确定一个衡量平等与不平等的尺度。

平等论的主要代表人物是约翰·亚当斯。他的思想得益于与霍曼斯有关的"分配的公正"原则②的论述。亚当斯认为，对某个体而言，所谓的不平等意味着他因投资而取得的利益不同于他人的等量"投资"而获得的利益。

---

① 当时流行着一些公认的看法：军阶的升迁影响士气，升迁率低的部门士气相对低些；因为美国南部存在严重的种族隔离和歧视，故北部的黑人士兵比南部的黑人士兵士气高些；教育程度越高的人越不愿意当兵等。

② 霍曼斯的"分配的公正"原则意指同量投资（并不限于经济上的意义）应该得到同量的利益。如此原则显然涉及投入量和输出量两方面的比较（参见 Rosenberg & Turner，1981）。

需要指出的是，在这里，不平等仍是个不甚明确的概念。此外，亚当斯从未考虑过哪种人或群体易成为比较的对象，何种投资和获益又容易引起人们的掂掇之心。不过，亚当斯倒是为不平等所导致的"紧张"设想过一系列"补救方案"，比如"革命"就是他提倡过的一种方法。"革命"在他那里主要指通过某种途径改变投资和获益之间的相对比率。

就大体而言。平等论回答了什么是不平等，然而未能对公正和不公正做出明确的界定。

最后，地位-价值论虽然别具一格，但它的基本思路未能摆脱平等论的传统，在一定意义上，它是平等论的继续。地位-价值论的高明之处在于，它在某些方面弥补了平等论的缺陷。比如，地位-价值论者善于结合特定的社会地位来界定公正与不公正的概念。他们曾经用一个实例来阐明所谓不公正的情形：约翰是个有专门技术的熟练工人，每小时挣五美元，而布洛是个不学无术的家伙，但他也是每小时挣五美元，这意味着约翰的报酬不足，或布洛得到了超额报酬。在地位-价值论者如约翰·伯格看来，在比较基础上的对公正与否的估价离不开特定的情境，而如此情境又存在于"参照性的结构"之中。另外，他们也指出，现实的比较是双向度的：它应该包括个体特质（如性别、年龄、教育程度）和目标客体即报酬两个方面的比较，每个客体确信，正因为他（她）具有某种个体特质，故必然地拥有获取与此相对应的目标客体的正当权力，所谓的公正实质上就是上述信念变成现实，而不公正和不平等必然伴随着对报酬的期望与实际情况的相脱离。

作为一种涉及比较结果的理论，地位-价值论面临的关键问题就是如何去把握具体的参照性结构，因为它关系到某个体及他人对报酬的期望水平，具体地说即：①据此确定何谓"公正"，并区分"超额报酬"与"报酬不足"；②据此将"集团性不公正"与个别性不公正区别开来；③将"自我不平衡"与"他人不平衡"区分开来。

和平等理论一样，地位-价值论并没能圆满地回答下列两个重要问题：其一，关于报酬的期望是如何产生的？又如何去适应参照结构的改变；其二，一旦这种期望的实现受阻，将会有什么样的继发现象出现。当然，这个理论缺乏足够的解释力还可归咎于它本身忽视了分配规则的多样性——有的规则以个体的能力为基础，而有的规则又以个体的需要为基础，正是这些规则（可能是互为抵触的）左右着复杂的社会生活。

自此，我们已从有关理论评述的角度初步完成了对比较结果的讨论，为了帮助读者从总体上领会各种理论的意义，我们不妨列出一个简表并附上概要性的说明（表8-1）。

表 8-1 比较的结果

结果作用的方向	判断的种类			
	认知判断		估价性判断	
	协调	不协调	积极	消极
自我	正确	不当	地位升迁	对自我的不满
	精确	不可信	自我满足罪感	奋斗、成功
	稳定	规则及评价的改变正确（不协调是基于别的特征且是合理的）	（倘攫取超额报酬）	地位跌落
	可信	—	—	身心疾病
他人	吸引	企图引发改变	系统性支持	怨恨
	亲和	对反常的抵制	—	对他人不满
	—	—	—	对社会不满
	—	—	—	犯罪
	—	—	—	歧视及侵害
	—	—	—	革命

不难发现，表8-1涉及一个重要的问题：对比较结果的分类。这里援引的是一种比较通用的分类方法（Rosenberg & Turner, 1981：80-82）：根据判断的性质分为估价性结果和认知性结果，根据比较的性质分为协调性结果和不协调性结果、积极性结果和消极性结果，根据结果作用的方向又分为作用于自我和作用于他人两种结果。需要说明的是，在这里"自我"指个体对自我的估价及该个体对他人的态度和与之相适应的行为，而他人则指个体与之相比较的对象（不管是某个人还是某社会群体）。

实质上，对不同的比较结果的强调构成了社会比较论、相对剥夺论、平等论及地位-价值论之间的一个显著差异。具体来说，社会比较论者所考虑的主要是列于表左边的比较结果，相反，相对剥夺论者主要讨论的是列于右边的比较结果,而平等论者及地位-价值论者从公正、平等的角度去阐述的比较结果主要属于估价性结果之列。

三 参照群体的规范功能

今天,恐怕没有人能怀疑文化对个体的制约性,其理由很简单:人们的行为在很大程度上取决于他们对情境的定义,而情境定义的前提是一套自成体系的观念——关于发生于周围的各种事件、关于人类本性,当然也涉及如何在社会分配体系中正当地满足自己的各种需要……唯其有这样的观念,现实个体才不致失落生活的意义,即使经历着世事沧桑,也能拥有一个相对稳定的、有秩序的、可预言的内心世界。文化,作为一个高度抽象的概念,其内涵当然包括特定的社会(群体)所共享的观念,正是这种共享过程构成了社会的一个显著特征——成员对客观存在的约定俗成式的理解(Redfield,1941:132)。对个体而言,只有通过与他人的互动才能悉知所处文化的观念。乔治·H. 米德关于人是在"概化他人"那里学会角色行为的思想(Mead,1934:152-164),恰是从这一角度切入了文化对个体的制约性问题。这里,实质上引出了参照群体的另一个重要功能——规范功能。参照群体论者正是沿着米德的思路将文化对个体的制约作用引入了经验研究的轨道,不过,在参照群体论者那里文化具体化为规范,而个体受他人(群体)的影响方面则主要具体化为态度(包括价值、观念)及行为。

规范作用的结果

我们在上一节中已经提到,"规范功能"是凯利提出的分析术语。得益于海曼、纽科姆、谢里夫以及默顿的研究结果的启示,凯利于1952年颇具新意地指出,"参照群体"的概念表示存在于个体与群体之间的两类不同的关系,其中一类与动机过程有关,另一类则与认知过程有关。接着,凯利论述道,上述两种过程决定了参照群体的两种功能:规范功能和比较功能。在论及规范功能时,他进一步解释说,规范功能意味着确立一定的行为标准并迫使个体遵从这种标准。这些行为标准又称群体规范,现实群体往往通过确定的规范制约其成员的行为,如褒奖顺从者,惩戒越轨者(安德列耶娃,1987:184)。换句话说,是参照群体的规范作用为社会整合提供了稳定的定向压力（Douglas，1983：214-216）。

继库利以后，伴随着研究的深入，社会心理学家在经验水平上明确了参照群体对个体选择生活标准、建立人际关系、形成对各种生活事件的态度和反应定式乃至规范的内化过程均具有不可低估的作用。难怪瓦尔特·J. 斯普罗特不无感慨地说："在很大程度上，我们都是我们的熟人所操纵的木偶！"（Sprott，1958：60）

话得说回来，尽管库利第一个从理论的角度对参照群体的规范作用做了系统的论述，然而参照群体的规范作用早已是社会心理学的研究主题之一。如前所述，在所有有关的研究中，纽科姆于1943年所完成的对贝宁顿学院（Bennington College）学生政治态度的研究是具有开拓意义的。通过四年的观察（1935~1939年），纽科姆发现刚入校的新生在政治态度上往往更接近他们守旧的父母，四年后，这些当初的小保守分子大多放弃了原有的政治态度，开始倾向于民主与自由。纽科姆的调查显示，约65%的学生的父母支持1936年美国大选的共和党候选人阿尔弗雷德·兰登；而对学生们来说，其对兰登的态度随年级的变化而异，一年级有62%的人拥护兰登，二年级有43%的人拥护兰登，而三年级、四年级的拥护者只有15%（兰登的竞选对手是民主党的候选人罗斯福）。纽科姆将学生政治态度的变化归因于他们将同学作为自己的参照群体（Newcomb，1943：271-274）。纽科姆曾引用一位高年级学生的日记来证明自己的假设："我想，观念的转变是我变得更加理智与自信的契机。过去，我拙于言辞，毫无独立见解。随着学业的成功及交往面的拓宽，我可以当着父母的面理直气壮地否定他们的观点。现在，我可以说，我整个身心属于这里了。"（Newcomb，1943：273-274）

基于长期的考察，纽科姆进一步论证道，个体的观念是该个体对某一群体或某些群体的肯定或否定态度的函数，而态度的改变往往经历下列三个阶段：和某群体认同；熟悉该群体的规范；强化或削弱和其他群体的认同（安德列耶娃，1987：181）。

与纽科姆的研究相映成趣的是辛格等人于1957年在斯坦福大学从事的研究。他们的研究再次论证了人们的态度不仅受他们与之朝夕相处的人的影响，同样也受他们希望接近的人的影响。换句话说，个体直接或企望的群体隶属意味着个体常常从群体的共同标准去看待世界。不仅如此，作为对纽科姆研究的补充，辛格发现了这样一个事实：当隶属群体和参照群体完全重合时，更能左右人们的态度，友伴群体和工作群体就是最好的例证。

友伴群体和工作群体对于人们态度（行为）的影响作用在其他学者的研究结果中也得到了充分的反映。梅尔文·德福勒等人（1958）曾做过一次实验。在实验中，研究者向被试询问，是否有某个群体潜在地影响着他们的选择，对此，71%的被试做了肯定的回答，不仅如此，这些持肯定回答的被试一致认为友伴是影响他们做决定的重要因素（巴克，1984：262）。

至于工作群体的强烈的规范作用也有很多报道（Douglas，1983：216-219）。大部分学者把这种显著的作用归因于工作群体中密切的人际关系、明确的群体活动领域以及一定的内聚力等诸因素。

社会心理学家们认为，态度包含着认知、情绪、行为等要素。就这点而论，参照群体的规范作用是广泛的，涉及人们的信仰、价值、行动诸方面。如果读者悉心体会一下，就会意识到参照群体的规范作用离不开一个中介因素：认知。在这个意义上，与其说参照群体是客观存在的人类群体，不如说是个体的某种经验事实，或者更确切地说经验结构。默顿和基特提出的"参照的社会框架"的概念也具有这样的内涵。诚然，凯利早就指出，参照群体的规范作用和比较（估价）作用常常是统一的。他认为，新兵入伍后在社会观点上更接近老兵就说明了这一点。他分析说，老兵的社会观点是新兵形成自我评价的基准（比较作用）。同时，老兵又坚持认为自己的观点是正确的，倘若新兵接受这种观点（规范作用）就会获得老兵的奖掖（安德列耶娃，1987：184）。

心理学家们用参照群体来改变人们态度的实践也从另一个角度说明了参照群体的规范作用。朝鲜战争期间，中国从事战俘改造工作的有关人员为了改变被俘美军官兵对待战争的态度，就应用了一些心理学的技巧，其中包括切断战俘与原有的参照群体的接触，以便有效地使他们接受新的参照群体（如已教育好的战俘）的观点。在现代商品广告大战中，一个大量采用的手法不就是借助于参照群体的力量促使公众对某产品持肯定态度吗？

态度一词内涵的丰富性和参照群体的主观选择性给学者们在理论上用十分精确的概念来描述参照群体的规范作用带来了相当大的困难。这也是参照群体论的反对者们怀疑参照群体论可靠性的理由之一。批评者们指出，即便按照参照群体论者的说法，参照群体是个体主观接受的参照类型，也不能必然地包含着"自我"的要素，而在无"自我"的基础上去谈论规范作用意味着拒绝用符号互动论作为解释的基础,这显然不是参照群体论者的初衷,再说,如果承认"自我"的作用,那么,在讨论参照群体规范作用时又怎样去区分态度和"自我形象"之间的差别呢?

诚然,在阐明参照群体的规范作用时,学者们碰到的最棘手的问题莫过于如何在测量的层次上说明这种影响力的大小及如何根据个体的参照群体来预测其行为。相关的问题还有如何在个体诸多的参照群体中分辨出主要规范作用的参照群体,如何将知觉规范与客观规范区分开来(Rosenberg & Turner, 1981: 71)。

对规范性参照群体的选择和接受

参照群体,代表着相对于"自我"而言的"他人"的集合。这意味着对个体起着规范作用的参照群体可能是该个体本来就隶属的、经常与之接触的,也可能是虽然个体十分企望得到该群体之成员资格,却始终未能如愿的,个体生活在一定现实的社会世界中,无论是同时拥有还是先后拥有的参照群体其数量肯定是个变数。这势必使我们在讨论参照群体的规范作用时对个体如何去选择和接受规范性参照群体这个问题做出回答。

在深入讨论这个问题之前,先有必要区分两个极易混淆的概念:选择与接受。这两个概念对说明参照群体的规范作用具有同样重要的意义。

实质上,选择和接受代表了社会接触的不同阶段和不同程度乃至不同的结果。一般来说,选择在时间顺序上要先于接受,而接受类似于纽科姆的"认同"概念。接受常常伴随着肯定性的心理体验,因而是(对认同的参照群体的规范)进行内化的基础。从理论上说,选择取决于社会接触机会的概率,而接受则主要取决于这种社会接触本身所具有的魅力。当然,接受必须以选择为前提。由此可见,区分选择与接受两个概念对我们确定现实个体的隶属群体与参照群体的不同作用、肯定性参照群体与否定性参照群体[①]的不同作用及主要参照群体的主导性作用均是不可缺少的。

究竟有哪些因素制约着人们的选择和接受过程呢?

研究者们首先注意的是相似性因素。他们发现,人们在选择参照群体

---

① 在纽科姆看来,肯定性参照群体指其群体规范和目标被个体所采纳(接受)并产生参加该群体意向的群体;反之,则为否定性参照群体。

（或他人）时首先将该群体的价值和规范与自己原有的做一番比较，如果具备一致的现实性或可能性，则这种选择趋于稳定，该群体也就很可能成为个体接受的参照群体。丹尼斯·坎德尔1978年的研究表明，50%的友伴对特定的问题持相同的态度，而这些友伴倾向于将友谊的形成说成是先在某些问题上有相同的意见的结果。这个研究揭示了态度的一致是形成友伴群体的基础，而业已形成的友伴群体又反过来作为重要的参照群体对个体产生深远的影响。

至于这种相似选择的心理基础是什么，尚待进一步探究。社会心理学家唐·伯恩认为，态度的类似性是对人魅力的普遍性的决定因素。他进而论证道，在大多数情况下，保证态度正确的基础是许多人的一致；人们希求自己的态度正确，这一愿望是可以在态度类似的人中得到满足的。这意味着为了确认自己的正确无误，人们喜欢与自己类似的人（古畑和孝，1986：71-73）。

如果将相似性用变量关系来表示，那么，问题的复杂性就会增加。默顿和拉扎斯菲尔德指出，笼统的"相似"概念无补于科学的定量研究。他们认为，就一般而言，价值和态度更易变化，而决定地位的诸因素如年龄、性别、种族等则具有相对稳定性，在这个意义上，人们通常所说的相似实质上指的是态度的相似（Rosenberg & Turner，1981：72-74）。他们的看法在社会学家中颇有代表性。在相似性问题上，社会学家们更强调地位和角色的相似，相反，社会心理学家及心理学家自觉或不自觉地注重个体价值、态度及其他人格特征的相似性。

默顿对片面强调选择的相似性基础的倾向提出了批评，他试图从个体动机与社会结构的逻辑联系中揭示影响选择过程的诸因素。在这一点上，他的分析堪称独步。他认为，在下列条件下，个体很可能撇开隶属群体而把外部群体作为规范性参照群体：①如果群体对自己的成员缺乏威信，那么，其成员将倾向于挑选外部的而非隶属的群体作为参照群体；②个体在自己的群体中越是孤立，在群体中的地位越低，那么，越有可能把外部群体当作参照群体，并期望在那里占有较高的地位；③社会流动性越大，个体改变自己的社会地位和群体从属性的可能性越大，那么，他选择具有较高社会地位的群体作为参照群体的可能性则越大；④个体对这种或那种参照群体的选择，有赖于他的个性特征。默顿进一步指出："因为群体及它们对其成员的'酬赏'均和特定的社会模式相联系，所以在很大程度上，人们对规范性参照群体的

选择过程受社会结构的制约。"(Merton，1957a：377)

对选择过程中社会结构性因素的默顿式的分析，始终为参照群体论者们所重视。因为它常常能够有效地解释实际存在的建立在非相似性基础上的选择，如移民价值的被同化就是一例。

在影响规范性参照群体选择的诸因素中，重要他人的作用也是不容忽视的。所谓"重要他人"一般指那些对个体的能力、价值的形成及规范的内化产生深刻的直接影响的他人（Sullivan，1947：18-22）。重要他人的作用与人际关系范畴中的忠诚因素有关。显然，个体和重要他人保持着首属的关系，而这种首属人际关系使个体将重要他人作为稳定的规范性参照群体成为可能。值得指出的是，重要他人有时并不是现实世界中的某人，而是文学作品中的主人公，这种情况在个体受到挫折时尤为多见。

尽管学者们考虑到个体对规范性参照群体选择和接受过程的复杂性，但现实的选择和接受过程仍要比理论家们想象的更加难以捉摸。一个重要的原因就是个体可能拥有不止一个的参照群体，而这些不同的参照群体之间存在抵牾的可能性。在这种情况下，个体该如何去进行选择呢？对这个问题，参照群体常常感到力不从心。在现有的资料中，最常见的是从角色和地位冲突这个线索对这个问题的探讨（如拉扎斯菲尔德等人）（Rosenberg & Turner，1981：76），遗憾的是这种解释角度并没有达到预想的效果。

四　参照群体理论的前景与评价

在过去的半个多世纪中，参照群体论作为社会学与社会心理学的交叉点引起了众多学者的关注，而作为一种具有特色的解释角度，其有效性业已得到了学术界的承认，以致学者们常常将它用作对社会现象进行功能分析的工具。就这点而论，我们有充分的理由认为日裔社会学家涩谷保的评论是公允的，他写道："伴随个体所处社会环境变化的行为变化可以用参照群体的改变得到解释；非组织状态中的青少年的越轨行为总是和同侪群体的期望分不开的；社会态度的改变总是和社会交往的变化相关的……对高地位的渴望、群体忠诚方面的冲突、边际人的困境均可用'参照群体'这个概念来得到解释……"（Manis & Meltzer，1972：161）。

由于参照群体概念如此有效，故有关参照群体的著作在1960年代后大量涌现也就不足为怪了。需要指出的是，参照群体概念在最初被提出时并没有那么幸运。究竟是什么原因使参照群体理论在后来身价百倍呢？我们认为，原因主要有两个：首先，操作化的可能性。这是至关重要的，因为实证研究与定量分析均以此为基础，尤其是"美国化"的分析研究。实质上，参照群体理论的产生是社会的宏观研究让位于具体的经验研究的结果，而这个理论的发展又以学者们对"实证方法"的崇拜为前提。就此而论，参照群体理论蘖成于受实用主义和实证主义控制的美国学术界绝不是偶然的。服膺上述两种主义的西方社会心理学和部分社会学家，正是在肯定参照群体概念可操作化及与之相伴的可证明性基础上将有关研究纳入经验层次的变量分析之"正统"轨道的。的确，在现存的有关参照群体研究的资料中，大部分均属于这类研究的报告，正如批评者们指出的那样，是"讨论局部的经验研究的"（安德列耶娃，1987：185）文献。

其次，对参照群体的研究有助于社会心理学经典概念之一的"他人"的具体化。这一点代表了参照群体理论对社会心理学整个理论体系的贡献。这一点为社会心理学家及社会学家们所津津乐道。众所周知，乔治·米德等经典社会心理学家十分重视"自我"形成机制的探查。为此，他们借助于"他人"这个概念进行理论思考。然而，在他们的著作中，对"他人"的分析大多是停留在像"精神的事实""形成自我观念的比较性客体"这样的抽象而又模糊的层次上的（Kuhn，1964：6-10）。我们无法在这些论述中找到下列问题的确切答案。这些问题不外是：个体如何在揣摩"他人"的看法中形成自我观念？个体选择"他人"经历了什么样的过程？能否对影响选择过程的因素进行观察？在何种情境中，何种人成为特定行动者的"他人"？"他人"与社会结构又有何种关系？……参照群体理论正是从参照群体的两种功能——比较功能和规范功能入手揭示了"他人"的社会心理学意义。鉴于此，我们甚至可以将参照群体理论看作实证化的符号互动论。正如安德列耶娃指出的那样，"参照群体理论相对独立地发展，某种程度上是由于它们与实验研究有较密切的联系。因此，它们比直接的符号互动学派享有更高的声誉"（安德列耶娃，1987：162-163）。

诚然，正如实证主义哲学面临着严峻的挑战一样，实证研究的方法论非但不能确保参照群体理论的完美无缺，相反使参照群体理论招致了非实证主义者的非难。这显然是一种难以逃脱的遭遇。不过，发生于实证主义和非实证主义之间的旷日持久的论战并没有结果，在这种情况下，断言实证研究的方法葬送了参照群体的理论前景恐怕还为时过早。眼下，与其在"辩证"的意义上隔靴搔痒地妄加评论，还不如保持沉默。这正是我们不想在这个问题上大做文章的理由。尽管如此，有一点是完全可以肯定的：放弃实证研究对参照群体而言无疑是自杀！

尽管大多数学者对参照群体理论在解释社会心理现象时所表现出的广泛贴切性给予了肯定，但应该指出，这个理论并没有像有些学者所标榜的那样高妙：如果我们知道个体的参照群体，那么，我们就可以据此预测个体的自我评价，在这个基础上，我们又可以进而预测个体的行为（Manis & Meltzer, 1972：50）。

有些批评者指出，尽管参照群体论者将注意力集中到自我评价过程对个体行为的重要性上，集中到自我评价与群体属性的相关上，揭示了群体价值和规范对个体的社会观点（态度）和行为的制约作用，也尽管参照群体的概念是研究个体的客观社会地位与他（她）的社会观点相互作用的社会心理机制的工具，是探明个体动机与社会结构之间相互作用的重要概念，但是，由于参照群体论者将社会关系归结为人际关系，继而将个体的群体属性替代全部的社会属性，这势必使参照群体论者置个体所属的社会结构的本身于不顾，在具体的历史和经济条件之外，奢谈抽象的社会关系，以致产生连著名参照群体论者纽科姆都不得不担虑的"期望大于我们实际上能够做到的"结局（Hollander & Hunt, 1972：81-82）。

倘参照群体论者都像纽科姆那样有强烈的忧患意识并笃志周详的研究，这个理论也许会有更为灿烂的前程。如此的预言并不过分，因为这和个人的臆想无缘，着实是根据社会的需要进行推断的。为什么说未来社会呼唤着参照群体的不断完善呢？其理由有三点：①现代社会中存在的一个特殊问题就是人们遵从的标准有时来自自己根本不能企及的群体，有时又来自直接隶属的群体，有时又来自虚构中的群体。这种状况随着社会流动速率的增高，大众传播途径的增多及相对主义价值的崛起更为突出。②现代大众社会以文化的多元为特征，每个人接受不止一种的价值，在这种情况下，"边际"性的窘迫现象，即互为矛盾的价值所带来的内心的困惑有增无减。③在社会科学领域内将继续保持着这样的明显倾向：在理论分析过程中强调个体在群体生活中的地位及社会外显结构以主体活动为基础。如上三方面的因素叠加在一起将化育出有利于参照群体理论继续发展的社会氛围，这难道不正是参照群体理论的支持者们所梦寐以求的吗？

总而言之，是时代造就了参照群体理论，时代也将规划它在未来的发展。

第三编

文化与遗传的对垒

第九章 文化与人格理论

文化与人格研究是在心理学和人类学领域之间所形成的一个新兴的研究领域，美籍华人学者、曾任美国人类学会主席的许烺光曾率先将这一领域称为"心理人类学"（Hsu，1961）。事实上，文化与人格研究是文化人类学家对人格以及由人格所决定的人的社会行为的探索，或者不如说就是文化人类学家的社会心理学研究。

在本书导言中我们曾指出，那种将社会心理学仅仅看成在社会学和心理学的"结合部"产生的一门新兴学科的看法，在很大程度上是由于在1908年这个具有划时代意义的年岁里，英国的心理学家麦独孤和美国的社会学家罗斯几乎同时出版了他们各自撰写的第一本社会心理学教本。1929年，加德纳·墨菲在《近代心理学历史导引》一书中，正是立足于这一巧合往前回溯，找出了形成社会心理学的两种主要的理论渊源，并由此划定了两种不同取向的社会心理学：社会学的社会心理学和心理学的社会心理学。这一分析兹后在一定程度上规划了人们关于社会心理学的学科性质和发展历史的论述。但是，这里有必要再次指出，墨菲分析的只是"当社会心理学形成时"的最初状况，他并没有说（事实也不是如此），在社会心理学兹后的发展进程中，没有遭遇社会学和心理学以外的其他学科的冲击和影响。认真回顾社会心理学短暂却庞杂的历史，甚至只需要通读一遍墨菲那本著作1972年的修订本，你就会改变当今盛行的有关社会心理学学科性质的看法。而本章对文化与人格理论所做的较为丰富翔实的评述，进一步证实了我们在本书导言中提出的关于社会心理学的历史和学科性质的基本观点：除却社会学和心理学，人类学尤其是文化人类学对社会心理学的形成与发展同样做出了不可低估的历史贡献；社会心理学是一个具有社会学、心理学和人类学这样三只坚足的金鼎。

一 理论的先驱

文化人类学又称社会人类学,① "文化人类学是人类学的主要分支,是研究人类文化的科学。除了那些与人类生物学以及与生物和文化因素的相互作用有更直接联系的东西之外,文化人类学包括了所有研究人类的学科"(Sills,1968:313)。尽管1860年德国人类学家阿道夫·巴斯蒂安的《历史中的人》一书的出版标志着文化人类学的正式诞生,但在之后60余年中,巴斯蒂安、爱德华·泰勒、刘易斯·摩尔根、詹姆斯·弗雷泽等诸多文化人类学大师的"绝大多数人类学研究都侧重于文化特质的分析"(本尼迪克特,1987),并不注重文化对个人的人格发展和社会行为的影响。因此,在1920年代以前,文化人类学家对当时刚刚诞生的社会心理学并没有给予足够的关注。

最早涉及社会心理学的文化人类学家是英国功能主义大师马林诺夫斯基和美国历史学派创始人弗朗兹·博厄斯,而引起人类学家对心理学的兴趣的却是本书第一章所论述的精神分析大师弗洛伊德。

弗洛伊德的尝试

1913年,精神分析大师弗洛伊德通过一个十分大胆而又着实荒诞的臆测,从文化人类学的角度向社会心理学投出了试探性的却颇为有力的一掷。紧随人类学家弗雷泽1910年写出的《图腾崇拜与同族禁婚》,弗洛伊德触及了图腾崇拜和外婚制这两种原始社会常见的禁忌现象所赖以产生的心理前提。原始人把图腾看成自己的共同祖先或原始父亲,弗洛伊德欲图从这一"文化人类学家最为忽视的问题"入手,运用精神分析解开图腾之谜。在《图腾与禁忌》中,弗洛伊德将原始民族对图腾既崇拜又恐惧的矛盾态度和孩子对父亲的矛盾态度做了完全相似的类比,认为这两个现象源于一个共同的原因:俄狄浦斯情结(恋母情结)。弗洛伊德十分自信地写道:"此种将图腾认为是父亲的替代物的看法是一种值得人们注意的地方。因为,要是图

---

① 严格说来,在美国被称为"文化人类学"(cultural anthropology)的这个学科,在英国称为"社会人类学"(social anthropology)——比较而言它对社会具有浓郁的兴趣,以致在相当时间里代替了英国社会学的存在;而在德国和俄罗斯则被称为"民族学"(ethnology)。为了统一上述分歧,近来也有人干脆统称为"社会文化人类学"(social-cultural anthropology)。

腾动物即代表父亲，那么，图腾观的两个主要制度也是由两个禁忌所构成——禁止屠杀图腾和禁止与相同图腾的妇女发生性关系——正好和俄狄浦斯的两个罪恶有着隐隐相互映的地方（他杀害了父亲而与母亲结婚）。要是这种假设正确，那么，也许我们可以对图腾观的起源作一有利的突破。"（弗洛伊德，1975：165）

在《图腾与禁忌》一书中，弗洛伊德提出了人类从野蛮愚昧的原始状态向文明社会过渡的假设：在人类的幼年时代，原始人曾生活在这样一种状态之中，"一个充满暴力和嫉妒的父亲将所有女性都拥为己有，然后，驱逐了他的那些已长大的儿子们"（弗洛伊德，1975：176）。有一天，被驱逐的儿子们联合起来，杀死并吞食了自己的父亲……但是，当这一切都结束以后，罪恶感却使他们产生了深深的悔恨，并开始执行两条戒律：其一，祭奉象征父亲的某种动物图腾，禁止无故伤害他；其二，"大家宣布放弃那些促成他们和父亲发生冲突的女性"。这便是原始图腾崇拜和外婚制的由来。

实事求是地说，弗洛伊德并不是第一个涉足人类学的心理学家。在《图腾与禁忌》发表的15年前，即1898年，英国剑桥的人类学家去托列斯海峡（Torres Strait）的远征队中，就有过三个训练有素的心理学家，其中包括10年以后写出第一本《社会心理学导论》的麦独孤。但是，对人类学素材进行社会心理学的取舍和描述的第一人却是弗洛伊德，尽管这种取舍和描述也像弗雷泽等人一样是在"安乐椅"上完成的。导源于俄狄浦斯情结的弑父行为，并没有使原先驱使儿子们杀害父亲的欲望得到丝毫的满足。因为他们中间没有任何一个人能够真正取代父亲，否则他们就会重蹈覆辙。杀死了残暴的父亲，但对欲望的压抑却丝毫没有得以减弱，只不过这种压抑已不再来自父亲个人的残暴，而是来自儿子们之间所形成的相互制约关系。父亲阻止儿子们去满足他们的直接的性冲动，迫使他们禁欲，从而使他们与他以及他们之间形成了特有的感情联系，"他的性嫉妒和偏狭最终成为集体心理的原因"（弗洛伊德，1986：134）。

平心而论，弗洛伊德力图在人们的相互关系之中去阐述他的观点。恋母弑父的"俄狄浦斯情结"使其笔下的人物处在一种双重或多重的关系之中（先是父母之间的关系，后是兄弟之间的关系），而在原始社会中就已经奠定了这种关系的基础。弗洛伊德写道，"在个人的心理生活中，始终有他人的参与。……因此，从一开始起，个体心理学……同时也就是社会心理学"

(弗洛伊德，1986：73)。不过，我们有必要指出，在弗洛伊德那里，形成人的本质的各种个人关系的基础从根本上说是生物的而不是社会的，因为各种个人关系都在普遍的俄狄浦斯情结的影响和制约之下。

弗洛伊德对人类学的涉足，使原先潜心研究各种文化特征的人类学家从惊愕中掉过头来。一方面，弗洛伊德唤起了文化人类学家对社会心理学的兴趣；而另一方面，在其后的章节中我们将会看到，文化人类学家对该领域的介入，又恰恰是以对弗洛伊德的批判为前行旗帜的。

马林诺夫斯基的接踵而至

布罗尼斯拉夫·卡斯珀·马林诺夫斯基（1884~1942年），英国功能派文化人类学的开山鼻祖，原籍波兰，生于一个语言学教授家庭。他能够成为人类学家迈向社会心理学征途上的重要路标，在某种程度上应该归于他是一个极易为他人的成就所激动的人。1903年，当麦独孤写出《社会心理学导论》这本划时代的教科书时，他刚刚在克拉科夫大学（University of Kraków）获得数学和物理学的博士学位，无论对人类学还是对社会心理学都还是个一窍不通的门外汉。如果说，兹后的一场大病使他有机会接触了弗雷泽的《金枝》，并从此走进了人类学的殿堂的话，那么，弗洛伊德1913年出版的《图腾与禁忌》则是他翌年特罗布里恩德群岛（Trobriand Islands）之行的最直接诱因。

在西太平洋上的特罗布里恩德群岛的多年生活，为马林诺夫斯基验证、评判弗洛伊德的学说，以及创立人类学中的"功能主义学派"积累了足够的素材。将两性行为以及由此决定的整个婚姻和家庭生活的研究作为《原始社会的性及压抑》和《美拉尼西亚西北部原始人的性生活》两书的主题，显然受到了弗洛伊德的影响。但客观地说，马林诺夫斯基对弗洛伊德的兴趣并不在其泛性主义之上，而在于这一理论之中所包含的明显的"社会学性质"。因为"弗洛伊德学派的学说全盘布景都是受了一种特殊的社会组织的限制——那就是包括父、母以及子女在内的小范围的家庭"（马林诺夫斯基，1937：2）。显然，家庭作为整个社会制度的组成部分，其形式并不是固定不变的。而家庭结构既然不是某一社会或文化的偶然标志——从根本上说它取决于民族文明的性质和进化的水平，马林诺夫斯基当然就有理由向弗洛伊德提出疑问："家庭以内的冲突、情欲、依恋等是因家庭组织的不同呢？还是普通的人类都是一样的呢？"（马林诺夫斯基，1937：4）换句话说，在他看来弗洛伊德所认定的决定亲子关系并进而决定整个家庭内部矛盾的俄狄浦斯情结仅仅适用于父权制社会，但未必通用于像美拉尼西亚人那样的母权制社会。

马林诺夫斯基的验证奠基于这样两个基本事实：其一，父权制社会中常见的父子冲突在美拉尼西亚人的母权制社会中是不存在的。在那里，代替父亲在社会及儿童教育中占主导地位的是舅舅，舅舅对外甥有直接的支配权。因此，男孩子对舅舅怀有崇敬但又厌恶的矛盾心理。其二，美拉尼西亚儿童被严厉禁止亲近的对象是姐妹而不是母亲，所以那种被压抑的乱伦的欲念的对象也只能是他们的姐妹。由此，马林诺夫斯基推论："我们不妨说父权社会的恋母情结有杀父娶母的被压抑的欲望，但在特罗布里恩德的母系社会，则有杀舅舅娶姐妹的欲望。"（马林诺夫斯基，1937：78-79）

马林诺夫斯基还进一步通过分析特罗布里恩德的神话传说来证实他的结论。他发现美拉尼西亚人没有类似俄狄浦斯的传说，但兄妹乱伦却构成了他们神话的主题。

尽管马林诺夫斯基对弗洛伊德的批判，有力地否定了俄狄浦斯情结的普遍性，但这种否定毕竟是以承认性在家庭生活乃至整个社会生活中的决定作用为前提的。在特罗布里恩德，舅舅代替了父亲执行社会规范的限制，对姐妹的禁忌代替了禁止和母亲亲近的戒律，杀父娶母的"俄狄浦斯情结"就自然让位于杀舅舅娶姐妹的欲念。这种对弗洛伊德的表面批判，实际上是一种具体的论证，因而马林诺夫斯基的理论不过是产生于父权社会的弗洛伊德理论运用于母权社会的变式。

博厄斯的贡献

弗朗兹·博厄斯（1858~1942年），美国文化人类学的一代宗师，生于德国一个犹太家庭。和马林诺夫斯基一样，博厄斯早年攻读物理学和数学课程，曾以有关水的颜色的研究获博士学位。自1886年起，博厄斯投身于人类学研究，这时正值达尔文的进化论取得全面胜利之际。在个体心理的研究中，由于达尔文的表弟、优生学家高尔顿的《遗传的天才》等著作的发表，人们往往从遗传的角度去看待个体之间的差异。以后，随着麦独孤和弗洛伊德的介入，在心理学和社会心理学中生物决定论的观点占据了主导的地位，并一度成为人类行为解释的主导学说。

博厄斯对生物决定论的怀疑，首先来自他对爱斯基摩人和范库弗岛（Vancouver Island）夸扣特尔（Kwakiutl）印地安人的研究。在那里，他开始注意到许多值得研究的文化和人格的关系的问题。1911年，他将全部疑惑以及由此形成的自己的基本看法写成了《原始人的心理》一书。实际上，该书的德文版书名《文化和遗传》更接近博厄斯论述的本意，因为该书通篇论述的正是文化因素和生物因素的关系的问题。

在博厄斯看来，人的行为习惯和全部文化活动并不取决于身体的功能和解剖结构。从艺术史来看，艺术的每一个独特的时期都有自己偏好的主题和形式，这说明决定人类行为习惯的不是遗传因素而是文化因素。人们的心理因素受制于文化和社会组织因素，因而人格即人的心理特征也就会随着文化条件的变化而变化。以印地安人为例，白人文化的侵入、部落生活的解体，不能不导致印地安人的后代和他们的祖先相比，在心理上产生这样或那样的变化。否认这种变化，就会使文化人类学的研究变得毫无意义。

弗朗兹·博厄斯对社会心理学的关注并不像马林诺夫斯基那样完全归功于弗洛伊德的推动。在他近50年的人类学研究生涯中，社会心理学的研究一直是他殚精竭虑的主题。最初他就深信，通过文化人类学和体质人类学的分离，就能够对社会的心理基础予以研究。在《原始人的心理》这部早于《图腾与禁忌》两年出版的著作中，博厄斯就信心十足地写道："社会群体的团结和与外群的对抗；协作和服从的形式与动机；对待来自外部影响的模仿与抵抗；个体之间以及群体之间的竞争，劳动的分工，联合与分离，对于超自然事物的态度——这些人们很少提及的东西，都能够予以调查研究。"（Boas，1938：675）不过，虽然博厄斯深信对上述问题的研究可以使社会心理学得到长足的发展，但对于能否从文化人类学的研究中归纳出一般的社会心理学法则，他并没有十分的把握。可以说，弗洛伊德对人类学的涉足在激发马林诺夫斯基的同时也给了博厄斯全新的启迪。虽然他关于"人类群体最初的习惯是由文化决定的，不能归咎于遗传"的观点是和弗洛伊德的生物决定论格格不入的，但弗洛伊德对早年生活在人格形成中的决定作用的重视，却使他摆脱了多年来无法具体验证人们的心理特征是如何随着文化条件的变化而变化的苦恼，同时也使他越发加深了对社会心理学的兴趣。在1940年写成的《种族、语言和文化》一书的序言中，博厄斯开始坦率地承认"生活的动力学，对我来说，比条件的解释具有更多的吸引力"（Boas，1940：5）。

如果说在弗洛伊德将原始民族对图腾既崇拜又恐惧的矛盾态度和孩子对父亲的矛盾态度所进行的完全相似的类比中蛰伏了这样一种观点，即个体的成长史重演着人类的进化史的话，那么将会很容易导致博厄斯这位历史学派的创始人对其所进行的以往历史的重建工作的必要性产生怀疑。在他1928年写成的《人类学和现代生活》一书中我们已经看到了这种迹象，"单有史前史的研究和地理分布的研究是不够的。文化是一个整体，因此我们必须应用心理学的方法研究各种文化特质的联合和同化"（博厄斯，1985：5）。从本章随后的论述中我们将会看到，弗洛伊德的影响和博厄斯本人对心理学的转向，非但直接影响了博厄斯的两位女弟子露丝·本尼迪克特和玛格丽特·米德的研究取向，而且直接孕育、推动了整个文化与人格研究。

自1895年起，博厄斯就执教于美国哥伦比亚大学人类学系，直至1936年退休，前后达40余年。他一生桃李满天下，其中有许多一流的人类学家，如阿尔弗雷德·克罗伯、罗伯特·路威、爱德华·萨丕尔、露丝·本尼迪克特和玛格丽特·米德。哥伦比亚大学人类学系能够成为早期文化与人格研究的大本营，和博厄斯及其弟子的努力是分不开的。

二 人格的文化决定论

1970年，彼得·B. 哈蒙德在评述文化与人格研究时写道，"文化与人格研究构成了文化人类学和社会人类学中的一个亚领域，它所关注的是文化的诸多层面及其变异模式对人格发展的影响途径，其次，它也涉及了人格一旦形成以后，能够对文化的进一步发展予以影响的途径"（Hammond，1978：480-481）。根据这一论述，我们可以1936年为界，将以哥伦比亚大学人类学家为主进行的早期文化与人格研究分为前后相继的两个历史阶段。第一阶段以博厄斯的两位女弟子本尼迪克特和米德为代表，注重文化因素对人类形成的影响；第二阶段以林顿、卡丁纳、杜波依丝为代表，注重文化与人格的交互作用，尤其注重形成了的人格是怎样以及在何种程度上影响文化结构的。

博厄斯从其对原始文化的数十年研究中，最早提出了人格的文化决定论，即人们的人格及受人格制约的社会行为的不同取决于他们所受的文化影响不同。博厄斯的观点直接影响了本尼迪克特和米德的研究。从1920年代中叶起，本尼迪克特深入北美研究印地安人的民俗和宗教，米德则开始了对萨摩亚、阿德米洛底群岛、新几内亚和巴厘岛的一系列现场调查。她们以人性、人格和文化变迁为主题，力图揭示文化对人格形成的决定作用，这对社会心理学产生了巨大的影响。

本尼迪克特的文化模式论

露丝·富尔顿·本尼迪克特（1887~1948年），美国著名文化人类学家，早年酷爱诗文，曾在纽约社会研究院进修。32岁那年在博厄斯的鼓励下，"为了真正做些有意义的事情"，本尼迪克特转入哥伦比亚大学人类学系攻读人类学课程，1922年获博士学位。她早年的几篇论文并未产生太大的影响，为她赢得巨大声誉的是1934年出版的《文化模式》一书，以及二战后根据日本人国民性研究写成的《菊花与刀：日本文化的诸模式》。《文化模式》一书曾被米德称为"20世纪30年代最伟大的书籍之一"，而另一位著名的文化人类学家杰弗里·格勒则将其与弗洛伊德和布洛伊尔1895年出版的那本为精神分析的创立奠定基础的《歇斯底里研究》相提并论，认为《文化模式》的出版标志着对国民性进行科学研究的开始。

本尼迪克特深信人类具有无限的创造性，因此，每一个别文化都只是涵纳在这种无限之中的部分元素所构成的一个"构型"（Configuration），这种统合各具体元素所构成的"构型"才是该文化的精神。每一文化都有自己的主题，围绕着这一主题体现出该文化外在的习俗、制度和行为。因此，研究文化的具体特质是不能和总体的文化网络相隔离的。否则，"我们可以知道某一部落的婚姻形式、礼仪舞蹈和青春期入社礼的所有分布情况，但对文化整体则毫不理解"（本尼迪克特，1987：46），不了解该文化的本质。本尼迪克特的观点显然受惠于格式塔心理学家，在她看来，文化大于其全部具体特征之和。

在上述观点支配下，本尼迪克特具体分析了三个原始文化：祖尼人（新墨西哥的印地安人）、多布人（新几内亚的原始人）和夸扣特尔人（美洲西北海岸的印地安人）。借用米德的评述，"《文化模式》探讨了露丝·本尼迪克特一生中的一个中心问题，那就是具有独特的遗传天赋和特定生活史的每个具体的人与他所处的文化之间的关系"（本尼迪克特，1987：序言3）。虽然这种探讨涉及三个原始文化的比较研究，但这里我们只扼要介绍本尼迪克特本人做过现场研究的新墨西哥祖尼族印地安人和其导师博厄斯做过现场研究的美洲西北部的夸扣特尔族印地安人的情况。我们做这种选择的理由在于，正是这两个就生理体质而言同属一个种族的印地安人在社会行为上的对立，促成了本尼迪克特从文化因素入手，了解人格以及社会行为的形成原因。而祖尼文化和夸扣特尔文化又正好分别代表了本尼迪克特借用的尼采在《悲剧的诞生》中所论述的"日神精神"和"酒神精神"这样两种典型的文化精神。

祖尼文化的社会化程度较高，"按照祖尼人的理想，一个人的活动沉浸在群体活动之中，并且不要求个人的权威，他的性情从不暴烈。他们以日神型方式信守一种希腊人意义上的中庸之道，这再也没有比他们对情绪的文化约束更为清楚的了。不管是遇到愤怒、爱恋、忌妒还是悲哀，适中都是最高美德"（本尼迪克特，1987：101）。

和祖尼人相反，夸扣特尔文化带有明显的酒神精神，在宗教仪式中他们追求的最终境界是狂喜。夸扣特尔人在日常生活中每每为竞争所激励，他们渴求优越，追逐胜利，带有明显的个人主义性质。夸扣特尔人的地位优劣与否主要体现在个人的物质财富的积累上，为了在"夸富宴"上羞辱对方，他们往往随意毁坏有价值的东西。

通过对原始文化的描述，本尼迪克特进一步论及了个人和文化之间的关系问题。1930年，弗洛伊德在《文明及其不满》中表达了这样的观点，由于只有在牺牲了个人的自由和性满足的前提下，一个群体才可能组织起来，文化自然是令人沮丧的。本尼迪克特对这种观点极不赞同，她说："社会作用和个人作用之间并不存在固有的对抗。……在现实中，社会和个人并不是对抗的两极。社会文化提供了个人赖以生存创造的原材料。"因此，"文化贫瘠，个人便会受害，如果它丰富灿烂，个人便可以得到大大发展的机会"（本尼迪克特，1987：238）。在文化和个人的论述中，尽管本尼迪克特强调的是文化对个人的制约和决定作用，但她并未因此否认个人生活的自主性，相反，她一再申明："具有其他文化经历背景的人类学者中，没有一个曾经相信：个人不过是一些机械地执行其文明指令的自动机。"（本尼迪克特，1987：240）在本尼迪克特看来，社会并不是和组成它的个体相脱离的存在，因为它的成分是无数个体的贡献之和。文化也同样不能完全削除它的个体的个人气质。文化和个人之间存在一种相互强化和影响的关系，这种关系"竟然如此紧密，以致不专门考察文化模式和个人心理之间的关系，就不能讨论这些模式"（本尼迪克特，1987：240）。

本尼迪克特对文化与个人之间的关系的论述，既触动了她的前辈，也影响了她的后人：在《文化模式》一书的导言中，博厄斯也颇为赞同地写道："我们必须理解生活于文化之中的个人，也必须理解个人所创造的文化"，而从本章随后的描述中也可以看到，林顿和卡丁纳等人的文化与人格的交互作用论的观点，也能够在本尼迪克特的《文化模式》中找到它的雏形。

玛格丽特·米德的《来自南海》

玛格丽特·米德（1901~1978年）被誉为人类学的"创业之母"，更是文化与人格研究当之无愧的先驱。她于1923年入哥伦比亚大学攻读心理学硕士学位，1924年由于一次偶然的机会结识了弗朗兹·博厄斯及其助手本尼迪克特，这促成了她丰富多彩的一生中最重要的一次转折。她一生著述甚丰，而早年的《来自南海》三部曲和本尼迪克特的《文化模式》一起，被人们公认为是文化与人格研究的奠基之作。

《来自南海》一书包括1928年发表的《萨摩亚人的成年》、1930年发表的《新几内亚儿童的成长——原始教育的比较研究》，以及1935年发表的《三个原始部落的性与气质》。米德的现场研究都是针对某一具体问题而进行的，这种方法对人类学是一个大胆的创新，如《来自南海》的三部曲分别讨论的是文化和青春期、文化和儿童教育以及文化和性的关系问题。

1925~1926年，米德对南太平洋波利尼西亚群岛上的萨摩亚人青春期问题的现场研究，是对其导师博厄斯的文化决定论的第一个具体的人类学验证。两年以后，玛格丽特·米德出版了她的第一部扛鼎之作《萨摩亚人的成年》，该书的副标题是"为西方文明所做的原始人类的青年心理研究"。正如作者日后所说的那样，她力图通过这项研究了解"人类（野蛮而未经教化的原始人类）所赖以生存的丰富多彩的文化环境是如何塑造人格的"（Mead，1939：7）。简言之，她力图找出决定人格的文化因素。

整整比米德早四分之一个世纪，美国心理学家斯坦利·霍尔根据他对西方社会的青年研究，曾于1904年在两卷本的《青春期》一书中提出了著名的"青春期危机"理论。从"个体发生概括了种系发生"的重演论的角度出发，霍尔认为青春期象征着人类在历史上曾经历的一个动荡的过渡阶段。

青春期的出现是一种"新的诞生",意味着个人心理形态的突变和危机。正如弗洛伊德认定儿童期的"心理—性"发展的普遍性,霍尔把青春期的困惑看成"每个人都必须经历的、无法回避的调适阶段"。这种心理学的青春期理论欲图申明这样一个主题,即遗传决定的生理因素引起了人的特定心理反应,因此,青春期的心理特征具有生物学的普遍性。

霍尔的理论从反面促成了米德的研究。她风尘仆仆奔赴萨摩亚,就是为了弄清"使我们的青少年骚动不宁的青春期危机究竟归咎于青春期本身的特性,还是归咎于我们西方的文明?在不同的条件下,青春期的到来是否会呈现完全不同的景象?"(米德,2010:33)

在萨摩亚的9个月生活中,米德详细研究了三个相邻小村中的50名姑娘,大量的第一手资料使她有了足够的勇气向先前的理论挑战。她指出,文化因素对发育有着更为重要的意义。例如,那些身穿草裙的萨摩亚姑娘在青春期并不存在紧张、抗争和过失,在心理上也不会出现危机和突变:"已达青春期的萨摩亚姑娘同她们尚未成年的妹妹们的主要区别,仅限于在姐姐身上已经表现出的某种生理变化尚未在妹妹身上出现而已。但除此之外,在那些正经历青春期的姑娘们与那些还要过两年才达到青春期的少女们,或那些两年前就达到青春期的女性之间,并不存在着其他巨大的差异。"(米德,2010:181)米德认为,造成萨摩亚的姑娘们能够舒缓、平和地度过青春期的原因在于,首先,萨摩亚社会具有一种宁静淡泊的本质,他们对周围的事物缺乏深刻的感受,也不会将整个感情全部投注进去,而"在一个缺乏强烈感情撞击的地方,青春期的姑娘们是不会受到任何过于强烈的心理折磨的"(米德,2010:184)。其次,萨摩亚人只有一种简单的生活模式,因此他们不会为前途的选择所困扰,生活的意义是既定的,因此也不会对人生发出痛苦的质疑,甚至在性的方面他们也有着较大的自由,因此同样不会有文明社会的一般年轻人都有的那种骚动和压力。

萨摩亚之行,是米德整个人生的里程碑。在那里,她发现了有关青春期危机的社会心理问题的解决途径,并进而成功地向人们证实,诸如青春期危机等"以往我们归诸于人类本性的东西,绝大多数不过是我们对于生活于其中的文明施加给我们的种种限制的某种反应"(米德,2010:15-16)。

米德的研究第一次为博厄斯的人格的文化决定论提供了确凿而具体的证据,以致有人声称,《萨摩亚人的成年》一书的出版标志着"人类学的成年的到来"。不论这一评价是否有过誉之处，在1920年代，企图通过人类学的调查找出决定人格的文化因素，米德的举动对当时的社会心理学不能不是一次严峻的挑战。正由此，人们公认，《萨摩亚人的成年》是"标志文化与人格研究领域之开端的里程碑"（哈维兰，1987：301）。

当然，随着时间的流逝，米德的研究也受到了挑战。新西兰人类学家约翰·弗里曼（1916~2001）在米德死后不久，出版了《玛珞丽特·米德与萨摩亚：一个人类学神话的形成与破灭》（Freeman，1983），对米德的研究提出了严峻的挑战，包括米德并不熟悉当地的文化和语言；在萨摩亚住的时间不但不长，而且一直寄居在附近的美国海军基地；她的田野工作主要依赖两位报告人，而她们存在欺骗她的可能，如此等等。尽管弗里曼的批评受到了人类学界的批评（最重要的批评在于，他在米德生前曾与其联系频繁，却未提出质疑），但还是使米德的研究意义受到了相当的消极影响，包括米德著作的读者的锐减。

1928年，米德对新几内亚北部阿德米洛底群岛上的马努斯（Manus）人进行了现场研究，在此基础上写成了1930年出版的《新几内亚儿童的成长——原始教育的比较研究》一书；接着，她又于1935年出版了《三个原始部落的性与气质》一书，同在此前一年出版的本尼迪克特的《文化模式》一道，将人格的文化决定论和生物决定论之间的争论推向了高潮。

在米德之前，人们对男女两性在心理特征上的差异所做的解释大多是生物决定论的。这种观点的代表人物是弗洛伊德。1933年，弗洛伊德在《精神分析引论新编》中，系统阐发了他对女性心理的基本看法。他把女性的人格发展的基本特征归为三个方面，即被动性、受虐性和自恋性。在他看来，男性是人类先天的行为模式，而女性不过是被阉割了的男性。在弗洛伊德那里，男女两性不同的心理发展过程取决于男女两性所具有的不同的生理解剖结构。由此，文明社会的男女不同的人格特征也就同样具有了生物学上的普遍性。

抱着对上述观点的怀疑，米德于1929年研究了新几内亚境内三个毗邻而居的原始部落——阿拉佩什人、蒙杜古马人、德昌布利人。她发现，这三个部落虽然居住在方圆100公里的范围内，但相互间的性别角色规范却存在巨大的差异：阿拉佩什人认为男女两性在人格和行为方面不应该也确实不存在性别差异，在这种文化的熏陶之下，不论男女从幼年起都被要求懂得爱与体贴他人（这是文明社会的所谓"女性气质"），蒙杜古马人则和阿拉佩什人形成了鲜明对比，不论男女从呱呱坠地之日起都被要求成为进攻性的人（这是文明社会的所谓"男性气质"），德昌布利人的性别角色规范则和文明社会正好相反，在那里女性"具有支配感，不为感情因素所左右，具有经营能力，而男性则缺少责任感，感情上的依赖性较强"（Mead，1935：279）。从这些确凿的事实出发，米德有力地指出："所谓男性和女性的特征并不依赖于生物学的性差异，相反，它是特定社会的文化条件的反映。"（Mead，1935：5）

无论是本尼迪克特的《文化模式》，还是米德的《三个原始部落的性与气质》，都体现了一股浓厚的文化相对主义的倾向。她们一致认为，文化模式和个人的人格、习惯行为都必须从历史的、文化的，而不仅仅是生物的、心理的取向来理解。从文化相对论的观点出发，不同的文化塑造了不同的人格特征，那么就不存在什么普遍的、永恒的、超文化的人格特征；不考虑特定社会的规范，就没有人格的变态与常态之分。在本尼迪克特的《文化模式》中，夸扣特尔人所崇尚的首领，都是文明社会所嫌弃的"偏执狂"，而在米德的《新几内亚儿童的成长》中，做一个文雅、体贴人的情郎在马努斯人看来是一种变态人格；相反，做一个强奸者、窥淫者、色情狂却是十分正常的。

为了论述的方便，我们以1936年为界将早期文化与人格研究分为两个历史阶段。这一划分凭借的理由是：随着1936年博厄斯从哥伦比亚大学人类学系退休，以其师徒为主的文化与人格研究（主要致力于人格的文化决定论研究）告一段落；而同一年中卡丁纳和杜波依丝等人在纽约精神分析研究所主办了"文化与人格"讨论会，而且该讨论会在第二年即随林顿和卡丁纳等人受聘于哥伦比亚大学人类学系，移师哥伦比亚大学，并延续了多年，开辟了一条文化与人格研究的新途径。但这里有必要指出，1936年后，本尼迪克特和米德在文化与人格研究的舞台上仍然十分活跃，其中米德直到1970年代依旧佳作迭出，包括研究文化与代沟的力作《文化与承诺》（1970）。好在我们在本章后面的论述中还要谈到本尼迪克特的《菊花与刀：日本文化的诸模式》和米德的《文化与承诺》等著作。

三 文化与人格的交互作用论

在"精神分析理论"一章中我们谈到，1930年代以后，以弗洛伊德为代表的传统的精神分析，经由荣格和阿德勒的反叛与改造之后，逐渐形成了以沙利文、霍妮、弗洛姆为代表的新精神分析学派。由于日益传播广远的马克思主义的影响和社会历史条件的变化，新精神分析学派开始否定性的重要性而代之以社会环境和文化因素，并因此被称为文化学派。他们力图探求在人格的塑造过程中（尤其在人格错乱方面），文化因素是如何以及在怎样的程度上起着决定作用的。

当时，继承精神分析传统的除了基本上由心理学家组成的文化学派以外，还有一些文化人类学家，其代表人物有林顿、卡丁纳和杜波依丝。他们深感"心理动力学中的文化学派，对于社会科学并没有产生持久的贡献"（卡丁纳），转而另辟蹊径研究文化和人格的关系问题。这一研究始于我们上面所提到的"文化与人格讨论会"。参加者除上述三人外还有萨丕尔、本尼迪克特、约翰·多拉德和班泽尔，除却社会学家多拉德，都是清一色的文化人类学家。

在文化与人格研究领域中，以林顿等人为代表的哥伦比亚精神分析学派的人类学家和前述的博厄斯师徒之间的区别在于：①尽管林顿等人也是以批判弗洛伊德理论为自己的研究宗旨的，但在方法上却明显继承了精神分析的传统。具体表现在人格的研究上，他们虽然否认本能力量（包括性本能）是人格塑造的决定性因素，但仍然坚持从童年早期的经验（主要是父母的育儿方式）入手寻求人格的起源和形成。②如果说博厄斯师徒的研究已经"成功地说明了人格在极大的程度上是由文化决定的"（Sahakian，1982：155），那么，作为后继者，林顿等人则注重文化与人格的交互作用，他们欲图找出具体社会中由其文化所决定的占主导地位的、具有典型性的人格，并进一步说明这种人格是怎样以及在何种程度上影响文化结构的。

林顿的"基本人格类型"

拉尔夫·林顿（1893~1953年）在受聘担任哥伦比亚大学人类学系教授之前，曾任美国威斯康星大学教授，在科曼契（Comanche）印地安人部落、马达加斯加的贝特西利奥（Betsileo）人部落以及南太平洋的马克萨斯（Marquesas）人中进行过现场研究。他对文化与人格关系的探求主要体现在《人的研究》（1936）和《人格的社会背景》（1945）两书中。林顿认为，人格是个人的心理过程和心理状态的有组织的集合。在他看来，每一文化的成员都有一系列共同分有的人格特征，这些共有的人格成分形成了十分完整的结构，即形成了个体之间基本相似的人格丛，而对于作为一个整体的社会来说，这种人格丛就是"基本的人格类型"。

这种基本的人格类型是由文化塑造的，具体来说，是由既定社会中的成员所运用的多少相似的训导和哺育儿童的方法所塑造的。由此出发，林顿必然得出这样的结论，即某一社会的大多数成员所具有的人格结构（即基本人格结构）是他们共同的早期经验的结果。从这里以及后面的分析中可以看到，林顿和卡丁纳等人的人格观实际上从未摆脱弗洛伊德的"童年期决定论"的掣肘，只不过在哥伦比亚精神分析派的文化人类学家那里，"训导和哺育儿童的方法"取代了本能的驱力。但将文化简单地归结为训导和哺育儿童的方法，这种文化观显然是十分狭隘的，它从根本上忽视了社会历史条件对个人的人格以及社会行为的影响。

当然，林顿的研究并不乏出色之处。他所触及的问题有许多是博厄斯及其弟子们未曾涉及的。比如，在博厄斯等人的文化决定论中潜在地存在这样一个难题：如果人格的形成完全受制于文化因素，那么，生活在同一社会中的个人之间还存在不存在人格上的差异？林顿所创设的"基本人格结构"成功地解决了这一难题。在林顿看来，文化所决定的只是基本人格类型，它并不等于每个个人的具体人格（个人的具体人格是丰富多彩的），却和个人的投射系统相一致，换言之，和作为个人的人格结构基础的社会共有的价值—态度体系相一致，这种相同的基本人格类型通过不同的行为方式反映出来，就形成了每个个人的具体人格，但要进一步解释这种具体的人格，仅局限于文化的研究是不够的，还必须发现非文化因素。

文化对"基本人格类型"的塑造并不是林顿论述的中心，在他看来，个人的心理结构（具体说是个人人格的潜在内核"基本人格类型"）对文化的影响和构造，更甚于文化对个人人格的影响和构造。本尼迪克特的天才性见解开始被置于整个文化与人格研究的中心，人格的文化决定论让位于人格与文化的交互作用论。在《人的研究》中，林顿这样写道："在这种人格结构和个人所属的社会的文化之间有一种密切的联系，这是毋庸置疑的。……文化从个人的人格以及人格间的互动中获得了它的全部特征。反过来，社会中的每个个人的人格又在与社会文化的持续不断的联系中发展着、活动着。人格影响着文化，文化也影响着人格。"（Linton，1936：464）

文化对人格的依赖关系，决定了每一个社会对新事物的反应都依基本的人格类型而转移，这是一个超前性的结论。虽然有人抱怨，作为开拓者，林顿未能深化他的观点，但实际上他那些合作者（尤其是卡丁纳）的研究大多未能离开他所规定的主题，所以本身也就使林顿的理论实现了进一步的掘进。

卡丁纳的"基本人格结构"

艾布拉姆·卡丁纳（1891~1981年），1914年曾从美国专程赴维也纳接受弗洛伊德的精神分析，并求教于弗洛伊德。在1937年受聘于哥伦比亚大学人类学系之前，他是一位和纽约精神分析学院、哥伦比亚大学精神病学系的同行们过从甚密的精神病学家。他的研究主要奠基于对林顿有关马克萨斯人的现场调查和杜波依丝关于印度尼西亚的阿罗人的现场调查的分析。

卡丁纳和其合作者林顿一样，对博厄斯等人的人格的文化决定论抱以双重的态度：一方面，他同意博厄斯等人的观点，认为人格受制于文化；但另一方面，他又坚信人格不仅仅是文化的（当然更不会是本能的），而是综合的、累加的，是个人从出生之日起就与之发生联系的各种文化的以及非文化的力量进行不断塑造的结果。这种力图突破单一的文化决定论的观点，使卡丁纳意识到单从文化因素入手所研究的就只能是丰富多彩的具体人格中的由相同文化因素所决定的相似的那一部分，当然，这也是最为核心和内在的部分。这样，当林顿以"基本的人格类型"来代表每一文化的成员所共有的基本相似的人格丛时，卡丁纳也相应创设了"基本人格结构"的概念。由于卡丁纳把人的行为看成一个与制度及人的需要相互作用、相互适应的问题，他的"基本人格结构"概念自然代表的是个人对那种影响他的特殊制度所做出的相一致的反应。从这样的角度来下定义，基本人格结构是："社会中每一个人都具有的有效的适应工具。"（Kardiner，1939：237）

在《个人及其社会》（1939年）一书中，卡丁纳讨论文化与人格的关系所凭借的另一个重要概念是"制度"。马林诺夫斯基在《文化论》中把制度看成"人类活动有组织的体系"，卡丁纳则将制度定义为"一群人共有的任何固定的思想或行为的模式"。卡丁纳抱怨弗洛伊德将人的反应类型归诸人的普遍的本能，忽略了制度情境和人格形成的关系。在他看来，人格类型有赖于一文化中的制度丛，他的文化与人格研究的目的之一就是"试图表明不同的制度造就了不同的人格结构"（Kardiner，1939：455）。比如在南太平洋马克萨斯人那里普遍盛行一妻多夫的婚姻制度，母亲周旋于多夫之间，尽管也给予了孩子一定的性的刺激，但在孩子还处在嗷嗷待哺之时就不管他们了。这样，马克萨斯人中就不存在所谓"俄狄浦斯情结"。

在卡丁纳的全部研究中，最为精彩的部分要数他关于人格对文化的影响和构造的论述。他将代表文化特质的制度分成两大层次：一为"初级制度"，包括家庭组织、群体结构、基本训练、哺乳和断奶方式、肛门期训练、性的禁忌以及谋生技能，这些较为古老而稳定的制度是模塑一个社会的基本人格结构的工具，这体现了文化对人格塑造的决定作用；二为"次级制度"，这是由形成了的基本人格结构通过投射系统所塑造的，包括民俗、宗教仪式、禁忌系统以及思维方式等，基本人格结构正是通过这些次级制度转而对文化予以影响的。在卡丁纳看来，这种"基本人格结构虽然不能够决定某一文化的全部变迁，但它提供了方向，规定了适应性的文化变迁所发生的方式"（Kardiner，1945：454）。

依前所述，卡丁纳的这种能动的人格观是林顿关于每一个社会对新事物的反应都依基本的人格类型而转移的天才见解的深化和继续。它不仅有着深刻的理论意义，也有着巨大的现实意义。既然文化变迁依基本人格结构而转移，那么，其间的社会制度的确立就必须考虑制定制度的人的心理意义，而且必须考虑到制度的变迁如何适应人的感情和习惯，否则就难以有科学的制度。如果能够考虑到个人与其生存的文化中的特殊制度之间的关系，心理科学的成果也就能够应用于解决实际的社会问题。

杜波依丝的"众数人格"

林顿和卡丁纳的研究经由哥伦比亚大学的另一位女人类学家科拉·杜波依丝（1903~1991年）得到了进一步的完善。杜波依丝早年于加州大学获博士学位，曾在哥伦比亚大学人类学系进修，以后曾任美国人类学会主席，主要著作有《阿罗人：一个东印度岛的社会心理研究》（1944年）和《东南亚社会力量》（1949年）。

1938~1939年,杜波依斯在印度尼西亚东部的阿罗群岛(Alor Archipelago)度过了18个月,对当地的土著阿罗人进行了深入细致的研究,写成了使她在社会心理学界一举成名的著作《阿罗人:一个东印度岛的社会心理研究》。可以将杜波依丝的贡献简要地归为两个方面:其一,她在林顿的"基本人格类型"和卡丁纳的"基本人格结构"的基础上提出了"众数人格"的概念。杜波依丝从对阿罗人的现场研究中发现,不论是从心理测验的结果来看,还是从她自己的印象来看,阿罗人彼此间的人格特征都有相当大的变异性,"但是,这些变异幅度是在一个共同的基线上获得的。在这个基线上,资料将会显示出中心趋势,而构成每一特定社会的众数人格"(Du Bois, 1944: 4-5)。而这种众数人格是"由生理和神经因素决定的基本倾向和由文化背景决定的人类的共同经验交互作用的产物"(Du Bois, 1944: 3)。用能够通过资料统计获得的"众数人格"代替抽象的"基本人格类型"和"基本人格结构",这对于人格研究的具体化、数量化和科学化,应该说是一个卓越的贡献。其二,杜波依丝的研究由于其方法上的创新(比如她成功地运用了罗夏墨迹测验和主题统觉测验等心理测量方法),成为整个文化与人格研究中最具说服力的个案研究。这项研究既丰富了林顿和卡丁纳的文化和人格的交互作用论,也修正了早期的本尼迪克特和米德在方法论上的某些不足,并因此成为1940年代文化与人格研究领域中的新的里程碑。

从博厄斯直至杜波依丝,我们发现美国哥伦比亚大学人类学系在社会心理学的短暂历史上占有着突出的地位。实际上,自1895年博厄斯入哥伦比亚大学后,哥大人类学系就对社会心理学的研究产生了浓厚而持续不断的兴趣。就此而言,哥伦比亚大学的人类学系实际上就是社会心理学系。这里,我们可以十分贴切地借用奥托·克兰伯格的评判,"哥伦比亚大学建立了一个全新的社会心理学系,在整个世界上这种类型的社会心理学系也是第一个"(Sahakian, 1982: 156)。从我们前面的论述来看,对这一赞誉哥伦比亚的人类学家是受之无愧的。他们以"文化与人格"为主题开展的一系列现场研究和精神分析(哥伦比亚大学的文化人类学家因此被人们合称为"文化与人格学派"),是文化人类学家对社会心理学做出的最为直接的贡献,无论在文化人类学界还是在社会心理学界都具有无可争议的开拓性质。

四　文化与人格领域的晚近研究

文化与人格领域内的研究在第二次世界大战以后得到了进一步的发展，有关文献资料如恒河沙数极大地丰富了社会心理学的研究。这里，我们选择几项与社会心理学密切相关的主题，简单论述一下该领域内的晚近研究。

国民性研究

文化人类学家对民族心理差异的思考是国民性研究的前身。这种思考最早可以追溯到英国学者威廉·H. R. 里弗斯（1864~1922年）。在他死后五年方得以出版的《文化冲突和种族接触》（1927年）中，里弗斯把澳大利亚土著描绘成"内向的"，而把非洲土著描绘成"外向的"。以后，本尼迪克特、林顿、卡丁纳和杜波依丝等人也都没有放弃这种描绘一个民族的心理特征的努力，他们或以"日神精神""酒神精神"来概括不同民族的文化精神，或以"基本人格类型"、"基本人格结构"和"众数人格"来代表某一民族的典型的心理特征。

促使文化人类学家将这种对原始民族的人格特征的考察转向对现代国家的国民性格的研究的主要动力，是第二次世界大战。战争使美国政府迫切需要了解日本人、德国人、俄国人……战争也给了从事文化与人格研究的学者们为自己的祖国服务的机会。从兹后的情况来看，战争不仅刺激了国民性研究，而且也促使文化人类学家日益加强了对现代社会的关注。

第二次世界大战期间及战后20多年内，有关日本人的国民性问题是文化人类学家研究的热点，而本尼迪克特的《菊花与刀》又是其中不可多得的佳作之一。这本主要靠访问日裔美国人，阅读和观看日本的书籍、杂志、影片，以及研究日本历史，即通过"文化遥距研究法"（long distance research）写成的分析日本国民性的著作，使许多日本学者都叹为观止。被称为日本文化人类学之父的祖父江孝男就曾写道："尽管本尼迪克特一次也没来过日本，然而，她却巧妙确切地抓住了日本人自己并没有察觉的日本文化和日本国民性的许多特点。"（祖父江孝男，1987：120）

这项对美国制定战时和战后对日政策均产生一定影响的研究始于1944年6月，两年以后，本尼迪克特将这份原为受美国战时情报局之托写成的报告整理出版，并根据日本人既爱美、爱菊花，又崇尚武士、崇拜军刀的两重性格，将此书取名为《菊花与刀》。在该书中，她探究了这样一个令人迷惑不解的问题：为什么日本人在二战中如此残酷，而战败后对征服者又显得如此恭顺与合作呢？本尼迪克特解释道：日本人的长处就在于能够全心全意地朝着某一目标前进，但是当他们发现此路不通时，就能够当机立断朝相反的方向继续前进。"日本人的伦理是一种允许取舍的伦理……他们至今所受的一切训练把他们塑造成能够见风使舵的人。"这就解释了战后"这些友好的国民正是那些曾发誓用竹矛战斗到死的人们"（本尼迪克特，1987：256~257）。

应该指出的是，整个国民性研究都在某种程度上受到了弗洛伊德的童年期决定论的影响，杰弗里·格勒和韦斯顿·拉巴雷都是从日本人的排泄训练之严格中寻找日本人暴虐的原因的，而本尼迪克特也接受了这种思想。可是战后的现场研究则发现，关于日本人排泄训练严格的说法却是一则神话。关于俄国人、德国人国民性的研究也严重存在着这种倾向，1960年代以后国民性研究领域的清冷现象可以说正是这种偏颇的直接后果。

有关国民性研究的著述甚多，较为重要的还有米德的《枕戈待旦：一个人类学家眼中的美国人》（1942年）、《苏联人对权威的态度》（1951年），格勒的《英国人性格的研究》（1955年）、《大俄罗斯人》（1944年），以及美籍华人学者许烺光的《美国人和中国人：两种生活方式》（1953年）。但是，1970年代以后，仅有以研究人的现代化见长的社会学家阿历克斯·英克尔斯"孤军奋战"，前后"求索45年"（Inkeles，1997：2），在出版《从传统人到现代人——六个发展中国家中的个人变化》（英克尔斯、史密斯，1992）之后，又撰成了《国民性：心理-社会视角》一书（参见周晓虹，2012a）。随着时间的流逝，英克尔斯的努力大多也被忘却，不过如果你想到2020年疫情带来的美国社会的分崩离析，还是会发现国民性研究者的看法不乏预见性。在这本书中，英克尔斯写道：伴随着经济的增长，人们对物质生活条件改善的预期在上升，但与此同时，"下降的是个体对美国社会基本制度的信心"（Inkeles，1997：258）。

人格和文化变迁

如果说《菊花与刀》受到人们批评的另一个原因在于，本尼迪克特主要是以明治时代移居美国的日本人为研究对象的，她基本忽视了"从明治时代到现在的历史变迁"（祖父江孝男）的话，戴维·里斯曼（1909～2002年）的《孤独的人群：变动中的美国人性格的研究》（1950年）则是一本以人格和文化变迁为主题的著作。这位美国哈佛大学社会关系系的教授，致力于解答在不同的历史时期社会用何种特殊的方式来维系其社会成员对它的遵从。他列出了下述三种主要的性格类型。

（1）传统导向。这种人的行为处处受到外界的传统文化标准、亲属关系、宗教、礼仪等的控制。其突出的特征是与外界的行为标准以及社区的礼仪符合一致。

（2）自我导向。这种人不理会"严格的、不言而喻的传统"，他们遵循的是追求"幼年时由长辈培植的、一般化但却是必然的目标"，追求财富、名誉和个人成就。

（3）他人导向。这是典型的受同时代的人影响的人，他们对别人的心绪和感觉十分敏感，并对外在的影响有相当的适应力。

里斯曼认为，传统导向的人格是长期定居、变化缓慢的传统社会所特有的，此时人口和土地的比率较为稳定、平衡，"这是因为出生率和死亡率两者都很高，同时又几乎相等"（Riesman，1953：21），此后，由于人口增多、死亡率下降，农业得以发展，产品也有了剩余，这就诞生了社会流动迅速加快、资本积累、发明和扩张的时期，并导致了个人主义的萌生，自我导向的人脱颖而出。再往后，死亡率下降、出生率也大大下降；农业刚为工业所代替，工业又部分地为服务性行业所代替，上班工作的时间缩短了，却获得了充裕的物质和安逸。在这种时代，人们发现，"是他人逐渐地成了问题，而不是物质环境"。第二次世界大战后的美国，就是他人导向的人格类型占主导地位的时期。

《孤独的人群：变动中的美国人性格的研究》出版以后引起了人们的普遍关注，但也受到了人们的诸多批评。有人认为，里斯曼对美国人性格的分析，只涉及了中产阶级而忽略了下层阶级，只处理了城市居民而忘了乡村居民，也有人怀疑他人导向的性格的形成，是由高度发展的经济和人口的再度下降决定的。但无论如何，从文化和社会变迁的角度去研究人格的变化，以及这种人格的变化是如何反过来进一步引起文化变迁的，却是一个极有价值的课题。在这方面，社会学家马克斯·韦伯的《宗教伦理与资本主义精神》（1904年）和心理学家戴维·C.麦克莱兰的《成就社会》（1961年）也都是极富启发的醒世之作。

文化与代沟

关于年轻一代和年长一代在行为方式、生活态度、价值观方面的差异、对立和冲突，即所谓"代沟"问题，第二次世界大战后就引起了文化人类学家的注意。比如，杰弗里·格勒在 1948 年出版的《美国人：一项国民性研究》中就曾讨论过代际脱节现象，但对"代沟"问题做了最具说服力的阐释的却是米德 1970 年出版的著作《文化与承诺：一项有关代沟问题的研究》（周晓虹，1987）。

《文化与承诺》出版于以 1968 年的五月学潮和 1969 年的"伍德斯脱克事件"为标志的欧美 1960 年代青年运动刚刚退潮之际。米德提出，纷呈于当今世界的代与代之间的矛盾和冲突既不能归咎于两代人在社会地位（如帕森斯）和政治观念方面的差异，更不能归咎于两代人在生物学和心理学方面的差异，而首先导源于文化传递方面的差异。从文化传递的方式出发，米德将整个人类文化划分为三种基本类型：前喻文化、并喻文化和后喻文化。① 这三种文化模式是米德创设其代沟思想的理论基石。

前喻文化，即"老年文化"，其特点是晚辈主要向长辈学习，这是一切传统社会的基本特征。在传统社会中，由于发展十分缓慢，经验就有了举足轻重的作用，而经验丰富的老者自然就成了整个社会公认的行为楷模。在这种以前喻方式为特征的文化传递过程中，年长一代传递给年轻一代的不仅是基本的生存技能，还包括他们对生活的理解、公认的生活方式和简拙的是非观念。这种前喻型文化从根本上来说排除了变革的可能，当然也就排除了年轻一代对年长一代的生活予以反叛的可能，因此，在前喻文化中是不存在代沟现象的。

并喻文化，是一种过渡性质的文化，它肇始于前喻文化崩溃之际，比如移民运动、科学发展、战争失败等原因。由于先前文化的中断，前辈无法再

---

① 在《文化与承诺》一书中，米德使用了 post-figurative culture、co-figurative culture、pre-figurative culture 三个概念，用以指代三种不同的文化传承模式（Mead, 1970）。如果要翻译的话，循规蹈矩的译法之下可译为"后（被）构型文化"（后由前构型）、"并构型文化"（互相构型）和"前（被）构型文化"（前由后构型）；但是，如果将 figurative 或其动词 figurate 解释成主动的"喻"，即动词"说明""表征"，那么前、后就正好要反过来，可将 post-figurative culture 译成"前喻文化"（由前代向后代说明），co-figurative culture 译成互喻文化或并喻文化；而将 pre-figurative culture 译成"后喻文化"（由后代向前代说明）。

向晚辈提供符合新的环境和时代要求的全新的行为模式，晚辈就只能以在新的环境中捷足先登的同伴为自己仿效的楷模，这就产生了文化传递的并喻方式。在并喻文化中，由于年长一代不能继续引导青年前行，产生了代表新与旧两种生活方式的两代人之间最初的矛盾与冲突，但这种"代沟"现象从全球范围来看还只是局部性的。

通过对前喻文化和并喻文化的描述，米德创设了她的后喻文化或曰青年亚文化理论。她指出，由于二战以来科技革命的蓬勃发展，整个社会发生了巨大的变革，人类开始将自己熟知的世界抛在身后，生活于一个完全陌生的新时代中。这一情形和当年那些开拓新大陆的移民的经历颇有几分相似之处。所不同的只是，如果说那些新大陆的开拓者经历的是空间迁徙的话，那么人们今天经历的则是一场时间迁徙；如果说开拓新大陆的移民只占世界人口的一小部分，那么，今天由于时代巨变而经历时间迁徙的则是整整一代人。这就使得在时代的剧变面前，由老一代不敢舍旧和新一代唯恐失新的矛盾所酿就的两代人之间的对立与冲突成为一种全球性的现象。而要解决代际之间的矛盾与冲突，日益落伍的年长一代就必须向代表未来的年轻一代学习。古往今来，没有任何一代能像今天的年轻一代这样经历这样根本的变化，同样也没有任何一代能像他们这样"了解、经历和吸收在他们眼前发生的如此迅猛的社会变革"（米德，1987：86），这就使得年轻一代的文化具有一种引导社会前行的作用。

从 1978 年的改革开放开始，米德所论述的这种年长一代向年轻一代学习的现象不仅在中国出现了，而且在几十年里比美国演绎得更为鲜明。从 1978 年以来，中国的青年一代就成了倡导新的价值观和生活方式的先锋。我们将这种和"嗷嗷林鸟，反哺于子"的生物现象十分相似的文化现象称之为"文化反哺"，并且认为这种在疾速的文化变迁时代所发生的年长一代向年轻一代进行广泛的文化吸收的现象具有某种普遍性（周晓虹，1988，2015）。

五　历史意义与评价

把构成西方文化的西方人的行为以及这些行为所自动遵循的标准当成是通见于全人类的，这是社会心理学在 20 世纪初形成之时具有的一个显著特征。形成这一特征的主要原因有两个：其一，作为一门独立的学科而出现的现代意义上的社会心理学是西方文明的产儿，它的"根基建立在西方思想与文明这个特殊的传统之上"（Allport，1985：2）。而这一事实从一开始就决定了诞生于20世纪初的社会心理学不可避免地带有西方文明的色彩，决定了"社会心理学那时大部分已是一种关于19世纪和20世纪西方人的心理学"（墨菲、科瓦奇，1980：607）。其二，随着19世纪下半叶达尔文的进化论取得了对人类行为的由来进行解释的无可争议的地位，正在形成中的社会心理学也十分自然地将人类社会行为的解释奠基于生物学之上。具体表现在麦独孤那本《社会心理学导论》中，本能成了一切社会行为的基础，往后，到了弗洛伊德手中，麦独孤的18种本能更是被代之以独一无二的本能——"性本能"。而一旦"本能"的概念成为一切社会行为的全部说明，当时的社会心理学在以西方人为对象进行的研究中所获得结论，也就自然具有了生物学上的普遍意义。

"给我一打健全的婴儿，……我都可以把他们训练成为我所选定的任何类型的特殊人物"，1913年后，行为主义者华生率先对人类行为的本能论解释表示了自己强烈的不满，并由此和麦独孤展开了一场长达数年的争论。华生的呼吁既表达了人们要求根据科学来形成和控制自己行为的愿望，同时也流露出极端的环境决定论的倾向。

当这场遗传和环境究竟何为人类行为的起因的古老争论在华生和麦独孤之间刮起新的旋风之际，文化人类学家毫不犹豫地站到了行为主义一边。玛格丽特·米德明确声称，人类学家"从对其他文明中的成人行为的观察出发，获得了许多和行为主义者对幼儿行为的描述相似的结论……"（米德，2010：27-28）。确实，这类结论自1920年代以后，在文化人类学界风涌迭出。而且这些从不同文化的比较研究中获得的结论，由于其浓郁的异国情调和历历在案的具体分析而使得人们更易接受。随着文化人类学家来自世界各地的一个又一个令人眼花缭乱的跨文化研究报道，以往西方人习惯上认为属于人类本性中固定成分的行为的诸多层面，开始一个接一个地被发现只是人类文明中的一种可能的结果。当时，对于年轻的社会心理学来说，由文化人类学所进行的每一次异文化研究都是一次令其震慑的冲击。在这种属于"……19世纪和20世纪西方人的心理学"的社会心理学面前，文化人类学的研究充分证实了文化的多样性对人格和心理塑造的决定性意义，从而表明，先前的社会心理学对人的社会行为模式的描述和阐释并不具有绝对普遍的意义。

在社会心理学的短暂历史上，这是一次至今仍为人所忽视、却具有划时代意义的转折。如同麦独孤时代的心理学家使社会心理学向生物学让步，以哥伦比亚"文化与人格学派"为主体的文化人类学家开始迫使社会心理学向人类学让步，自此之后，在社会心理学关于人类行为的解释中，本能论、普遍论让位于文化论、差别论，单从20世纪后期心理学家和社会心理学家每每谈及人类行为，都小心翼翼地冠以"在我们的文化中"这样一句限定性短语，人们都不难觉察文化人类学家的历史功绩。

应该指出的是，在人格以及行为模式的解释上，这一发端于1920年代末盛行于1930~1940年代的否定本能论、绝对论，代之以文化论、差别论的倾向，并不单单出现在文化人类学界。文化人类学中的文化相对论的产生，有着深刻的社会历史原因和理论来源。20世纪初，整个世界局势动荡不宁，各种社会矛盾日趋尖锐，并终于导致了第一次世界大战以及随后而至的十月革命。战争和革命的双重影响及在此前后出现的以爱因斯坦的相对论为代表的近代物理学上的一系列突破，首先在当时的西方史学研究中反映了出来。"欧洲中心论"连同历史从野蛮走向文明的信仰，这些近代以来资产阶级所信奉并赖以生存的社会历史观念摇摇欲倾。1918年，德国历史学家斯本格勒出版了那本名闻遐迩的历史巨著《西方的没落》，明确宣称任何思想家都只能在他所生活的条件下进行历史的认识和理解，不存在什么普遍永恒的东西。这一大胆的见解一方面使先前由欧洲史学家们所勾勒的历史发展的普遍模式成为戏谈，另一方面也带有否认历史有规律可循的相对主义倾向。

社会历史条件的变动和整个意识形态领域中的相对主义观点，不能不对文化人类学这个直接接触外族文化的学科产生深刻的影响。在整个西方所呈现的没落趋势之前，无论是人类学的演化学派（认为西方文明是人类演化的最先进体现），还是传播学派（认为各族文化都由西方文化传播而来），对人类文明发展所做的解释都显得苍白无力。在这种情况下，博厄斯、本尼迪克特、米德，以及众多后来者开始不仅承认文化的多样性，而且进一步承认这种多样性的合理性。在《文化模式》中，本尼迪克特指出"在社会学和心理学这两个领域里，文化相对性的意义至关重大"之后，接着申明"一旦这新的观念被奉为一种习以为常的信仰，……我们将会达到一种更为现实主义的社会信念：接受人类从生存的原材料中所创造的种种同时并存的、同样有效的生活模式"（本尼迪克特，1987：262-263）。应该说这种对人类文化的多样性所持的肯定态度，决定了文化人类学家的文化相对论观点具有不可否认的进步意义。从那之后，这种观点始终是反对"种族主义"、捍卫第三世界文化的有力武器。当然，由于文化与人格学派的文化人类学家一味强调人格及人类行为对文化的依赖性、相对性，在某种程度上不可避免地否认了人格的主动性和人类行为的遗传性和客观性，既带有相对主义的倾向，也带有机械决定论的性质。文化与人格研究自1950年代以后所遭受的种种困窘，可以说正是这种偏颇导致的直接结果。

完成了对于文化人类学家在社会心理学领域做出的杰出贡献及其历史意义的论述之后，我们有必要对他们所进行的"文化与人格研究"做出粗浅的评价。

第一，文化人类学家的研究在一定程度上成功地说明了在人格及人类行为的塑造方面文化因素比生物因素起着更为重要的作用，但由于他们对文化的理解或多或少是片面的、狭隘的，忽略了人在社会实践中的主动性和创造性，因此，他们在拆穿本能力量决定了人的一切社会行为的谎言的同时，又描绘了一部新的神话，如斯普拉德利所说的"让人以为是文化在使役人类"。

论及文化，人们多会援引英国人类学家爱德华·B. 泰勒的定义："文化是一个复合的整体，其中包括知识、信仰、艺术、道德、法律、风俗以及人作为社会成员而获得的任何其他的能力和习惯。"（Tylor，1888：1）这一定义着重于强调"人作为社会成员而获得的……能力和习惯"，把文化放在群体互动的社会行为中考察，从社会学的角度界说文化，这是泰勒定义的长处，但这一定义正因为着眼于个人的"能力与习惯"，其内涵是十分有限的。文化，从较为广阔的意义上说，应该包括物质层、制度层和心理层，而泰勒的定义显然忽视了前两个层次尤其是物质层在文化的整个结构中的地位。泰勒的文化观对其后的文化人类学家产生了极大的影响，无论是米德、本尼迪克特，还是林顿、卡丁纳，在使用"文化"这一概念时都没有超出泰勒所划定的意义。在米德那里，造成萨摩亚人能够平和地度过青春期的主要原因在于萨摩亚人的文化中有一种西方文化缺少的"宁静淡泊的本质"，而在本尼迪克特那里，造成祖尼人和夸扣特尔人具有不同人格特征的原因在于两者的文化精神不同，到了林顿和卡丁纳，尽管他们比前人更进一步涉及了文化的制度丛，但整个文化也不过被归结为训导和哺育儿童的方式，归结为母子之间的交互作用方式。

第二，文化人类学家的研究向当时盛行的弗洛伊德主义提出了勇敢的挑战，否认了本能力量对人格塑造的决定性作用，但是，他们的具体研究和分析并没有完全摆脱精神分析的影响，尤其在人格形成的说明上，依旧表现出了极端的"童年期决定论"的倾向（这在国民性研究中表现得十分明显）。这种观点从下述两个方面使文化与人格学派的研究未能进一步深刻揭示文化与人格的辩证统一关系：①由于他们强调童年早期的经验对人格形成的决定性影响，从而忽视了以后的社会化过程。而童年早期虽是人的社会化的关键时期，但决不会是终结时期。②他们对文化的狭隘理解，在一定程度上源于他们对在人格发展中童年早期经验的强调。既然文化决定了人格，而人格的塑造又主要取决于个体在童年早期的文化学习中所获得的经验，那么，文化就自然会被等同于能使儿童获致这种经验的训导和哺育方式，等同于母子之间的交互作用方式。

第三，文化人类学家的研究在强调文化对人格及行为塑造的决定作用的同时，忽略了生理和遗传因素的影响。事实上，具有一定的生物遗传特征又生活于具体文化条件下的人的全部心理特征（即人格），受着社会文化因素和生理遗传因素的双重影响。

1920~1930年代，当麦独孤、弗洛伊德对人类行为的生物学解释十分盛行的时候，文化人类学家围绕着文化与人格的关系问题进行的一系列研究对于进一步理解人格和人的社会行为产生了极为有益的影响。但是，他们所持的"文化决定论"在阐释人类行为时，一开始就带有将社会文化因素和生物因素对立起来并且否认后者的倾向（如米德等人对青春期的研究）。这种偏颇使他们未能正确、全面地了解人格及人类行为的产生、发展和变化的规律。

第四，文化人类学家的研究发展了许多具体的现场研究方法，在这方面，他们的研究第一次能够称为科学的研究，但是，他们的记载还不能符合当代研究中所提出的精确性的要求和标准，他们对原始民族的调查大多是描述性的，而这种描述有时又只是为了符合先前业已形成的观点。

在博厄斯、马林诺夫斯基之前，人类学的资料来源大多是由涉足原始民族的探险家、传教士、商人以及殖民地官员提供的。博厄斯、本尼迪克特等人都对这种"安乐椅上的人类学"进行过猛烈的抨击。博厄斯、马林诺夫斯基身体力行提倡进行现场调查，而其他诸多后来者更进一步丰富、发展了田野研究方法。无论是米德针对某一具体问题（青春期危机、性别角色、儿童教育）所进行的田野研究，还是杜波依丝等人对阿罗人所做的分析，都是对人类行为的跨文化研究的大胆创新。但是，这些方法仍有诸多不足之处：①文化人类学家（尤其是米德、本尼迪克特等人）受当时的研究条件的限制，对资料的收集多是靠记忆和日后的记录获得的，他们的抽样方法不甚科学，而具体的分析又过于简单、牵强。②以林顿、卡丁纳为代表的后期文化与人格学派由于受精神分析传统的影响，过于关心人类的变态行为，而他们又往往把从变态者身上得到的标准和结果用于人类行为的普遍解释。

文化人类学对社会心理学的形成和发展做出了卓越的历史贡献，其影响在晚近社会心理学的发展中已日趋明显。在本书导言中我们已经交代，1980年，由文化人类学家特雷安迪斯和朗伯特主编的《跨文化心理学大全》之所以在社会心理学界引起了人们的普遍瞩目，主要原因在于在其中第五卷《社会心理学》中，文化人类学家首次将其所从事的社会心理学研究命名为"跨文化社会心理学"。至此，文化人类学家经过大半个世纪的持续不懈的努力，终于彻底打破了社会心理学领域由社会学家和心理学家双雄争霸的局面，形成了新的三足鼎立的阵势。在本书的结语中，我们还将对社会学家、心理学家和文化人类学家所分别从事的三种不同取向的社会心理学做一简单的比较分析，以期获得对社会心理学的进一步认识。

第十章　社会生物学理论

对于作为社会心理学研究对象的人类众多的社会行为（诸如乱伦禁忌、战争、宗教、道德、同性恋等），人们能否找到一种生物演化史上的统一基础从而给出统一而又合理的科学解释呢？这一切在社会心理学早期阶段虽都有讨论，但一直处在众说纷纭的状态。在1950年代后，伴随着现代分子生物学、分子遗传学等领域一系列新的研究成果的问世，特别是自遗传物质DNA的复制结构、复制方法及其作用被发现后，便使得相关讨论不再像过去那样仅从有机体的角度出发而是从基因出发来重新阐释进化论，进而阐释人的行为发生、发展的内在机制成为可能。这样，就导致了作为一门新的综合性学科——社会生物学的创立。

一　历史背景

1975年6月，美国出版了《社会生物学——新的综合》一书。该书的问世，被学术界公认为是社会生物学正式创立的主要标志。用丹尼尔·贝尔的话说，"这本书使人们看到有希望建立一门重要新学科，这个学科将把社会科学同生物学联系起来，并且用新达尔文进化论生物学的理论原则去解释社会生活的基本类型"（贝尔，1982：67），而作者爱德华·O. 威尔逊也因此被美国社会心理学史家威廉·S. 萨哈金称为"社会生物学之父"。可以说，虽然在以往的社会学术语中不乏"社会生物学"一词，但是，直到威尔逊的巨著问世，才使得作为一门综合性学科的社会生物学的含意比较一致起来，也使得社会生物学的基本原理和纲领得到初步的确立和发挥，以及得到那时最彻底、最完整的系统阐释。

不过，众所周知，由于当代科学的高度分化，单凭一位科学家或一本传世之作要想建立一门新学科，或扭转某一学科的发展方向，这是很难想象的事。因此，社会生物学的产生亦必有其科学基础，以及与此相关的一系列背景条件。

可以说，在社会生物学正式确立以前，在生物学内部早就产生了专门研究动物行为的派别。自达尔文以来，对动物心理学的兴趣就一直存在着。例如，继1859年生物学史上划时代的著作《物种起源》发表之后，1871年和1872年，达尔文又分别出版了《人类的由来及性选择》与《人类和动物的表情》两书。其中前一本书就已涉及雄性优越论的若干"科学依据"，并且对动物所表现出的心理倾向，如好奇、记忆、想象、反射、忠诚、模仿等做了分析，进而讨论到人类特有性状的进化问题。在后一本书中，达尔文进一步提出了人的心灵与动物所有类似心灵的东西之间的连续性问题。这些问题的提出，便"导致了现代的动物心理学"，并"开创了动物心理学的近代世纪"（波林，1982：535）。正是在这种生物学传统的影响之下，使得近100年来，生物学界对于从最简单的生物体直至人的行为的研究始终怀有浓厚的兴趣。例如，在1970年出版的《生物学与人类未来》一书中，就专门辟有"行为生物学"一章。按照该书作者的观点，"行为生物学的一个主要领域是研究行为的进化史及其个体发育——即行为在许多世代中是如何变化的"（亨德莱，1977：227），"行为生物学的一项主要目标是对人类和其他动物的行为进行周详的分析，以了解其内在机制的性质"（亨德莱，1977：231）。在该书中，作者比较系统地分别叙述了动物行为与人的行为，并且扼要介绍了动物对栖息地的选择、动物的社群组织和交配制度、种群调节、定向和返巢等方面的研究状况，以及对行为的进化、遗传的发展、行为的生理分析（包括生物节律，动机的生理学，斗殴和敌对行为，内分泌系统和行为，情绪和压抑，觉醒、警觉和睡眠，学习、条件作用和记忆，感觉和知觉，无脊椎动物的协调运动等），心理缺陷和疾病的生理学等许多方面都做了考察，以求得"行为生物学的所有工作，不论是以人为对象，还是以动物为对象，最后都会增加我们对于整个生命世界的了解"（亨德莱，1977：221），并达到为人类谋福利的目的。另据该书作者所言，在整个1960年代，生物学界一直对行为与神经生理学、神经化学的相互关系这一课题，怀有浓厚的兴趣。这样，从客观上来看，在1970年代对来自不同专业、具有不同背景和不同兴趣、应用不同技术、在不同水平上进行行为生物学研究的许多科学家所从事的工作做出综合性的概括，是完全可能的。因此，这可以视为来自生物学内部的一种强有力的推动。同时也表明，关于从动物到人的社会行为的研究，生物学绝不是一点作为也没有的。

另外，由于社会学及社会心理学界对传统研究方法的不满日益加重，也使得社会学家对生物学方法兴趣大增。例如，前章曾重点论及的美国文化人类学家拉尔夫·林顿，早在1950年代中期就因用生物学方法来解释社会行为而闻名于世。其后，另两位美国社会学家威廉·卡顿和莱利·邓拉普也一针见血地指出，传统社会学理论"尽管表面上分歧对立，但都具有人类中心说这个共同点"（Catton & Dunlap，1978：41）。而正是这种"人类例外论图式"（又称"人类豁免论图式"）阻碍了社会学的长足发展。为此，他们提出要用将社会学和生物学结合起来的"环境新图式"来为整个社会学重新定向。正因如此，社会生物学的问世确曾使得不少社会学家为之欢呼雀跃。例如，美国社会学家李·埃利斯在其所写的《社会学的衰落和灭亡》（Ellis，1977）一文中就指出，正是传统社会学在说明社会现象时忽略了生物性因素，结果才导致了西方社会学的危机。因此，埃利斯多少有些夸张地说，到20世纪末，社会生物学将完全取代社会学。埃利斯确信，只有以生物学知识为依据的还原论主张，才能够有效分析各种形式的社会行为。因此，只有社会生物学才是真正的关于社会的科学。美国另一位人类学家莱昂内尔·泰格的观点也大抵如此。不过，他更加强调必须从人的生物本性出发来说明宗教、道德、文化、经济等众多的社会活动现象。

综上所述，一方面由于生物学自身的发展和推动，使得对一切社会行为的生物学基础的系统研究成为可能；另一方面也是由于社会学的重新定向，遂使"生物学的种种流派仍然保持着使社会学界大动感情的能力"（巴特尔，1987）。这样便为威尔逊等人做出新的综合准备了基本的前提条件。但是，由于"人类的本质具有两重性，一方面它是广大生物圈的生命之网的一个组成部分，另一方面它又是独特的、典型的具有社会性'环境'的创造物，这种两重性造成了社会学与生物学之间相反相成的关系"（巴特尔，1987）。因此，"对于有意在社会科学界称雄的社会学和人类学这两门学科来说，同生物学魔影的斗争格外长久和激烈，决不是偶然的"（巴特尔，1987）。众所周知，当威尔逊的巨著一面世，环绕着该书所叙述的社会生物学的基本原理和纲领，在西方科学界及西方社会就引发了一场旷日持久的争论风暴。卷入这场争论的既有生物学家，也有社会科学家。此后，美国科学发展协会和英国皇家学会还分别组织召开了社会生物学的专题讨论会，并由《国际哲学问题》杂志于1983年出版了社会生物学讨论专辑。后来，美国著名社会学家丹尼尔·贝尔在评论这场争论时曾指出，这场风暴的激烈程度，足以使社会生物学在人类文化思想史上赢得一席之地。也正因如此，贝尔将社会生物学的出现列为1970年代社会科学领域中的四大进展之首（贝尔，1982：65-66）。由此可见，社会生物学的产生是有其深厚的科学历史渊源与独特的思想文化背景的，因此，我们只有循着历史的线索，才能彻底了解它的全貌。

二 习性学家的理论贡献

在社会心理学史上，"动物心理学自罗曼斯创造了比较心理学一词以后，尤常称比较心理学。这个学科创始于英国。……可是自觉的运动则应归功于美国"（波林，1982：711）。而后，又由比较心理学直接导致了行为主义。总之，美国的比较心理学家常常以强调中介变量、被控变量、实验室被控制刺激物以及反应连贯性等而闻名于心理学界。而与此既有关联，又有区别的习性学运动，在具体的研究方法、研究风格上，则与美国的比较心理学大相径庭。以欧洲为活动中心的习性学家们，他们对在生物体的栖息地所发现的天然刺激物表现出浓厚的兴趣。简要说来，习性学的主要特征在于：它强调要在生物体所赖以生存的自然栖息地对其行为加以研究，与美国比较心理学家所强调的行为是从环境的暗示中习得的主张相反，它认为行为是由本能释放机制、释放装置和行为的遗传类型所决定的；它坚持行为调查的主要目的是对某一特定物种的任何一个成员都会用同样的方式精确表现出来的那种已成陈规的行为加以把握。换言之，它只对行为的个体发生感兴趣；而美国的心理学家则强调单个的、与种群隔离的反应特征，只局限于研究单个的动物——如老鼠、鸽子之类。所以，在这个意义上，这些美国心理学家在习性学家的眼中，还算不上真正的比较心理学家。此外，习性学家还声称，各类物种共同具有的行为类型，与我们自己的解剖构造的进化发展过程一样，都是自然选择的结果。

习性学之父：洛伦茨

康纳德·柴克里尔士·洛伦茨（1903~1989年），生于奥地利维也纳。

早年曾在维也纳大学解剖学研究所学医，后其父为阻止他与女友玛格丽特·盖帕哈特的结合，于1922年将他送到纽约哥伦比亚大学读医学院预科，半年后重返维也纳大学就读。1928年获硕士学位，1933年获动物学博士学位。

洛伦茨在1927~1935年间，广泛报告过"寒鸦周期"中所充满的节奏感，这一时期，他主要以具有高度社会性的乌鸦家族的成员为自己的研究对象。此后，在1935~1938年间，在奥登堡，他又报告了"鹅年"，于此，他便形成了某些在习性学上极富意义的概念，如印刻效应、释放装置以及本能释放机制等。

1940年代初，洛伦茨出任哥尼斯堡大学心理学系主任。虽说他当了五年的系主任，但五年中的大部分时间，他却是以医生的身份为德军提供服务的。1944年，洛伦茨被苏军俘虏，并被关押在苏联的亚美尼亚加盟共和国境内，直到1948年才获释。获释后，他回到德国，在当时成立的麦克斯·普朗克科学进步协会的资助下，继续进行研究。这以后，他陆续写出了《所罗门王的戒指：关于动物状况的新见解》（1949年）、《人与狗》（1950年），以及《论侵犯行为》（1963年）这些最著名、最有影响的著作。因为洛伦茨毕生从事习性学研究，1973年他与尼古拉斯·廷伯根和卡尔·范·弗里契一道荣获诺贝尔生理学或医学奖。实际上，该得奖项目应划归心理学范畴。因为该项目的名称是：在"有机体与个体发生以及社会行为类型"方面的若干发现。可以说，这是首次由心理学家所获得的诺贝尔奖。①

享有"习性学之父"称号的洛伦茨，认为应将这种美誉首先归于美国动物学教授查尔斯·奥特士·惠特曼。因为惠特曼于1898年发表的《动物行为》一文，"第一个用比较方法对行为的种系发生进行了真正的比较动物学研究"。再一个就是德国人奥斯卡·海因罗特。洛伦茨认为，惠特曼和海

---

① 严格说来，第一个获诺贝尔奖的心理学家应是俄国学者巴浦洛夫（1849~1936年），他因1890年左右进行的有关消化系统的实验获得了1904年的诺贝尔生理学或医学奖。正是在这一实验中，他建立了后来彪炳心理学界的"条件反射"理论。只是因为巴浦洛夫十分反感心理学，所以一般不将他算入第一个获诺贝尔奖的心理学家。在洛伦茨等人之后，再获诺贝尔奖的心理学家包括：1978年获诺贝尔经济学奖的赫伯特·西蒙（1916~2001年），他在决策理论研究方面做出了突出贡献；1981年获诺贝尔生理学奖的罗格·斯佩里，他通过研究"裂脑人"，深入地揭示了人的言语、思维和意识与两个半球的关系；2002年获诺贝尔经济学奖的普林斯顿大学心理学教授丹尼尔·卡尼曼，他研究了在不确定状态下人们如何做出判断和决策；运用心理学于2017年获诺贝尔奖的理查德·塞勒，这位经济学家在经济学和个体决策的心理学分析之间架起了桥梁。

因罗特两人各自独立地找到了仪式化行为的种系发生过程并对同源运动类型做了比较研究。因此，这两个人理应享受习性学创始者的荣誉。然而，按照大多数习性学家、社会心理学史家的意见，似乎仍得由洛伦茨和廷伯根两人承受这种美誉。那么，具体说来，洛伦茨的理论贡献主要有哪些呢？

首先，洛伦茨在阐释习性学的中心概念——固定行为类型（或称"仪式化行为"）时提出要对这些行为"元件"的形成及其作用机制加以深入分析和探讨，为此，他提出了"社会释放装置与本能释放机制理论"。

1935年，洛伦茨介绍了"释放装置"这一术语，指出该术语表明"由一个特定动物物种的某一个体所表现出来的行为特征，使存在于同种动物个体中的释放机制活动起来，并且得到本能行为类型的一些线索"（Lorenz, 1970：106）。简言之，这种释放装置可激发起本能释放机制（据信这种机制存在于神经系统的中心）并使之活动起来，而所谓释放装置，即指其他个体的那些已成陈规的刻板行为。譬如，一只在战斗中败北的狼会将自己的颈项暴露给它的敌手，这种仪式化的行为就是一种释放装置。当这种刻板行为一出现，遂即引发了一种强有力的阻止强者屠戮弱者的行为反应。而这种阻止效果的产生，是由强者的本能释放机制，即强者的出于本能的行为类型所造成的。而上述这种社会释放装置被认为是自然选择的产物。洛伦茨就此指出，"仪式进化的过程中产生的驱力，对于我们的主题很重要，因为它常反对攻击性，使攻击性进入无害的路上，而抑制有危害种族生存的行为"（洛伦茨，1987：73）。

其次，洛伦茨提出了他那著名的"水力学侵犯行为模型"。该模型强调，侵犯行为完全是内生的和自发的行为，同时也是无法避免的行为。从"鸡在谷仓近旁的空地上打架，到狗的互咬，男孩子的互相殴斗，年轻人的互相丢掷啤酒杯等，到法院内的政治争执，一直到战争和原子弹"（洛伦茨，1987：36），都是侵犯行为的不同形式的表现。无论有无外界信号的刺激，当侵犯行为能量集结到一定限度时，一种本能释放机制就会引导那集结起来的侵犯行为能量（作为仪式化行为）进入那被称作固定运动神经类型的特殊轨道。而那被耗能量则同时注入"行为特殊能"的贮液器。而诸如驱力、社会释放装置、本能释放机制以及那已经完成的攻击行为则一起构成一种内在的本能力量。

既然侵犯本能为人与动物所共同具有，那么，对于人类而言，这种本能的性质与作用究竟如何呢？洛伦茨认为，"当这种攻击性削迹时，人从早到晚，从刮胡子到艺术或科学的创作，都将缺乏推动力"（洛伦茨，1987：291）。因此，对于侵犯行为的作用机制的揭示，可以让我们的领悟力深入那些支配我们行为的因素，而欲做到这一点，可经由下列途径：①用客观和习性学的方法，研究原始形式的攻击性发泄在替代物上的一切可能性；②用精神分析法研究所谓的升华，在这里，进一步了解升华的形态，对于未释放的攻击冲动之解脱将大有助益；③促进人与人之间的了解、沟通、认识，促进不同观念的个体或种族成员之间的友情交流；④替人类的战斗热情找寻一条有理性且负责的途径。总之，认识人的这种本能，我们"就不会被达尔文承认的事实——我们和动物有个共同的源头，以及弗洛伊德所说的——我们和人类以前的祖先都被同一个本能驱使着——所击溃。……使得他不盲目和自大地否认自己存有动物的天性，并且给予他力量去控制它"（洛伦茨，1987：234）。据此，洛伦茨认为，上述道理对于其他的本能冲动，如性行为冲动等也同样适用。因为性本能释放机制也同样会对替代释放装置做出反应，或者即使没有这类释放装置的刺激，它也会自发地爆发出来。

最后，洛伦茨还阐释了作为一种社会现象的印刻效应。

1910年，在第五届国际鸟禽学专业人员代表会议上，洛伦茨的老师海因罗特报告了这样一件事实：刚刚破壳而出的小鹅竟会跟在它们最先看到的活动物体之后，而充当这种活体的除了小鹅的母亲以外，人或其他无生命的活体（例如气球）也可担当此任。打这以后，这些幼鹅就被刻印下它们最初所见活体的印象，对此，海因罗特将这一过程定义为"铭刻作用"（德文Pragung）。1932年，洛伦茨将该词释成"印刻效应"（imprinting effect）。在德语中，Pragung一词意指压抑作用、铭刻作用、铸造作用，而对洛伦茨来说，印刻效应则意味着"双亲同伴"或"儿童同伴"关系是一种由本能预先安排好的条件作用形式的获得过程，同时还意味着，绝大部分鸟类虽然不认识它们自己的本能，但是，它们所做出的绝大部分行为反应，在标准鸟尚存活的整个生命期间，都必须与之保持一致。并且，那启动印刻效应作为一种反应形式的释放装置，由一个替代物也可充任。"当某些本能反应的标准活体被剥夺的时候，它们会对那套惯常刺激以外的东西起反应。"（Lorenz，1937：263）但是，一旦第一印象印刻下来，这种固定行为类型就会持续终身。在这里，与条件作用形式不同的是，这种印刻效应是不可逆，也是不易消除的。进一步说，它不依赖于那种与无报酬联系在一起的强化过程。

进一步，在印刻效应发挥作用的时刻，尚存在一个关键或"敏感期"问题。"在哈洛的灵长目实验室进行的行为研究达到了同样的结论。被隔离的动物丧失了种种能力，超过了一定点，这些丧失往往变得不可挽回。杰克逊设立在巴尔港的（Bar Harbor）实验室研究发现，让狗脱离人的接触，在旷野中和在野狗群中撒野惯了，会丧失驯化的可能，再也不能变成可供观赏的小狗了"（马斯洛，1987：13）。如将这种理论应用于人类，可用来说明：如果我们在儿童期某一个确定的阶段没能学会一种特殊的语言，那么，我们将经历可以想见的许许多多困难。换言之，如果利用这个敏感期来获得某种行为活动类型的话，那无疑是一个理想的契机。

此外，虽然说印刻效应被限定在某些特定的物种以内，但该效应的揭示，对人类的社会心理学研究来说，同样具有十分重要的意义。因为它指出了早期社会交往的重要性，特别是和自己母亲的交往，尤其如此。据报告，一种不正常的母子交往形式，对于后来的人际交往，以及对于孩子的心理健康来说，其影响是巨大的。据称，猴子中间不正常的母子交往，例如母猴不喜欢自己的幼崽，那么，当这些雄性后代到成年期的时候，甚而连交媾活动也不能进行。通过人类爱情生活的研究，哈利·哈洛在1971年发现，爱情似乎往往会经历"在未成年期早期与母亲的亲密交往"到"成年伙伴"或"同辈相爱"，然后，再发展到"异性爱"，再到"父爱"这样一个逐渐成熟的发展过程。与此同时，哈洛还报告说，人们对于人际交往和爱情，比对食物更加感兴趣，也更加喜爱。因此，人际交往和爱情甚至比人的生命还要宝贵和重要。

廷伯根：习性学的一代宗师

尼古拉斯·廷伯根（1907~1988年），生于荷兰的海牙。1973年，他与洛伦茨一道获诺贝尔生理学或医学奖。廷伯根毕业于莱顿大学，获动物学哲学博士学位。他的博士论文论及黄蜂确定自己巢穴的地点，并在干扰之下为了一个可能的新目标在某一特定区域进行勘察的活动过程。该论文仅32页，为莱顿大学最简短的一篇博士论文。

接受博士学位后，廷伯根携妻赴格陵兰考察。在考察期间，他研究了海豹、狐狸以及其他动物被试的行为。他的这些研究于1939年以《春天里的白鹟行为》一书的形式刊布于世。在这本书中,廷伯根建立了这种理论:即白鹟(雀科家族的鸣鸟)放肆地进行可怕的战斗,并以此作为保证每一对配偶都能获得足够的滋生繁育地盘的手段。

1933年,廷伯根返回荷兰,在莱顿大学一所学院中任职。然后,在他讲授习性学的过程中,曾强调过动物被试的求爱与生殖行为,并且,他还曾尝试用替代物去解除和控制这种交配行为。

在第二次世界大战期间,廷伯根因反对枪杀犹太籍教授而被投入监狱。在德国监狱中,他起草了《动物的社会行为:对脊椎动物所作的特殊考察》(1953年)。他在该书中指出,发声(说、唱)这种社会交往形式,与求爱动作一样吸引着配偶,并将雌雄两性动物结合在一起,同时刺激内分泌腺活动,促成性行为的发生。另外,书中还涉及动物的求偶夸耀行为。关于这种社交行为,爱德华·A.阿姆斯特朗也曾写过一本名为《鸟类的求偶夸耀行为及其态度》(1947年)的专著。

在监狱苦熬两年之后,廷伯根被解除了监禁,重返莱顿大学执教,并于1947年升任实验动物学教授。这以后,他集中精力专攻社会行为的掩饰面具这一课题,并将这种面具看作一种服务于实际选择目的的进化发展形式,即看作一种为了挡开劫掠而采取的防护性手段。

1949年,廷伯根前往牛津大学担任讲师,直到1966年才升为教授,他于1974在那里退休。其主要著作包括《本能研究》(1953)、《鲱鱼鸥的世界:一项关于鸟类社会行为的研究》(1953)、《儿童的我向思考:一种习性学探讨》(1972),以及两卷集的《动物世界:一位习性学家的探索》(1972,1973)。

在习性学研究方面,廷伯根的理论贡献主要有:①他正确区分了行为个体发生过程中的两种改变,即内在的行为机制的改变与外在行为的改变。②他补充并修正了洛伦茨首创的社会释放装置与本能释放机制概念。廷伯根指出,并非所有刺激功能都可作为释放装置。但是,某种"通过进化而产生的,并且一直都适合于社会沟通功能的那样一些结构和活动……一个释放装置的主要的、常常也是唯一的一种功能,就是担当一种社会信号"(Tinbergen,1972:69-70)。释放装置类似于"一种适合于它的其他能够恰如其分地做出反应的个体发送刺激的器官,这样一来,就促进了生存"(Tinbergen,1972:221)。③廷伯根创设过不少极富启发性的概念，如领域行为、生存机器等。关于后者，廷伯根的一位弟子、著名的社会生物学家理查德·道金斯曾说过："'生存机器'这个术语虽非出自他之口，但说是他首创亦不为过。"（道金斯，1981）④廷伯根还培养了一大批著名的习性学家和社会生物学家，如苔斯蒙德·莫里斯、布勒顿·琼斯、马丁·莫尼汉等人，而罗伯特·A.欣德在其早期研究生涯中也曾受过廷伯根的影响。在欣德的指导下，珍妮·古多尔进行了卓有成效的研究，她写就的《黑猩猩在召唤》（1971）一书，堪称习性学研究史上第一次初步揭开黑猩猩行为奥秘的开山之作，古多尔的深入细致的考察，"使我们将从新的角度来看待人类，看到人类与其他动物在行为机制方面的共同遗产，与此同时，掌握那些使人成为人的决定性的区别"（古多尔，1980）。

此外，莫里斯的"无领域化"思想，实际上也是导源于其师廷伯根的"领域行为"理论。莫里斯为捍卫其师的见解，写出了一系列轰动一时的奇书，如《裸猿》（1967）、《人类动物园》（1969）、《灵长目习性学》（1967）等。在这些著作中，他把领域性原则推广到所有社会生活和社会关系领域。为此，他划分出三种人类的领域性，即部落的、家庭的和个人的。莫里斯推断，在现代城市文明的条件下，人们互相残杀、互相冲突，大吃大喝远远超过了生物性需要，而所有这些反常现象，都是偏离"动物规范"的，其根源还是大多数人丧失了最适宜的领域份额。质言之，这即"无领域化"的自然后果。

按照社会心理学史家的说法，《裸猿》是"一本给人以灵感并支持了洛伦茨的关于侵犯行为理论的书"（Sahakian，1982：550）。与莫里斯的上述见解较接近，且也曾给莫里斯以启发的另一位社会行为学家罗伯特·阿德里，作为洛伦茨的同事，也对洛伦茨的理论做了推广。他的代表作有《非洲人的起源》（1961）、《领域规划》（1968）、《社会契约》（1970）。在这些著作中阿德里指出，人是由具有攻击性的凶恶祖先进化而来的，且这种攻击性已固定在人的生物记忆之中；这些生物记忆并不是有待使用的信息储存库，而是形成人的行为的能动因素。此外，阿德里还认为，人是领域性的存在物，而领域则是"由个人或集团维持并保卫以反对本种属的其他人侵入的独占性地盘"（Ardrey，1976：101）。因此，对于人类来说，占有领域就成了硬性的无上命令，正如动物群保卫自己的集体领域以防陌生者进入一样，人们也保卫自己的国土以防外敌的入侵。这样，从领域性中就产生了爱国主义行为，领域本身也就成了人们获得安宁和幸福的可靠基础。反之，人的无领域化相应就成了一切生活苦难的最根本的原因。

总之，以洛伦茨和廷伯根为先导的习性学研究，对动物行为的内在机制及其生物基础做出了初步的揭示，并涉及下列鉴别性行为类型，如交配、修饰、攻击、领土扩张、养父或养母等的产生与进化过程问题，为系统说明从动物行为到人类行为的连续性与非连续性问题，做出了有益的尝试。这一切为日后的社会生物学研究开辟了一条荆棘丛生的蹊径，同时也为日后的许多争论埋下了伏笔。

三 社会生物学运动

社会生物学，也称行为生物学或心理生物学。它作为一种学术运动或思潮，与前述的习性学有着千丝万缕的内在联系，在某种意义上可以说，社会生物学就是习性学在晚近的一种存在形式，或者说，是习性学研究的一种扩展或延伸。因为社会生物学家一般都将自己视为习性学家。概而言之，社会生物学与习性学相互统一与连续的基础就在于二者都坚持这样两个原则：一是坚持达尔文的自然选择理论，二是坚持对社会行为所作的遗传学解释和说明。

按照社会生物学家的基本观点，我们的一切社会行为——包括利他主义、伦理道德、宗教、性行为、战争、同性恋等，均有其生物基础，并且都是由我们自己的基因所决定的，或者说，至少部分是由基因决定的。因此，人与人之间的交往行为不过是基因与环境之间互动的结果。

社会生物学之父：威尔逊

爱德华·O. 威尔逊（1929~2021年）在倡导社会生物学运动中，先后贡献了下列三本经典著作：①《昆虫社会》（1971），着重探讨了昆虫的社会行为。②《社会生物学：新的综合》（1975），探讨了社会行为的遗传基础，实为社会生物学的压轴之作。全书共27章，700多页，但重点在第一章和第二十七章。第一章讨论了基因伦理学，提出了基因选择论和基因决定论的基本理论主张；第二十七章则把社会生物学推广到人类社会，主张人类行为也同样是由基因决定的，如战争、服从、艺术等人类行为都可以从生物学上找到原因，正是在探讨这类原因方面，社会生物学才能有所作为。③继这本书之后，他又写出了第三本力作——《论人的本性》（1978），该书是威尔逊专门为受过教育的公众而撰写的论述社会生物学的文集。

在上述三本著作中，后两本著作对第一本著作的思想做了发挥。在这种发挥中，威尔逊将得自昆虫世界的数据资料及其分析方法应用于人类社会，并试图说明有关的社会心理学问题。上述每本书的出版，都曾获得过一鸣惊人的效果，其中前两本书被指定为主修某种课程学生的奖品，第三本书则在1979年荣膺普利策奖。当然，威尔逊的惊世骇俗也受到了包括社会科学家在内的严厉抨击：1976年美国人类学大会公开谴责威尔逊，称之为"社会达尔文主义的翻版"。因此，社会生物学理论的诞生称得上是"毁誉参半"，而威尔逊一直处在风口浪尖（彭新武，2002）。

威尔逊早年曾就读于阿拉巴马大学，分别于1949年和1950年先后获得学士和硕士学位。此后，他很快就离开阿拉巴马大学而前往哈佛大学，并于1955年获博士学位。三年以后，升任哈佛大学正教授。此后一直在哈佛大学任教，曾担任哈佛大学比较动物学博物馆昆虫馆馆长，并成为当代具有电视之父之称的拜尔德科学教授式的人物。退休以后，威尔逊从理论领域回到了实践领域，在晚年一直致力于保护自然环境和生物多样性。2000年，因为在环境保护方面的成就，威尔逊继1996年之后，再次被《时代》杂志评选为世纪人物。

威尔逊的社会生物学主张基本上是以达尔文和斯宾塞的进化论哲学为理论基础，并以斯宾塞学派的"最适者生存"这句格言为座右铭的。不过，这里的最适者已非原来意义上的概念，它既不是指最适的个体，也不是指最适的群体，而是指最适的基因的生存。这正如法国遗传学家费朗索瓦·雅各布在《生物的逻辑》（1970）中说的那样："个体是实现由遗传规定的一项程序。"而这项"生命程序不是一项远景计划；它是一份现时的编目，是包含在基因物质中的一系列潜在因素"。"就单个有机体而言，这个程序是一项控制它的发育和生命功能的先天计划"，"对科学家而言，人的独特性纯粹是一种生物学特性，而不是在生物学进化作用上还加有某种（诸如灵魂或精神等）非生物因素"（卢里亚，1987：4）。"诸如人脑和智力这样惊人的装置,是生物化学发明物,它与产生出昆虫社会组织的那些东西同样的惊人、同样的令人疑惑不解和使人感到神秘。"(卢里亚,1987:4)循着类似的思路,威尔逊根据分子遗传学假设,便将塞缪尔·巴特勒的格言"鸡只是一个鸡蛋制造另一个鸡蛋的工具"改造成"有机体只是DNA复制更多的DNA的工具"(Wilson,1975:3)。威尔逊据此论断,作为染色体上的一种构成要素的DNA,它将遗传材料译成遗传密码,而RNA作为一种取代DNA的物质,它携带了遗传规则。鉴于DNA作为遗传密码,那么RNA就成了它的携带者或传递者。在这里,RNA成了DNA所使役的工具。与此同理,一切社会行为也不过是基因所使役的工具而已。这从生物过程来看,是一目了然的;不是基因服务个体,而是个体为基因服务。在一定意义上可以说,我们人类的存在仅仅是为了使得DNA永存不朽的目的,因此,我们的身体和我们的社会行为自然也就成了基因所使役的工具。

从生物进化史来看,既不是个体生物,也不是生物群体或物种通过自然选择而进化,这至多只是进化过程最肤浅的表象,实质上是基因"通过自然选择而导致了遗传学上的进化"(Wilson,1978:85)。"基因不仅是遗传的基本单位,也是自然选择的基本单位"(威尔逊,1985:32)。无论从原始生命的复制过程,还是从现代基因所制造的运载工具来看,都可证实"在一切生命形式中都有着相同的支配角色——基因"(威尔逊,1985:47)。

原始的复制基因迫于生存竞争和自然选择的压力,它必须为保存自己而制造赖以生存的容器及运载工具。"几十年过去了,生存机器之中的复制基因已成了掌握生存艺术的老手。"而"最成功的生存机器就是人。复制基因创造了我们,创造了我们的肉体和心灵"(威尔逊,1985:37),从遗传学的角度来看,个体和群体犹如天空中的云彩,或沙漠中的尘暴,它们只是些变幻莫测转瞬即逝的临时聚合体或联合体,在漫长的进化过程中是不稳定的。物种虽然比个体和群体的延续时间长,但它们的稳定性和一致性也不足以优先于其他物种而被选择,因而也不能与基因相匹敌(威尔逊,1985:39)。因此,相比之下,只有基因是不朽的。那么,这种不朽的基因究竟又有哪些基本特征呢?根据前述基因选择原理可知,基因的主要特性在于:"一,长寿,它是地质时代的居民;二,生殖力强,它在整个地球上以各种形式拷贝复制自己;三,复制的准确性,它不会轻易湮灭在性生殖、染色体分裂和重组之中；最后，它是自私的，否则就不能生存。"（威尔逊，1985：41）据此，威尔逊断定："生物的各种生命活动，动物的各种行为，都可以追溯到基因，都能由基因得到解释。"（威尔逊，1985：41）例如，发生在生命运动各层次上的自私行为就是植根于基因的自私性之中。再譬如，"我们对战争的易接受性，男性主导，为他人而做出的自我牺牲，乱伦禁忌，男性攻击性，同胞利他主义，以及在某种确定的范围内，宗教行为也受遗传因素决定。即使我们试图废除宗教，但由于宗教已被预先编入我们基因的活动程序之中，所以，我们是无法从人性中将它废除掉的"（Sahakian，1982：560）。

推论至此，威尔逊进而指出，达尔文当年把有机体当作自然选择的基本单位的做法也是同达尔文的进化论相抵触的。这种观点乍看上去过于极端，然而，似乎从基因选择出发，确能更好地解释进化论——不仅能解释生物的进化现象，而且还能解释生命起源的内在机制及其演化过程。据此，威尔逊相信他的基因选择论"正在完成一场达尔文式的革命"。为此，他为社会生物学制定了两个主要目标：一是验明并确定基因的适应功能，另一则是"控制社会行为的遗传基础"。关于后一个目标，威尔逊做了这样的补充：如若我们试图将我们自身的无理性的本质从我们身上驱除出去的话，那么我们就将失去天使般的本性，没有他人，我们将无法洗净我们自己。

此外，关于自私基因如何产生出利他行为，以及被定义为降低个体适应性的利他行为如何能通过自然选择而进化的命题，使得威尔逊接受了威廉·汉密尔顿的亲属选择理论，并用这种理论试图解答这个社会生物学的中心理论问题。

汉密尔顿的亲属选择理论

现代遗传学清楚地表明，具有血缘亲属关系的近亲之间会拥有某些相同的基因。依据这一遗传法则，包括威廉·汉密尔顿（1936~2000年）在内的部分社会生物学家断言，这显然是亲代对子代的利他行为如此普遍存在的原因。正是从上述前提出发，汉密尔顿进而将这种情况由亲子之间推及其他亲属——如兄弟姊妹、侄子侄女、堂（表）兄弟姊妹之间，并由此形成了他的"亲属选择"理论，对"当代进化论观点产生了堪称革命性的影响"（Sigmund，2001）。

威廉·汉密尔顿最初在美国密歇根大学任教，从 1971 年起担任英国帝国理工学院教授，1984 年起直到 2000 年在刚果（金）旅行时死于疟疾，担任牛津大学教授达 16 年之久。1963~1964 年间，即早在密歇根大学期间，威廉·D. 汉密尔顿就对利他主义如何促进自我牺牲个体的基因扩散开来的实际过程做过考察，尤其是他在 1964 年发表的两篇论文，"属于迄今为止最重要的文献之列"。"他的论文应用了相当深奥的数理"（道金斯，1981：124）来表达"基因为什么表现了利他行为而取得成功"（道金斯，1981：124）的道理。这道理就在于："尽管基因天性是自私的，但是由于近亲体内有不少基因是共同的，所以，每个自私的基因必须同时忠于不同的个体，以保证那些拥有相同基因的动物的生存。"（威尔逊，1985：69）"一个按这种原则行动的动物，假如它能以自己的一死救两个以上同胞兄弟的生命——至少不得低于此数，那么，它就会为此而献出自己的生命。"（Hamilton，1963：355）

按照亲属选择理论，在实施帮助一位亲属这种利他行为时起作用的因素包括：关于该亲属的重要性，关于该亲属的利益范围，以及与该亲属所共同具有的那部分基因的数量。当然，其中最重要者就是确定共同具有的基因数量。而关于如何计算这种基因数量，即测算出亲属关系的指数值，汉密尔顿做了下列的假定，亲子之间的亲属关系指数值永远是 1/2。以此类推，两亲兄弟之间的数值也是 1/2，因为他们之间任何一个个体的基因数的一半也同时为另一个体所具有（当然，这只是一个平均数，由于减数分裂的机遇，有些兄弟所共有的基因数可能大于一半或少于一半）。按照这个假定，就可以采用一种简便的方法计算出任意两个个体 A 和 B 之间的亲属关系指数。这方法即：

首先，查明 A 和 B 所拥有的共同祖先是谁，一般只要查明最近一代的共同祖先即可。

其次，找到 A 和 B 的共同祖先之后，再计算出代距。代距的算法是，假如 A 是 B 的叔父，则两者共同的祖先 C 即 A 的父亲、B 的爷爷，然后，从 A 开始，往上追溯一代，找到共同的祖先，再从 B 起上溯到这同一祖先，其中相隔两代；最后，将 A 和 B 与其共同祖先 C 间隔的代数相加，即可得出代距的确切数值为：代距 = 1+2 = 3。

最后，找到代距后，再按照每一代距数的亲属关系指数为 1/2 这一计算值,并以 1/2 作为底数,以代距数为指数,即可算出。即 A 和 B 之间的亲属关系指数为:$(1/2)^3$,其值为 1/8。

实际上,A 和 B 之间的共同祖先往往不止一个,这里还存在一个将各部分指数值相加的问题。在通常情况下,对两个个体的共同祖先来说,代距数都是一样的。因此,假定 A 和 B 有两个共同祖先,且代距数仍为 3,那么,他们的亲属关系指数则为 $2×(1/2)^3=1/4$。根据上述计算,从遗传学角度来看,叔侄之间的亲密程度与祖孙之间的亲密程度完全相当,因为祖孙之间的亲属关系指数值为 $1×(1/2)^2=1/4$。

计算至此,按照汉密尔顿的理论,同卵双生子之间的亲属关系指数值为最高,其值为 1。因此,他们双方给予对方幸福和福利的关心程度,应当与给予自身的一样多。与此同理,同胞兄弟姊妹之间也应像他们的双亲爱护自己一样,在相互之间奉行利他主义和自我牺牲行为。"现在我们能够以准确得多的语言谈论那些表现近亲利他行为的基因。一个操纵其个体拯救五个堂兄弟姐妹、但自己因而牺牲的基因在种群中是不会兴旺起来的,但拯救五个兄弟或十个第一代堂兄弟姐妹的基因却会兴旺起来。一个准备自我牺牲的利他基因如果要取得成功,它要拯救两个以上的兄弟姐妹(子女或父母)或四个以上的异父异母兄弟姐妹(叔伯父、姑母、侄子、侄女、祖父母、孙子、孙女)或八个以上的第一代堂兄弟姐妹等等。按平均计算,这样的基因才有可能在利他主义者所拯救的个体内存在下去,同时,这些个体的数目是足以补偿利他主义者自身死亡带来的损失的。"(道金斯,1981:128-129)当然,我们是不能指望可怜的生存机器在做出利他和自我牺牲行为的一刹那间,能够进行这么复杂的运算的。关于这一点,英国著名的数学生物学家约翰·霍尔丹也曾说:"我曾两次把可能要死的人救起(自己所冒的风险是微乎其微的),在这样的时候,我根本没有时间去进行演算。""动物可能生来就是如此,以致行动起来好像是进行过一番复杂的演算似的。"(道金斯,1981:130)这样,我们完全不需要假定生存机器在自己的头脑中会有意识地进行这类演算。但正是霍尔丹的假设以及霍尔丹在 1932 年和 1955 年的论文中所做的推论,即基因由于援救溺水的近亲而得以繁殖,曾给汉密尔顿很大的启发。由此可见,汉密尔顿的亲属选择理论不过是基因选择论的一个表现形式而已。在这里,我们基因的维持与存续使自我牺牲行为落到基因上面,而这,才正是亲属选择的意义之所在。

由以上分析可知，运用这种亲属选择理论，我们可以指出下列社会行为发生的原因，例如氏族以及家族间的仇杀和争斗现象，保护儿童与父母之爱，以及有关的身体器官，如乳分泌腺、袋鼠的肚囊的出现与进化等，都可视为自然界中和社会行为发生过程中亲属选择法则在起作用的例证。再说，作为有意识的人类，在临终时常因没有留下后代而感凄楚怅惘，或者为自己的后代而感到自豪这样的人类情感的存在，也说明正是因为我们的孩子是我们的基因的携带者和传递者，所以他们对我们来说才是重要的。也正是由于基因复制根本不需要借助于个体的性生殖行为就能完成，因此，运用亲属选择理论可以证明，人们通过帮助自己的近亲生殖，也同样可以使自己的基因得到很好的复制。在《社会生物学：新的综合》一书中，威尔逊借助于亲属选择理论，对同性恋行为做出了新的推断。威尔逊认为，同性恋者喜爱他们同胞兄弟姐妹的孩子，这就是一种保证他们自己的基因永存不朽的方式，因为"原始社会中的同性恋者可以帮助同性成员，既可以帮助打猎，也可以帮助采集，还可以帮助做家庭事务中的各项工作。在家里由于不作母亲，所以工作起来特别有效，从而大大帮了其姐妹的忙。这样，如果近亲的生存和生殖大受其益，他们所分载的同性恋基因也就会传播开来。基因库里有同性恋基因的群体更有优势"（威尔逊，1985：175）。

如果说汉密尔顿的亲属选择理论对发生在亲属之间的利他行为做了某些解释的话，那么，接下来我们所谈的特里弗斯的互惠利他主义，则对发生在非亲属之间的互助行为做出了某种新的诠释。

特里弗斯的互惠利他主义

罗伯特·L. 特里弗斯（出生于 1943 年），1961 年入哈佛大学数学系，1965 年毕业后在马萨诸塞州牛顿市教育发展中心编写儿童教科书。据说，在 1966 年的某一天，他看到一幅形态与人类父母教育孩子十分相似的老狒狒教训小狒狒的照片，遂引起他对了解人类行为的兴趣。于是，他重返哈佛大学追随进化论生物学家恩斯特·麦尔专攻生物学，于 1972 年获哲学博士学位，并继续留在哈佛大学从事教学与研究。五年后转赴加州大学圣克鲁斯分校任生物学教授；1994 年任罗格斯大学人类学与生物学教授，直至 2017 年夏退休。早在 1970 年代，即特里弗斯与威尔逊在哈佛比较动物学博物馆共事时,他便提出了"互惠利他主义"这一理论假设,从而"为社会生物学的研究又开辟了一个新的领域"(Sahakian,1982:562)。

首先,特里弗斯将利他行为定义为"对履行这种行为的生物体明显不利,而对另一个与自己无甚关联的生物体却是有利的这样一种行为"(Sahakian,1982:562)。特里弗斯认为,这种利他行为对于生物物种的成功延续具有绝对的价值,而且在动物界这种行为的发生和出现还具有相当大的普遍性。因为生物体的适应能力首先是基因型的再生产能力,而接受利他主义血液的都是相同基因的承担者,因此,利他行为是有其生物基础的。对于人类来说,有意志和意识的人在认识到利他主义的生物价值之后,也可以使利他主义成为人类的种属财富,因为人类基因型的可塑性和多样性并不排斥共同的基因,就使得互惠利他主义具有生物学上的必然性。因此,人们应当注意培养自己不仅对陌生人,而且对敌人的同情心和善意态度;从而使互惠的原则成为自己行为的基础。这样,"由于人类的出现,便逐渐形成了一种更高水平,更高层次上的利他主义"(Sahakian,1982:562)。如此一来"对待别人要像你希望别人怎样对待你那样"这条伦理学上的黄金律,从此在生物学上也扎下了深厚的根基。由此推之,人们广泛地习惯于利他,这将有助于解决各类社会问题和社会争端,因为"互惠利他的系统具有使当事各方的公正感普遍化的倾向"(Trivers,1981:38)。

特里弗斯的上述见解,使人们自然联想到卡尔·凯士勒、皮特·克鲁泡特金以及社会交换论者霍曼斯的有关理论。

早在1880年1月,俄国圣彼得堡大学的著名动物学家凯士勒教授就指出,一切生物都有两个基本需要:营养的需要和使物种繁殖的需要。前者使它们互相竞争和残杀,而保存物种的需要则使它们彼此接近,互相帮助。而这互助的根源正在于动物的"亲族感"和对子孙后代的关心。

克鲁泡特金则在凯士勒上述见解的基础上,进一步将互助看作是一切生物(包括人类在内)进化的真正因素,并指出:"互助不仅是道德本能起源于人类以前的论据,而且还应把它看作为一个自然法则和进化的要素来考虑。"(克鲁泡特金,1984:11)为此,他进一步指出,"把动物的合群性降低为爱和同情,就等于是降低它的普遍性和重要性,正如以爱和个人同情为基础的人类伦理学只能缩小整个道德感的意义一样。当我看见邻居的屋子着火时,使我提着一桶水跑去救火的并不是我对我的邻居(我和他素不相识)

的爱，而是更为广泛的（虽说比较模糊）人类休戚相关和合群的本能或情感。这在动物中也是一样。……在极其长久的进化过程中，在动物和人类中慢慢发展起来的一种本能，教导动物和人类在互助和互援的实践中就可获得力量，在群居生活中就可获得愉快"（克鲁泡特金，1984：12）。关于克鲁泡特金的这段论述，美国科学史家洛伊斯·N.马格纳指出："克鲁泡特金的《互助论》是最早用合作而不是用竞争来重新解释达尔文主义的著作之一。……当前的'社会生物学'研究倾向于支持克鲁泡特金的'互助'观点。"（玛格纳，1985：523-524）

对于特里弗斯来说，我们在第五章中论述的霍曼斯的社会交换理论对他是颇有启发的。按照社会交换理论的观点，要是一个人在社会互动中给予别人的多，他就要设法从别人那里多取一些作为报酬，以保持"账目"的收支平衡。有鉴于此，特里弗斯推断，在生物进化过程中，自然选择产生了能彼此交换好感、喜爱之类善意的人，而人之所以与人为善，绝非由某种单方面的利他主义的绝对命令所使然，究其深层原因，还是在于当我们自己处于同样的困境之时，我们也会期待别人的善报，这样，追溯互惠利他主义得以形成和发展的原因，便又落到了我们所敬畏的自私基因中。由此观之，所有的施舍行为，慈善事业，以及宽厚、博爱等善良行为，无一不是由自私基因所引发的。与此同理，人们对教会、民族，以及一切神圣制度的忠诚也概莫能外，或者说也是由这种自私基因所决定的一种具有互惠互利性质的行为反应而已。不过，这里的问题在于，有些骗子在社会互动中不仅不以德报德，相反，他们却因此而乘机大捞好处，并利用这种行为和制度来图谋不轨。但是，一般而言，人们"在行施互惠的过程中表现出了最强烈的道德性惩戒。人们普遍憎恶欺骗、变节、背叛和卖国，有最严格的法典来强化荣誉和忠诚"（威尔逊，1985：145）。因此，若从长远的生物进化过程来看，由骗子所组成的种群是会濒临灭绝的，而那些公正地与大家一道做互惠利他游戏的人则会长久地生存和延续下去。由此观之，作为一种共生现象的互惠利他主义，相对于只为自己近亲服务的无条件的利他主义而言，它的这种"代价—利益"比率补偿得如此之妙，以至于诸如人类的感激、同情等极好的行为表现，也可以从这种有条件的利他主义理论中推演而出。我们人类由于足够自私、精于计算，加上灵活的、无限丰富的语言，以及语词分类的能力，再通过一系列互惠的习俗，这就使得人类能够订立社会契约，并在此基础上建立人类的文明，使得人类社会能保持较大的和谐与社会自稳态。可以说，当诗人们歌唱欢乐的死亡之时，那些在利他行为中做出自我牺牲的英雄也在预期的巨大奖赏中得到了充分的报答。总之，在社会心理学中，将人的遗传类型与许许多多的微妙行为颇有技巧地联系起来加以考察，这不能不说是这种理论的一大特色。然而，在这方面，许多实验社会心理学家对于利他主义的经验分析，例如杰奎琳·R.麦考利和伦纳德·伯克威茨的《利他主义和利他行为：某些前提及其结果的社会心理学研究》（1970），以及比勃·拉塔纳和约翰·M.达利所探讨的处于紧急情境之下旁观者做出干预或介入其中的种种制约因素的研究，同样是极有价值的。

史密斯的进化稳定策略理论

约翰·M.史密斯（1920~2004年），这位英国苏塞克斯大学生物科学研究院的教授，被道金斯称为社会生物学的倡导者，特里弗斯也将他视为发展达尔文和孟德尔所进行的伟大工作的著名人物之一。在社会生物学领域，史密斯系统阐释的进化稳定策略理论（Evolutionarily Stable Strategy，简称ESS/宜斯理论），更使他声名远播，备受同行的推崇。他想说明，凡是种群的大部分成员采用某种策略，而这种策略的好处为其他策略所比不上的，就是进化上的稳定策略或ESS。

按照史密斯自己的解释，宜斯理论的提出本是出于解释侵犯行为演化发展过程的需要。因为动物之间常常为领域、配偶或等级地位而展开争斗，其结局通常都是按照协定来解决的，那么，这里就存在这样一个问题，即"这种协定性行为究竟是怎样进化而来的呢？"（Smith，1980：125）。为解决此问题，史密斯借用了博弈论的有关见解，并着手就冲突发生的几种情境，以及在这些情境中动物可能采取的几种常见的争斗策略作了深入细致的剖析。

首先，史密斯假定："由个体组成的种群一对一地进行竞争。不同种群的个体采用不同的策略，这样，经过无数次竞争以后，不同的个体都使自己的种群得到繁殖，并且与它们积累下来的'盈利'相称。"（Smith，1980：21-30）

其次，史密斯假定了五种不同的争斗策略，即鹰策略、鸽策略、还击者策略、试图还击策略以及恃强凌弱策略。上述五种策略之中，有简单与复杂之分，稳定与不稳定之别。例如，某一特定物种仅由鹰和鸽子所组成（这里，这两个名称与这两种鸟的习性无关，仅取其象征意义），因此，在该物种的某个种群中只存在两种搏斗策略：一为鹰策略，即刚性策略，一旦争斗起来，总是孤注一掷，不是鱼死就是网破，否则绝不退却；另一则是鸽策略，即柔性策略，只以风度高雅的惯常方式进行威胁恫吓，但又从不伤害对方。这两种策略孤立来看，在进化上都算不上宜斯策略。都不能在进化上保持稳定性，这样，从上述两种策略所得的平均盈利，使我们可在鹰与鸽之间确定一个稳定的比率，这个比率按史密斯的计算，即鹰 7 鸽 5。质言之，这个比率的值是由鹰与鸽的基因在基因库中所实现的稳定性比率所决定的，即遗传学中所说的稳定多态性所决定的。当然，这种"鹰-鸽"模式是比较简单的，且也并不是唯一可能的模式。而还击者策略，按照史密斯和亨利·普莱斯的描述，则是一种以条件为转移的策略。简言之，采取该策略的个体的行为，只取决于对方如何行动。当遇到鹰时，其行为像鹰；遇到鸽子时，其行为像鸽；而遇到另一位奉行还击策略者时，其行为表现也像鸽子。此外，就是试图还击策略，该策略基本上像还击策略，但有时会试探性地使竞争暂时升级。再一个就是恃强凌弱策略，该策略奉行者的行为处处像鹰，但一遇到对方还击，就立刻逃之夭夭。总括以上五种策略，结果只有还击策略在进化上是最稳定的，试探还击策略近乎稳定，而其他三种策略均不稳定。不过，这里得注意，所谓争斗策略，只是指搏斗前对"得—失"所进行的一番无意识的、复杂的权衡而已，这里的策略只是指一种盲目的、无意识的行为程序。

史密斯认为自己对协定行为的进化根源做出了交代和说明。其实，这种说明也使我们看到了一个由许多独立的自私实体所构成的集合体最终变得像一个有组织的整体。关于宜斯理论，正如道金斯说的那样，"我认为，这不仅对物种内的社会组织是正确的，而对于由许多物种所构成的'生态系统'以及'群落'也是正确的"（道金斯，1981：116）。这一理论，几乎在一切地方都适用，或者说，几乎在一切有利害冲突的地方都是适用的。该理论表明："基因被选择，不是因为它在孤立状态下的'好'，而是由于在基因库中的其他基因这一背景下工作得很好。"（道金斯，1981：116）

此外，运用宜斯理论，对于更好地认识洛伦茨所指出的动物间的搏斗具有绅士风度这类现象，以及廷伯根等人所谈及的领域行为反应等，均会有所裨益。而且这种理论在认识人类社会行为的内在机制方面，也是颇有价值的。例如，在社会交往中，说实话与说谎话均非宜斯类型，而不动声色的面部表情、察言观色的谈吐，无疑就是一种宜斯，其他如社交过程中单方面利用关系无论是被利用的傻瓜，还是利用傻瓜的骗子手策略，在进化上均不稳定，而唯有双向互利关系的斤斤计较行为才算宜斯策略。简言之，史密斯的宜斯理论主要是针对群体中的每一个体的行为来说的，因此，宜斯一旦确立，它还具有一种准则的效用，并使得偏离它的行为受到自然选择的惩罚。因此，该理论在说明从众现象方面或许还有待开掘的价值。

道金斯的"觅母"说

曾在廷伯根指导下工作过 12 年的理查德·道金斯（出生于 1941 年），生于非洲肯尼亚内罗毕，当时他的父亲所在的英王步枪团正驻扎在此。1959年入牛津大学，1966年获博士学位，后担任美国加州大学伯克利分校助理教授，1970年返回牛津大学担任讲师，20年后方晋升教授。1976年出版代表作《自私的基因》，并系统介绍了利他和利己行为概念、遗传学上的自私概念、侵犯行为的进化、亲族学说、性比率学说、互惠利他主义、欺骗行为与性差别的选择……等众多的内容，而在他所有的叙述中，"觅母"（Meme，一译"觅因"）属实为一大创造。

道金斯在论述完社会行为的生物基础之后，随即又将人类的独特性归结为"文化"一词，这样，就将我们带到了诸如文化、文化进化以及世界各地文化间巨大差异之类深刻而又难答的问题面前。为此，他指出，要想了解现代人类的进化，我们必须首先把基因抛开，不把它作为我们的进化理论的唯一根据（道金斯，1981：266）。于是，他又提出人类文化之汤以及由此汤中产生出来的新型复制"基因"——觅母。觅母作为文化传播单位或模仿单位，它含有记忆、稳定之意，且与"精华"一词合韵。具体来说，"调子、概念、妙句、时装、制锅或建造拱廊的方式等都是觅母，……觅母通过从广义上说可以称为模仿的过程从一个脑子转到另一个脑子，从而在觅母库中进行繁殖"（道金斯，1981：268-281）。这样一来，对人类来说，其一切行为均要受到双重控制，因为"我们是作为基因机器而被建造的，是作为觅母机器而被培养的"（道金斯，1981：116）。因此，对于人的社会行为，无论对出于本能的行为，还是文化行为的考察，均看不到作为行为主体的人的身影,一切都被归到基因和觅母身上,觅母也成了一种有生命力的结构,而人的脑子只成了觅母的宿主,成了传播觅母的工具。在觅母库中,各觅母之间也存在自然选择的压力,存在彼此间的竞争,因此,为了觅母自身的生存,一组或一群相互适应、相辅相成的觅母也会结合而成比较稳定的觅母复合体,从而使得新的觅母难以入侵。在这里,基因的不朽性被觅母的不朽性所代替,生物进化的主体受到文化主体的戏弄和嘲讽,而至于基因与觅母怎样协同进化的问题,道金斯只做出了某些推测和构想。这样从觅母说的提出来看,它将除了为日后威尔逊等人所提出的文化基因概念准备了注脚以外,同时对于说明和解释一定的文化所具有的那些贬抑人的特点,以及自我维持和自我发展的自私特性等,也做出了一些新的暗示。

总之,觅母概念使我们联想到,我们这可怜的"人类随着她的进化着的生物遗传性和扩展着的文化遗传性在跟跄前进着"(卢里亚,1987:112),然而"文化的更换更快,比生物学的适应更易发生变化。人能适应从热带到北极各种不同的气候,不是产生更多的毛发或更多的汗腺,而是简单地改变他的穿着和庇护所就行了"(温伯格,1981:435-437)。但是归根到底,"虽然文化能影响到人的进化方式,但人依然要服从于自然选择的规律,无疑将要继续进化"(温伯格,1981:435-437)。不过,按照社会生物学家们的观点,这进化的主角,人还没有资格担任,还得要由基因或觅母来承担。于是,若持人本主义观点来看,这种生物学图式无疑还要引起一个又一个新的争端。

四 研究现状、历史意义与评价

研究现状

在社会生物学诞生之初,心理学界就对它表示了自己的赞叹之情。例如,在1975年8月,全美心理学会会长唐纳德·T.坎贝尔就说过,要将39411名心理学家(当时全美心理学会会员数)"引进一个既令人兴奋,又充满争论的新天地——社会生物学领域"(Campbell,1975:1103)。并且,坎贝尔还鼓励心理学家"对'人性'无论怎样怀疑但都要对这个能够产生种种假说的丰富的灵感来源予以关注并发生兴趣"。接着,他表示坚信,

"城市人本身就是生物和社会这两方面进化的一种产物"（Campbell，1975：1111，1123）。可是，事隔不久，到了1976年，坎贝尔对这种研究的态度就发生了改变：由先前的积极赞助、热情扶持变为顾虑重重、疑虑大增，仅就当时美国的研究状况而言，或者就以社会生物学的发源地哈佛大学来说，校方对这种研究也是很不支持的、很不情愿的。关于这一点，特里弗斯曾提出控告说，由于他从事社会生物学研究，更由于他在致力于破坏达尔文和孟德尔前派的社会和心理世界观方面所做的努力，哈佛大学解除了他的教职（在1978年夏，他又被任命为加利福尼亚大学圣·克鲁兹分校的生物学教授）。而威尔逊由于对许多社会行为的生物基础的考察触犯了许多禁律，因此，他所遭遇的麻烦和人身攻击就更为常见。例如，在1978年2月举行的全美科学进步协会上，当他向大会致辞的时候，所谓"为人的科学派"成员竟然向他身上泼起水来。其他诸如"危险的种族主义者""性专家"等大帽子，也戴到了他的头上。甚至连《纽约书评》杂志也发文说，威尔逊也为自己的"许多计谋和花招"而感到内疚。此外，即使到今天，也会有人将社会生物学研究与优生学甚至纳粹的种族主义相提并论（Sussman，2014）。

紧随社会生物学研究的全面开展其后，在哈佛大学，为了批判威尔逊的理论观点，以威尔逊的同事理查德·莱温廷教授为首，发起成立了"社会生物学研究小组"。该小组约有36名成员，其中包括麻省理工学院心理学教授斯蒂芬·霍龙韦、哈佛大学教授斯蒂芬·古尔德、波士顿大学人类学教授安东尼·利兹。该小组谴责威尔逊是遗传决定论者，因为威尔逊说过，某些遗传上的差异会使某些社会更易于接受某些不同的文化素质；而同性恋、男性主导现象等也可能是由遗传因素决定的。针对同性恋行为，性学家威廉·马斯特斯和弗杰尼亚·约翰逊表达了截然不同的见解，他们指出，性行为的表达——异性爱、同性恋或同性异性恋——都是习得的，而非由遗传途径而来的。很显然，过去困扰心理学界的一些难题，在社会生物学研究之初又引起了新的异议，并且还带上了不少的政治色彩。例如，在社会生物学研究者内部就出现了以戴维·P.巴拉什和莎拉·格林尼为代表的所谓"左派"，以及以舍伍德·沃什伯恩为代表的所谓"右派"之争。

另外，在批判社会生物学方面，芝加哥大学人类学家马歇尔·萨林斯颇费了一番心血。根据他的意见，社会生物学被划分为粗陋与科学两大类，诸如韦罗·温-爱德华兹、威尔逊、特里弗斯、汉密尔顿等人,有幸列入科学的行列。因为他们的研究将社会行为和"健全的进化原则——即那个著名的个体基因型充分重视自我的原则"联系在一起加以考虑,"并将这个原则看成是自然选择的必然后果"(Sahlins,1976:4)。并且,萨林斯还指出,汉密尔顿在如何规定亲属等级关系行为方面所做的阐释,正构成这派科学社会生物学家的一项最重要的理论贡献。而与此同时,像洛伦茨、阿德里、莫里斯等人的研究,则被归入"粗陋的社会生物学"范畴。最后,萨林斯又从政治角度指出,无论是科学的还是粗陋的社会生物学,它们都有保护现状并证明现状为合理的保守性质,因此,从这个意义上看,"社会生物学的主要贡献在于,它将自然选择最终转化为社会的剥削"(Sahlins,1976:4)。由上可见,即使在美国,社会生物学也是充满了谴责与反谴责、批评与反批评等对立因素的反复较量的,因而其研究的行程与现状必然是离奇曲折、步履维艰的。

比较而言,社会生物学的研究状况在欧洲要好很多。例如,1977年,德国达勒姆会议出版社(Durham Conference Press)就公开发起"达勒姆生物学和道德专题讨论会",并于会后出版了《作为生物学现象的道德——社会生物学研究的先决条件》(1978)一书。该书的撰稿人由来自美国、德国、英国、法国、瑞士等国的研究人员所担任,这些人分别来自上述国家的著名大学、研究院(所)、医院等科研单位,而且专业覆盖面也相当广泛,涉及生物学(包括神经生物学)、哲学(包括科学哲学)、心理学(包括发展神经心理学)、社会学、人类学、伦理学、法学、习性学、精神病学等众多学科领域。由此可见,社会生物学研究的领域正在不断扩大,研究内容也在日渐深化,研究方向也呈现多元化的趋向。总之,社会生物学虽然经历了一些风风雨雨,但这种研究仍然在探索之中前行。

历史意义与评价

从以上叙述可以看出,无论是习性学还是社会生物学研究,它们所提出的理论命题与种种假说,在人类认识史与科学发展史上都是占有一定位置并达到了一定的历史高度的。因此,我们必须深入钻研,才能领略其中的深意并做出恰如其分的科学评价。但是,目前来说,仅凭现有的观察,要想评头论足,恐怕确实为时尚早。但是,客观上我们又必须对它做出评价,如此这样，遂引出下列各点。

第一，从总体上看，社会生物学研究对于社会心理学来说，无疑是贡献颇巨的。这种研究为揭示人的社会行为背后的深层原因，又打开了一个新的缺口，开辟了一个新的领域，提供了一套新的方法，并给社会心理学注入了新的灵感和启迪。尽管目前这种研究还很不完善，但上述贡献的存在却是不容置疑的。

第二，从研究对象来看，这些社会生物学家也由过去那种对反常、失败的个人行为的研究转入对那些具有代表性的、身心两健的正常人的常态行为的深入考察。而且还将考察的重点由亚文化环境中罕见的珍稀行为转入对主流文化中所有获得成功的普通社会成员所共有的行为类型的研究，这样，无疑又使社会心理学研究的实际内容更为丰满、全面。

第三，从研究层次来看，似乎社会生物学正在力图超越现象描述和贴概念标签的自然史阶段，从而使得过早成熟且成果有限的普通心理学得以进一步繁盛起来。在这个新的层级上，社会生物学提出，"只有能对情绪和伦理判断的机制在细胞水平上加以拆装，才能搞清楚它们的性质"（Wilson，1975：265-266）。诚如威尔逊所言，"解决问题的方法之一，从来也不能离开那些追求真理的人类学家和生物学家，这方法就是，究竟在什么程度上这种生命描绘物代表了一种对现代文化生活的适应性，以及在什么程度上这种生命描绘物又成了一个种系发生学上的遗迹"（Wilson，1975：548）。

第四，从研究目的来看，社会生物学力图向人们揭示存在于动物和人类身上的先赋的、复杂的内部认知结构的进化选择理由，从而为解决行为的起因问题，即自然与教养（或遗传与环境）究竟哪一方面构成行为起因这个古老的争端增加了新的解释和说明。

第五，从研究内容来看，这种研究既有功能动性的解释，也有因果性的说明；既有横断面的解剖，也有进化史的背景。并且在说明基因与文化、先天与后天、动物行为与人类行为的连续性与非连续性的统一诸方面，可以说时出新意。其中，诸如宜斯等概念的提出，对于说明生物界的共生现象，说明从动物到人类都存在的妥协、绥靖、息事、救生、协定等众多社会行为的进化过程，实为一大创造。

第六，从研究的社会应用效果来看，社会生物学力图使自己的研究成果能够起到惊世骇俗的作用。但是，也正是在这一方面，它所遭到的非议最多。例如，1970年代末美国上映的一部影片就反复说明这样的主题，即女人的作用莫过于生儿育女，和男人睡觉；而男人的作用则在于经营企业以及在足球场上冲锋陷阵之类，则实在近乎无聊与平庸。当然，这种滥用社会生物学的研究成果，或者说一味拣拾社会生物学余唾的做法，也是为严肃认真的理论研究所不容的。关于这一点，史密斯就曾指出，"关于人类社会性别角色分化问题，我们还不知道这种分化过程究竟有多久，且两性间先天认知或气质性差异的证据也是微乎其微的。而且，即使未来的研究确证了这种角色分化的历史十分古老，并且还有统计上的数字证明，在两性间存在着重要的天赋差异，但据此仍然不能证明强迫男人和女人进入各自不同的社会角色就是正确的"（Smith，1980：27）。

  总之，社会生物学方法和在社会心理学研究中的应用，只要慎加把握，其前景还是相当可观的。但是，就目前社会生物学研究状况来看，尽管它取得了一些成绩，但它也留下了一大堆的疑难和舛谬之处。而这里的问题显然在于，我们怎样才能释疑解难、消除舛谬，或者说怎样才能吸取其精华、剔除其糟粕，从而为更有效地认识和分析人类的社会行为，并将人类行为真正塑造成"人的行为"做出我们自己的努力。

第四编

欧洲的反叛与新的趋势

第十一章 社会表征理论

作为现代社会心理学的策源地，德国的民族心理学（Folk Psychology）、法国的群众心理学（Mass Psychology）和英国的本能心理学（Instinctive Psychology）都发生在欧洲。之后，随着社会心理学的中心转移至美国，以个体主义和实验室研究为核心的美国社会心理学异军突起，成为全球社会心理学的主导力量，并一直延续到1960年代。但是，正如我们在本书导言中所说，由在美国占主导地位的心理学的社会心理学忽视了自然情境的真实性，局限于对变量的控制和对行为的预测，排斥对意义的理解，一味追逐方法的细化，致使理论不断退化，一方面成为学者不断诟病的所在（方文，2002），另一方面自然导致了美国社会心理学在1970年代的危机（周晓虹，1993）。

针对这些问题，欧洲社会心理学开始了对美国实验心理学的反叛，其中法国人塞尔日·莫斯科维奇提出的社会表征理论（Social Representations Theory）独树一帜。这一理论介于社会学、心理学与人类学的交叉视角之下，关注不同社会背景中社会知识的建构、转换和现实问题的社会心理学范式。该理论不但关注对于社会共识内容和不同社会群体间的差异，也探讨个体与群体如何使用社会表征来理解与建构一个共同与共享的现实。它主要从社会文化层面探讨人们对各种现实问题的社会共识性知识（common sense knowledge），以及这种社会共识对日常行为的内在规范性作用（Farr & Moscovici，1984；管健，2009），并日益成为当前国际社会心理学的一个新的理论与研究范式。这一理论强调社会群体的中心性，强调将焦点放置于群体如何影响与形成个体的意识，强调人们关于社会世界的社会共识和知识储备。社会表征理论自1960年代提出之后，经过沃尔夫冈·瓦格纳、丹尼斯·乔德里德、克劳德·弗拉门特、威廉·杜瓦斯、伊凡娜·玛科娃、德罗萨，以及莫里内尔和法尔等人的研究逐步完善起来，终于与社会认同理论、社会建构理论及话语分析共成鼎足之势，成为当代欧洲社会心理学的三驾马车（Moscovici，2000，2001）。

一 理论溯源

作为欧洲社会心理学本土化的成果之一，社会表征理论从提出伊始，便颇受推崇，究其原因，一方面在于其突破了美国化社会心理学一统天下的格局，另一方面也在于其揭示了心理过程中更为宏大的叙事体系。从社会表征的生成历史，以及社会与文化脉络的建构来看，创始人莫斯科维奇的作用不容小觑。与此同时，这种以社会知识为核心的理论，在哲学、社会学、心理学、人类学等多学科的广泛影响下，从诞生之日起便成了一个不折不扣的关注社会现实问题的社会心理学范式。

社会表征理论的创始人

塞尔日·莫斯科维奇（1925~2014年）去世前一直定居法国巴黎。他出生在罗马尼亚的一个犹太人家庭，父亲是个谷物商人。第二次世界大战期间，罗马尼亚成为纳粹同盟，大量犹太人遭到血腥屠杀。莫斯科维奇也被迫离开学校，接受劳动教养。战后，1948年他来到巴黎，进入著名的索邦大学学习心理学。索邦大学成立于13世纪，是一所历史悠久的大学，巴黎大学的前身，在巴黎大学正式成立后它成为巴黎大学中的一个学院，但"索邦"这个名称一直是巴黎大学的代名词。1961年莫斯科维奇获索邦大学心理学博士学位。此后，莫斯科维奇一直在美国与欧洲的多所大学和研究所任教。1976年开始担任欧洲社会心理学实验室（European Laboratory of Social Psychology，LEPS）主任，并在巴黎社会科学高等研究院任教。鉴于他对社会心理学发展的卓越贡献，2003年莫斯科维奇获得了全球著名的巴尔赞奖（Balzan Prize）。该奖项系全球学界最高的荣誉奖项之一，自1961年创立以来，在心理学领域只有让·皮亚杰、杰罗姆·布鲁纳和莫斯科维奇得到过如此殊荣。巴尔赞基金会为其获奖而撰写的获奖评语是：

> 莫斯科维奇的研究特点极具创新性，这些研究推翻了社会心理学的规范模式，更新了这一学科的研究方法与研究取向，首创了社会心理学

的欧洲范式,这一范式的原创性举世公认……他对欧洲社会心理学的三大贡献包括社会表征理论、少数派社会影响理论和集体选择与社会共识理论……他使欧洲社会心理学摆脱了美国心理学,无论在理论上还是在方法上都独树一帜。①

在社会心理学方面,莫斯科维奇的主要著作包括:《精神分析:意象与公众》(1961/1976)、《工业变革和社会变迁》(1961)、《论自然的人类历史》(1968/1977)、《反自然的社会》(1972)、《驯化人与野性人》(1974)、《社会影响与社会变迁》(1976)、《群氓的时代》(1981)、《少数派影响观》(1985)、《造神机器》(1988)、《社会的创造:社会现象的心理学解释》(1991)、《少数派影响》(1994)、《冲突与共识:集体决策的一般理论》(1994)、《社会表征:社会心理学探索》(2000)、《还自然之魅》(2002)、《人文科学研究方法》(2003)等。目前已经出版的中译本有四部,即《群氓的时代》(2006)、《反自然的社会》(2002)、《还自然之魅》(2005)和《社会表征:社会心理学探索》(2011)。鉴于莫斯科维奇的学术成就,他被许多国际著名大学授予了荣誉博士和荣誉教授的学衔。

社会表征理论的思想渊源

在学术研究的历史中,任何一种新思想或新学说的产生既不是与世隔绝的,也不是凭空想象的。除了历史的洪流之外,思想家也常常站在巨人的肩膀上,与之相遇的同样是一些具有高度哲思的大师。在阐述社会表征理论时,莫斯科维奇借鉴了各种想法,他从涂尔干的社会学著作、列维·布留尔的人类学作品和皮亚杰的儿童心理学中都获得了许多思想和灵感。为了更好地阐明社会表征的内容,莫斯科维奇一一解析了社会表征理论与涂尔干、列维·布留尔、冯特、皮亚杰和维果斯基的深刻渊源。

涂尔干作为社会科学的先驱性人物,终其一生执迷于探求人类社会的复杂性,他一生要解释的命题就是独特各异的个体如何能组成一个有机的社会整体。早在1898年,他就首先区分了集体表征(collective representations,

---

① See International Balzan Prize Foundation, 2003, http://www.balzan.It/en/Prizewinners/Serge Moscovici.aspx.

一译"集体表象") 与个体表征 (individual representations), 认为"个体表征"是心理学的研究范围, 属于"个人建构", 是感觉的复合物, 并以研究神经生理活动和个体现象为基础。个体表征是心理学的研究范围, 属于"个人建构", 是可以改变的, 是心理学的研究范围。集体表征属于社会学领域, 是社会学中的社会心理学领域。"集体表征"以"社会事实"(social facts) 为基础, 具有共享性、再生性、功能性及社会建构性的特征, 它起源于社会, 并在社会中传播, 经由社会成员所分享 (张曙光, 2008)。涂尔干将集体表征视为知识的系统化内容, 认为这是社会学的研究领域 (迪尔凯姆, 1995)。在涂尔干的构想中, 集体表征虽然意蕴丰富, 囊括了科学、意识形态、世界观和宗教神话等理智形式, 但同时又呈现出颇为凝滞化的一面, 即它作为一种先在的社会设置, 具有稳固性和强制性的特点。涂尔干认为社会学与心理学应该基于个人表征和集体表征进而有效区分, 其中心理学应以研究微观的个体心理现象为其任务, 社会学则应以研究宏观的社会现象为其任务。事实上, 集体表征这一概念, 作为社会表征的最初形式, 为社会表征理论的兴起奠定了一定的理论基础。集体表征的概念为莫斯科维奇的社会表征理论提供了理论灵感, 莫斯科维奇从一开始就以涂尔干的集体表征概念来构思社会表征理论, 并对当时过于强调个人取向的心理学路向提出了反思。

与涂尔干同一时期的法国著名人类学家列维-布留尔 (1857~1939年) 也彻底贯彻了"社会心理观"。作为荣格的老师, 布留尔使用"集体表象"(collective representations) 这个核心概念来代表不发达部落的社会心理现象。布留尔认为:"集体表象是世代相传的, 它的存在不取决于个人, 在集体中的每个成员身上都留有深刻的烙印。"(列维-布留尔, 1995: 5-6) 布留尔的理念带动了莫斯科维奇社会表征理论的完善, 使其致力于通过把沟通和表征作为核心进一步阐明一种联系, 从而将人类心理和当代社会与文化问题结合起来, 满足人们对不熟悉的事物逐渐熟悉起来的愿望。从莫斯科维奇在其理论建构中的引证就可以发现布留尔对原始社会集体表象探讨的深刻痕迹。

社会表征的概念有相当长的历史, 并跨越社会科学中许多相关的领域, 在一向重视个人因素的心理学中, 也从冯特那里开始了对社会表征的萌芽性思考。在民族心理学体系中, 冯特考察了语言、巫术、神话、宗教以及它们与人们思维结构的心理学关联，他曾经提出"个人心智"与"集体心智"两个对立的概念。个人心智的研究取向将个体视为最基本的分析单位，而团体被视为数个个体的集合。相对地，集体心智的研究取向强调个人的总和不等于全体。因此，集体的现象无法化约为个人层次。由此，冯特将心理学区分为"实验室心理学"和"社会心理学"两个领域。其中"实验室心理学"属于个人心理学层次，研究对象指向个体，该层次认为人可以被放置于实验室中去观察和分析，其研究方法一般不考虑外界情境，属于去脉络化的量化研究方式。而"社会心理学"为集体心理学层次，其研究对象是语言、宗教、习俗等社会现象，研究方法也多采取如质性研究方法等多重方法的组合。在冯特看来，将心理学局限于实验室里研究个体的意识和经验是不够的，还必须从更广泛的意义上去研究社会经验和集体意识以及人类心理发展的历史，只有这样才能对人的心理现象做相对正确而全面的解释（Wundt，1920）。对于莫斯科维奇来讲，心理解释必须考虑到个体和集体的关系以及主体和系统的关系，至此，冯特的集体心智的概念非常接近于社会表征的概念。

另外，皮亚杰和维果斯基也在各自的领域中启发了莫斯科维奇的思维：前者在儿童表征的心理学研究中，从年幼儿童的前逻辑表征延伸至青少年更具逻辑性和个体化表征的观念非常接近莫斯科维奇的思想；后者则让莫斯科维奇发现了另外一条途径，即将社会现象引入心理学中。更重要的是，维果斯基将历史和文化维度引入心理学，他的文化和历史发展观将莫斯科维奇带进了一个全新的思考视域。

综上可见，这些来自人类学、心理学和社会学的大师的精辟论述都在一定程度上影响了莫斯科维奇及社会表征理论的建构，而该理论从诞生之日便深深烙上了多学科的痕迹。

二 基本概念

社会表征理论强调行动和交流的目的，强调群体的中心性，强调群体影响和沟通个体的意识，强调社会心理现象和过程只能通过将其放在历史的、文化的和宏观的社会环境中才能进行最好的理解和研究。因而，对于群体的认知是如何发生改变的，为什么这种改变不简单地存在于个体身上，而是蔓延到社会中的绝大多数成员,甚至近乎成为某种"社会共识"(common sense),社会表征理论从定义到其典型特征都试图解释这样的问题。

社会表征的定义

社会表征是集体成员所共享的观念、意向和知识,这种思想的共识形态(consensus universe)由社会产生,并由社会的沟通而形成"共同意识"(common consciousness)的一部分。社会表征作为一种产生于日常生活之中的社会共识性知识,被同一组织群体内部的所有成员所共同拥有,并且成为群体成员之间交流与沟通的基础。这种社会共识性的知识体系,主要源自人们的经验基础,同时也源自人们通过传统、教育和社会交流接收和传递的信息、知识和思维模式。由此,莫斯科维奇将社会表征定义为:"社会表征是一种含有其本身的逻辑和语言的认知系统……它不是单纯的代表'关于……的意见'、'对……的意向'、'倾向……的态度',而是借以发现和组织现实的'知识分支'或'理论'。"(Moscovici, 1976, 2000)随后,他进一步将社会表征界定为"某一群体所共享的价值、观念及实践系统,并认为其兼有两种功能,其一是为个体在特定生活世界中的生存进行定向,其二则是提供可借以进行社会交流及对现实世界与个体、群体历史进行明晰分类的符号,使人际沟通得以实现"。莫斯科维奇基于对现代社会心理学中各种理论的深切思考,认为社会表征作为一种理论工具能更有效地沟通心理与社会,并切合人类生存的本体。也就是说,社会心理学的主要任务应是探讨社会表征的起源、结构、内在动力及其对社会的影响。在他看来,社会表征在实质上是源于日常生活中人际互动过程的概念、话语及解释体系,即一种社会共识(Hogg & Abrams, 1988)。

毋庸置疑,社会表征理论以其对社会心理学的决定性和创造性贡献,已然得到了世人的关注。从一开始,社会表征的定义就一直被以多种不同方式运用在理论探索和经验研究中。无论是社会表征理论的支持者还是反对者都普遍承认,目前并不存在被普遍认可的社会表征的概念(Liu, 2004)。由于对社会表征的概念缺乏明确的定义,也引发了一些对社会表征理论不利的观点。有学者试图把这一理论纳入社会建构主义的大旗之下(Dittmar, 1992),有学者试图否定社会表征理论(Potter & Edwards, 1999),有学者认为社会表征理论是模糊不清的和缺乏严格定义的(Potter & Litton, 1985;

Jahoda，1988）；也有学者认为，社会表征概念正在冒着成为"万能"理论的风险，并有可能失去其特殊性（Allansdottir et al.，1993；Gervais，1997）；更有学者怀疑社会表征是否真的构成"理论"（Hewstone，1986）。针对概念的上述批评，主要着眼点是认为莫斯科维奇提出的社会表征定义含混而松散，本质上太过抽象，因此难以转化为实证性的讨论。但是，在莫斯科维奇的回应中，他却坚持认为概念的含混性以及相关的批评，事实上正是他所认为的社会表征所具有的优点。他认为，研究中的规范性定义和公式将会抑制观念的创新与产生，社会表征理论并不在于发展预测实验的假说，而在于透过描述和探索研究以产生积淀和理论。

社会表征的典型特征

莫斯科维奇对于社会表征的研究，最初来自1950年代对法国三个不同社会阶层对精神分析的理解和反应的研究。他通过问卷调查、访谈以及媒体内容分析的方法反映了精神分析作为一种革命性思潮广泛渗入法国公众生活领域，与共产党、天主教及城市自由主义三种群体的不同意识形态模式相互接触、冲撞，并由此引发了一系列社会知识转型或社会表征重构的过程，这实际上正是一种典型的知识转换（transformation of knowledge）问题，即一种形式的知识如何在不同社会背景下通过传播过程转换为另一种形式的知识。此后，莫斯科维奇更加强调了社会表征以行动和交流为目的，强调群体中心性，强调群体影响和沟通个体的意识，并强调社会心理现象和过程只能通过将其放在历史的、文化的和宏观的社会环境中才能进行最好的理解和研究的观点（Wagner et al.，1999）。对于群体的认知如何发生与改变，为什么这种改变不简单地存在于个别人身上而是蔓延到社会中绝大多数群体中并几乎变成"社会共识"，对于这些问题莫斯科维奇坚信可以用"社会表征"来加以解释。由此，他强调，社会表征具有社会共享性与群体差异性、社会根源性与行为说明性，以及相对稳定性与长期动态性的特点。

1. 社会共享性与群体差异性

社会表征的核心特征是集体创造和社会共享。社会表征作为一种产生于日常生活的社会共识性知识，应该被同一组织群体内部的所有成员共同拥有，并且成为群体成员之间交流与沟通的基础。社会表征强调的是群体而非个人，但是在群体层面上，由于群体中有多个呈相互竞争关系的子群体存在，因而并不是所有的社会表征都能在群体成员中达成一致。根据共享方式的不同，莫斯科维奇区分了三种社会表征：①"支配性社会表征"（hegemonic social representations）；②"无约束性社会表征"（emancipated social representations）；③"争端性社会表征"（polemical social representations）。支配性社会表征为所有社会成员所共享，被看作是无可争议的；无约束性社会表征存在于某些彼此互动的社会群体成员内部而具有一定程度的自主性；争端性社会表征只为社会中一些群体所持有，而其他群体则持相反观点。任何一种表征都只是支配的、无约束的或争议中的一种。这三种不同方式互补性地进行共享和沟通，而这三种"共享"方式也是对话式地相互关联的。

2. 社会根源性与行为说明性

社会表征概念旨在说明一种特殊形式的知识，即常识性知识，这种常识性知识来源于人们的经验基础，同时也来源于人们通过文化、教育和社会交流接收和传递的信息、知识和思维模式。社会表征会预先安排个体的行为，同时也会影响群体成员的感知，进而会影响他们对所经历事件的解释和行为回应。不管与事情的实际情况是否相符，人们在认识世界的过程中对于某些新事物的预想，通常情况下会得到巩固。由于社会表征根源于人们的社会互动过程，因而具有社会根源性。社会心理学家发现，社会表征反过来又可以对社会群体成员的行为、思想和感知施加一种近乎是强制性的影响力量，即所谓的"行为说明性"。这种说明性还会在社会群体的思想意识中得到巩固。

3. 相对稳定性与长期动态性

由于社会表征作为一种群体内成员共享的知识体系，一旦产生，就会超越成员个体而独立存在于社会中。所以，社会表征在一定时期内具有相对的稳定性，可以被看成是客观存在的社会现实。但是，社会表征具有客观性并不意味着它们是静态的。莫斯科维奇认为，表征是动态而持续改变的结构。他认为，个体或群体在社会互动与沟通的过程中会持续地对表征进行协商。表征不断和其他表征结构合并、排斥与互动，也与个体组群互动。随着社会群体成员就某一特定问题的直接经验逐渐丰富，成员间社会互动的日益加深，以及诸如媒体等社会机构在信息传递、劝说教育等方面发挥越来越重要的作用，人们会对原本持有的对该事物的社会表征和实际感受之间的差异产生疑问，进而导致人们在有关该事物社会表征的一致性程度上出现分化和对现有社会表征的修正，甚至是重新建构。从这个角度上看，社会表征应该被视为一个会随着外界因素变化而变动的动态知识体系。然而，一旦这些结构转换为实质与客观的类别后，就变得僵化与静态了，进而被认为是常识。因而，在经过一段时间不予质疑的接受或固着化之后，后续的力量仍然可以对这种结构再予以重新的协调，进而完全改变结构。社会表征正是在这种静态与动态的循环往复中不断前行的。

三　社会表征的核心理论

社会表征理论的目标包括了解共识性知识（commonsense knowledge）和科学知识（scientific knowledge）的关系、理解社会思维（social thinking）的一般性过程，以及在社会动态系统中探求行为与沟通模式的关系，尤其是理解从新异事物到熟悉社会现象和人类经验的过程等内容（Jodelet，2006），其中的核心概念涉及锚定与具化、中枢系统与边缘系统、基耦、互依三角等。

锚定与具化

社会表征的理论强调动态化视角（dynamic perspectives），即强调锚定与具化过程中沟通和符号互动系统对共同框架的分享，这表达了社会表征在态度影响和干预中的力量。在此方面，社会表征的核心概念便形成于两个关键性词汇：锚定与具化。

锚定（anchoring）是负责整合原有知识与意义并将其变成新系统的过程，是对不熟悉的事物命名或赋予特性，并以熟悉的名词来解释和定义，使其可以被解释和沟通的过程（Moscovici，2000）。在此过程中，相似或可用的定义最先被套用。锚定过程也是一种规约化和世俗化的过程，是用既有的名词概念或事物规则让新事物很快被熟悉，让人们以熟悉的事物为图式来了解新奇陌生的事物，以化解人们无法应对新奇概念所产生的不安和紧张对立状态，或者降低由于缺乏相关知识而导致的威胁感受（管健、乐国安，2007）。换言之，锚定就是将新异事物或社会刺激划归到既有类别，并转化为自身所熟悉的模式。这一过程不单单是一种合乎逻辑而不失连贯的知识活动，也是一种与社会态度有关的运作，通过分类与命名新异事物或社会刺激,人们不但可以认识并了解它,也可以对它予以正性或负性评价。锚定机制（anchoring mechanism）则是基于熟悉事物或社会刺激的既有认知库存,对新异事物或社会刺激予以分类和命名的过程,也是以既有认知内容为基础进行比较,将新异或不熟悉的事物或社会刺激的凸显特性类化到基型中以寻求解释的过程（张曙光,2008）。莫斯科维奇强调,锚定的历程在熟悉的类别脉络中给社会信息赋予更多的内容,使人们在长期的脉络化中建立自己的群己关系,之后产生行为与思考倾向,并且产生路径依赖,进而演变成强势的价值观念（杨宜音,2008）。

具化（objectifying）是将各种元素形成社会框架,如规范、价值、行为等,在沟通压力下形成并组织在表征元素中。它使人们的那些模糊和抽象的观念变得具体。它的产生需要两种途径,即拟人化（personification）和比喻（figuration）。具化机制（objectifying mechanism）是锚定机制的延续,将其内隐的抽象产物具体化为主观上自觉可见、可触、可控的"实存"现实。在社会表征的形成阶段,锚定和具化是非常重要的环节。正是通过锚定这一环节,不熟悉的对象被纳入社会实体中而具有意义,再通过具化将抽象的概念、态度和关系转化,由具体意象取代原本不熟悉的事物（Deaux & Philogene, 2000）。

对于社会表征的这一模式,沃尔夫冈·瓦格纳等人（Wagner, Duveen & Farr, 1999）进行了详细描述,并认为社会表征的形成经历了下述六个阶段的历程:①个人或团体受到威胁或遭遇不熟悉的现象或事件;②为化解威胁或不熟悉事件而产生的应对（coping）;③以锚定和具化为途径形成社会表征;④对于新事物的沟通和深思后产生的社会表征以想象、隐喻或符号的方式透过大众媒介和人际沟通形成;⑤通过不断的沟通和使用新概念,将过去被视为陌生的现象转化为共同知识;⑥共同的知识表征带来群体的自我认同。其中,在第二步的"应对"中包含了两种方式,其一是有形应对（material coping）,这是专家的任务,即以专业角度解释新现象;其二是符号应对（symbolic coping）,这是社会表征的核心,即个人或所属群体开始描绘和解释新事件。当一个团体的身份受到威胁,社会表征就会逐渐显现,同时开始建构新的事件。也就是说,社会表征作为动态过程,先是通过一种内在引导机制将新异观念或事物放置于熟悉的类别脉络之下,赋予意义,进而给当前的社会行动指出初步的方向,而后再通过一种外在引导机制将相应的产物转化为具体而客观的社会共识并投放到外部世界,使其成为现有社会设置的一部分。

那么,在这一过程中,个体的认知和评价是如何成为社会表征的呢?沟通在其中扮演了重要的角色。人们通过沟通创造社会事实,而此种沟通即为一种社会互动的过程。社会互动模式强调意义是通过互动而逐渐显现的。因此,在社会互动的过程中,人们首先定义情境,个人在反应时会假设把反应类推至他人而非特定的人,之后为了维持社会秩序,个人会惯于遵守行为的共同准则,使集体行为得以产生,随后行动者通过主动沟通,调整事件的意义,选择一个最适当的行为表现出来(Thompson & Fine,1999)。因而在互动中,人们通过沟通、协调,调整自己已有的内在认知表征,以符合社会准则所要求的行为反应,即通过沟通达到信息交流,逐渐形成社会共识,也就是大众的社会表征。同一个社会情境中,人们拥有共同的社会表征,这些共同的社会表征使得人与人之间可以相互理解,进而为沟通者创造了一个有益于沟通的共享环境。

中枢系统与边缘系统

社会表征理论的核心是强调社会共识,莫斯科维奇带领我们用科学的分析视角去发现身边的共识性知识,而社会表征的基本目标是识别、描述和分析这些存在于我们日常真实生活中的常识性知识的内容结构和意义。为此,阿伯瑞克提出这些元素的组成和结构化的模式是一种社会认知的系统,它存在于中枢与边缘系统中,也称核心与外围架构。这是社会表征结构化视角(structural perspectives)的直接显现,也是构建社会表征整体运作方式和功能显现的重要力量(Abric,1993,2000,2001,2003)。

中枢系统(central system)由社会表征中枢因素组成,直接与历史的、社会的和意识形态的条件相联系并被其所决定,同时强烈地带有其所涉及的规范系统的印记。社会表征的中枢系统不仅要求在量上更肯定表征,而且要求该维度或该项目在质的分析上能明确代表社会表征客体。中枢系统决定了整个社会表征的含义,并在一定程度上确定了社会表征的构成。阿伯瑞克强调,中枢系统是特定群体的历史和集体记忆,并与其紧密关联,它具有决定群体的同质性、稳定性、有序性和刚性,且对直接内容非敏感性的特点。

边缘系统(peripheral system)是中枢系统不可替代的补充,边缘系统反映了社会群体的现实性，是具体的现实世界和中枢系统的分界面。相对于中枢系统来说，边缘系统更加灵活，可以调节与中枢系统和现实世界之间的差异，它最先感觉到挑战中枢系统的新异信息并做出反应。边缘系统充分考虑个体变量并将其整合至社会表征中，达到二者的互补。边缘系统更适应具体的现实世界和具体的个体，并允许在内容上分化和在客观上起到保护中枢系统的作用。阿伯瑞克认为，边缘系统形成表征的内涵并支持群体内的差异性、弹性，具有矛盾性、对直接内容的敏感性，且适应不同背景，存在内容差异以及保护中枢系统。

根据结构化模式，社会表征的两个组成部分，即核心和外延结合起来使用，每部分都有其特殊性又互为补充。总体上看，中枢系统由社会表征中枢因素组成，直接与历史的、社会的和意识形态的条件相联系并被其所决定，同时它强烈地带有其所涉及的规范系统的印记。中枢系统形成了社会表征集体共享的基础部分，决定了社会群体的同质性，它是稳定的、一致的和不变的，并且对即时的环境不甚敏感。边缘系统则依赖于情境和个体特质，整合了个体的经验和历史。它支持了社会群体的异质性，是灵活的，有时可能还是矛盾的，并且对即时的环境非常敏感。

阿伯瑞克的中枢系统与边缘系统取向对研究社会表征的结构做出了不可否认的贡献。这种取向认为，社会表征包含着一系列元素，这些元素被组织化和结构化，从而组成一种特殊类型的社会认知系统。该系统由一个中枢系统和许多边缘系统组成。一种或几种社会表征元素构成了中枢系统，它决定了表征的意义和组织结构。而另一些元素则构成了边缘系统，边缘系统的作用在于使表征适应于不同的背景。社会表征及其中枢与边缘系统作为一个整体发挥作用，其中每部分都有其特殊功能，但同时又彼此相互补充。正如阿伯瑞克所指出的，大量实验与经验研究似乎表明，中枢与边缘系统取向对于分析社会表征的结构是富有成效的。

然而，中枢与边缘系统取向不得不因其潜在的原子论假设而受到质疑。根据这种方法，一个社会表征由许多的元素组成。这些元素被组织起来以形成社会认知系统的特殊类型。一个社会表征的核心由一个或几个元素组成，用以解释社会表征的意义和组织。然后，余下的就是边缘元素，用来使社会表征适应不同的情境。社会表征和它的中枢系统与边缘系统结合起来使用，每部分都有其特殊性又互为补充。依此观点的话，每种社会表征都会被分割为一组元素，并对其进行确定性的界定，这与社会表征强调的结构性和关联性是背道而驰的。也就是说，社会表征理论更关注社会形态及其相应社会知识之间的对话式关系。但中枢、边缘系统取向却关注于对社会表征内在组织进行静态分析，而忽略了其社会动态性与沟通动态性。社会表征理论强调了社会形态和与之相联系的社会知识结构对话性关系，从核心到边缘的方法必然会将重点放在分析社会表征理论的组织核心上，而忽视了其社会性的和互动式的动力学基础。这种方法把社会表征分解为许多元素并强调它们重要的方面。这样，每个社会表征对应于一个精确的元素集合，因此可能被固定化。然而，社会表征有结构，并且在本质上是互相联系的整体。虽然每个社会表征都通过词语联想与一些元素相联系，但是在一开始就把社会表征分解为元素，然后从元素中建立关系，显然有些偏颇。社会表征理论强调了社会形态和与之相联系的社会知识结构对话性关系，而从核心到边缘的方法必然会将重点放在分析社会表征理论的组织核心上，进而可能忽视其社会性与互动式的动力学基础。

基 耦

莫斯科维奇明确地把基耦概念引入社会表征理论中是为了更好地理解社会表征的结构与起源。他详细阐明了在社会表征与沟通研究中基耦的作用，即基耦一方面作为永恒性原则根植于文化并锚定于信仰中，另一方面，在一定的社会历史背景下，基耦在公共话语中被赋予了主题且得以凸显。莫斯科维奇（Moscovici，1993，2001）认为，社会表征的结构化内容与其起源是相互依存的，这种相互依存性与基耦有关。这是因为，社会表征的结构化内容依赖于最初的一系列基耦，并且这些基耦在社会表征的形成过程中有一种生成和规范性作用（Moscovici & Vignaux，2000）。伊凡娜·玛科娃进一步澄清了在社会表征的形成过程中，基耦的社会文化的嵌入性与其建构作用之间对话式的相互依存关系（Marková，2000，2006）。基耦，在社会的集体记忆中作为一种基本的预断，它深深地锚定在社会中并被共享且世代相传。

何谓"基耦"？该词汇单数为"thema"，复数为"themata"，这一观念在人类思想中是永恒存在的。两者相互对立，又相互依存。"基耦"是指深植于历史中的假定、文化上共享的矛盾体以及社会思想的更深层的逻辑。"基耦"作为表征的深层结构，从理论上说并不总是能直接观察到的。玛科娃强调社会表征是社会性和对话性的动态系统，它的存在类似于中国人头脑中的"阴"与"阳"的态势（Marková，2003）。"阴"和"阳"就是一组成对出现的对立物，它被不言而喻地用于解释中国常识思维中的动态性。"阴"表征女子气、被动、寒冷、黑暗、潮湿以及柔和，而"阳"表征男子气、力量、温暖、干燥以及坚硬。两者相互对立，又相互依存。"阴"与"阳"的平衡处于一种持续变化的状态中。世间万事万物都包含了"阴"和"阳"。"阴"和"阳"被认为是调节宇宙的两股力量，"阴"和"阳"的辩证矛盾形成了中国人关于天与地、人与自然、个人与社会、物质与精神以及生与死的知识。例如，对健康和疾病就被解释为"阴"和"阳"的平衡与失衡。

"基耦"是社会表征中潜在的深层结构，它既是一种生成性的结构，同时也在社会表征的整体结构上起到了组织性的作用。在这一点上，基耦看起来类似于阿伯瑞克所说的中枢系统。阿伯瑞克指出了中枢系统与基耦之间的重叠，然而基耦比中枢系统包含更为丰富的涵义，这体现在两个方面：首先，一个基耦通常是一个矛盾统一体，这个统一体的两个方面是对话式相互依存的（Abric，1996）。基耦的生成性与组织功能取决于人类思想的矛盾性，社会表征正是通过辩证的对立与统一而产生和转换的。其次，基耦概念明确强调社会表征与沟通中的对话性，这蕴含着社会知识的动态性，即社会知识建构于文化历史背景，同时社会知识通过沟通类型维持并进行转换。正如莫斯科维奇等所指出的那样，基耦是与印刻在语言中的集体记忆交织在一起的（Moscovici & Vignaux，2000）。基耦根深蒂固地深植于历史中那些不言而喻的观念，同时从基耦中产生的社会表征又是特殊社会文化中所固有的，并在日常生活中以不同形式表现出来。

可以讲，来自科学史家霍尔顿的"现象-逻辑-基耦"（phenomenal-analytic-themata）的思维激发了社会表征的"基耦"概念。霍尔顿曾用基耦概念来阐明科学思想的起源（Holton，1975，1978）。根据霍尔顿的解释，基耦是一种古老且长期存在的预设或假定，是典型的二元矛盾统一体，如可分性与连续性，或分析与综合，但有时也可能是三元矛盾统一体，如稳定、演化、突变等。通过对科学史的研究，霍尔顿意识到，少数的基耦在启发科学思维与产生科学思想中发挥了不可替代的作用。此外，霍尔顿的"现象-逻辑-基耦"中，"现象"是浮于问题表面的各种纷繁的现象，它们彼此相倚，却又各自独立；"逻辑"是内在的各种逻辑结构和特质变量，包括维度、原因阐释和类别属性；"基耦"是核心，蕴于其中的"硬核"是问题的关键性生长点和不断衍生与形成的"种维"（seed dimension）。莫斯科维奇提出了社会表征中的基耦，并强调了它在社会表征和对话中的独特意义，它一方面存在于共识性知识的原型中，另一方面也长期植根于文化和观念锚定中（Moscovici & Halls，1993；Liu，2004）。基耦位于表征层面中最为核心的层面，是从复杂的现象表征归纳出的进行科学阐释的逻辑维度，而这些现象表征和逻辑维度究其根源都是由核心的基耦维度所衍生的，而基耦就其存在形式而言，又常常以二元或三元对偶形式出现，它们相互交错衍生出诸多的复杂表征。基于它们所存在并调节的文本及表征，基耦的出现及应用有以下三个层面：概念或概念的基耦要素、方法基耦以及基耦命题或基耦假设。

基于"基耦"的概念，社会表征并不是无序的集合，而是多形态的建构，这种多形态的建构是围绕"基耦"来组织的。基耦渗入并支持了社会表征的主要方面，因此组成了表征的深层结构。从基耦到其现实显性的转换是一个动态且连续的过程，这种转换涉及并依赖于锚定和具化两个过程。就其本意而言，锚定和具化涉及社会表征被创造、维持和改变的过程，以及现实世界和思想世界相互联系与转换的过程。可以认为，基耦通过锚定与具化过程在现实显性中被呈现。锚定，作为一种内在导向的过程，在现有知识中整合了新的、不熟悉的现象，丰富了基耦的意义。具化作为一种外部导向过程，把基耦的抽象概念转变为现实概念，并且在现实显性中使基耦得以具体地表达。可以说，在使基耦向其现实显性转换过程中，锚定与具化相互补充。可见，在特定社会中人们对某一现实问题的社会思维与社会行为植根于特定的文化底蕴，社会表征的显性内容与其深层结构、社会形态与社会共识的相互依赖关系，这也是基耦模型所提出的核心问题。

基耦是共识性知识的原型。一方面，作为根植于文化并锚定于信仰之中的原则保持不变，基耦可能隐含地存在于我们的常识中，并可能永远不会纳入社会思维的明确关注之中。另一方面，在一定的社会历史背景下，一些基耦在公共话语中被赋予了主题且得以凸显。这样，基耦成了社会关注的焦点，成了紧张和冲突的根源，从而成了社会表征与沟通中的首要原则、强制性理念或者根源理念。莫斯科维奇认为，社会表征的结构化内容与其起源之间相互依存，这种相互依存性与基耦有关。社会表征的结构化内容依赖于几个基耦所连成的初始系列,并且这些基耦在社会表征的形成过程中有一种生成和规范性作用。基耦概念,比其他任何概念的含义更为丰富,不仅显示出社会思维的社会文化嵌入性,还提供了一个社会表征生成的起点。因此,基耦概念的引入,标志着对社会表征的研究从以还原主义方式进行元素性描述,转变到以非还原方式探索其潜在深层结构和社会历史性。

互依三角

社会心理学作为一个系统,其旨趣在于了解多个主体与一般物理或社会环境联系过程中的互依性现象。这里,自我与客体的关系通过另一主体的干预得到调节,每一部分都为其他两种充分决定,这种关系构成了复杂的互依三角。需要强调的是,同一环境中的主体和客体关系要从静态和动态两种角度加以考虑。就静态而言,研究对象主要是互动参与中的双方行为的改变,就动态而言是由于关系直接涉及个体、个体互动,以及其在不同环境中的关联。社会表征定义了三种表征模式,其一是在沟通体系中的锐化,其二是在群体互动体系中的内容结构化,其三是具化为不同的模式和媒介(Bauer & Geskell,1999)。由此,社会表征理论的互依三角即为"主体(subject)、客体(object)、主体(subject)",即"S-O-S互依三角模型"。这个微小的表征系统呈现三角形,其中包括两个主体和一个客体,这是建立意义关联的最小单元,也就说,任何社会群体中的意义都不是个体或私自性的问题,而是与他人具有互动或交叉而构建的,即动态互依、交互作用(方文、赵蜜,2013)。社会表征的互依三角模型强调,社会群体成员为了能够更好地互动和沟通而需要通过认知、交流和共享知识等途径来表达对一定的社会性客体的集体性理解和认知,它可以被化约或客体化为认知或图形元素,以形成储存于记忆中的核心或象征核心,并在沟通与互动时得以接触。这说明,人们对于知觉对象的反应有赖于自身所处的社群对事物所给定的定义。该模型为人们提供了一些新的思维,如人们之间的相似态度是如何形成的,以及群体成员之间如何形成社会表征,并如何分享社会表征等问题,这种信念的分享有助于人们组织和理解对世界图景的观念,使人们更为有效地和群体成员进行交流。人们正是利用自己以往的经验和知识作为参照物去了解和熟悉新鲜事物,这些社会表征将人们的社会态度予以具体化和形象化,同时也影响着个体和群体看待世界的方式。泛化而言,许多人们生活中的社会表征来自科学的世界,并通过媒体和一般人的精练而构成,可以帮助人们了解日常生活。

众所周知,社会表征的角色是将对象、人物与事件予以习俗化,将它们安置于一种熟悉的类别脉络中。本质上,社会表征也具有规范性,即由传统和习俗所决定,社会表征将自己加诸人们的认知活动之上。社会表征从来源上看,主要有三个途径,即直接经验、社会互动和媒体影响。直接感受的信息为人们提供了最为清晰的资源,可以作为表征形成的基础性信息,并且这种信息最容易为人们所直接控制。而潜在的社会互动和媒体信息则属于"借"来的社会表征,它们对于个体来讲具有传播的主动权,而且具有强大的感召力和影响力。由于传媒广泛地渗透于人们的心理生活,其内容不可避免地影响人们对其所传递的现象的理解,人们可能通过传媒中社会群体的表征来理解自己。社会要作为一个统一的整体存在和发展下去,就需要社会成员对该社会有一种"共识",也就是对客观存在的事物、重要的事物以及社会的各种事物、各个部门以及相关的关系要有一个大体一致的或接近的认知。只有在这个基础上,人们的认识、判断和行为才会有共通的基准,社会生活才能协调。在现代社会,大众传媒在形成社会表征的过程中担当了责无旁贷的任务。外在事件影响不断作用于个体,形成个体的感知印象,这些个体的感知印象逐渐指导和控制个体的行为回应,并反过来进一步强化了个体对原有的个体社会表征的修正和强化。而群体表征也正是通过无数的个体的社会表征的分化和重组而进一步结合,与群体行动和个体行动一起相互作用。

四 社会表征理论的研究方法

社会表征理论强调社会群体意识反映的共同性,而非群体成员之间的差异性,所以许多学者,开始尝试利用社会表征的方法来探察社会公众对一些社会现象,如互联网、宗教、心理疾患、艾滋病、贫困、社会歧视与污名以及移民现象的态度和观点。因而,在社会表征领域的研究中,研究者采用的方法各不相同,量化方法、质性方法、人类学方法、心理实验方法、访谈方法、词组联想法、焦点组方法、多元分析方法都被大量尝试和使用。

第一,人类学方法。社会表征大量使用人类学的方法,由于社会表征与文化有着密切的联系，而人类学的方法对于文化的求证具有得天独厚的研究优势，这些表征性的文化既存在于最具体的日常生活和技术的物质层面，也表现在比较抽象的伦理道德和信仰与艺术等领域，还可以归结为行为中的逻辑思维结构，因而使用人类学的方法有助于在社会表征研究中探讨事物的原创性、表达性与独特性对内在意义与价值的诠释。这些方法常常包括田野调查法、背景分析法、跨文化比较法、主位与客位研究等。

第二，焦点组方法。焦点组方法（focus group）是利用小组讨论来搜集信息的方法，它最早应用于第二次世界大战和一些商业活动中，调查中所收集到的信息可以用来决定项目需求和进行项目设计与改造。它一般由6至12个人组成，小组成员在许多方面具有类似特点，不同的焦点组往往在某一特征上有显著区别。小组讨论时间一般不超过90分钟。在应用焦点组方法讨论的时候，一般由主试根据讨论时间事先设计几个开放性的问题，这几个问题彼此之间应该是有关联的。

第三，多维标度法。多维标度法（muti-demensional scaling）是一种以空间方式表达资料，用以找出资料背后向度的统计方法，它利用相似性的刺激描绘出各种刺激在空间上的关系，并找出它们的相对位置，用以帮助研究者找出隐藏在资料背后的模型。这是一种探索性的资料分析方式，在概念上存在以下几个前提：①刺激在个体心理中形成的概念可以用这些刺激在空间中的点的位置表征出来，一个刺激所赋予的概念就如同空间中的一个点；②个体所知觉到的刺激与刺激之间的差异被认知为一种心理距离，这等同于空间中的点与点之间的距离，也就是以物理距离表征事物在个体思想中的心理距离；③物理空间的向度和心理空间的向度是相关的。基于上述前提，个体会在心理上形成对事物的各种不同的社会表征，就如同将大脑看作是一个空间，而不同的事物如同一个个点散布在上面，不同事物表征的距离就如同点与点之间的物理距离。

以多维标度法研究社会表征的优点在于社会表征和认知表征具备以下一些共同的前提。例如，两者的中心概念都是基于"知识是共有的"的观念，即生活在同一社会情境中的个体拥有共同的知识表征，这是人们的"共识"；两者皆假设人们在思考复杂的刺激时会指代一些心理上相关的属性或是刺激的向度；使用该方法可以在不束缚、不强迫被试进行自由判断的前提下，让存在于其社会情境中的各种类型的社会表征被量化和被解释分析。因而，在对社会表征的研究中，它体现了它的优点，如判断方式简单、对被试的干扰可以降到最低限度，可以使其反映自由，以及直接反应被试的内隐的知识概念等。

第四，词语联想法。词语联想法有利于保持被试社会表征的所有内容不带有研究者的主观引导和价值偏好性，在早期的社会表征研究中常常被大量使用。

第五，问卷量表法。问卷的方法有利于研究者系统地考察观点、态度和假设是否成立，在社会表征的研究中常常被大量使用，且具有一定的说服力。另外，在关于组间社会表征（inter-group representation）的研究中，也有一些采用多种方法探求不同类别的人群所拥有的不同社会表征。

第六，实验法。社会表征的研究也曾经在实验室中被广泛使用，相对缜密和微观的实验室研究弥补了之前研究的过于宏大性。

从以上对社会表征的研究方法回顾可知，传统的研究其内容和方法的变化都非常大，除了接受社会表征作为研究的框架之外，这些研究并不具备共同的特征。但是，其中社会表征的研究方法的选择非常重要，应该充分考虑到被调查对象的复杂性和多样性，并强调关注背景性因素。

五　社会表征理论的评价

莫斯科维奇（2006）曾经指出："我们生活在一个大众社会（mass society）和大众人（mass men）的时代里。"这一断言提醒我们，群体心理是与个体心理有巨大区别的东西（杨宜音，2006）。"社会表征"这一词语是指从"常识"思维中提炼出的结果和分类过程，它在一定的风格逻辑中被一群人或一个社会与文化群体所共享，是社会对话的产物。20世纪下半叶以来，这种"共同常识"已经获得了显著地位，其中包括各类社会科学的研究，它为人类学、历史学、心理学、精神分析学、社会学以及认知科学、哲学、语言学和哲学思想都提供了新的研究方向。这一理论是社会群体成员之间为了能够更好地互动和沟通而需要通过认知、交流和共享知识等途径来表达的对一定社会性客体的集体性理解和认知。它可以被化约或客体化为认知或图形元素，以形成储存于记忆中的核心或象征核心，并在沟通与互动时得以接触。许多我们生活中的社会表征来自科学的世界，并通过媒体和一般人的精炼而形成，可以帮助我们了解日常生活，有助于我们组织和理解对世界图景的观念，使我们更为有效地与群体成员进行交流。

社会表征理论作为欧洲社会心理学本土化成果，自其提出起便颇受推崇，也由于它强有力地突破了美国化社会认知的信息加工范式，以其更贴合人类生存本体的理论视角揭示了宏大社会背景下民众的社会认知过程。与莫斯科维奇同时代的泰弗尔、约翰·特纳、伊斯雷尔和罗姆·哈瑞都在致力于从历史、社会和文化的视角推动欧洲社会心理学本土化运动（方文，2002）。莫斯科维奇和伊凡娜·玛科娃的著作《现代社会心理学的形成：一门国际社会科学创建的轶事》一书为寻找统一知识的全球化提供了路径，强调社会心理学要不断促进人与人之间的相互理解，同时也试图打破美国模式的社会心理学的一统局面（Moscovici & Marková, 2006）。该书以欧洲学者的口吻强调，欧洲的社会心理学不仅要关注社会问题的研究，而且要关注欧洲自己的社会问题。可见，莫斯科维奇以其对社会共识或社会表征生成的历史、社会、文化脉络及意义的社会建构性的强调，重返人文主义话语形态，借此解构了美国社会心理学的话语霸权。该理论对人文主义话语形态的倡扬，主要建筑于一个辩证性的前设，即个体作为社会的一分子，其存在与认同均植根于一种集体性，并为社会所塑造。与此同时，它在社会变革的过程中也有积极贡献。它最大的优点就是从理论到实证都尽力克服孤立的、静止的、普适的研究定位，它总是从个体或群体在某一社会情境下的互动出发，进而指导着这种互动。它将个人的心理行为与广阔的社会情境融为一体，开阔了社会心理学的研究思路。随着近几十年来整个欧洲社会心理学与美国社会心理学的研究逐渐走向融合，社会认知研究与社会表征、社会认同、社会建构以及话语分析也出现了合流的趋势，当前的社会认知范式也成为当代欧洲社会心理学主导的研究范式之一。

另外，理论与应用的统一是社会表征研究的另一个主要特点。自问世以来，它被广泛地应用于各种社会现实问题的研究。其中较为突出的有法国共产主义者、天主教徒和自由主义者对精神分析的不同社会表征研究（Moscovici, 1976）；法国社会对健康与疾病的社会表征研究（Herzlich, 1973）；旅英中国人关于健康与疾病的社会表征研究（Jovchelovitch & Gervais, 1999）；白人和黑人对艾滋病的社会表征比较（Joffe, 1996）；人权的社会表征研究（Doise, et al., 1999）；欧洲一体化的社会表征研究

(Hewstone，1986)；中国文化背景下生活质量的社会表征研究（Liu，2006)；中国大陆外来务工群体身份认同的社会表征（Guan & Liu，2014)；理想社区的社会表征（杨宜音、张曙光，2008)；风险领域的社会表征（王磊、伍麟，2013)；心理疾病与污名的社会表征（高文珺、李强，2008)；非传统安全的社会表征（管健，2013)；等等。

当然，任何一种理论都不可能尽善尽美、尽如人意。由于社会表征的理论体系尚未十分清晰和稳定，本质上也过于抽象，其初始发展目标在于通过描述和探索性研究以产生资料和理论，并且用不同的研究方法来了解和研究，因而也遭到了一些学者的批评，他们认为该理论过于复杂化，充斥的定性研究缺乏统一标准与可操作性，科学规范性需要提高。也有学者强调，社会表征虽然重点强调社会交互作用在建构中的重要性，但是现实的复杂性使得操作也很难进行。在这些主要的批评声中，伊恩·帕克怀疑该理论是否真的比主流的社会心理理论更具有社会性，他对社会心理学者倾向于利用社会学的理论作为取代实证主义和个体主义的方法提出批判，并认为社会表征理论不但没有打破传统社会心理学的进程，而且还可轻易地为其主流所调节和吸收（Parker，1987)；奥兰斯杜蒂等人也因类似的理由，提出社会表征概念的多样性使其容易被社会心理学中的个体主义的潮流所误用（Allansdottir et al.，1993)；科里纳·沃克兰与卡罗琳娜·霍沃斯对社会表征的质疑则在于其理论模糊性、社会决定论、认知简化主义（Cognitive Reductionism）和缺乏批判性四个方面（Voelklein & Howarth，2005)。

但不可否认，这种以社会知识为核心的社会表征理论介于社会学、心理学和人类学的交叉视角中，反对以二元论、实证主义和个体主义为基础的社会心理学，关注在不同社会背景中的社会知识的建构和转换问题，仍然成为不折不扣的研究社会现实问题的典型社会心理学范式。在未来的研究中，社会表征理论将会在一些重大问题上不断进行研究，比如对社会表征理论自身的进一步深度研究、对形成过程和形成模型的深入研究、对社会表征转型中的媒介影响机制和效果研究等。同时，社会表征理论的研究兴趣一直在社会生活中的关注焦点之上，如群体冲突与群际关系、种族问题、疾病问题、贫困问题和弱势群体等，所以该理论今后的研究也将不断在这些重要领域中拓宽，同时这方面的研究对于整个人类消除不平等、促进全球和谐共生具有重要的价值。在21世纪的今天，由莫斯科维奇任顾问导师、意大利社会心理学家德罗萨教授创建和主持的欧洲社会表征与沟通博士生（European Ph. D. on Social Representations and Communication）合作培养网络发展得如火如荼，说明社会表征理论已经对全球社会心理学产生了重要影响。此外，国际社会表征大会（International Conference on Social Representations，ICSR）从1992年的意大利拉韦罗会议后每两年举行一次，如1994年在巴西里约热内卢、1996年在法国普罗旺斯、1998年在墨西哥墨西哥城、2000年在加拿大蒙特利尔、2002年在苏格兰斯特灵、2004年在墨西哥瓜达拉哈拉、2006年在意大利罗马、2008年在印度尼西亚巴厘、2010年在北非突尼斯、2012年在葡萄牙里斯本、2014年在巴西圣保罗……多年来绵延不绝。社会表征理论已经逐步在欧洲、美洲、非洲和亚洲传播开来，研究者已经从社会心理学领域拓展到社会学、人类学、历史、文化、传播学等各个学科层面之中。

第十二章 社会认同理论

社会认同理论及社会范畴理论在当下已经成为群体行为研究领域最具影响的理论之一，也被认为是欧洲社会心理学近 50 年来最重要的理论贡献之一。同源于美国符号互动论的认同理论（Identity Theory）相比，社会认同理论的历史要短得多，它最初始于亨利·泰弗尔（1919~1982 年）等人 1970 年代初就知觉的社会因素、种族主义的认知和社会信念、偏见与歧视等方面所做的研究，并因后来约翰·特纳（1947~2011 年）加入布里斯托大学与泰弗尔合作而日渐成型（Tajfel & Turner, 1979）；再往后，特纳等人提出了自我分类或范畴化理论（Self-categorization Theory），对心理群体（psychological group）形成的关键过程进行了探讨，使得这一理论体系获得了进一步的完善，并由此将个人的心理历程和更为广阔的社会力量结合在一起（方文，2001, 2004）。

社会认同理论体系为群体行为研究领域生产了大量中层理论，拓宽了群体行为研究的理论视野，开创了新的方法论。其方法论也为刻板印象、歧视、群体冲突乃至自我、人格等社会心理学传统研究议题提供了新的启发，为社会心理学整体发展做出了巨大的贡献。

一　理论背景

即使是非常乐观的社会学学者也会承认：社会学一直存在基本理论的鸿沟，即宏观方法论和微观方法论之间的分歧。其实社会心理学从建立之初就面临着相似的理论难题，即群体的心理学和个体的心理学能否统一在同一方法论体系之下，具体来说就是"群体心理"（group mind）是否有意义。美国社会心理学奠基人之一弗洛德·奥尔波特认为，群体心理的研究可以化约为构成群体的个体的个体心理学研究（Allport, 1924）；而社会心理学鼻祖之一麦独孤的意见则相反，他认为群体的一个性质就是不可化约为组成其的个体（McDougall，1973）。但主流社会心理学似乎不像社会学一样，常常提及本学科存在基本理论缺失。在主流社会心理学中，个体主义方法论长期占据着统治性的地位，直到1960年代后所谓"社会心理学的危机"产生。

"社会心理学的危机"是指社会心理学在经历战后一段时间突飞猛进的发展以后，在20世纪60年代受到的理论挫折，其时主流社会心理学受到来自公众和学术界的普遍怀疑。抛开公众的观点不谈，学术界内部对社会心理学的批判，主要针对的是社会心理学的方法论，确切地说针对的是当时美国主流社会心理学过度依靠实验的方法论（Cartwright，1979）。有人认为，实验不但在外部效度上具有天然的局限，而实验方法本身对于理解人类行为这个宏大的理论目标来说并不够。在这种实验霸权主义方法论的指导之下，对个体主义的过度关注，导致社会心理学的理论严重缺乏整合，缺乏对社会组织和社会结构的解释（Boutilier，Roed & Svendsen，1980）。

有人认为在1960年代的这一理论危机之后，主流心理学实际走向了学科的分裂（如方文，2004）。"心理学的社会心理学"和"社会学的社会心理学"两者渐行渐远，然而基本理论问题却不会因此解决。在1960年代的危机之后，以批判美国主流心理学为最初支点，社会心理学在各方面进行了新的探索。除了对主流社会心理学的研究进行解构这样批判性的工作之外，也有学者试图找出主流社会心理学所忽视的问题，弥合群体心理和个体心理之间的理论鸿沟。而社会认同理论（Social Identity Theory）就是这样的理论探索之一，泰弗尔在20世纪70年代首次提出的这一理论，标志着欧洲社会心理学作为一种理论流派的自觉开始产生，或者说标志着同美国社会心理学本质上的分离（Jaspars，1986），也因此被认为是近50年来欧洲社会心理学最为重要的学术贡献。

"我是谁"这个简单的问题，也是人类一直在思考的终极疑问。社会心理学在探索这个问题时，是时时将个体所处的社会背景纳入考量之中的。从库利和米德开始，有关"我是谁"的讨论就占据了符号互动理论体系的一个核心位置。此后，芝加哥学派和衣阿华学派的一些符号互动理论的学者，试图从社会角色理论探索这一问题的本质，并由此形成了后来社会学中的认同理论。刘易斯·泽克更进一步，他认为应当区分一般性的自我、"自反性自我"（reflexive self）和（衣阿华学派所强调的）社会我（Zurcher，1977）。其实，所谓"自反性自我"亦源自乔治·米德的理论传统，即具有社会性意涵却不和社会结构密切关联的自我概念，例如"我是一个内向的人"。泽克认为，第二次世界大战后的20年，美国社会变迁的加剧，使得社会文化结构的稳定性令人怀疑，此时个体想要直接用社会结构（所定义的社会角色）对自我进行定位变得更加困难，而我的自反性会变成个体在面临"我是谁"这一问题时的反应的主要方面。当然从本质上来说，即使个体不是简单地用社会角色来定位自我，他的定位仍然是在社会结构的基础之上做出的。

这一理论意识到个体并不是时时处处都对社会角色有明确的认知并以之来定义自我的，在社会角色和单纯的自我概念之间似乎仍然存在着一个其他的认知层面。自反性使得个体在思考我是谁这个问题时，虽然并未意识到社会结构，但客观上仍然是以结构为基础来进行的。从这个意义上说，这一理论突破了衣阿华学派社会角色理论的范畴，可能是符号互动论学派试图对个体和群体方法论达成理论和解的一种探索。难说泰弗尔和特纳的理论有符号互动论的影响，但泽克等人的理论重视自我概念的复杂性，指出了个体和群体两个层面之间还存在着中间地带这一点，和泰弗尔提出的社会认同理论（尤其是连续体概念）异曲同工。

二 最简群体范式

社会认同理论主要关注的是群际行为，虽然泰弗尔从各个方面来说都不算一个关心现实社会问题的学者，但有趣的是，他最大的理论建树却来自他对社会群体之间歧视和冲突行为的关切（Turner，1999）。在社会认同理论之前，一个重要的群际行为理论是现实冲突理论（Realistic Conflict Theory），唐纳德·坎贝尔在批判社会心理学中的霍曼斯式交换理论的基础上提出了这一理论，他认为交换理论对人际交换有过于简单化的倾向（Campbell，1965），把人际交往中的资源还原为食物、（回避）痛苦等，无助于理解群体行为。谢里夫著名的罗伯斯山洞实验（The Robbers Cave Experiment）是现实冲突理论的一次范例，实验者召集了一些之前并不相识的小学生，把他们分成两组分别组织夏令营，两个组的成员分别在诸如徒步旅行等活动中互相熟悉，并且都给自己选了名字并选定了一个徽章（鹰和蛇），这一阶段就是所谓"内群形成"。之后研究者便安排两队人马在"偶然的机会"下碰面，从而开始"摩擦/竞争"阶段，从一见面开始两组学生便不那么友好，在实验者安排的一系列有奖励的比赛之后，双方的不友好甚至发展到了互相谩骂的境地。研究者只得终止实验，安排两组学生进行一系列合作性的活动，最终平息纷争，这就是"整合"阶段（Sherif et al., 1961）。

现实冲突理论的理论前提是群际冲突来自群体为争夺稀缺资源而产生的竞争（Sherif, 1966），但是这一理论前提并没有指出竞争是不是产生群际冲突的唯一决定性因素，如果对稀缺资源的竞争不是导致群际冲突的唯一因素，那么各种因素在群际行为中都是混合在一起的，如何体现竞争这一因素的决定性？

不过现实冲突理论的理论野心似乎并不是很大，它并不试图为群际冲突建立一个全面的解释体系，而亨利·泰弗尔提出的"最简群体范式"（Minimal Group Paradigm），为进一步探究这个问题提供了可能性，同时有关最简群体的一系列实验也被认为是社会认同理论的奠基之作。所谓最简群体范式，即试图在实验室里造出只具有构成群体所需最少性质的群体，也就是说，这种群体不具有现实中群体通常所拥有的各种特征，如社会经济状况、群体结构、群体历史等。如果这种群体是可以被制造出来的，那么就可以去除其他因素群体行为的影响，据此研究群体划分本身对群际行为的影响。在此基础之上，一步步考量其他各种因素对群体行为的影响也是可能的。

泰弗尔在实验中选取的样本是英国十四五岁的中学生（Tajfel et al., 1971），为了排除群体的影响，被试匿名参与实验，各个被试之间没有任何形式的互动。在一开始，让被试分别观看保罗·克利和康定斯基抽象绘画作品的幻灯片，并询问被试更喜欢哪一位画家的画作，然后将被试分为克利和康定斯基两组，但实际上这一分组是实验者随机分配的。之后实验者宣布进行另外一个实验，在这一环节中，被试需填写十几个所谓"报酬矩阵"（payoff matrices），即将代表报酬的点数分派给两个人，但不包括自己，这两个人可能来自同一组，也可能来自不同组。在实验的最后，所有被试分配出去的点数加在一起，总点数决定了所有被试获得的报酬的总和，根据每个被试被分配到的点数，按比例决定各自得到的报酬。值得一提的是，由于所谓报酬矩阵的存在，被试在分配点数的时候其实是在预设好的分配方案中选择一种——被试可以选择点数差异较小，但总点数比较大的方案，这样最后加总时点数更多，所有人都会得到更多的报偿；也可能选择点数比较小，但两者点数相差比较大的方案。实验者希望通过这一设计，观察被试对组内成员和组外成员的不同态度（敌视/偏袒）。

实验的结果表明，被试对来自不同组的对象在分配上有明显差异，即被试的分配并不考虑两组之间的公平分配，他们倾向于给自己同一组的对象多分配点数，同时也并不倾向于选择所有人利益最大化的方案。对这一结果，泰弗尔认为尽管两个组成员没有实质差异（分组是随机的），但被试已经表现出了内群偏好，即更倾向同一组的其他成员。

虽然被试可能确实对克利和康定斯基的艺术一无所知，但这样的分组方式仍然可能对其之后的行为有所影响。为了排除不同分组方式（如按照对屏幕上光点数量的估计、克利和康定斯基的偏好分组）的影响，泰弗尔在之后的实验中，使用了最简单的掷硬币的方式来决定其组别，这个实验同时基本排除了被试对同样喜欢克利或者康定斯基的同组成员有实际的好恶，而对之后的分配行为造成了影响（Billig & Tajfel，1973）。

有一个常见的对最简群体实验的质疑，就是这些结果和其时英国的公立学校的文化有关，英国的男学生通常对群体资格和群体排斥更加敏感，这种文化甚至逼迫移民的学生在几个月内掌握本地的口音以融入群体。或许最简群体实验中的内群偏好现象，是这种文化的作用。但是后来在美国进行的对最简群体实验的重复（如 Brewer & Silver，1978），对这一问题做出了回应。一个考察了 37 个研究的元分析表明，最简群体实验中的内群偏好并不只出现在英国被试中，也不是只出现在西方国家的被试中（Mullen，Brown & Smith，1992），可以认为这个实验的结果是可重复的。

内群外群的区分以及其对社会交往的影响，并不是新的话题，符号互动论对此早多有论述。符号互动论认为，自我和他们以及我们和他们的区分，是在人类的社会化过程中完成的，个体对于我们和他们的观念来自社会互动（Mead，1967）。但是符号互动论在这里只关注了稳定的内化社会结构，并不能解释在某种特定的情境中，我们和他们的区分为什么如此凸显。在最简群体实验中出现的内群偏好（以及外群贬抑）也显然不能用实在冲突理论解释，因为两组之间或者各个被试之间并无实际竞争。而群体成员之间也没有实际的互动，群体也没有组织，群体缺乏组织结构甚至就没有结构。简而言之，最简群体并不具有通常群体所具有的各种特性，很难把最简群体看作一般意义上的群体。但值得注意的是，最简群体的成员（被试）似乎已经具有了某种群体意识，他们的行为并不能用有关个体行为的理论来解释，其行动只有被看作群际行为才能得到解释。

三　社会认同过程

在最简群体范式的基础上，泰弗尔等人发展出了社会认同理论，以解释群体的形成及其作用于个体行为的结果。社会认同理论认为，社会认同是通过发展社会范畴（social categorization）、进行社会比较（social comparison）和实行积极区分（positive distinctiveness）等过程来实现的（Tajfel & Turner, 1986）。

社会范畴化

泰弗尔在一个早期实验中，将八条不同长度的线段呈现给被试，要他们估计线段的长度，当被试需要从标为 A 的四根短线和标为 B 的四根长线中判断长度时，他们具有夸大 A 和 B 之间差异的倾向，这种现象被称为"强化效应"（Accentuation Effect）。具体来说，当刺激物被分类以后，对于同类间的相似性的感知会较真实情况来得更为夸张；反过来，也会高估对不同类别之间的差异。简而言之，不同类别之间的差异和同类别之中的相似性会被强化。当实验刺激具有社会背景因素的时候，强化效应也一样会显现出来。在一系列实验中，实验者为被试呈现许多人的面部照片，其中包括纯高加索白人、混血以至纯黑人的照片，要求被试对这一系列脸部照片的"黑人程度"进行打分，并按照自己的标准将这些照片分为"白人"和"黑人"。在分类之后，发现被试倾向于高估相同类别之照片的相似性和不同类别照片之间的差别（Secord, 1959）。此外很重要的一点，按照泰弗尔的观点，并不是所有的分类都会产生强化效应。只有在被试面对实验刺激的时候，这一种社会范畴是显著（salient）的时候，才会产生强化效应。

在社会认同理论的视野里（当然这也算是一种共识），社会中存在着各式各样的社会群体，也可以叫社会范畴，例如性别、宗教、种族乃至宗教，等等；也包括有着具体组织的异质性社会群体，例如各种团体。个体的行动就在这些社会类别之中，每个个体都是某种社会范畴的圈内人，那么对于（相对应的）其他社会类别，他就处在群体之外，这种内群和外群的关系包含了社会权力结构的基本形式。

除了内群外群关系之外，权力结构还体现在社会范畴的建构性上。社会范畴自然并非群体（或者个体）所固有，而是被建构的，对于其中符号边界的争夺也是权力结构的表现。但同时社会范畴亦是相对稳定的，个体是在社会范畴的基础上感知社会世界的，这是一种更为方便的认知方式（所谓认知吝啬）。对于社会范畴的认知也是社会性的，在具有相同或相近文化的社会背景中，个体之间通常共享着同样一套社会范畴化图景，而这一认知图景以及个体的认知过程是受到社会环境中社会表征结构所影响的。总之，社会认同理论从这里开始建立行动者和结构之间的理论联系。

在最简群体实验中，被试所认知的两个群体都只具有最小限度的群体特征，甚至很难说是群体，克利/康定斯基也好，硬币正面/反面也罢，对于被试来说都没有什么实际意义。即使这两个类别有什么意义，那也是个体在实验过程中才赋予它们的，当然这一过程可能与社会结构有所关联。这样非常基本的社会范畴化，只是我们和他们的区别，似乎都会自动地产生偏好和敌视的效应，对这一机制的解释则有关社会认同理论的核心。

社会比较

社会认同理论的核心是认同（identity），关切的就是"我是谁"这一根本问题，也就是个体对自我的概念。自尊（self-esteem）是个体对于自我形象的看法，或者说个体从其外部看待其自己的态度，心理学早将获取较高的自尊看作存在于个体层面的一种普遍的心理动力，但在社会心理学中，这种心理动力是否存在于社会层面是值得讨论的。

对自我或者所属社会群体的评价需要与他人进行社会比较才能做出。可能在非常宽泛的意义上，个体通常都认为自己是好的，例如心理学早就发现，人们通常认为自己比别人更有道德。但在更为具体的维度上情况有所不同，比如要建立"我是一个优秀的学生"这样积极的自我评价，通常需要认为自己比其他大多数人要好，而不通过和其他人的比较，个体是无法做出类似评价的。而在更具体的层面上对自我的社会类别进行评价时，更需要与其他社会群体做比较才能实现，例如"我是社会心理学的博士"这种关于自身所属社会群体的认知，本身不会带来任何积极的认同，只有当和不同的社会类别进行比较的时候，这样的认知才能对个体的社会认同产生作用。

个体如何通过社会比较而评价个体和社会的属性，早就被美国社会心理学所关注。费斯廷格在20世纪50年代提出了社会比较理论，奠定了其在社会心理学上不可撼动的地位，这一理论关注的就是个体评价个体自我的性质的机制。该理论认为人类体内存在一种评价自己观念和能力的驱力，个体当然倾向于使用社会框架中既存的客观标准来对自己加以评价，但实际上人们并不是能经常找到这样的客观标准，于是个体转向和他人进行比较，以寻求建立自身评价的标准，将自身和他人的观念和能力进行比较的这一过程，就是所谓社会比较。

费斯廷格还区分了能力与观点的比较，并认为这两种维度上的社会比较的机制是不一样的。就能力比较而言，有一种"普遍向上动力"（universal upward drive），即人们倾向于和能力更高的个体进行比较，倾向于进行较准确的比较以寻求自我改善，这种动力也是人类社会发展的动力；而观念的比较，则更多的是为了获得他人的共识。费斯廷格还指出了社会比较中的相似性原则，即人们会选择与自己较为相似的人作为比较的对象，如果不能找到这样的对象，社会比较的结果会变得更不稳定。此外，个体在能力的社会比较中存在一种"非社会抑制"（non-social restraints），而在观点比较中不存在；简单来说就是个体可以改变自己的观点，但要改变自己的能力就困难很多。

费斯廷格的原初理论认为，社会比较是为了获得准确的自我评价，从而改善自我，人类社会因此不断发展。这大致是一种带有1950年代流行的进步主义观念的论断，但之后心理学的研究成果显示出实际上并不是这么简单。有关自尊的研究显示，个体会选择性地接受那些可以提升自尊的信息，即使是虚假的。社会比较理论的后继研究者开始考虑社会比较的其他目的，其中非常重要的一种理论是自我评价维护模型。该模型认为，人具有维护积极自我评价的需要，个体进行社会比较不是为了减少对能力和观点的不确定性，而是为了维护积极的自我评价（Tesser et al., 1998）。有关社会群体的比较也和观念比较相近，要证明"我的群体较你的群体好"和"我的意见比你的更正确"一样，没有客观的标准可以引用，但就像个体通常认为自己的观点更正确一样，个体也会认为自己所处的群体更好。

社会比较理论关于个体如何在众多外群成员中选择一个作为比较对象，以及选择什么比较维度的论述，其实是比较模糊的。按照费斯廷格的原初理论，结合向上驱力和相似性原则，通常人们会选择跟自己相似但是处境稍好的个体来作为比较对象，但在社会比较理论的发展中，也有人提出基于自我满足动机的下行比较策略（Suls & Wheeler，2000），以及通过转换比较维度来避免负面的自我评价（Steele，Spencer & Lynch，1993）等其他比较策略。还好，社会认同关注的是比较的结果而不是社会比较中的比较策略。不管比较对象选择的机制是什么，人们选择作为比较对象和比较的维度，是根据所预期的积极的比较结果而定的。

以维护积极自我评价为目的的社会比较，使社会范畴化的意义更加重要。泰弗尔因此做出了一个假设，这可能也是社会认同理论的核心假设，即人们总是想要达到一种正向的社会认同。社会比较过程是为了满足个体获得或者维护积极自尊的需要，而群体间的比较使个体寻求积极的自我评价的需要得到满足。在进行群体间比较时，人们倾向于在某些维度上夸大群体间的差异，而对群体内成员给予更积极的评价，这就是积极区分的原则。人们偏向于自己所属的群体，从而形成内群外群不对称的认知，从而在认知、感情和行为上更认同所属的群体。

积极区分

在大部分情况下，社会群体的资格并不能增强或贬抑社会认同，群体资格的价值在于它和其他群体的关系。如前所述，社会认同理论的一个核心假设是存在着想要正向评价群体资格以强化社会认同的动机，而这种抬高内群的做法，是由内群成员和外群成员进行比较而获得的。这个进程和社会比较理论的一个重要差异是，费斯廷格大体秉持个体主义的方法论，社会比较理论是在个体的层面上理解比较的过程，个体就自身特质和另一个体进行比较，这种比较的结果是个体对自我的认知，乃至自尊水平等会受到影响。在社会认同理论看来，社会比较的过程是在群体的层次上进行的，其中群体的资格受到评价，而社会认同因此定型。

回顾最简群体实验，被试以一个不具有实际意义、微不足道的甚至其实是随机的群体划分，作为行动的基础。现实冲突理论是无法解释这种实验现象的,但社会认同理论则理解了这样一个"毫无意义"的情境对被试的意义。如前所述,在一系列社会认同过程中,被试可以确认自己的群体资格,他们同时也有强化其社会认同的动机。而在最简群体范式中,情境中的各种其他因素都被排除,以至于被试并没有其他策略可以选择,要增强社会认同只有一种策略,即被试尝试将自己的群体和其他群体分化,以及提升自己群体相对其他群体的地位,及把自己所属群体(尽管群体划分没有实际意义,但在实验条件下这毕竟还是一种群体划分),赋予高地位(high status),同时把外群归为低地位(low status)。之后通过社会比较过程,将内群赋予积极意义,从而强化了自己的社会认同。这一社会比较过程,夸大了两个群体间的差异,使得克利/康定斯基喜好有了实际的好坏区别,引起了对内群的偏好以及对外群的贬抑。

社会认同理论当然并不认为,可以将对最简群体实验的解释直接应用到社会现实之中(Turner, 1999)。在真实的社会情境下,尤其是在解释群际冲突行为的时候,会有更多的因素影响个体的社会比较过程,例如群体的社会经济地位、群体的历史、群体的内部结构等,都是最基本的因素。可以设想一个只具有组成群体所需要的最基本要素的群体作为理想类型,而其他社会因素的影响,都因此可以叠加在这个理想类型之上。最简群体实验中的群体大概并不是真正的理想类型,但可以作为能够被实际观测到的最接近这一理想类型的群体。因此它具有极大的理论意义,理解了最简群体实验的结果,我们才能够更好地评估现实社会情境中影响群际行为的各种因素。

权力结构可能是研究者向来比较重视的一个因素,这既是个体和结构的理论联结所在,也是社会认同理论重要的理论关切之一。在最简群体实验中,个体可以借着区别分配给组内者和组外者之点数的不同,来强化其社会认同,在实验的情境中,这么做或者不这么做大致是可以自由选择的。但在真实群体中的成员,存在着真实的群际的权利差异,使得他们并不一定能遵循强化自身社会认同的策略。另外,虽然泰弗尔从任何意义上来说都不是一个关注实际社会问题的学者,但社会认同理论却来自他对群体间的歧视、少数族裔的处境等问题的关切。社会中的少数群体,实际上不能简单地通过社会比较,来主张自己所属的群体优于其他群体,从而获得正向的社会认同。因此,在解释这些问题的时候,需要更加详细的理论。

四 积极认同和认同威胁

如前所述，社会认同理论假设人们都有着要获取积极社会认同的动力，而这又是借着对内群成员和外群成员之间的社会比较而完成的，那么，如果在实际的社会比较过程中，个体无法对自己所属的群体，通过与他群的比较而得到积极的评价，就可能产生严重问题。在这种情境中，相对劣势的内群评价，即成为对个体社会认同的威胁。

个体应对这种认同威胁的策略，根据社会认同理论的基本逻辑，可以看出主要分为两大类：第一种是脱离群体，第二种是留在群体中，但试图改变群体状态。个体会选择哪一种方式，与其所持的社会信念有关，具体来说就是取决于对社会流动和社会变迁的看法（Ellemers，1993），而对这两者的信念又牵涉到群体边界的不可透过性（impermeability）。社会流动的信念相信，社会群体的边界至少不是封闭的，个体可以脱离某一群体而进入另一群体；社会变迁的信念则相反，认为群体的边界是有壁垒的，但群体的相对地位是可以改变的，我们可能改变群体的消极评价为积极评价。当然在真实的社会情境中，社会群体边界的不可透过性可能有别于个体的认知，但个体的这种认知影响着人们的行为。如果人们倾向于认同社会变迁的信念，那么他们就倾向于集体行动，而不是个人努力（Turner，1999）。

当个体的所属群体具有负面评价，并相信群体边界是开放的，他可能尝试脱离群体，即离开这个群体进入另一个群体。这种社会流动可能是纵向的社会流动，即有关社会分层的社会流动。例如人们以教育、个人努力等方式，尝试要改善其生活，努力向社会上层流动。也有可能不存在那么明确的社会分层色彩，例如改变自己的宗教信仰。值得注意的是，这种"脱离群体"的策略，只在群体边界不是完全封闭的情况下才可能有效。有一些社会范畴是自然赋予的，例如种族和性别，这种群体大致上是无法脱离的，但仍然有些人试图脱离，比如某些少数族裔试图获得其他多数族裔成员的认同（Simpson & Yinger，1985）。群体脱离的策略在理论上是很自然的，但实际上往往不可行。其逻辑就是，如果一个群体很容易脱离，那么脱离它给个体的社会认同带来的积极影响就并不会那么大。此外，群体是具有内聚力的，某些群体也具有保证成员"忠诚"、防止其脱离的机制，比如对于叛徒的惩戒，这种惩戒可能以危害叛徒人身安全的形式，也可能以污名化的形式实施。

根据社会认同理论的逻辑，第二种对于消极的群体资格的应对策略就是仍然留在群体之中，但设法改变群体评价。泰弗尔和特纳指出，这种策略还分为两种实现的路径，即社会创造性与社会竞争。个体选择哪一种策略，取决于对群体间关系的认知（Tajfel & Turner, 1986）。具体来说，是取决于群体间的关系是那些稳定而合法的关系，还是不稳定或非法的不安全的群际关系。

在社会比较过程中，如果内群成员感觉到作为比较对象的外群成员差，且这种比较是发生在稳定与合法的群际关系中时，将会危及内群成员的社会认同。尽管这种认同并不必然消极，但这种社会比较不能带来积极的社会认同，同时由于群际关系是安全和稳定的，个体也不能质疑社会比较本身的合法性。这时，个体必须寻找一个替代的方法来强化社会认同，这就是所谓社会创造策略。在这种策略下，个体尝试"重新定义或改变社会比较情境，以寻求赋予自己所属群体以积极的特质"（Tajfel & Turner, 1986），它又可以分为三种具体的策略。

社会比较理论的一些研究发现，个体为了避免消极的社会比较结果，有时会在社会比较中采取引入新维度的策略（Steele, Spencer & Lynch, 1993），此为第一种策略。在引入的这些维度的比较中，内群处于优势地位。社会认同理论认为，在涉及内群外群的社会比较中，这个策略只有在内群成员接受这些维度，或者让外群接受这些新的比较维度（当然通常不太可能）时，才能算成功，这也可以被称为"补偿性策略"。

第二种策略涉及重新定义那些被负面评价的维度。这一策略在这个维度是群体重要的特征时更容易被采用（Hogg & Abrams, 1988）。如果这个特征不存在，那么群体资格也就不存在了。或者说，如果在社会比较中回避了这个维度，那么也就不存在群体之间的比较了。此外，在被负面评价的特征不可改变的情况下，个体也会使用这个策略。例如，种族和肤色是不能改变的，同时也是族裔的重要表征之一。在早先，（黑人的）黑肤色和美丽的概念是相左的，但在民权运动之后，美的概念也可以建立在黑肤色之上，比如，和马丁·路德·金齐名的美国民权运动领袖马尔科姆·X（原名马尔科姆·利托）喊出的"Black is Beautiful"，就重新定义了肤色这个社会属性。

第三种策略是,当一个群体的成员发现和某些外群成员比较时,得不到积极的社会认同,他可能找寻其他的外群成员再进行社会比较,甚至武断地以个体层次的社会比较来替代群体间的比较。在费斯廷格原初的社会比较理论中,社会比较都是自然向上的,但后来社会比较理论的研究者修正了这一观点,既然社会比较的目的并不一定是准确的个人评价,那么比较就可能是下行的。这一策略也是下行比较的一种运用。除了找寻外群的低地位个体进行比较,还有一种替代策略是,转向内群成员进行比较。

只有在安全稳定的群际关系之下,消极社会认同才会产生社会创造,当社会比较发生在不安全不稳定的群际关系之中,则更可能产生社会竞争等。社会竞争尝试改变社会结构,或群体在社会结构中的相对地位。最直接的社会竞争就是群体间进行直接的冲突(如19世纪欧洲工人运动),而内群重组也是另一种可能,即内群改变其自身结构,或通过排除或者吸纳新的成员,以求改变在社会结构中的相对地位。

对于剥夺、歧视等的认知,也是社会竞争的重要影响因素,社会认同理论从产生伊始就对相对剥夺有相当的关注。内群受到剥夺的这一认知直接威胁到个体的社会认同,大有可能导致社会竞争。相对剥夺理论也指出了对于剥夺的感知也是社会比较的结果,在某些方面和社会认同理论中有关社会竞争策略、歧视等的论述有所重合,但需要注意的是,相对剥夺理论主要还是关注个体层面上的相对剥夺,而社会认同理论则更关注群体层面,两者的不同在于进行社会比较时是否引入了内群和外群的维度。

五 自我范畴化

如前所述,根据在社会结构和群体结构中所处的位置,以及对于社会结构的信念,群体成员决定如何面对认同威胁。但这一系列理论并不应该简单地被理解为定式。大体上来说,社会认同理论认为,决定群体行为特征的,是个体对于积极社会认同的需要以及群体成员对社会结构的集体认知或者理解(Tajfel & Turner, 1979)。但实际上,群际行为的复杂性远超之前所述理论框架。当然,社会认同理论对社会互动情境的复杂性不会没有认识,如何建立具体社会互动情境中的群际行为模型,正是社会认同理论十分重视的理论问题。

泰弗尔和特纳指出，社会认同理论的关键，除了有关如何产生对积极认同需要的一系列机制的理解，还有一个关键点，就是所谓的"人际-群际"连续体假设（Tajfel & Turner，1979）。泰弗尔等人将人际和群际视为个体行动的两极，或者认为是创造了两种社会互动的理想类型。在人际这端，个体之间的交流是完全基于个人本身特质进行的；而在群际这端，行动则基于个体所属的群体特质或其在群体中的位置，而无关其个人特质，而具体的个体行为则落在人际和群际这个连续体的某一点上。泰弗尔使用这一连续体的概念来解释社会认同进程何时以及如何对社会交往发生作用，比如他认为，当个体的行为越发偏向群体这一极时，对于外群的态度会变得更加一致，对外群的偏见也会随之加剧。

同时他也强调，个体行为如何在这一连续体上移动，牵涉到群体界限的不可通过性。由于个体穿越群体边界时可能遇到的主观的或者客观的障碍，引起个体对于群体边界不可通过性的认知，这可能导致人们更倾向于接受"社会变迁"的信念，而不是"社会流动"的信念。"社会变迁"的信念认为人们不太可能用个人的行为或者个人的社会流动来解决他们面临的社会认同的威胁，只能通过群体行为来改变社会环境。类似的理论运用在前一节多有涉及，此处不再赘述。

泰弗尔的这一连续体概念实际上包含了一系列假设，比如个体行为和群体行为的心理机制有所不同，同时也区分了个人认同和社会认同的概念。个人认同指的是基于个人特质的自我概念，而社会认同则是基于社会范畴资格（个体属于什么社会群体）的自我概念。社会认同的功能是产生群体性的认知，从而使得群体行为成为可能。但在具体的社会互动情境中，个体如何确定互动处于"人际-群际"连续体两极中的哪一个位置？这是一个问题。

此外，个体对于某个社会范畴（一贯的）认知和在特定社会情境下某种凸显（salient）出来的对某个社会范畴的认同两者之间是有区别的，这个对比类似于"存储的"自我概念和"正在起作用的"（working）自我概念之间的区别（Markus & Wurf，1987）。在具体的社会互动情境下，哪一种社会认同会起作用？这也是一个很重要的问题。

为了解决这一系列问题，特纳等人发展了自我范畴化理论，这一理论就是从社会认同和个人认同的问题开始着手的（Turner，1985）。根据社会认同理论，当人们以社会群体资格来进行自我认知时，在相关维度上，内群相似和外群区别就会被强化。换句话说，在某个社会互动情境中，某个社会范畴显著时，个体基于其来评判自身和他人（属于/不属于），那么对于自己和同一群体其他成员之间相似性的认知就会被强化，对自己和来自不同群体的个体之间相异性的认知也会被强化。当社会认同要比个人认同更显著（salient）的时候，人们会将自己视为具有共同特征的某个群体的代表，而不只是具有不同人格特征的个体。按照特纳的说法，这里就产生了自我的"去人格化"过程（depersonalization）。

特纳指出，去人格化就是"认知上对自我重新定义，从具有独特品质、各不相同的个体，转向相同的社会群体资格，以及相关的刻板印象"（Turner, 1985）。社会认同在这里，并不是一个方便定义群体属性的标签，而可能成为一种现实存在的集体意识。无序的个体行为可以转为集体行为，并基于这种集体行事，社会认同由此可以被看作一种将人际行为转变为群际行为的过程。

这里牵涉到社会认同和个人认同概念的重新定义。尽管一开始特纳试图沿袭"人际-群际"连续体的概念，但很快发现这一预设不能满足社会范畴化理论。之前也有涉及协商和讨价还价的研究，指出群际、人际行为也许可以同时运作。于是特纳对泰弗尔的连续体概念做出了修正，社会范畴化理论认为，显著的个人认同和社会认同可能会对自我认知产生相反的作用，因此可能分别产生个人化和去个人化现象。但是，个人和群体不再是一个连续体上的两极，而只是自我范畴化的不同级别甚至只是不同形式。具体来说，自我范畴化主要分为三个大的级别：①上位（super-ordinate），例如，有关社会意识的思维；②中位（intermediate），例如将自我定义为某种群体成员；③低位（sub-ordinate），即以纯个体的方式来看待自我。

自我可以同时在很多不同的级别上进行范畴化，于是没有必要非得找出一个因素来决定其中哪个范畴是显著的。实际上在某些互动情境中，可能有多个社会范畴同时显著，也就是说个人认同和社会认同可能同时都是显著的。于是，个人认同和社会认同之间的相对显著性，就成为决定性因素。有关群体行为的一个核心假设是，共同的社会认同凸显（to become more salient）时，个人的自我认知倾向于去个人化。也就是说，个体倾向于把自己定义为具有共同社会群体资格的代表，而不倾向于把自己看作个体。举例来说，如果一个女人把自己看作与男人相对意义上的"女人"，那么她的自我认知就会转向群体层面，她的主观意识中不是"我在干什么"而是"我们要干什么"。在这种情形下，她倾向于寻找和其他女人之间的相似性，用以强化和男人之间的刻板印象式的"不同"（Hogg & Turner，1987）。刻板印象通常用于他人，尤其是外群成员，但在这里，社会范畴化理论认为自我认知是以相似的方式进行的，刻板印象的机制很适合强化自己作为特定社会群体中一员的认知，这就是"自我刻板印象"。

自我范畴化是一种动态的、基于社会情境的过程。具体来说，各个层次上的自我范畴化乃根据"元对比"（meta-contrast）的原则进行，范畴化总是在社会结构中，不可能脱离结构。在某个具体的情境下，总存在着数个范畴化的可能性，为什么选择其中的一个而不是其他，必须看个体所认知到的社会范畴间的差异和所认知到的范畴内的差异哪个更大。当在某情境中的社会范畴对在该情境中的个体有意义时，当个体感觉到群体间差异小于群体内差异时，个人认同就凸显了出来；而当群体间差异大于群体内差异的时候，社会层面的自我范畴就较为显著。举例来说，"英格兰人"这个概念，在某一个社会情境下，作为个体的英格兰人之间的差异小于英格兰人和苏格兰人的差异，人们可能会更倾向于自我范畴化为"英格兰人"；但在另外一个社会情境下，"说英语的人"和"不说英语的人"之间的差异远远大于英格兰人和苏格兰人的差异，于是基于说英语的社会认同可能会变得相对显著。此外，也可以看出，由于自我范畴化取决于社会情境，在某一个情境下的差异性，在另一个情境下变为相似性。比如"北京人"和"上海人"在某个社会情境下可能是范畴化中的不同之处，但在另外一个社会情境下，有可能是相似处，比如"中国人"相对"外国人"的时候，但实际上，个体的属性、群体中的位置等都没有任何的变化，只不过是换了不同的社会情境，个体对自我的看法就发生了完全的变化。

总之，自我范畴化理论的关键，一是修订了泰弗尔"人际-群际"连续体的概念；二是建立了元对比原则，指出了社会情境和认同的相对显著性之间的机制；三是共同的认同会导致个体自我认知上的去个人化，建立自我刻板印象；四是指出了去个人化过程导致集体行为，即个体分别以共同的社会范畴为基础行动，以"我们"的概念来行动。

自我范畴化发展了认同的构念，提出了社会情境影响社会认同过程的机制，为实证研究提供了理论基础。自我范畴化理论并非否定泰弗尔原初的社会认同理论，而应该被看作社会认同理论的重要延伸。实际上，人们往往把社会范畴化理论看作社会认同理论的一部分，我们在说"社会认同理论"的时候，如不特别说明的话，其实就是指"社会认同理论和自我范畴化理论"体系。

六　社会认同理论的展望

社会认同理论在今天，影响不仅仅局限于欧洲社会心理学界，已经成为群体行为研究中占据主导地位的理论。社会认同理论作为弥合心理学微观方法和宏观理论的尝试，从某种意义上说像一个框架，研究者们在其中发展出了相当数量的中层理论，但有很多地方仍不坚实。这为其招致了批判，同时也为后继研究提供了方向。

基本假设的验证

社会认同理论有一个重要的假设，即假设人们有获取积极认同的需要。然而这一假设在社会认同理论体系中并没有足够的支持，通常是向传统社会心理学的自尊研究或者社会比较研究寻求证据，认为个体具有维护积极自尊的需求。具体到最简群体范式上，按照社会认同理论这一假设，实验中如果内群外群的分化加剧，应该会使被试自尊水平强化才对。群体内偏见如果产生，那么被试的自尊水平应该被强化；其实应该反过来说，被试为了增加自身的自尊水平，产生了内群偏好。此外是否也可以推论出，自尊水平较低的被试，会更需要群体内偏见，因而也会更加积极地推进内群偏好和外群贬抑的行为。但实际上如上现象并没有被明确地观测到（Abrams & Hogg, 1988; Hogg & Abrams, 1988）。

这当然并不能说明泰弗尔的基本假设是有问题的，但可能说明，自尊水平的概念虽然已经十分成熟，但并不适合引入群体心理学，作为社会认同理论这个基本假设的证据。社会认同理论对社会认同的关切程度远胜个人认同（当然社会认同和个人认同的区分也仍然是一个可探讨的问题），所以自尊水平作为相当个人层面的概念并不适合评估社会认同，基于社会认同的评价并不直接决定自尊水平,还牵涉到其他变量。因此一些研究转向集体自尊（collective esteem）的概念。但这里就牵涉到集体自尊水平的测量问题,集体自尊可能要比通常的自尊水平更加难以测量,因为社会认同的复杂性远胜自我形象,集体自尊可能具有多个维度。有学者发展了多维心理计量方法来测量集体自尊或者说群体自尊,的确看到了群体在某些方面的影响（Hunter, Stringer & Coleman, 1993）。此外也有一种可能就是最简群体实在太简,割裂了社会背景因素,实验情境不足以动摇被试的自尊水平,或者集体自尊。这就需要将来在真实社会群体中进行验证,但这方面的研究仍然较少见。

理论上来说,这一假设的验证是牵涉到社会认同理论根本的问题,如果在今后的研究中,社会认同理论的这一基本假设并没有被验证,那么整个社会认同理论体系都将面临危机。

社会认同的扩展

在最简群体范式实验中,划分群体使用的当然是纯客观的手段,但实际上社会认同理论在思考群体的定义时,却是偏向认知的群体,并不像传统群体心理学那样重视群体结构和集体行为。在最简群体范式中,实际上是预设了：只要有两个以上的人知道他们属于同一个社会范畴,并且有其他人也意识到这个社会范畴的存在,群体就成立了。泰弗尔指出"将一个群体想成个体的集合,这些个体感觉到自己是属于相同的社会范畴,他们分享某种参与感,并对我群以及自己的成员资格形成某种程度的共识"（Tajfel & Turner, 1986）。

因此社会认同理论实际上是不太按照社会特质来区分群体的,它更关注个体对群体的认同或者群体资格等方面。在这种思想指导下,有人际交流的群体和不具有面对面交流的群体,几个人的群体和巨大的社会群体,在社会认同过程中,都被认为是会具有相似甚至相等的心理机制。这个假设一直以来没有受到过多的质疑,但并不是说就一定合理。很自然地,我们也可以假设不同类型的群体对于个体有着不同的影响机制,这听上去反而更合理一点。

按照社会认同理论,群体成员都有获得或维持其积极的社会认同的动力,这一过程主要是通过社会比较完成的。可以假设,某个群体的成员越是认同这个群体,则产生内群偏误的倾向越强。但后继研究指出,这一机制并没有被完美地验证，在特定的情境下群体分化和内群偏见水平可能并不相关（Hinkle & Brown，1990）。由此推测，社会认同并不一定非得通过直接、现实的社会比较才能维持，有可能通过历时比较，或者干脆引用一些客观标准，也可以作为评估内群体乃至维护社会认同的基础。这有可能是由特殊的社会情境造成的，也有可能和群体历史有关，即群体习惯性地使用某个评价标准，从而弱化了实际的社会比较过程。

实际上社会认同理论本身也不是没有意识到群体的异质性，在探讨群体行为时，一些有关社会结构乃至意识形态的变量通常也会被纳入模型，例如（群体边界）不可透过性、稳定性，等等，但这几个概念比较抽象。因此有研究者开始考虑更具体、来自真实社会情境的群体属性。有研究提出认识群体的两个维度——个体或集体主义，以及群体在群际关系上的倾向（Hinkle & Brown，1990）。第一个维度有关文化背景，即群体是强调成员自主性还是强调群体整体的合作；第二个维度是指群体是更强调独立，还是更倾向于与其他群体互动（冲突也是一种互动）。集体主义更注重群体的价值，所以相对说来群体的相对地位也就更被群体成员关注；而关系取向的群体可能更重视社会比较过程。所以社会认同理论最可能适用于集体主义群体和关系取向群体，在个人主义群体和独立倾向群体中适用性就较弱。一种类型学得到了一些实证研究的支持（如 Brown，1992），但是还可以引入更"社会的"群体属性，社会认同的概念也可能因此得到进一步的扩展。

研究者在 1990 年代开始探索这方面的机制，比如在某项研究中，被试被要求将 64 张代表不同群体的卡片分成五类，发现在职业群体、宗教、种族等社会范畴上会呈现明显的区别。这一实验表明不同类型的群体，在人们意识中的分量或者说重要性明显是不一样的（Deaux，Reid，Mizrahi & Ethier，1995）。当不同的社会认同在实验室中被唤起，即使被试对实验群体的认同程度基本一样，在内群偏误上也会呈现完全不同的水平。总之，社会认同理论应该更加注意到群体的异质性，不再简单地将群体整齐划一地处理。

在另一项研究中，研究者试图为群体成员资格建立更为细致的测量，经过因子分析，得到数个影响群体成员资格的重要因素，包括群际比较、群体内聚力、集体自尊、人际比较和社会交往机会等（Deaux，Reid，Mizrahi & Cotting，1997）。传统的社会认同理论并没有考虑这么多的变量，这些因素对内群偏误，乃至群际行为会有什么影响，是值得探讨的课题。原初社会认同理论中主要关心社会认同过程中的社会比较因素，非常重视个体获得和维持积极社会认同的动机，但以上研究结果提出了一种可能，即社会认同的其他因素对于群际行为的影响可能比原初社会理论预设的更为强烈，这也是值得进一步探讨的方面。

多群体社会认同进程

社会认同理论仍然和其他大部分的群体理论类似，在实证研究中通常使用两个群体。但在现实社会情境中却未必这么简单，超过两个群体间的冲突、敌视行为在现实社会中屡见不鲜。个体在现实互动情境中不可能时时只面临两个群体这么简单，也可能同时涉及多个社会认同。

虽然理论上来说，社会认同理论如果能处理两个群体的情况，那么两两叠加以处理多个群体也是可能的。在早期的此类研究中，研究者试图引入另外一个维度，将两个群体分解产生四个子群体或亚群体。例如一个研究以高估、低估和宗教所属（天主教和新教）来分类，重复最简群体实验，发现在这种混合分类的情况中，组内偏误的情形较单一分类时为弱（Commins & Lockwood, 1978）。这里有个问题，就是两个分类的维度所形成的群体是完全不可同日而语的（宗教群体自然内聚力强得多），所以实际上这个研究中可能并不是四个群体而是两个群体，因此这个研究很难说有什么理论意义，但它却为处理多重认同提供了可能的方法路径。一些研究者开始采用类似交互自群体的方法，使用两个强度相当的维度进行实验（如 Hewstone & Brown, 1986; Migdal, Hewstone & Mullen, 1998）。对于实验情境中的个体来说，根据两个维度上外群内群的特性，四个子群体可以被表述成：双内群、混合（两个）群和双外群。比如，用"民主党支持者—共和党支持者"与"年轻—年长"两个维度划分四个群体，对于一个年轻的共和党支持者来说，年长的民主党支持者群体就是双外群。群体内偏误在双外群上最强，这就是所谓双外群效应（Double Outgroup Effects）。而在混合群体时，内群偏好效应就不是那么明显（Vanbeselaere, 1988）。这样交互的设计，并不止于二乘二的方式，还可以像"外群·外群""外群·外群·内群""外群·外群·内群·内群"这样，持续进行叠加（Crisp, Hewstone & Rubin, 2001）。有意见认为当情境中的社会范畴增加，个体的认知负担也大大增加，思考也更多，从而减弱了内群偏误（Deschamps，1984）。

但是类似这样的子群体方法或者社会群体资格叠加的方法本质上仍然是两两分组，也有研究者突破性地引入三组设计重复最简群体实验，试图检验内群偏好是否只存在于两组对比中。实验发现，被试如果被分成两组，会产生正常的群体内偏见。但如果将被试分成三组，内群偏好就不显著了。因此，可以认为二分的类别对于内群偏好和外群敌视可能是必要的条件（Hartstone & Augoustinos，1995）。但是从社会认同的观点来说，三组的情形应该和两组时一样要产生组内效应，因为群体只需要证明内群优于外群即可获得积极的社会认同，至于外群是什么分布并非最重要的因素。这一实验结果似乎并不能支持社会认同理论的原初理论。但是这仍然是可以讨论的，因为在三组实验设计中，分组的条件远不如两组设计时清晰，所以这可能使得最简群体无法形成。多群体的设计，仍然没有得到完善的发展，也导致社会认同理论在同时设计多重社会范畴情形下的解释体系还不够完整。

简短的结语

社会认同理论体系还有很多新的发展，此处受篇幅所限不能尽述。社会认同理论从自我、人格这样的基本心理层面到社会意识乃至意识形态这样的层面，都有所涉及。作为一个理论框架，社会认同理论尽管有很多未尽之处，但也有着更为巨大的理论潜力。同符号互动论者发展出的社会学取向的认同理论相比，虽然社会认同理论侧重社会自居（social identification）作用和自我分类的过程，而认同理论则着眼于标定（labeling）或命名（naming）一个人为某种社会类别以及承诺的过程（Hogg, Terry & White，1995），但它们都非常强调结构以及由社会建构的自我（所谓认同或社会认同）的功能，认定自我这种动力结构能够作为连接社会结构和个体行为之间关系的中介（周晓虹，2008）。

社会认同理论的理论意义通常被认为是为群体行为提供了多层面解释，拓展了社会心理学的方法论体系。但我们也不应该忽略，社会认同理论同时是关切社会现实的理论，具有积极的社会意义。作为社会认同理论的奠基人，泰弗尔从来只被认为是一位实验社会心理学家、一位理论家，很少被当成社会学家来看待。但是社会认同理论却来自他个人对于现实社会中群体之间冲突、敌意和歧视的关切，他一直认为心理学应该对诸如少数派权利等问题给予更多关注。社会认同理论产生的研究成果，在解释歧视、群际冲突的基础上，对化解这些社会问题也具有积极的意义。

从这个意义上说，社会认同理论不但在理论价值上，有可能成为弥合社会心理学中微观方法论和宏大理论之间鸿沟的桥梁，同时也确实回应了1960年代"社会心理学危机"时，公众对社会心理学的实用价值的质疑，即体现了社会心理学研究成果的应用潜质。

第十三章 社会建构理论

社会建构理论是活跃于当代西方社会科学领域的一场理智运动，它基于在社会学和人类学学科当中形成的基础，乘着在科学哲学领域形成的旋风，借着后现代浪潮的助力，刮遍整个社会科学领域，同样在社会心理学领域中也形成了蔚为大观之风。在社会心理学陷身危机、四面楚歌之时，社会建构理论的出现为社会心理学提供了喘息之机；而与后现代潮流相结合的社会建构理论的心理学之版本，因其对传统社会心理学的"忤逆"之大，在社会心理学领域引发了激烈的讨论，也使其一度受到格外的瞩目、侧目和关注。而在漩涡渐趋平静之后，此理论的运动式推进也告一段落，逐渐融入社会心理学家们的视野，在与其他社会心理学视角的相互补充和借鉴中，继续贡献着绵薄之力。

社会建构理论心理学有时被称为一场运动，有时也被称为一种立场、一种理论、一种理论取向或一种方法（Stam，2001：294）。但与其说它是具有一致观点和倾向的理论流派，不如说它是一个标签。在此标签下，潜藏着观点差异极大、倾向迥然不同的一系列社会建构理论学说（Danziger，1997：400）。从强调社会因素对表征的影响，到声称社会世界是由社会过程和关系实践建构而成的，不一而足。社会建构理论者的一个较弱的共识是在各种事物当中，人类的心理过程受到语言文化实践和人类共同体结构的制约（Stam，2002：573）。

为了更加清晰地理解社会建构理论的内涵和外延，首先需要了解建构主义（Constructivism）与建构论（Constructionism）的差异。虽然建构主义被用来指涉同一场社会建构理论运动，但建构主义也被用来指涉皮亚杰的理论、一种形式的认知理论以及20世纪艺术界的一场重要运动。为了避免混淆，并标示与彼得·伯格和托马斯·卢克曼的《现实的社会建构》的关联，格根将其思想称为社会建构理论（Gergen，1985b）。虽然广义而言二者可被认为相等同，但狭义而言在社会心理学领域二者存在一些分别。建构主义关注于个体如何通过认知过程在心智层面建构经验世界，① 而社会建构理论宣称知识和意义是通过社会过程和行动在历史和文化中建构起来的（Young & Collin, 2004: 374-384; Raskin, 2002: 9-10）。这里的核心区别在于，前者强调认知，后者强调社会过程；建构主义采用个体主义路径，而较少探讨社会互动、语境和话语等建构论主题；但在实际应用中二者经常被混淆（Young & Collin, 2004: 378）。

社会建构理论家避免对其立场做根本性定义，因为这与其批判和开放的取向相悖。即便如此，我们也需要通过三对概念的比较对其内涵和外延有所界定。界定社会建构理论的最核心特征，应是其对经验主义作为人类科学哲学的制度性支配地位的批判（Durrheim, 1997）。社会建构理论心理学与传统社会心理学的核心区别至少包括这样四个方面：①传统社会心理学尤其是心理学的社会心理学关注个体，而社会建构理论则关注共同体和文化；②传统社会心理学强调个体的能动性，社会建构理论则强调个体主体性的被决定方面；③传统社会心理学主要采用实验法，社会建构理论则主要采用话语分析方法；④传统社会心理学试图寻找普遍规律，社会建构理论则试图凸显差异性（Raskin, 2002: 16）。

一　社会背景和理论渊源

社会建构理论在心理学领域的发展，同样兴起于社会心理学危机之后的1970年代，并在此后的二三十年中逐渐发展成熟。社会建构理论心理学的代表人物有肯尼思·J.格根、约翰·肖特、米切尔·毕力希和罗姆·哈瑞等（Harré, 2000: 741）。在世纪更替之时，社会建构理论心理学的发展达到顶峰。在此阶段，不但不同版本的社会建构理论的阐述都已成型和完整，对此理论的应用也逐渐拓展，围绕社会建构理论的讨论也达到顶峰。而在之后的十几年中，以社会建构理论为专题的著作和论文开始呈现出消减之势。

---

① 建构主义也包括了不同的立场，经常被提到的有三种：极端建构主义，代表人物冯·格拉塞斯菲尔德；温和建构主义，代表人物哈罗德·凯利和皮亚杰；社会建构主义，代表人物杰罗姆·布鲁纳和维果斯基。社会建构主义与社会建构理论虽有一些相似之处，但前者带有二元论假设，后者则试图超越此假设（Young & Collin, 2004: 375-376）。

这一方面与理智运动的生命周期有关，也与社会建构理论在社会科学领域的渗透有关，它逐渐成为一种理所当然的看法，不再需要特别标识。

社会背景

时代精神总是在对其前身的辩证式否定中不断演变。如前所述，在进入20世纪六七十年代之后，社会心理学开始陷入危机困境。一方面整个社会中对技术和效益的单方面强调日益出现弊端，另一方面社会心理学本身也越来越无法承载社会大众对其不断升级的期望。工业发展带来的环境污染、社会失范、贫富分化和社会不公平等问题日益凸显，与此相应，黑人平权运动、妇女运动和青年大造反运动此起彼伏，而在实证精神引领下的社会心理学却无法像以往那样对这些问题做出令人满意的解答（周晓虹，1993）。在此背景下，对传统社会心理学的批判开始兴起，而对替代性范式的寻求也成为新的潮流，社会建构理论心理学正是这一潮流中较为突出的一种努力。

社会建构理论的出现也与一代学者的成长和成熟同时发生。这些学者的学术指导曾受到政治激进主义和战后高校的迅速发展的影响，接着在此后又被同样激烈地再结构化为资本主义世界体系的分支工厂（Stam，2001：294）。这使他们与具有社会和理论批判取向的社会建构理论潮流形成了强烈的共鸣。

在心理学领域，通过哈瑞所说的第一次认知革命，主流心理学从行为主义转向认知心理学。研究领域从行为主义转向以往被设定为黑箱的人脑，将心灵和心理过程对行为的影响置入研究范围内。但是，1950年代的第一次认知革命的特征在于心灵主义，认为人们所说与所做的后面潜藏着心理过程（Harré，1992：5）。从认识论层面来看，这次认知革命依然将心灵看作是被动的。它仅仅反映的是外部客体。而1970年代后的第二次认知革命则再次将研究中心拉向个体之外，将人类行为的意义放在研究中心，使用话语分析作为核心方法。经验心理学被认为可以掌握规律，对社会发生作用，预测和促进社会福祉（Durrheim，1997）；而社会建构理论则认为，人类意义源于社会共享的建构。思辨取向本来处于社会心理学学科的边缘位置，而在此时则获得相对的普遍认可（Durrheim，1997）。

理论渊源

尽管社会建构理论心理学对传统心理学和社会科学进行了激烈的批判，但其自身与其所批判的传统依旧有着千丝万缕的联系。一般而言，对社会建构理论的产生具有奠定性影响的学者包括：托马斯·库恩、彼得·伯格、托马斯·卢克曼和维特根斯坦，以及威廉·詹姆斯的实用主义、话语分析和后现代思潮。

首先，库恩的《科学革命的结构》（1962）被誉为社会建构理论形成中的分水岭式的著作。库恩提出，科学研究从来都是在与既定范式相一致的理论模型指导下展开的，而当时过境迁之后，这些范式也会转变，那么之前的这些理论就不再使用，先前的所谓事实也便过时。极而言之，所谓的科学事实在某种程度上是随着科学话语的变化而变化的；对现实的科学描述不仅是被发现的，而且是通过科学共同体中的共识借以符号的形式得以生产和授权的（Hruby，2001：52）。库恩的观点在社会建构理论中不仅得到借用，而且被过度引申和误用。库恩提出的"知识是由科学共同体的共识授权"，被歪曲为"事实知识宣称只不过是科学家共同体的共识"（Hruby，2001：54）。这种夸大的库恩"科学观"或"知识观"在社会建构理论者们的论述中成为重要的立论依据。

伊恩·哈金发现，在建构论中库恩的下述观点被广泛接受，即权变论（contingency thesis）、唯名论（nominalism）和外在主义（externalism）（Hacking，1999）。权变论意指"成功的"科学理论可能不是唯一的，它可以有很多可能的替代样式。例如，现代物理学可能从另一种方向发展起来，也可能不发展出一个夸克的概念。唯名论指出，划分事物并不存在最"真"的方式或终极方式，事物分类并非被自然最终决定。外在主义则认为科学中的一些变化应该按照外在于科学的因素来解释，而绝非科学内部的特征（Hacking，1999；Wray，2010）。

其次，伯格和卢克曼的《现实的社会建构》被称为社会建构理论的"圣经"。伯格和卢克曼以舒茨的现象学社会学理论为依据，提倡将关注点放在关于现实的常识性知识上，即一般大众所理解的现实，由此来考察这种现实如何得到建构。他们强调，通过语言符号系统的使用，主观意义得到客体化，社会意义也得到内在化和主观化；而且，语言的象征能力也使主体不仅可以持有此时此地的意义，而且可以持有更为远离和抽象的领域的意义（Hruby，2001：52；Berger & Luckmann，1966）。在此意义上，所谓现实不是客观地存在在那里的，而是由社会群体建构出来的，而且个体建构的现实与社会建构的现实之间存在着互动关系。这种将关注中心从人和物转向意义的取向，在社会建构理论心理学中得到引申。同样，伯格和卢克曼的观点也在被引用中受到歪曲。伯格和卢克曼并没有做任何本体论论断，即社会如何建构一种物理或生物的现实；对其著作的引用和讨论却不断地被引向一种认识论泥沼，而这个泥沼也正是他们试图抽身和远离的；其实他们并不否认社会科学的科学性，依然认为经验方法是有意义的，价值中立是可以达到的（Hruby，2001：53；Berger & Luckmann，1966：189）。有意思的是，虽然伯格和卢克曼为社会建构理论的形成创造了条件，但当社会建构理论与后现代思潮结合后，又因其无法与更为激进的观点相吻合，而被社会建构论的后现代版所抛弃（Hruby，2001：54；Lynch，1998：24-25）。

最后，社会建构论也受到维特根斯坦的影响，他的语言哲学为一种反本质主义和后经验主义的心理学铺平了道路。不仅维特根斯坦，包括康德、海德格尔和罗蒂都认为，知识不是对现实的直接映照，而是社会互动和语言习惯的产物（Roche & Barnes-Holmes，2003：218）。在《哲学研究》（1953）中，维特根斯坦对行为主义、心灵主义进行了批判，为心理学概念和语言与现实的关系提供了新的理解方式。维特根斯坦对心灵主义提出了两个核心的批判：①并不存在信息处理的双重过程，我们并不是先在脑中处理信息再依照其指示行事，而是仅存在一个过程，即人们在社会习俗的框架中做事；②词语的意义并非源于被称为"思考"和"理解"的思想过程，而源于社会行为，意义随着特定语境中群体的共识而有所变化（Durrheim，1997）。

关于语言习惯对人们理解世界的限制。维特根斯坦提出几个问题，个体在哪个身体部位感到悲伤或幸福？一个人在一秒之内可以有一种深刻的感觉吗？怀抱希望的感觉特征可以描述出来吗？由此，维特根斯坦就澄清了在何种程度上关于精神活动的描述是受到语言习惯限制的。语言约束决定了诸如心灵、意识、感觉和动机等概念的使用。社会建构理论将语言放到先在位置，而将其他现实都看作受其限制和支配，这种后现代观点的形成就受到维特根斯坦的思想的重要影响（Gergen，1985b：267）。因为行为是基于语境的，在维特根斯坦看来，心理学的任务不是解释行为，而是描述它（Osbeck，1993）。

除了上述思想家外，社会建构理论的理论根源还根植于诸多社会思潮中。比如，长期以来一直存在的经验主义和唯理主义之间的争辩，因为建构论一直试图超越这种二元划分，将知识放到社会交流的过程之中来认识（Gergen，1985b：266）。就知识的来源问题来说，社会建构理论的立场可以回溯到外生说与内生说的争论。洛克、休谟和逻辑经验主义者所持的外生说认为，知识是对外部世界的复制，好的知识应该可以成为真实世界事实的地图或镜像；而康德、尼采和各种形式的现象学家所持的内生说则认为，知识是基于生物有机体的内部过程。在社会心理学领域，知识内生视角借以认知心理学的形式强势回归（Gergen，1985b：269），形成了上述第一次认知革命。心理学家们发现，不仅外界刺激对感知有作用，而且心智也对认知有组织和归类的功能（Zuriff，1998：13），但在格根看来，认知心理学还远远没有推翻知识外生视角，正是在此基础上，社会建构理论进一步把知识与所谓外在世界的关系切断，而更多强调其内生一面。

尽管格根竭力否认社会建构理论与实验心理学的亲属关系，但社会建构理论在心理学中的根源同样无疑很深。除了上述格根的社会建构理论在知识外生视角上对认知心理学的发展外，哈瑞的社会建构理论与维果斯基和乔治·米德的早期作品的联系也非常明显。哈瑞的社会建构理论也是在认知社会学的脉络中发展出来的。

格根认为社会建构理论与一系列诠释性学科具有亲和性，诠释性学科指致力于对人类意义系统进行解释的学科。这些学科包括，常人方法学、戏剧论，以及致力于研究科学知识的社会基础的研究和人类学研究，特别是象征人类学者的研究等。常人方法学强调人们使世界可感知所使用的方法；而戏剧论则关注社会行为的策略性展开。致力于研究科学知识的社会基础的研究包括知识的历史学和社会学，象征人类学研究则关注世界的建构，包括在非西方文化中的人们对世界的建构（Gergen，1985b：270）。在某种意义上，社会建构理论心理学正是将其他学科中已经发展得相对成形的视角引入心理学中的。

又比如，社会建构理论的兴起也可以追溯到知识社会学的产生和发展，其历史根源包括 1920 年代马克斯·舍勒创建和随后由卡尔·曼海姆发展的知识社会学。他们吸收了德国哲学基础中的诸多思想，包括马克思的历史唯物论、尼采的反唯心主义批判和狄尔泰的诠释学历史决定主义。曼海姆的意识形态概念认为，社会结构也折射到观念结构中，知识必然是社会性的和带有目的性的，难免受到价值观和偏见的影响（Mannheim，1936：296；Stam，2002）。那么，不仅我们关于现实的日常知识是社会建构的，学者们对此的研究及相应的知识建构也是受到同种社会过程的影响（Stam，2002：573）。

再比如，詹姆斯的实用主义也为社会建构理论在美国的发展提供了适宜生长的历史和文化语境，是当代社会建构理论运动在美国主导的理论先驱。格根的社会建构理论与詹姆斯的实用主义有四点主要的相似之处：①两者都将效用作为批判真理的重要标准；②两者都支持哲学多元主义；③两者都讨论真理的社会性和语言对知识建构的重要作用；④两者都认为现实随时间而改变（Hastings，2002：714）。

还比如，女性主义视角的发展同样对社会建构理论心理学的形成有所帮助。对于女性主义者，知识的经验主义取向总体上来讲并非一种合适的视角，它对那些试图理解的人带来操纵、镇压和疏离。而且，从女性主义视角来看，经验主义科学似乎常常被男性用来建构关于女性的观念以服务于他们的压制（Gergen，1985b：272）。社会建构理论从女性主义视角中吸收营养，将知识与权力压制的关联从性别关系之间拓展到各种社会关系之中。知识不仅仅停留在其本身的层面，它也构成某种权力关系的基础和成分。

二　主要思想脉络

社会建构理论避免进行定义，因为甚至他们自己的立场至少在原则上是对批判和改变开放的。社会建构理论强调社会和文化因素在建构过程中的作用，心理现象是由文化信仰系统、特定共同体中特有的规范和价值观决定的（Faucher，2013）。所有这些路径都有一个共同的宽泛强调，即强调对心理现象的不同理解的建构，尽管有些比另一些在此观点上更为激进。他们也多少使用与传统科学相同的方法，但在更为激进的形式中则采用一种反实在论的立场（Roche & Barnes-Holmes，2003：218）。

不过，多数社会建构理论者都持一种温和的立场。温和派仅仅强调知识和制度的社会建构性质，知识如何带有其社会根源的印迹；激进派除了这些观点外，也宣称客体和知识的指涉物也仅仅是社会建构而已（Sayer，1997：466；Zuriff，1998：9）。温和派在社会世界和物质世界之间做出区分，这种区分是沿着意义负荷的划分线分开的，社会客体是充满意义的，而物质客体则仅仅在进入社会领域时才具有意义。但在激进派看来，并不存在这种区分，物质事物也是社会建构的（Burningham & Cooper，1999：303）。在激进派看来，事物的存在是科学研究的结果而不是其原因，研究是对事物的表征构成和产生客体的原因，因此社会建构理论仅研究对事物的各种宣称，而非事物"本身"（Burningham & Cooper，1999：304）。

哈瑞的社会建构理论

在社会建构论中，被视为人种学版本的代表人物是罗姆·哈瑞（Roche & Barnes-Holmes，2003：218），他的理论保留了若干早期实在论视角的残留，代表了温和派的立场。与激进社会建构理论有所不同，在哈瑞看来，现实是有组成成分的，这种成分就是对话中的人们。哈瑞将人作为基本的人类现实，而将对话看作人们搭建社会和心理现实及其基本结构的途径（Harré，1983：59；Osbeck，1993：345）。既然对话是真实的社会现象，系列人群就是社会心理领域的参照坐标。每一点代表一个言说者或潜在的言说者。对话在特定人群中可以从参与对话者身上定位。就像物质客体在牛顿物理学参照系中的移动一样，像想法等心理学现象也从一个人移动向另一个人。言说行为在人称代词的使用中得到定位和索引。使用"我"和"我们"恰好被用来在一系列可能的言说者中定位特定对话。人群，即社会心理实在的参照坐标，在道德和政治因素、规范和习俗中被结构化。特定人群中都有关于言说的一系列权利、责任和义务的系统规定，即首要的道德秩序。在特定人群中，谁会说话，何时说话，以什么方式说都是可以预见的。在此意义上，语言实践并不是独立个体建构的，而是包含一种言说行为的社会效应（Osbeck，1993：346）。

哈瑞采用狄尔泰的观点，通过对人的分析为社会建构的程度找到底线。每一个个体都是一个原生的统一体。一个人是心理、生理和生命单元。对人的解释需要既包含生物/自然科学，也需要文化概念。由此，哈瑞为其围绕对话中的人展开的社会建构理论找到了建构的底线（Harré，2000：739）。存在两种人类现实，社会对话现实是由符号使用的规范和习惯来组织的，而物质-生物现实则服从包括力和性情等因果过程结构。虽然这两种现实在互动中构成人类世界，但要分别通过社会建构理论和自然科学本体论来解释。例如，在言说行为中，当使用诸如"我"和"我们"等第一人称代词时，更多地将话语行为放在以人为坐标的社会对话世界中；而当使用"这里"和"那里"等词语时，更多的是在指涉物质世界结构，此时则以时空序列为坐标（Scott & Stam，1996：331-332）。这种话语分析方式就为社会建构的应用找到了限制条件。

哈瑞的社会建构理论心理学主要围绕两个主题展开。其一，一般符号使用能力，特别是语言技能的获得，对认知和其他有意识的实践有深刻的影响。对于社会建构理论来说，关键的不是我们主要的认知、情感能力和技能来自自然的禀赋，而是对于熟练应用者来说，他们是如何以心理共生的形式获得这些技能的。其二，我们的主要认知技能，包括推理、记忆、感知、决策等，是通过使用一般符号技能，特别是语言技能，与他人一起在真实或想象的共同性中一起应用的。个体行为本质上是从集体行动中发源出来（Harré，2000：740-741）。

在丽莎·欧斯贝克看来，哈瑞的社会建构理论在倡导社会建构理念的同时又避免了虚无主义，提供了一种符合生成性评价标准的建构论版本（Osbeck，1993）。其思想提供了用外部标准进行评价的可能性（Osbeck，1993：346）。但欧斯贝克的观点也存在商榷之处。不同社会建构理论观点构成了一个强调不同方面的系列，具有不同的功效，也不可只以生成性为标准，还有其他实用用途可以作为标准，哪一种理论更有用要看具体的语境。哈瑞的社会建构理论比较中规中矩，更像社会沟通社会学，缺乏对一些更为敏感的领域的探讨，而激进建构论则可以使一些隐藏的方面得以凸显。

哈瑞在承认其社会建构理论与后现代主义在有些方面相似之外，认为二者之间至少有两方面不同：①社会建构理论反对认为人类生活不存在具有普遍特征的方面；②社会建构理论也不否认对社会世界和人类心理的表征存在好坏之分（Harré，2002：612）。在哈瑞看来，格根把社会建构理论与后现代主义几乎等同起来，很多观点与女性主义思想很相似。对于大多数社会建构理论者来说，激进社会建构理论者的观点是令人厌恶的，是一种建构论思想过度泛化和膨胀的表达（Harré，2000）。

对于哈瑞来说，社会建构理论观点的主要原则有七方面：①必须有生物有机体中的器官条件才能使社会方式成为个体认知结构成为可能；②更高的心智功能是通过符号完成的，符号意义在公众中的达成在原因论上先于个体应用；③就高级心智功能而言，个体认知结构反映符号互动的结构，个体的技能是社会建构的；④个体心理属性从根本上是与他人的符号互动流，例如，记忆是对一个需要公共支持的说法的一种标准的宣称，个体所拥有的不是公共产品的个人版本，而是生产它的技能；⑤人类的个体性基于两个基础，一是处于每个人知觉领域的独特中心的个体具身性，二是对第一和第二人称语法的掌握；⑥研究心理学是一项行为活动，同时也必须应用理论诠释，这就使之也具有了话语性质；⑦特定经验的意义负荷性预设了一种先在的公共主体间性，这使现象学与话语转向相互协调起来（Harré，2000：745-746）。

格根的社会建构理论

肯尼斯·J. 格根（出生于1935年），堪称1970年代后社会心理学变革时期一位影响深远的人物，激进派社会建构论的代表（Roche & Barnes-Holmes，2003：218）。在他那里，可以用社会建构理论来涵盖后经验主义、后结构主义、无根基主义和后现代主义等理智运动（Gergen，2001a）。早在1973年，格根就发表了革命性的文章《作为历史的社会心理学》，并引起了广泛争议，也为一种社会建构论的知识观的发展铺平了道路。

格根在文章中提出，社会心理学首先是一种历史性探究，它处理的是在很大程度上不可重复和随时间波动显著的事实；知识无法在一般科学意义上进行积累，因为这种知识一般无法超越其历史界限。一方面，从被研究对象来讲，社会情境一直处于变迁之中，在越战中研究得出的心理学规律在其他情境中则会失去效用；同时，社会心理学的研究结果也不断地对被研究者产生影响，了解态度改变的影响条件的个体会对相应影响产生免疫，这些心理规律在社会中的普及也会使旧的"规律"失效。另一方面，从研究者角度来讲，社会心理学带有价值负荷和描述性偏差，研究者因受社会文化的影响总会带着某种价值观进入其研究，同时也往往会顺应社会价值来使其研究富有意义，并且判断其研究结果的价值也是根据社会文化做出的。但是，社会文化却处于变迁之中，这既与历史情境相联系，也与科学研究中的范式转换有关。在此意义上，社会心理学知识具有历史局限性（Gergen，1973）。

对于格根来说，社会建构理论探究主要关注于阐述人们描述、解释或说明他们置身于其中的世界（包括他们自己）（Gergen，1985b）。在元理论层面，社会建构理论研究一般包含至少下列四个假设中的一个或多个：第一，我们所认为的世界经验本身并不能呈现出我们理解世界的那些词语。社会建构理论强调语言在促成和限制现实建构中的重要作用，而质疑知识的客观基础。经验本身并无法存留，而是通过语言才能够被标识、表达和沟通，而惯例和协议之下，特定经验才被客体化。极而言之，没有语言人们甚至无法感知和确定特定经验的存在。第二，人们用以理解世界的词语是社会人造物，是特定历史情境中人们相互交流的产物。个体赋予事物的意义变动性较大，事物意义只有在群体交流中才能通过共识而变得相对稳定。第三，一种既定理解方式的盛行或长时间存在并不是从根本上基于这种视角在经验中的有效性，而是基于社会过程（例如沟通、协商、冲突和修辞）的变迁。第四，协商性理解方式在社会生活中至关重要，因为它与人们参与的很多其他活动紧密关联。对世界的描述和解释本身构成一种社会行动。例如，对他人的负面认识也往往会有消极应对行为相伴随。

在格根的社会建构理论脉络下，各种解释再也无法根据其与事实的符合程度来评价，而取而代之的评价标准是生成力（generativity）（Osbeck，1993）。格根认为，具有生成力的理论可以挑战特定文化中的一些引导性预设、提出关于社会生活的根本性问题、形成对被认为理所当然的事物的再思考，以及促成新的社会行为方式（Gergen，1982：109）。

社会建构理论与实在论的差异是本体论的，而非认识论的。关于一种社会建构的世界的存在，最为核心的观点是，最根本的人类现实是对话。既然人类现实无法通过物理的结构保持存在，它们就只能通过在人们的日常社会活动中的不断再造来维持存在。在此过程中，人们相互判断和纠正他们的行为以适合他们所认为的现实。对话正是这些判断和评判发生的终极领域（Shotter，1992：176）。这样一种本体论描述的并不是独立于我们的概念和理论话语存在的实在。社会建构理论将不同的认识论视为源于不同的社会本体论；不仅不同的理解方式源于不同的生活方式，而且被知道的"实体"也不同。

社会建构理论者对实验社会心理学的批判有三个方面：首先，在方法论方面，实验者并不像他们所认为的那么客观，他们无法将事实与虚构区分开来，也无法发展出关于社会行为因果关系的准确无误的理论。其次，从政治上来讲，实验主义者不仅在认识论上是错误的，他们无法提出一种普遍适用的关于抽象个体的理论，而且他们还往往站在作为精英的压制者一边。最后，他们还有欺诈嫌疑，实验社会心理学者们通过隐瞒其社会建构特征，误导大众让他们认为其发现是真理，而非与其独特的视角有关（Jost & Kruglanski，2002：170-171）。

主流社会心理学对格根的批评也做出了回应，很多社会心理学者都认为格根的看法在理智上不负责任地将人们引向绝望。格根的前导师爱德华·琼斯反对格根的建构论批评，认为那只是对社会心理学漫长历史中的一点小小的扰动（Jost & Kruglanski，2002：170）。有学者抱怨社会建构理论带来的认识论危机，使很多有前途的学生打消了进入社会心理学领域的念头，使很多资助机构不再增加对社会心理学研究的预算。具有讽刺意味的是，实验社会心理学者对社会建构理论批评最多的反应反而是加强了其内部认同，加强了以被批评方面为标签的学者队伍的团结。同时，也使很多学者都在方法论上变得更加得保守谨慎。他们在理论和经验操作中更加严谨，期刊也变得越来越严厉。在他们看来，为了避免被挑刺，最好在传统学科边界之内作研究、使用常规范式和应用已被证实的理论来对结果进行解释。无疑，这种风险规避或预防倾向对新的理论视角的出现是不利的（Jost & Kruglanski，2002：171）。

在 2001 年和 2002 年围绕社会建构理论展开辩论过后，格根的激进观点有所缓和，态度也变得更加谦逊。在其 2002 年刊发的一篇文章《超越社会心理学中经验主义和建构主义的鸿沟》中，格根说道"尽管有时社会建构理论者对实验社会心理学的批判显得很傲慢，但建构论者本质上并不反对在实验社会学场域进行假设检验和积累知识"（Gergen，2002）。但是，如果实验心理学能够听取社会建构理论的告诫，注意意义的边界，他们将会从中获益良多。而社会建构理论仅仅是提示人们，当我们将本来仅在局部地区可行的规律宣布为可以在所有世界中都可行时，那我们不仅是感觉迟钝，而且我们的结论还可能最终会服务于殖民主义、压迫和极权主义力量（Gergen，2002：189）。在方法论层面，社会建构理论如果能将实验方法纳入其方法资源中，也将获益匪浅，如此，"我希望能够强调社会心理学对方法多元性开放的益处"（Gergen，2002：190）。最后，格根强调了其研究取向的劣势位置。显然，美国社会心理学旗舰期刊的政策是偏颇的，它们几乎排除了所有元理论、理论和定性研究。一直以来对学生的实验性论文要求，也使很多年轻学者放弃对元理论、理论或新出现的方法论进行创新性探索。同样，理论心理学和定性研究也很难获得资助。也就是说，真正处于劣势的不是实验心理学，而是理论心理学。

三 围绕社会建构的理论争议

社会建构理论从其诞生以来，其对"实在"存在的否定就受到广泛的争议。实在论与社会建构理论关于是否存在一种实在的争论并非从来就有，而更多的是由社会建构理论与后现代主义的结合所导致的（Stam，2002：574）。笼统来说，这一争论的一边是实在论和弱社会建构理论，另一边则是强社会建构理论。正如亨德里克斯·斯塔姆所言，对于很多批评者来说，似乎重要的是批评一个特殊版本的社会建构理论——格根的社会建构理论（Stam，2001：294）。由格根等人的强社会建构理论所引起的争议大致涉及五个方面，最基本的乃是关于实在是否存在的探讨，同时也衍生出关于建构论本身、语言、知识和主体等的争论。

没有实在存在吗？

关于实在是否存在这个问题的争论无疑是所有这些争论的核心，但学者们所指的"实在"却是一个灵动的概念。有的学者用它来指话语背后的事物，有的用它指观念或真理，还有的用它指本体论意义上的实物。首先，在把实在看作话语背后的事物的意义上，格根将"实在"看作共同体内关系过程的结果，认为所谓的"实在"根本上是一种话语（Gergen，2001a）。菲奥纳·希伯德对此进行了批评。她认为，如果没有被建构客体的实在性，对世界的语言建构是不可能的（Hibberd，2001a，2001b）。但格根回应说，我们并不知道是否在经历"同一个世界"，"真"只是一种约定的说法而已（Gergen，2001b：422）。可见，两人的立足点有很大不同。希伯德在话语与某种事物之间建立了一种联系，认为存在这样一种"被建构客体"；而格根则更强调这种联系的变化性和不确定性，而这种不确定性正是共同体内协商的结果，从而忽略此"被建构客体"，将共同体之内的合意作为讨论的核心。但希伯德和格根的观点都有所欠缺。希伯德似乎过于强调被建构客体的实在性，但这种被建构事物与话语之间的关系有时是明造的，有时是含沙射影的，被指涉事物可能并非那么清晰。而格根又走到另一个极端，过于强调认识方面，没有本体论讨论上的意义。但我们也可以依稀看出二者在讨论同样的事物，只是站在完全不同的角度上，因而所看到的有很大差异。

其次，"实在"有时被用来指观念或真理。格根否定客观性的存在，反对为实在设定一个底线（Gergen，2001a）。即反对某些论断比其他论断更为"客观"或"真实"，反对关于某些领域的论断比其他的更"可信"。但认同格根的这种激进建构论的学者并不多，而是更多的学者试图做出一种折中。例如，戴维·南丁格尔等认为，关于世界的客观知识是无法获得的，我们可以保留质疑世界某些方面的本体论状态的权利，但同时也可以做出某些关于世界本质的论断（Nightingale & Cromby，2002：701）。但在格根看来，这种不彻底性存在着很大的混乱。不过，格根的这种看法似乎是把世界看作一个同质整体造成的，如果了解其非匀质性和非一致性，就可以理解任一对整体的绝对论断都不可行。我们研究对象的非匀质性可以使我们以不同标准对其进行划分，并不能因为没有具体明确的绝对分界，就认为不存在任何区别。格根之所以反对为实在设定一个底线，是因为他挚信我们没有"客观"的标准来做出这种区分，为什么将一些论断看作"客观"和"真实"的，而另一些不是呢？在格根看来，如果存在这种划分必然会引起对某些话语的"压制"，而这正是其竭力避免的。

最后，强建构论的反实在观还引起人们对是否存在本体论意义上的实物的探讨。德里克·爱德华兹等人在《死亡与家具》中，列举了社会科学中最常被用来抵制相对主义的最后两道防线：或者用手敲着桌子证明它"确实存在"，或者举证死亡、痛苦和疾病是"客观事实"（Edwards et al.，1995）。爱德华兹等反驳道，"敲着桌子并援引死亡为理由，充其量是简略的；最坏地说是无知；至少也是修辞"。但爱德华兹等人的这篇文章却令人惊愕，因其用认识论问题来回应本体论上的质疑。施腾纳和埃克尔斯顿指出，说"现实是建构的"并不是说"什么都不存在"；而只是将"现实"拉回到特定情境中，反对将特定现实看作是跨时空普遍适用的现实

(Stenner & Eccleston，1994：91）。强社会建构理论可以说是对本体论宣称的激进的质疑，却不是对现实不存在进行的本体论宣称（Burningham & Cooper，1999：309）。而格根在对这类质疑的回应中指出，实在论话语对于展开生活不可或缺，社会建构理论只是提出，要注意别把这些日常用法当作是毫无疑问的，还可以有其他的解释方式（Gergen，2009：161）。

建构论的实在论承诺？

尽管强社会建构理论一再批评实在论，但不少实在论者却发现，建构论本身即包含实在论承诺，如果其始终贯彻一种建构论，将会导致自相矛盾和无限倒退（苏国勋，2003：16）。社会建构理论在提出自己的理论和论证方式上依赖于实在论。批评者们认为，社会建构理论一方面否定任何论断的真理性，否定话语可以指涉某种实在，认为不存在客观事实；另一方面却含蓄地认为其自身关于话语的陈述是真的，可以发现关于话语和语言的客观事实（Maze，2001：393；Hibberd，2001a：315）。除了陈述方式和写作常规上对实在论的依赖，还有学者发现了强建构论的论断中存在很多与其信条相冲突之处。格根的社会建构理论反对实在论中的基础主义和客观主义，认为宣称自身为真和客观便排除了其他话语，由此造成对某些话语的压制。而只有去除任何宣称的真理性和客观性，才能达到多元共存和"解放"。但批评者们认为，格根指出我们无法逃脱于语言之外，这本身就是一个基础主义宣称，因为它排除了其他的对知识依赖什么的宣称（Held，2002：653）。

格根在回应中指出，他在提出自己的理论时，并不是作为一种真理提出的，也没有说这是基于经验事实给出的论断，而是作为多种话语中的一种话语提出的（Gergen，2001b）。而且，表达是为了使自己被理解，虽然他使用了实在论的说明常规、逻辑一致常规和写作形式，但并不是要赞成实在论这种哲学（Gergen，2001b：423）。另外，格根的理论是一种实用主义的探讨，所谓"解放"和"反对专制主义"是基于实践中的一些案例得出的结论。可以说，格根的后现代主义式建构论所"信仰"的"解放"和"自由"如同实在论者"信仰"的"客观"和"真理"一样，它们的存在和达到既无法证实也无法证伪。

语言之外别无他物？

社会建构理论关于语言的反实在观点也引起了争论,争论的内容一方面涉及语言指涉物是否存在,另一方面涉及语言的述行性和决定性。尽管很多人攻击强社会建构理论否认外在指涉物的存在,但格根并不否认指涉性,而是反对语言与指涉物的"反映"关系。格根认为,"关于"实在的理论或话语并不"镜射"、"映射"或"表征"实在,它们只是共同体内协商的产物。希伯德对此进行了反驳,她认为格根否定了词与物之间的"指涉"的逻辑依赖关系,词语具有已经存在的固定的一般意义,此一般意义先在于其他特殊意义(Hibberd,2001b:333)。希伯德认为,格根指出的只是词语用法的问题,而不是词语的意义问题,格根把这二者等同了。但事实上希伯德也忽略了在共同体中对词语新意义的创造问题,并非词语的特殊意义都与其一般意义有关,通过共同体中的合意,新的意义可以创造出来(Hibberd,2001b:333)。由此可见,格根和希伯德都过分强调了一个方面,而这两种特性实际上是并存的,并不是非此即彼。

除了词语对意义的指涉问题,还有关于语言之外是否有一个外在世界的争论。实在论者对社会建构理论批评较多的是其对语言之外无任何存在物的宣称。批评者们指出,我们可以通过感觉来了解世界,也可以感觉到事物的发展状态,事物之间也有其固有的因果属性;但格根认为,离开语言的表征,我们无法获得对这些事物的认识,语言已经渗透在我们对任何事物的感知之中(Gergen,2001b:424)。格根将我们对世界的"实在"感觉放在特定情境、特定共同体之中来解释(Gergen,2001b:421)。他认为,通过共同体之中的相互协商和合意,我们可以营造出一种貌似"实在"的图像。另外,格根的社会建构理论是一种方法论上的解释,而在本体论上则保持沉默。

关于语言的另一个争论点便是强社会建构理论对语言的述行性的过分强调。格根认为,所谓的"真"只是共同体合意的结果,特定话语成为"真",从而排除其他的解释,其中更多的是隐性权力和利益的作用结果,因此语言无法表征"实在",而是表达着某种利益并同时发挥着特定作用。但其批评者希伯德指出,并非所有的语言都是述行性的,而是所有语言行为都同时包含两种特征:述愿性和述行性(Hibberd,2002:689)。也就是说,语言一方面可以表征事物，另一方面也作为一种行为形成着特定后果。

不存在客观的知识？

强社会建构理论认为，没有不可置疑的知识，没有事物能够被客观地了解，"真理"是相对的。批评者们指出，如果"真"和"正确"纯粹是相对的，只是特定共同体内合意的产物，那么就排除了不同时期、不同文化间具有相同观念的可能性，交流和相互理解也将变得不可能（Praetorius, 2003）。事实上，格根并非否定了各种建构之间存在共通性的可能性，而且其之所以提出知识和真理是相对的，也是为了促进不同文化间的相互交流和理解（Gergen, 2001a）。格根正是通过否定存在唯一的"真"和支持相对主义，来减少不同文化、不同知识之间的相互压制，达到多元共存。如果说实在论所支持的并非唯一的"真"，而格根追求的也并非虚无主义，那么二者之间就有相通之处。毕竟，并非存在唯一的正确才可以相互沟通，当然我们也不能赞同建构是任意的。显然，实在论和强社会建构理论者将真理的标准放在不同的位置。实在论者倾向于将真理视为普遍存在的；而格根将此标准放在共同体中，他认为在不同的语境中，可以有不同的标准来辨识是否适当，或者达成某种共识来确认什么是"真"。如果说真伪只是人为的概念，那么只是实在论和强社会建构理论者将真与伪的分界点放在不同位置。实在论者认为存在真和伪，不同语境中也存在着共性，因此存在普适的"真"。而格根则认为不存在真，可以在具体语境中来区分真伪。他们一方强调共性，一方强调差异，只是将真伪的临界线放在了不同位置上。

强社会建构理论认为，知识只是一种建构或话语。为了对此观点进行限制，芭芭拉·海尔德区分了构成性知识和中介性知识，认为前者可以直接知晓，后者则通过语言等中介才可间接知晓（Held, 2002: 657）。海尔德认为，间接知晓依赖于直接知晓，也就是说，我们对事物的感知在先，然后才有通过语言进行表达和思考的过程（Held, 2002: 657）。海尔德认为间接知晓和直接知晓一起发挥作用，而后者总是依赖于前者。恰恰相反，强社会建构理论不承认直接知晓，认为语言是一切认知的基础，所谓"直接"知晓也离不开以语言为中介的间接知晓。可以说，社会建构理论是在一种对语言的影响极为敏感的程度上来说的。如果说认知和思维等都已打上了语言的烙印，或者语言已经成为它们运作的一个必要介质，那么在此意义上，社会建构理论就是适当的。同时，如果不考虑非常微妙的语言影响过程，那么海尔德这里的区分就变得有意义。毕竟，即使我们没有思维和语言，有些事物也依然独立存在。当然，擅长雄辩的格根也指出，他的社会建构理论只是提出了一种解释，是多种话语中的一种，提示人们除了我们习以为常的那些看法，事物还可能在以一种其他方式发挥作用，并非否定了其他看法，也并非宣称自己的解释才是真的（Gergen，2001b：430）。

亚历山大·里布鲁克斯通过分析社会建构理论的核心概念"社会建构"（Liebrucks，2001），确认了与在认识论辩论中使用的这一概念相联系三个核心命题：①知识的生产是一种创造性诠释过程，并且不能在一种知识逻辑理论中被适当地表达出来；②在科学家们的实验中，他们积极地追求生产符合他们的理论的结果；③知识总是基于一个带有偶然假设和局部调查实践的背景。然后，里布鲁克斯指出，这些命题没有一个与实在论不相容（Liebrucks，2001）。由此看来，社会建构理论与实在论关于知识的观点并非完全不可调和。更可以说，两者的区分根本上在于其关于是否存在实在的"终极信念"，此不同信念会或大或小地影响其具体观点和表述方式。其实，有些实在论者关于知识的观点与强社会建构理论有很多相似之处。例如，希伯德的情境实在论认为，知识的真假依赖于一种情境，而且实在论者提出特定观点也认为它是待验证的，并非确定的（Hibberd，2002：691）。希伯德区分了"弄清楚知识"、"确定性"和"无法获得明确知识的理论"等概念，这样一方面强调了事物的某些实在特征，另一方面也用不同表达方式表述了与格根相似的观点（Liebrucks，2001：685）。可见，强社会建构理论与某些实在论关于知识的观点非常相近，只剩下表述方式和对客观与真理是否能达到的"信仰"的差异。

反实在论否定主体？

社会建构理论关于主体的反实在观点也遭到很多学者的批评，这里主要评论关于自我和能动性的讨论。关于自我的解释，强社会建构理论提出不同于实在论的看法。格根认为，前后一致的自我形象和自我认同在一个共同体中才可以维持，或者在一个共同体内才可以制造出这样一个"假象"；关于自我存在着不同的建构和话语，或者存在的是一个"易变"的自我，远非前后一致，这样"内在自我"便失去了重要性（Gergen，2001a）。批评者们认为，格根的社会建构理论没有区分自我的内容和过程，自我的内容可能是多元和易变的，但产生和维持自我的过程却是相似的；格根忽略了建构发生在一定基础之上，也就是说建构并非完全任意，而是有一定的"实在"基础（Tissaw，2000：869；Stam，2001）。正如前文所说，双方站在不同的立足点上，强调了不同方面。如果考虑到格根并非在做一种绝对的论断，而且否定"内在自我"是为了促进实践中更多的相互宽容和多元共存，那么可以说这些不同论点并非完全矛盾。

强社会建构理论关于能动性的观点也引起了争议。格根将能动性看作共同体内相互作用的关系过程的结果，因此在不同文化中各不相同（Gergen，2001b）。他否定将能动性解释为一种内在倾向，认为能动性是无法自我认识的，只能通过他人的观察来获得（Gergen，2001b：428）。但批评者们认为，这种对能动性的解释将人当作了黑箱，没有考虑到人的智慧和反身性（Williams & Beyers，2001；Held，2002：666）。也有学者指出，恰恰是能动性将"建构"放进了"建构论"。但这里似乎混淆了能动性的含义，实在论的能动性指一种主体的灵活性，从社会、文化和语言中逃脱的可能性；而强建构论的则指的是人作为一个整体的建构能力，强调文化和历史对人的塑造和决定作用，而同时指出个体意义上的能动性的缺无。费歇尔针对格根所言"能动性"指出，"那不是能动性"（Fisher，1999）。

在哈瑞看来，行动者的主动性体现在其对不同规范的选择性应用，由此他/她可以采用或拒绝使用特定规范性要求；但总体上对于个体心理的终极解释还是在于相应观念系统（Scott & Stam，1996：339）。某些社会建构理论者在谈及此问题时指出，将个体作为社会建构的行动者是毫无意义的；决定我们的判断、观念和反应的不是个人行动，而是整个人类行动，只有在此背景下我们才能想到特定的行动方式（Stenner & Eccleston，1994：91）。格根在反驳"能动性"的存在时指出，与此观点相矛盾的是传统经验主义心理学而不是建构主义，如果承认存在自由的能动性，那么进行心理学实验和寻找可靠规律都将变得不可能（Gergen，2001b：428）。他认为，建构论主张多种话语共存，其观点是作为一种可选话语提出的，因此并非与实在论的观点相矛盾，相反与其相支撑。在此，格根显然有把对方的观点推至极端来使之显得荒谬的可疑，实在论强调内在的能动性，并非是无限扩张的，更没有否定其他影响和规律性的存在。不过，格根对自己立场的非确定性和非

"真理"性的再次声明，也告诉我们实在论和强社会建构理论关于能动性的观点并非完全矛盾。如果说能动性从根本上也会受到共同体内关系过程的影响，同时个体也具有一定程度的反身性，那么可以说强社会建构理论与实在论都各执一词。

调和矛盾的努力

尽管实在论和社会建构理论的争论在很大程度上是建立在对对方观点的极端化的基础上，也有很多学者做出了调和二者矛盾的尝试。

米切尔·卡特兹克（Katzko，2002）对关于社会建构理论的这场辩论进行了梳理。学术文献可以分为两个层面的分析。一阶分析关注于一种现象或关于特定现象的理论，但有时一种理论会成为建立一种作为社会实体的运动的工具。当一种一阶分析变成一种二阶运动时，沟通就变成敌对的修辞性辩论的形式。运动反映的是社会过程，这时观点和文本的作用与一阶学术交流不同。运动的目的不是理解一些社会现象，而是建立一种变革性的视角，把人们的注意力引向特定被忽略的方面（Katzko，2002：671-672）。问题在于，当考虑特定概念下的性质时，我们是在具体的程度上来考虑的。对经验的抽象并不等同于对经验的描述（Katzko，2002：680）。社会建构理论过多地强调事物特定方面的性质，如语言的限制性，更多的是一种对事物的抽象，而非对其性质的描述。在此意义上，我们应冷静地来看待作为运动的学术文献，避免站在一阶分析的立场上对其研究。

针对一系列指向社会建构理论的批评，保罗·施滕纳等人（Stenner & Eccleston，1994）指出了重要的一点，即文本性。文本性指既承认语言的物质本质，也承认物质的文本本质；既是存在的基本特征，也是处理存在的一种方式。文本性是对基于主体/客体二元论的研究方式的挑战。文本性指的是一种特定的文本性质，强调所谓"真实"与"话语"之间的深入的相互渗透和相互关联。恰恰是事物包含的意义和重要的方面构成其"现实"。越是在道德和政治上重要的问题，越是受到激烈争论和持续协商，这些问题的"现实"越是被建构的。

还有很多学者试图将实在论和社会建构理论视角相结合。有人认为，在某种程度上，社会建构理论心理学与实验社会心理学并不矛盾，而且其理智遗产和引导性假设在本质上是一样的，二者可以在社会心理学中卓有成效地进行合并（Jost & Kruglanski，2002）。也有人试图将社会建构理论和批判实在论相结合，肯定话语外的现实的存在（Nightingale & Cromby，2002）。在他们看来，合并之后的"批判实在主义建构论"既可以分析形塑我们的主体性的社会过程，也可以分析其物质和生物过程，而又不会将之归结为仅仅是这些过程的话语结果。还有人则将建构论与实在论相结合，在承认现实存在的基础上，将建构论和社会建构理论的积极作用引入家庭治疗中（Speed，1991：401-402）。但社会建构理论心理学却正是为批判实验法而生，这些研究为了调和二者都折中了双方的观点。

四　话语分析：视野与路径

如果每一种社会行为和文化产物或文本都应该被视为创造多重意义或文本的资源或机会，那么话语分析是一种合适的社会建构理论方法论。通过反对真理、表征主义和客观性，以及意义源于个体感知经验或心理运作的观点，话语分析有不同的研究观念和目标。话语分析将研究工作理解为一种诠释性和创造性而非描述性的实践。话语分析的目的在于解释特定的社会观念如何被确定为真理。话语分析具有这样两个宽泛的目标：①提供一种对心理学"客体"（例如心灵、意识、推理等）、人类行为和社会事件的解释，展现在它们嵌入其中的可能性存在条件；②通过利用其他处于边缘地位的话语来阐述一般观念的建构特征，推翻被普遍接受的对"客体"的理解。但推翻常规和解构真理的价值何在？在于推翻具有压制性和剥削性效应的制度化话语和生活方式。话语分析是一种批判性事业，一种意识形态批判，它的目的不是达到真理，而是做出改变（Durrheim，1997）。正如福柯所说，知识的创造不是为了理解，而是为了改造（转引自 Durrheim，1997）。但总体来讲，话语分析方法与经验方法并不矛盾，它并没有试图排除或代替经验方法。通过经验方法建构的话语依然有益于人们理解世界。同时，话语分析的劣势在于，它总需要立足于其他话语存在的基础之上，其本身也只是关于话语的建构。使用此方法需要在研究中将很多一边意义的词句都划到括弧之中，这使其一边阐述一边也把自己的阐述放在了括弧内，这种一边"盖墙"一边"拆墙"的做法最终也难以给人一种确定的解释。

虽然早期话语分析和社会心理学有各自相对独立的发展轨迹，但它们恰逢其时的相遇、碰撞和相互反应催生了一个获得迅速发展的前沿领域。话语分析可以追溯到约两千年前的修辞学，但作为一门独立的边缘学科，则创始于20世纪60年代中期，包括语言学、语用学和符号学等；话语分析在1970年代得到发展，它引进了人工智能、认知心理、文化、社会和政治等分析因素（李亚明，1995：41）。在话语分析崛起和获得发展的时刻，社会心理学领域却在遭受日益严峻的危机。1960年代末，面对战后不断涌现的社会运动及社会动荡，社会心理学束手无策，不断发出的批判声音使社会心理学的发展受到剧烈的挫折（周晓虹，1993）；由此，对社会心理学理论和主流研究范式的不满、批判和反思在此后一段时间里甚嚣尘上（肖文明，2005：215）。

就在社会心理学如坐针毡之际，话语分析的出现和引入使二者迅速融合和发生反应。1980年代，话语分析拓展进社会心理学领域，不但成为语言学中发展最快的前沿领域之一，而且成为一个多学科交叉的广阔领域（李亚明，1995：41）。话语分析也成为近代社会心理学朝向批判和反思心理学迈进中的一大步，并成为替代传统社会心理学方法的重要方案之一（Gavey，2011：184）。

话语与话语分析

话语分析源自社会建构论的社会现实观。在社会心理学领域，社会建构论促成心理学现象观从个体心智的内省过程转向人际和社会范畴（Bilić & Georgaca，2007：169）。话语分析采用一种社会建构主义取向来研究知识，其很多重要主张都立足于社会建构主义的假设和哲学基础（朱韶蓁、张进辅，2006：126；Traynor，2004：5）。例如，并不存在超越人类知识的超验真理；多种而不是仅有一种关于世界的建构都是合理的；文本具有多种解读方式；语言不是仅仅用来展现和描述世界，而是在建构世界，如此等等（White，2004：7），不一而足。

关于"话语"和"话语分析"的界定，学术界尚没有定论。术语使用的混乱，一方面与话语分析的发展迅速和尚未成熟有关，另一方面也与其多学科交叉的领域特征有关。

就"话语"来看，不同的研究者在不同层次上对其进行界定。在最宽泛的意义上，"话语"被界定为与人类沟通实践有关的各种象征符号系统，包括手势、身姿和面部表情等具有意义的实践（Traynor，2004：4）。但这种过于宽泛的界定并不受欢迎，它的含糊性和开放性使研究范围难以清晰厘定。不可否认，话语是一个多维概念，从多个维度来进行界定可以增加其清晰性。有学者从三个独立却又重合的视角来界定话语：①作为文本的话语，研究书写和言说的词语意义和描述；②作为实践的话语，研究文本如何扩散和使用；③话语作为社会实践，研究文本如何构成更为广阔的社会结构的一部分（McCloskey，2008：26-28）。但这一界定依然存在不清晰之处，"文本的扩散和使用"可能将传播学也包含在其范围之内。

还有两种对"话语"的界定方式，虽有其问题，但至少提供了一个明确的研究范围和标准。其一是将话语等同于语言，即将话语界定为与语言使用有关的沟通实践，这一定义是目前社会科学中占据主导性地位的定义（肖文明，2005：217）。其二是将话语等同于文本，波特和韦斯雷尔就用"话语"这个词涵盖各种形式的正式和非正式的言语互动以及各种形式的书面文本（波特、韦斯雷尔，2006：前言10）。社会文本就是日常对话、新闻故事、小说、肥皂剧等这些我们每日生活中的非常重要的部分。"文本"这个词语，不仅包括原原本本的书面文本，也包含谈话的书面记录（波特、韦斯雷尔，2006：前言3）。

"话语分析"这个标签作为一个普遍的称谓，几乎为所有关于社会语境和认知语境下的语言研究所使用（波特、韦斯雷尔，2006：前言9）。简而言之，话语分析，即研究者对其所界定的"话语"的分析和研究。对于将话语等同于语言的研究者，话语分析是对社会语境中的语言使用的研究（Traynor，2004：4）。对于波特和韦斯雷尔，话语分析即对在社会生活中扮演的建构性角色的各种社会文本的研究（波特、韦斯雷尔，2006：前言3-4）。对于社会建构论者，话语是建构现实和提供一种共享的理解世界方式的信念、实践或知识；话语分析研究人们的生活如何被外在于他们的经验和控制所组织，揭示社会权力、统治和服从如何塑造和决定日常经验（McCloskey，2008：24-25）。

心理学中的话语分析由相对独立却又部分重叠的两种取向构成，福柯式话语分析和社会建构主义话语分析。这两种路径都或多或少地受到社会建构论的支撑（Stevenson，2004：17）。两种路径有一些相似的观点，例如，两者都支持解释的多样性，都反对在词语与其指涉物之间画等号（Stevenson，

2004：19）。当然，两派观点之间还有更多的差异。福柯式话语分析强调权力、制度和意识形态在意义形塑中的作用，这种意义被系统化进话语实践中，并对权力关系进行再生产，因而话语及其意义具有某种稳固性；而社会建构主义话语分析则强调谈话在实在、能动性和可说明性的意义协商中的作用，这种意义相对不固定（Stevenson，2004：20；Bilić & Georgaca，2007：170）。福柯式话语分析将话语看得没有社会建构论者那么灵活可变，前者具有某种结构主义色彩，后者则更强调话语的多变性（Stevenson，2004：19）。

在这两种取向中，与社会建构论关系更为密切、理论阐述更为系统，且在社会心理学领域更具有影响力的便是社会建构主义的话语分析。其代表就是波特和韦斯雷尔的话语分析路径。

波特和韦斯雷尔的话语分析

话语分析的一个基本出发点便是，语言或文本与社会世界（包括"头盖骨下"的世界和"摆在眼前"的世界）之间并非对应和对等的。社会文本不仅仅反映预先存在于社会世界和自然世界中的物体、事件和范畴，而且它们积极地建构这些事物的面貌。这种积极的建构至少表现在两方面：一方面，描述事物总是伴随着对其的评价，事物或者在话语建构中被合理化，或者被批判和攻击；另一方面，话语也构成行动的一部分，它可能与特定意愿、权力和意识形态相结合，促使有益于话语权持有者的事情发生（波特、韦斯雷尔，2006：前言9）。[1]

1. 变异性及其压制

语言分析的一个原则性观点便是，语言具有变异性。这种变异性体现在，对同一现象，我们可以使用很多种不同的方式进行描述；对现象描述的过程，也是根据说话者的用意对语言素材进行积极筛选，进而进行建构的过程（波特、韦斯雷尔，2006：27）。例如，发动袭击的"恐怖分子"，在不同的语境中，人们还会对他们进行多种不同的建构，如"被洗脑者"、"偏执狂"、"没有家庭责任感的人"、"自由战士"、"民族英雄"和"疯子"等。越是考虑各种不同语境和不同说话主题，语言的这种变异性就愈加

---

[1] 例如，在特定场合，"请出示证件"这句话本身就构成了一种促成对方服从的行动。

明显。

在具体情境中，特定言说者选择语词来建构特定版本的现象描述，以服务于其意愿、利益或意识形态。虽然在实际选择中很多情况下这可能是无意识的过程，但这种过程也是对语言变异性的压制过程。而在另一些情况下，对语言进行有意识的谨慎选择很重要。"文字狱"正是人们赋予特定语言建构以特殊意义的产物，而"顺溜拍马"则是人们通过选择特定言语讨好听者的方式。

语言变异性的压制，主要通过三种策略达成，即限制、粗范畴化和选择性解读（波特、韦斯雷尔，2006：34）。首先，场景、语境和话语接受者的特征对人们做出反应的方式都具有限制作用。例如，在对某人的表彰会中，对其的褒扬之词会受到强调，而在"批评与自我批评"会议上，对其缺点和不足的陈述则成为必要。其次，社会范畴的使用、描述的类型化、常规化和常识索引使简单的范畴即可"概括"和掩盖大量具体信息。例如，被归类为"劫机事件"的一类事件，单单从"劫机"这个词，我们就能想出具体的情节，使此事件被界定为仅仅是一个普遍主题的变异形式，而不是一个独特事件（波特、韦斯雷尔，2006：前言8）。最后，选择性解读包含实体化和反讽的过程。实体化是指将抽象的事物视为该过程或事物的真实存在；反讽是指描述性的语言不被视为真正描述性的，而被认为有着别的企图或是谎言。实体化和反讽的结合，就形成了解读者偏爱的叙事版本（波特、韦斯雷尔，2006：37）。

2. 以言行事

在日常生活中，语言被人们建构性地积极使用，人们通过语言表达意愿和实施行动。不存在"客观"的话语，描述性语言和评价性语言之间相互紧密依存，评价性语言被用以促进特定意义的达成（波特、韦斯雷尔，2006：前言6）。而文本、语言或特定意义被建构出来，以促进特定事件或行动的发生。

描述往往意味着评价。人无法完全"客观"地描述事物，如果对词汇不加选择地用来描述特定事物，听者会感到"不知所云"和"不得要领"。人类对信息确定性和叙事结构完整性的需要，要求信息提供者的多条信息能有一个切实的交汇点，这个点确定地传达一个态度。例如，论文写作需要回答一个核心问题，讲故事要有一个结局，说话要有一个总体倾向。这种使人与人之间互动成为可能的基本倾向，使"客观"描述成为不可能。

语言的选择和使用是为达到各种目的和功能，它的使用将产生各种后果。不同的谈话和命令当然有不同功能和不同后果（波特、韦斯雷尔，2006：31）。当它们仅仅是力图理解一个现象，或者是进行诸如谴责、合理化等不自觉的活动时，建构便产生了（波特、韦斯雷尔，2006：28）。话语功能的实现既可能是直接的，也可能是间接的，还可能是整体式的。例如，"请给我倒杯水好吗"是直接的请求，与之伴随的往往是听话者的一个行动；而"亲爱的，我渴了"则是一种间接的祈使表达，虽然没有直接地要求，却往往有相似的效果。

语言功能的实现往往是整体性的。很多时候，人们不是直接地表达意愿，而是通过旁敲侧击来间接表达其意思，因为直接表达可能缺乏说服力（波特、韦斯雷尔，2006：27）。例如，当一个推荐人向大学推荐某个学生的时候，不会直接地说他/她是个好学生，而是不动声色地说他/她做过什么事情，获得过什么奖励等。如果谈话是指向整体性的或者具体性的多种不同的功能，人们的描述也会根据它的功能而改变（波特、韦斯雷尔，2006：28）。

3. 解释语库

由于特定群体在特定语境中的言说倾向较为一致，于是往往会形成连带出现的词汇群，这便是语库。解释语库是指反复使用的词汇体系，它用以描述和评价行为、事件及其他现象。一种语库，如经验主义语库或权益性语库，是由根据特定风格和语法结构运用的有限数量的词汇构成的。语库通常围绕特定的比喻和言语形象（修辞格）组织起来（波特、韦斯雷尔，2006：158）。语库概念使我们能够区分对立的词汇集合，它们被人们以不同的方式运用（波特、韦斯雷尔，2006：163）。例如，经验主义语库是科学家们撰写研究论文或报告时使用的系列词汇，这时语言表述以严谨、客观和证据呈现为特征；而当科学家在茶余饭后谈论其研究时，使用的词汇则完全不同，此时使用的语库可能是权益性语库，研究中的逸闻趣事可能会成为乐于表述的内容，而语言的风格也会有显著不同。

使用语库研究人们的言语行为，是对特定人群在特定情境下的言语行为的特征描述，但绝不是任一种形式的还原主义。首先，语库并不内在地与社会群体相联系（波特、韦斯雷尔，2006：166）。换句话说，并非特定群体就对应于特定语库。虽然群体类型在某种程度上与其语言使用特征有关，例如，宗教群体更倾向于使用宗教语言，科学家更倾向于使用实证语言，但"什么场合说什么话"，"见人说人话，见鬼说鬼话"，也使同一群体中的成员在不同情境中援用不同的语库。其次，话语分析并不试图发现语库使用方面的共识（波特、韦斯雷尔，2006：167）。人们使用不同语库来应对不同的情境，我们无法预设一些人总是使用特定语库，也无法假定不同的人在同一语境下会使用同一语库。在话语分析中更应该关注的是差异。再次，话语分析避免了任何形式的认知还原论。话语分析在一个彻底摆脱认知的社会心理学层面上展开分析和解释，不关注语库使用与个体或群体认知的关系，而是将关注点放在群体合意上。最后，语库概念仅仅是系统地研究话语的方法中的一个组成部分，它并不试图遮盖和排除其他类型的现象。语库解释和其他话语分析步骤并行不悖，同时也是一个需要改进的分析单位。

4. 分析步骤

虽然有的话语分析学者反对提出某种"做话语分析的正式程序"（Traynor，2004：6），也有学者提出不同的分析步骤（Stevenson，2004：23），但波特和韦斯雷尔还是详尽地提出了一套分析步骤。如果说话语分析本身就提倡一种批判态度，那么，在面对这种严密和死板的步骤介绍时也应当有所保留。这种步骤介绍是为了让初学者更多地了解话语分析方法，而对于准备使用话语分析展开研究的研究者，则应更加具有选择性和创造性。

波特和韦斯雷尔介绍了话语分析的十个阶段，在实践中，这些阶段并不是明确的相互连续的步骤，而是相互融合的阶段。这些阶段包括提出研究问题、选取样本、收集录音和文件、访谈、转录、编码、分析、检测、报告和应用。当然，波特和韦斯雷尔所提供的只是"一组关于话语怎样能被最好地研究，以及怎样使其他人相信研究发现的真实性的建议"（波特、韦斯雷尔，2006：186）。这些步骤可以作为基本的参照，但话语分析的进一步发展还有赖于理论上的突破和方法上的创新。

五　应用与局限：一种批判的眼光

社会建构理论的生命力不仅体现在其理论阐述和争辩，还在于其在具体研究中的广泛应用和对问题的独特解释力。

社会建构理论的目的在于提出一种自身的理论版本，这种激进化是基于文本性的分析。这类研究的核心特征在于对语言的强调，诸如话语、叙事、声音、故事、文本、铭文、抄本、读本和诠释等概念在建构论研究中极其重要（Stenner & Eccleston，1994）。例如，害羞不是具有固定生物特征的情感，而是与具体情境和其他行动相交织的。害羞这个词语后面并没有一种固定内容，而是在具体情境中生长出来，也仅仅在此情境中才能得到理解（Stenner & Eccleston，1994）。

斯考特·哈里斯总结了在研究社会不平等问题时，应用社会建构理论和非社会建构理论视角两种研究倾向的十点差异，从其总结中我们可以看到社会建构理论应用于具体问题时的具体方式（Harris，2006）：①社会建构理论者倾向于不将不平等看作是显然的、客观的事实，而是将不平等的存在问题放在括弧内，以此更好地研究人们对不平等的不同诠释，分析这些诠释产生中的社会过程。②社会建构理论者不对不平等概念预先做界定，而是他们考察人们如何使用和界定此概念。研究不平等对于人们意味着什么，他们如何创造其意义。③社会建构理论者不会评论什么样的例子可以代表"真正的"不平等，而是研究人们如何将不明确的境况诠释和推定为不平等的例子。④非社会建构理论者会首先确定不平等的原因、影响和解决方法，而社会建构理论者则研究人们如何通过表明相应原因、影响和解决方式来创造不平等的意义。⑤非社会建构理论者倾向于论断谁是既定不平等情形中的受害者和施害人，而社会建构理论者研究人们如何被标识为受害者或施害者的诠释过程。⑥社会建构理论者倾向于不与其他社会建构理论者争论其各自关于不平等的解释的正确性，而是将各自诠释不同情形的社会过程看作是不同的。⑦社会建构理论者不讲述自己对于社会生活不平等的宏大叙事，而是他们收集关于不平等的故事来分析它们。⑧社会建构理论者强调其被研究者的视角，特别注意不把他们自己关于不平等的意义强加到被研究者的生活上。⑨社会建构理论者关注不平等话语和意义的创造，而不是不平等现实的形成。⑩社会建构理论者尽量悬置现实，援用实在论假设时也多是为了强调语境与阐述的相互塑造（Harris，2006）。

除了学术研究外，社会建构理论还被卓有成效地应用于社会实践之中。格根呈现了如何将社会建构理论应用于心理治疗、教育政策和全球化组织等实践中，发挥该理论特有的解释力（Gergen，2001a）。作为社会建构的治疗法与传统心理治疗法的关键区别在于，它不再将寻求咨询者定位为"具有心理问题"者，也剥夺了治疗学家的权威和优势地位。意义的建构而不是药物治疗变得更重要。例如探讨将求助者界定为"没有价值和活该受虐"的话语形成的社会过程，而不是仅仅给他们抵制抑郁的药片。关系视角在此也变得极为重要，不仅求助者自己还有其重要他者都被纳入治疗实践中。治疗学家和寻求咨询者及后者的家庭、同事和朋友共同合作，通过沟通建立和巩固一种新的声音或叙事，而不是仅仅将心理作为治疗对象。由此，心理治疗的领域就从狭隘的心理领域扩展到社会关系、结构地位和惯习打破等方面的处理。

将社会建构理论应用于教育学实践与传统方式有很大不同。传统教育学将知识看作是"存在于个体头脑中"的，这使教育方式以教师向学生"传授"为主。而社会建构理论将知识看作是社会建构的，它产生于沟通和关系之中。在此视角下，教师不再被认为是权威，教师和学生的沟通和互动变得更为重要。考试形式不是考察知识的记忆，而是考察对"知识"的诠释和评论。在社会建构理论视角下，学科分类的建构性及其局限也受到讨论，综合视角得到提倡（Gergen，2001a）。

社会建构理论在心理学领域是一种新出现的视角，它的使用可以使在其他视角下被忽略的方面凸显，这正是其理论取向的作用。社会建构理论是社会心理学的语言转向。在此视角下，如果没有语言我们是无法理解这个世界的，从认识论上讲，现实是无法在话语之外存在的，前者是后者的产物。话语可以促生一系列不同的现象，这些现象与树或房子一样"真"。在词语和世界，或物质和符号之间并没有清晰的界分线。物质和符号是无法相互分割的（Edley，2001：437-438）。此视角正是在对话语和建构极其敏感的意义上实现的，这与研究者的旨趣不无关系。正如加达默尔所言，"不管是过去还是现在，我真正关心的是哲学层面，不是我们做什么或我们应该做什么，而是那些超出我们所做所想而发生的事情"（Gadamer，1989）。那么，在此意义上，不应当将社会建构理论作为一种更"高级"的视角，也不应当将其看作是对传统视角的"推翻"。社会建构理论是一种研究策略，与实在论一样，既有其分析的优势也有其局限性。

社会建构理论在谈及与以往思想的关系时，时常用到"超越"二字①，这给人们以更为"进化"的感觉。但"超越"并不意味着"优越"，而只是为我们提供了另一种选择，与被"超越"的二元区分一样都表现了事物的一个面向。在格根的理论体系中，"关系"占着十分重要的地位。但关系的超越不一定就更有优势，语言的"非成像性"和"非反映性"在实在论框架下也同样可以解释，而实在论也有优于关系论的解释优势。按照关系的路径，把环境中的所有事物都纳入解释项中，来解释被解释项，这样实际上扩展得越大解释效果越差，因而单独某个对象的解释力考察依然是需要的。以格根在治疗案例中的关系分析来看，关系视角在于将广泛范围内的人或环境纳入解释和医治项目中，例如家庭治疗、学校治疗和城镇治疗等（Gergen，2001a），但并非此关系范围越广解释效力或医疗效果就越好，而是这种对策与遭到格根批判的其他医疗方式一样，都只是多种方式中的一种。当然，这种多元共存的思想也正是格根所提倡的，但我们想做的是破除其论述中隐约赋予相对主义和关系论的优越性。

虽然社会建构理论心理学将对传统实验社会心理学的批判作为其使命的重要部分，但两者之间并没有不可弥合的鸿沟。更可能存在的是二者相对强调的侧面有所不同，所谓分歧被过分夸大了，而非本质的不相容（Jost & Kruglanski，2002：182）。例如，实验研究发现，人类倾向于将其主观世界强加到客观环境上，这被格根等建构论者阐发和应用到科学和认识论领域；而格根却又将其攻击矛头指向实验心理学。事实上，实验心理学还远远未被其击垮。在方法上，实验主义者的方法要更为可信，他们使用更为共识接受的方法，而社会建构理论则主要使用话语分析和说服的方法（Jost & Kruglanski，2002：180），其研究范围较实验法更有局限，而结论也更为偏狭。

社会建构理论既有其解释优势又有其解释缺陷。建构论在某些问题的探讨上很有洞察力和穿透力。例如有人通过对创伤后应激障碍（PTSD）的研究，揭示了此疾病标签只不过是政府对反战者的一种管理（Lembcke，1998：37）。然而，社会建构理论也有无法解释的问题。很多建构论者信奉

---

① 例如，格根通过把注意力集中在关系核心上来克服主客体二元论，通过把知识置于社会交换过程之中，超越了传统经验主义和理性主义的二元论争辩（参见 Gergen，1985b：266）。

一种实在只存在于一种人为构成的意义和结构之中的立场。但他们只告诉我们人们生产了社会，却忘了社会也制造人类（Maynard，1983：459-460）。另外，在解决诸如身体①、污染和贫困等具有现实后果的问题时，建构论往往力不从心（Siebers，2001）。另外，除了社会建构理论解释力上的局限，还有很多事物是没有必要用建构论来探讨的。人们发现，近年来似乎社会建构已经成了随处可贴的标签，用于揭示或解释任何让人们不满，甚至无关紧要的事物。

比较而言，在温和社会建构论之上提出的话语分析心理学受到的欢迎可能要更多一些（Cresswell & Smith，2012：620），因为这一理论持有的理论基础不是一种绝对的虚无主义（肖文明，2005）。很多人承认，话语分析不仅是一种方法，还是一种对社会生活进行观察和研究的整体视角。它不仅为社会科学研究领域提供了一种独特的视野和方法（Stevenson，2004：22），还在心理治疗等领域中拥有很好的实用价值（朱韶蓁、张进辅，2006：128）。当然，人们也发现：①因传统科学的信条被公然拒绝，话语分析的可信性并非不可质疑；因为话语分析在很大程度上依赖于研究者的主观理解、个人技艺、默会知识和洞识，或者说"理解上的深刻变化往往发生在反复的阅读过程中"（波特、韦斯雷尔，2006：186-187），这种对主观过程的过度依赖不能不使其立论受到质疑。②如果所有知识都是被人们在特定语境中建构而成的，那么人们将如何对之进行选择和使用？显然，如果知识没有稳固的认识论基础，社会就会面临分裂的危险（White，2004：15）。③虽然立足于建构论根基，但言说和书写很难脱离实在论模式，因而话语分析时常也会陷入自相矛盾。比如，波特和韦斯雷尔的话语分析在后现代和现代的立场选择上并不坚定。这种内在的含糊性和矛盾性依然是话语分析等带有后现代色彩的研究取向中亟待解决的问题。

总体来说，社会建构理论的产生和发展，与其历史位置不无关系。正是在对前人理论的发展基础上，在时代精神的助推下，社会建构理论获得长足发展，但最终也因其局限性而逐渐失去锋芒。激进社会建构理论对现实的社

---

① 例如，建构论在理解物质身体任务上是不够的。建构论者运用一些特例来解释残疾的建构性（Siebers，2001：738、739）。但是，虽然有些残疾者也可以做到很多事情，超越"残疾"，但这些可能只是残疾者中的少数，并不能因此而彻底改变对残疾人的界定或待遇，如果如此，那将会为那些需要特殊帮助的残疾者带来麻烦和坏处。

会建构的观点往往是对 20 世纪晚期哲学和心理学的歪曲（Zuriff, 1998：13）。后现代式的相对主义则让人感到迷失和不确定（Raskin, 2002：17），而站在詹姆斯的实用主义立场上，激进社会建构理论的解释效力也低于温和社会建构理论（Botschner, 1995）。有人戏称，后现代社会建构理论的一个显著特征便是，将激进的社会批判和认识论相对主义结合成一种不靠谱的文化决定论（Hruby, 2001：55）。社会建构理论这些弱项，使人想起格根在其前导师琼斯的追思会上所言，社会建构理论只不过是学术游戏中的一步棋而已（Jost & Kruglanski, 2002：172）。我们以为，社会建构理论只有在光环渐退之后，才能作为社会心理学中的理论取向序列中的一环，与其他各种理论视角一起，为人类行为的研究和探索贡献力量。

结语　理论取向比较与学科发展趋势

在本书的初版中，我们曾分别从心理学、社会学、文化人类学和社会生物学四种研究取向入手，论述西方现代社会心理学的主要理论流派（周晓虹主编，1990）；在本次的新版中，我们虽然将文化人类学和社会生物学两大理论合为一编，以突出在人类行为的解释上文化与遗传的对垒，并根据社会心理学的当代发展增添了第四编"欧洲的反叛与新的趋势"，但因为依旧没有解决社会心理学的统一问题，所以我们仍然是在不同的叙事框架中铺陈理论的线索。尽管常有社会心理学家申明"只有一门社会心理学"（方文，2011：总序1），但社会心理学内部的歧义与纷争并不会因此而偃旗息鼓。平心而论，在当今众多的交叉学科或边缘学科中，恐怕还没有哪一门学科像社会心理学这样，历经100余年的发展却依旧在研究取向上存在这样大的分歧：心理学取向强调个体变量的重要性，社会学取向强调群体变量的重要性，文化人类学取向强调文化变量的重要性，而社会生物学取向则强调遗传变量的重要性。难怪有的社会心理学家会将整个社会心理学的发展困难归咎为所有研究者都倾向于"选择"某一种取向，而未能同时兼顾各相关学科的观点。他们认为，为了充分准确地描绘人的社会行为，有必要采取多重的而不是单一的研究取向（Newcome，1972：82）。

从历史上来看，最早对社会心理学领域各种研究取向并存表示不满，并进而欲图建立一种综合的研究取向——一种能够称之为社会心理学的，而不是社会学的，或心理学的，再或文化人类学的取向——的是美国文化人类学家拉尔夫·林顿。1945年，他在《人格的社会背景》一书中写道："迄今为止，个人、社会、文化都是分别从个别的研究领域进行探讨的。心理学研究个人，社会学研究社会，文化人类学研究文化。但是，个人、社会、文化紧密联系而不可分割，彼此之间的相互作用也是连续不断的。任何脱离其他两项而单项进行研究，都会行不通的。因此，最后的结局是，在不远的将来，

会把这几种科学的成果结合起来,成为关于人类行为的一种科学。"(Linton, 1945: 4-5)

从1940年代末开始,这种欲图将社会心理学的不同研究取向加以整合的努力得以具体实施。为了改变将社会心理学视为上述母体学科(主要是社会学和心理学)的亚领域来分别加以研究的局面,某些大学创立了独立的社会心理学方面的系科并制定了单独的社会心理学的学位课程,以期改变社会心理学家接受心理学或社会学或人类学训练并获得其学位的状况。这种整合的标志是哈佛大学社会关系学系的建立及密执安大学社会心理学博士课程的制定。但是,这种努力并未维持多久,从1970年代起,这些独立的系科要不解散,要不就被重新并入原先的社会学系或心理学系,单独的学位课程也被取消(Jackson, 1988)。尽管在这20多年中人们为发展一种综合的研究途径做了诸多工作,但学科间的联姻最终还是以失败而告终,社会心理学分属于不同的学科或不同背景的学者从各自角度研究社会心理学的现象并没有发生改变。

现实逼迫人们寻找有关失败的解释。乔治·J. 麦考尔和杰里·L. 西蒙斯怀疑今天的社会心理学能否称得上已是一门界限分明的学科,或许它仍然只是社会学、心理学、文化人类学等母体学科间交叉重叠的一个亚领域(McCall & Simmons, 1982: 8);西奥多·纽科姆则将社会心理学的历史形象地比作一条隧道的开凿,社会学家和心理学家是分别从人类行为这座大山的两面开始盲目掘进的,因此他们永无打通隧道会面的机会(Newcome, 1950: 169-170)。

一 不同取向的社会心理学理论比较

怀疑是有道理的,比喻也颇为出色。由此进一步地加以思考便能发现,在今天,对社会心理学的各种研究取向加以综合的条件之所以尚不成熟,关键在于,在这些研究取向之间尽管不乏相似之处,但却仍旧存在难以消除的分歧,其中涉及各种研究取向对社会生活中人的本质有着根本不同的假设。除此之外,各研究取向的研究重点不同,方法也大相径庭,正是这一切形成了至今尚难以融合的不同的研究传统。尽管逾越传统樊篱的尝试屡见不鲜,但彻底抛弃传统形成迥然不同的整合路径的时代尚未到来。

心理学的传统

这一传统在整个西方社会心理学中一直占有绝对优势的地位。从历史上看，这一优势在 1920 年前得益于达尔文的进化论，强调动物心理和人类心理具有种系发生上的连续性，这为心理学取向的社会心理学的普及起到了推动作用；在 1920 年后则得益于弗洛德·奥尔波特的实验，实验法的引入酿就了社会心理学的近代革命。早在 1954 年高登·奥尔波特为《社会心理学手册》撰稿时，便统计过自 1908 年麦独孤和罗斯的两本社会心理学教科书出版以来，一直到 1952 年，美国共计出版了 52 本教科书，但"大多数社会心理学教科书都是由心理学家撰写的"；具体说，三分之二以上是由心理学家撰写的，仅有三分之一是社会学家撰写的，文化人类学家撰写的更是凤毛麟角（Allport，1985：3，41）。在此之后，1949~1964 年的 15 年间，社会学家似有进步，他们撰写的教科书与心理学家基本持平；但此后社会学家再度落伍，1973~1980 年间心理学家撰写的教科书是社会学家的三倍之多（Jones，1985）。与此同时，一个可见的趋势如约翰·格林伍德著作的标题所示，"在美国社会心理学中'社会性'的消失"（Greenwood，2003），"这一趋势的鲜明标志便是 1960 年代之后'社会学的'社会心理学一落千丈"（Hilton，2012：45）。

还是在《社会心理学手册》中，高登·奥尔波特提出了后来为人们尤其是心理学家们广为采用的社会心理学定义，在这段堪称心理学的社会心理学的经典表述中，社会心理学的存在意义被严格地界定为"旨在设法了解和解释个体的思想、情感和行为如何受到他人存在的影响，这个他人存在包括实际的存在，想象的存在和暗指的存在"（Allport，1985：3）。

本书论述的几种主要的心理学取向的社会心理学理论，尽管各自的概念体系不尽相同，但却无一例外都是将研究的重点放在个人行为的说明上，或者关注他人对个人行为的影响，或者像高登·奥尔波特所言，将"兴趣主要集中在个人的社会性上"（Allport，1985：3）。比如，弗洛伊德论述他人的参与作用对个人心理生活的影响，最典型的是分析儿子对父亲的"仿同"或认同作用，并由此实现了他的个体心理学向社会心理学的过渡；再比如，从行为主义心理学发展而来的社会学习理论，虽说到其集大成者班杜拉时已经意识到"大多数外部因素是通过中介性的认知过程而影响行为的"

（Bandura，1971：160），但他们一直将个人对他人行为的模仿视为社会行为形成的始因；还比如，勒温坚信，当我们对一个人所处的全部场（主要是由他人或群体组成的社会场）有了充分的理解时，就能够描绘并解释这个人的行为；最后，社会认知理论在强调个人行为，是受其内在的认知过程支配的同时，指出了他人对个人的认知形成和改变有着不可低估的影响。

从总体上说，美国长时期内通行的心理学取向的社会心理学体系，主要是建筑在社会学习理论的基本框架之上的，这部分归咎于美国心理学中悠远的行为主义传统。在这一体系中，说明个人的思想、情感和行为的基本概念是"个人品质"或个体的性格倾向，这些单一的品质又被纳入了"人格"这一复杂的功能单位中，人格控制着具体品质的激活。这些品质大部分是通过"学习"获得的，即通过一个人同其环境中的刺激物（尤其是他人）接触的有利或不利经验的"条件反射作用"的影响获得的。比如，一个人的学习历史可能会使他形成一种"敌视"的心理品质，这一品质形成之后又会制约他对于一系列刺激客体的态度，例如对其他种族的敌视态度。正是在这种"人格特质论"的左右下，心理学的社会心理学一直欲图从个人的人格结构之中求得对人类社会行为的解释，它注重个人的品质、强化学习以及简单的刺激特征，控制性实验室实验是这一传统的基本研究方法。

当然，1970年代社会心理学的危机之后，上述研究路径受到了削弱。从某种程度上说，社会心理学的危机正是源自人们对人格特质理论及勒温的场论的基本假设的怀疑（McMahon，1984），因此在危机之后甚至几乎与有关危机的讨论相并而行，又一次引发了认知革命。我们在本书第十三章中曾提及发生在1950年代和1970年代的两次认知革命。如果说第一次认知革命将人们关注点引向行为背后的心理过程，那么第二次认知革命则开始关注人类行为的意义及产生意义的社会建构过程，就像我们在后面将要具体论述的那样，它引发的认知研究模式开始成为主流社会心理学中的新方向（Harré，1992）。此时，"虽然实证主义的实验依旧是选择的方法，但在整个学科从作为人造物的被试的思维过程转向作为数据的被试的认知时，归因和其他认知因素成为研究的焦点"（Adair，1991）。同时，2000年后，在社会认知路径的发展中，它还呈现"一个新的方向之旅，直抵脑袋的中心"，简言之，在"危机"后的社会心理学主要是认知研究与原本属于自然科学的神经科学之间现在形成了某种新的交叉与融合。"这场社会-神经革命有如社会-认知革命，引进了新技术、新视野、新争议，也创造了新的（研究）疆域。"（North & Fiske，2012：92）不过，尽管这一方向上的进步不容忽视，但抽象到有关社会行为的一般理论层次似乎仍待时日，这直接涉及我们后面还将讨论的所谓主流或心理学的社会心理学的变革与再造。

社会学的传统

社会心理学中的社会学的传统虽然在1920年代后不及心理学的传统那样显赫，但其历史却可以说最为悠久。我们在本书的导言中就曾指出，在麦独孤和罗斯之间形成的并由此延续了100余年的心理学传统与社会学传统之间的分歧，最初就孕育于早期法国社会学之中，具体说孕育于塔德和涂尔干的对峙之中。自罗斯之后，这一取向中较为著名的社会心理学著作有查尔斯·埃尔伍德的《社会心理学导论》（Ellwood，1917）、林德史密斯和斯特劳斯的《社会心理学》（Lindesmith & Strauss，1956）、莫里斯·罗森伯格和拉尔夫·特纳主编的《社会心理学：社会学的视角》（Rosenberg & Turner，1981），以及麦考尔和西蒙斯的《社会心理学：社会学的探索》（McCall & Simmons，1982）。在埃尔伍德看来，"社会心理学是关于社会互动的研究。它奠基于群体生活的心理学之上，始于对人类的反应、沟通以及行动的群体类型的解释"（Ellwood，1925：16）。

这一定义在相当长的时间内一直为该传统的大多数社会心理学家所遵循，比如麦考尔和西蒙斯1982年写成的《社会心理学：社会学的探索》（McCall & Simmons，1982），就依旧采取了将社会过程和社会互动相结合的研究途径，欲图通过对社会互动的研究解释整个社会过程。在本书所论及的几种主要的社会学取向的社会心理学理论中，可以说各派理论都是以群体和群体间的互动为研究重点的。如果说有什么不同的话，社会交换理论是将互动作为分析进入交换过程的参与者（交换的双方实际就是互动的双方）对某些刺激物（包括酬赏与惩罚两类）的反应的必要条件的，而其他三派理论则对研究社会互动过程本身倾注了浓厚的兴趣：比如，符号互动论者强调符号在人的互动过程中的中介作用，认为社会互动是建立在符号沟通的基础上的，符号的沟通是人的心理构成的开端；再比如，社会角色理论认为，为了顺利地实现沟通，人就应该有能力"扮演他人角色"，这才能使他识别他人所使用的符号，因此，互动是角色间的互动，角色也是通过互动表现自己的；还比如，参照群体理论则认为，参照群体的概念是研究个人的客观社会地位与他的社会观点互动的社会心理机制的工具，是查明个体动机与社会结构之间互动的某些机制的工具。

有趣的是，心理学家认为在所有的社会心理学理论中最为蹩脚的社会角色理论（伯克威茨，1988：32-33），却为社会学取向的社会心理学贡献了基本的概念体系。在现今流行的社会学的社会心理学教科书中，核心的概念是"社会地位"（如总统或士兵）和"社会情境"。在群体生活中，任何处于某一特定社会地位的个人，其行为都是由具体的社会情境决定的。而这样一种与该情境中的社会期望相一致的行为系统就是"社会角色"。

个人在不同的时空中占有不同的社会地位，处于不同的社会情境之中，因此，每个人都有诸多社会角色。这一整套社会角色以一复杂的方式组织起来，形成"社会自我"，这是个人的整合体。在这些社会心理学家看来，社会角色是通过"社会化"实现的，而各角色之间行动的相互依存就是社会心理学应该研究和解释的"社会互动"。正是经由这一思路，社会学传统强调了社会地位、社会角色、社会化等"群体决定"的因素，而其基本的研究方法是问卷法和访谈法。

尽管社会学的社会心理学传统与心理学的传统明显有别，但前者的发展一直与后者紧密相连，"从这个意义上说，1970年代心理学中的知识事件（不能不）外溢到社会学中"（McMahon，1984）。早在1984年，安妮·M. 麦克马汉在讨论后危机时代两种社会心理学的定向时就说，这种外溢的结果之一是社会学的社会心理学逐渐偏离了帕森斯的结构功能主义，很少有人再像伯格（Berger et al., 1980）或阿历克斯·英克尔斯与戴维·史密斯（Inkeles & Smith，1974）那样，直接从结构与角色的相互作用中讨论人们的社会心理；而与此同时，社会学的社会心理学的另一理智渊源符号互动论的影响则进一步凸显出来（Mcmahon，1984）。

赵德雷曾通过对美国社会学会社会心理学分会颁发的"库利-米德奖"1998~2008年的获奖人及其理论线索的分析，发现当代美国社会学中社会心理学的发展确实主要受到符号互动论和社会交换论两大框架的左右，"而尤以符号互动论框架的影响为深"（赵德雷，2010）。在这一理论脉络下，衍生出情感控制论、认同论和期望状态论等具体的中程理论：①情感控制论，它假定人们对任何社会事件都会有情感反应，但具体的情感表达方式则依文化和情境而有不同，换言之"情感控制论驻足于这样的观点之上，我们对社会情境的标定激发了情感的意义。我们在互动中欲图维持的正是这些情感的意义，而不是具体的标定本身"（Robinson & Smith-Lovin，2006：138）。②认同理论，同样"脱胎于符号互动论，尤其是结构性符号互动论"（Stets，2006：88），① 尽管内部的观点迥然相异，但都一致认为认同是连接社会结构和个人行动的一个关键概念，如此对行为的预测就需要对自我和社会结构之间的关系加以分析，因为一方面社会为各种角色提供了认同和自我的基础，另一方面自我"也是社会行为的积极创造者"（Stryker，1980：385）。③期望状态论，严格说这是"一种理论研究程序。其本身由一系列相互联系的理论，一连串与检验这些理论相关的研究，一连串在社会实践和社会介入中应用这些理论的研究所组成"（Berger & Webster Jr.，2006：268），具体关注的是人们对某群体成员在当下的任务中的绩效的一种潜在的、无意识的期许。期望越高，个体做出相应行为的可能就越大。

除了在符号互动论的旗帜下，在霍曼斯和布劳的社会交换论脉络下，社会学的社会心理学探索也同样没有停息。在当代，这一脉络基本有三种走向或亚理论：①在理查德·埃默森和卡伦·库克的理论向度上发展而来的权力依赖论，强调人们在资源占有上的差异构成了社会交换结果的不平等以及权力的不平等。②在挑战"权力-依赖论对权力分析的基础上发展而来的"基本理论（Elementary Theory）（Mole，2006：24-25），这是"一种有关交换和强制等社会关系中行动的形式理论。它导源于马克思、韦伯、齐美尔和罗伯特·米歇尔斯的经典理论。他们都认识到，行动者所追求的利益植根于社会关系中，这是对社会中人类活动的所有理解的基础"（Willer & Emanuelson，2006：217）。③情感交换论，由关系聚合论发展而来，着重强调对个体间交换关系的承诺，认为情感具有调节社会交换过程的功能。简言之，"情感的社会交换理论将情感和情绪置于社会交换理论化的中心。它假定交换激发了情绪，而情绪是酬赏或惩罚行动者的内在反应"（Lawler，2006：244）。

---

① 认同理论与我们在本书中辟专章讨论的源自欧洲的社会认同理论的最大不同，在于它所强调的是行为角色和对角色的认同，而后者强调的则是对更为广阔的社会类别身份的认同（Hogg, Terry & White，1995；周晓虹，2008）。

有意思的是，尽管差异纷呈，但无论是在符号互动论的向度上，还是在社会交换论的向度上，我们都可以看到社会学的社会心理学的理论进展表现出了对心理学理论及其概念的兼容并蓄，情感、情绪、认同、期望等传统心理学概念都开始被引入社会学家的探索之中，而乔纳森·特纳在综合分析后也认定："社会心理学的理论化需要对社会结构（社会心理学的社会一半）和将个体与社会结构相连接的心理动力（社会心理学的心理一半）更有力地概念化。而社会心理学中的理论整合必须始于一个更完整的社会结构和行动者概念。"（Turner，2006：354）这或许为社会学家对社会心理学理论的整合提供了一个可能尝试的路径。

文化与遗传的对垒

在《现代社会心理学史》一书中，我们曾经提出，社会心理学的历史是在本能论和环境论这两扇峭壁的夹缝间书写的（周晓虹，1993：358）。确实，从柏拉图和亚里士多德时代起，有关人性及人类行为是由本能（遗传）或是由环境（教养）决定的争论，就一直纠缠着历代社会哲学家，并且也构成了现代社会心理学家们不断争论的主题之一。虽然本能论者和环境论者都不时因为某一理论或经验事实的发现而一时风头无两，但这100多年下来争议依旧没有平息，及至当代"自然与教养的争论不再以非此即彼的语言进行，而是依据两者对某一行为方式的相对作用考虑"（查普林、克拉威克，1984：下册362）。

在人类行为动因的解释上，尽管社会学和心理学立场各异，但彼此间却互动多多，甚至如我们在开篇所述，社会心理学本身也是这两门母体学科"彼此接近的运动"的产儿。如果硬要说本能和环境的对垒的话，在这一漫长的连续统上，处在相对远离的两端的，恐怕是生物学和人类学的对峙。在本书中，具体表现为社会生物学和文化人类学观点的更为直接的理论对立。

1. 文化人类学的传统

如果说社会心理学中的社会学传统和心理学传统是在社会学和心理学中独立地形成的，那么，文化人类学的传统则是在这两大传统的互相影响下形成的。米尔顿·辛格在论述"文化与人格理论"时指出，这是文化人类学和精神分析学互相影响而形成的新兴领域（Singer，1961：10）。我们在第九章中指出了弗洛伊德的《图腾与禁忌》在引导文化人类学家走向社会心理学研究方面的历史功绩，它使博厄斯等人意识到"对这些社会心理学问题发生兴趣"并不与其原有的方法相冲突，"相反，社会-心理的研究方法揭示了文化变革中活跃的动态过程……"（博厄斯，1987：序言2）；同时，我们还指出，文化人类学对当时的社会心理学（本质上是19世纪末20世纪初西方人的心理学）也产生了强烈的冲击，它使1920年代后的社会心理学谈论人的社会行为时不能不考虑文化背景的影响。

事实上，文化人类学的传统与社会学和心理学两大传统的互相影响，也表现在研究方法的相互借鉴上：文化人类学家在人格及人的社会行为研究上，从心理学和社会学中引入了大量的具体研究方法，包括罗夏墨迹测验和主题统觉测验等心理测验法、梦与艺术作品分析、个人生活史研究、民意测验、问卷以及访谈等，而文化人类学家的田野研究方法也给社会心理学甚至社会学以深刻的启迪：他们开始运用多种文化资料来研究社会行为，在1970年代社会心理学的危机中，随着对实验室实验的失望也促使人们对自然环境中的现场或田野研究产生了浓厚的兴趣（Bickman & Henchy，1972）。

跨文化的或文化人类学取向的社会心理学自1920年代以后出版了大量的专题研究著作，甚至有些著作就是以社会心理学题名的，如卡丁纳的《社会的心理疆界》（Kardiner，1945）、杜波依丝的《阿罗人：一个东印度岛的社会心理研究》（Du Bois，1944），但具有系统的理论体系的著作直到1980年代后才得以诞生，即我们在本书导言中提及的特雷安迪斯和朗伯特主编的《跨文化心理学大全》第五卷《社会心理学》（Triands & Lambert，1980）和彭迈克主编的《跨文化对社会心理学的挑战》（Bond，1988），以及彼得·史密斯和彭迈克等人一连四版的《跨文化社会心理学》（Smith & Bond，1993；Smith & Bond，1998；Smith，Bond & Kagitcibasi，2006；Smith et al.，2013）。① 尽管后几种著作主要出自心理学家之手，他们的研究视角和方法与早期受精神分析影响的人类学家所从事的文化与人格研究有相当的差别，但正是在后者的启发下，他们才意识到在跨文化的背景和语境中研究人类社会行为的重要性。所以，史密斯和彭迈克等人虽然一方面强调，在跨文化研究中"富于特色的主流心理学研究方法长期以来一直强调某种形式

---

① 这四版的前两版题为《跨文化社会心理学》（*Social Psychology across Cultures*），自第三版开始改名为《理解跨文化社会心理学》（*Understanding Social Psychology across Cultures*）。

的实验方法",但也承认"里弗斯、维果斯基和社会人类学家等先行者的田野调查对跨文化心理学的早期发展做出了重大贡献"(Smith et al., 2013: 13)。可以说,从1920年代起文化人类学家所从事的跨文化研究,就欲图证明文化在一个民族的人格及社会行为形成中的重要作用,以及能动的人格又是在何种程度上建构文化的。

在本书所介绍的"文化与人格理论"即后来许烺光所称的"心理人类学"(Hsu, 1961)中,说明生活于某一具体文化环境中的民族具有不同于其他民族的文化行为的基本概念是"文化因素",它具体表现为一民族特有的与其整个生活环境相适应的生存方式(包括价值观、育儿方式、成年仪式以及家庭组合形式)。这种生存方式通过与社会化相似的文化熏染或文化濡化(Enculturation)而代代相传,并且也因此形成了特定民族的个体间基本一致的人格因素:"基本人格结构",而该民族独特的文化行为就是由这种基本人格结构决定的。后来的跨文化社会心理学尤其是心理学家所做的跨文化研究尽管不一定都采取文化-人格理论的模式,但在不同程度上都受到人类学的立场和观点的影响,他们也立足于从文化因素入手探索对人类的社会行为的解释,并且强调文化与人格之间的交互作用,并且在人类的田野研究方法基础上发展出了跨文化研究的鲜明路径。

2. 社会生物学的传统

在第十章中,我们比较详细地介绍了社会生物学的生发背景和历史沿革。在其发展的整个理论脉络上,如果说以达尔文的《物种起源》(1859)等为标志的进化论,最早开启了对动物与人类心灵的连续性问题或人类行为的生物学基础的探索,摧毁了各种唯心主义的神造论和物种不变论;那么,不久之后的1900年,随着雨果·德·弗里斯等人对淹没多年的孟德尔遗传定律的再度发现——生物体所有性状都受其体内基因控制的规律,势必会引发人们的思考:生物体的性状是否包括动物的行为?

自此之后的历史可以明显地划分出两个前后相继的阶段:①1920年代后以欧洲为中心的习性学研究,比如洛伦茨通过对侵犯行为的研究,揭示了在动物的固定行为类型中所蛰伏的"本能释放机制";廷伯根不仅进一步补充和修正了洛伦茨的社会释放装置和本能释放机制理论,而且通过对动物"领域行为"的研究带动了苔斯蒙德·莫里斯和阿德里等人对人类侵犯行为的研究。他们不仅有理由共享"习性学之父"的桂冠,而且因此与卡尔·

范·弗里契一道荣获 1973 年诺贝尔"生理学或医学"奖。②1960 年代后由美国学者爱德华·威尔逊领衔发起的社会生物学运动，这一运动的标志是 1970 年威尔逊的《社会生物学：新的综合》一书的出版。在此之前，英国人韦恩·爱德华兹在《动物的扩散与社会行为的关系》（1962）中提出，通过对生存环境限制的估量，诸多动物个体为了种群的利益，牺牲了自己的繁殖来调节群体的数量，后称"群体选择理论"；两年后，另一位英国人威廉·汉密尔顿便在《社会行为的遗传基础》（1964）中提出了"亲属选择理论"，用以说明后来道金斯进一步阐明的观点：尽管基因是自私的，但亲属间相似的基因存在最终造就了利他主义在亲属间的流行，而罗伯特·特里弗斯更是根据"道德黄金律"将此理论扩展为解释非亲属间利他主义的互惠利他主义。其实，在威尔逊 1979 年写成的《论人的天性》中，不仅利他行为和攻击行为，而且包括同性恋、宗教、男女不平等都具有相当的遗传基础，是人类甚至动物本能的反映（威尔逊，1987）。

无论是群体或亲属选择理论，还是互惠利他主义，其核心都是要解释动物及人类的利他主义行为动机。与此对应，社会生物学的另一极则是洛伦茨、莫里斯和阿德里等习性学家强调的动物的本能行为，尤其是侵犯或攻击行为的遗传基础。他们不仅认为攻击是动物世界存在的普遍行为，而且也是人类行为的主要动力。显然，这样惊世骇俗的观点不能不引起整个学界的震惊和批评。反对者如我们在第十章中所言，都一致认为以威尔逊为代表的社会生物学观点是一种典型的生物决定论。在这一问题上，批评者认为社会生物学提出的问题没有考虑到在实际中很难分清究竟是遗传还是环境塑造了人的品性，即使我们在一定程度上受到本能之制约，也能够通过教化的力量来削弱这些影响。即使人类行为和动物行为具有表现的相似性，但这种相似性究竟源于共同的基因，还是共同的生存目的，依旧是一个无法确定的问题（彭新武，2002）。实际上，社会生物学带来的质疑还扩展到自由意志是否存在，以及人类社会的教化还有无必要（陈蓉霞，2008）。

面对铺天盖地的质疑，1980 年代后威尔逊的观点有所转变，他开始承认文化对人类社会的巨大作用，并在《普罗米修斯之火：关于精神起源的反思》（Lumsden & Wilson，1983）一书中，提出了"基因-文化协同进化模式"。及至 1998 年，他依旧沿此思路讨论了知识统合的思想，写成《论契合》一书。威尔逊的变化缓解了本能论与文化论的对峙，也为社会行为的解释提供了彼此讨论和退让的空间。

当然，威尔逊的退让并不能彻底控制人类从生物进化论乃至本能论的立场研究自身心理与行为的冲动。事实上，不仅达尔文有关情感的研究为进化心理学奠定了基础（达尔文，2015/1872），而且由于麦独孤的努力，一开始社会心理学的历史就是与同样强调生物本能及其演进的进化论共同书写的历史（麦独孤，1997/1908），而威廉·詹姆斯更是直接创设了"进化心理学"的概念（James，1890）。其后，进化心理学乃至整个有关人类行为的生物学解释的悉数退场，主要和信奉环境论的美国人在20世纪的心理学中的霸主地位休戚相关，[①] 如此1970年代后美国范式的"危机"，自然也为人们借由生物学的进步实现向本能心理学传统的回归提供了想象的空间。在这样的背景下，一方面进化心理学开始思考与社会关系和社会认知相关的那些问题，另一方面许多社会心理学家也开始将进化论的观点结合进自己的研究之中（Kenrick & Cohen，2012：101）。

平心而论，尽管在人类社会行为的解释上，最初的进化论心理学和此后的社会生物学可能存在这样那样的不足，甚至存在信口雌黄的可能或致命的局限，但随着现代科学技术和生物实验手段的进一步发展，由进化心理学和社会生物学家激起的有关人类社会行为始因的再争论，未必不会引起一场新的达尔文式的革命。比如，现代生物工程和统计技术的发展就有可能使我们成功地测定某个特定的心理或行为特点（主要表现在社会行为上）在何种程度上由进化或遗传所致，以及在何种程度上是习得的，甚至在何种程度上能够发生有效的改变。在这点上，社会学家乔治·霍曼斯曾极富远见地写道："由于社会生物学的研究和争论都刚刚开始，并且仍在发展之中，要做出肯定的结论时机尚不成熟。但是，社会生物学在为了解人类社会行为方面提出的问题是重大的……"（霍曼斯，1987）。我们相信，在这些问题上的新发现必将促进社会心理学的进一步发展。

研究传统的比较与新的跨界尝试

对社会心理学的诸种主要研究取向或曰研究传统的基本特点予以简要论

[①] 1979年，道尔文·卡特赖特在他那篇著名的《现代社会心理学的历史透视》一文中写道，"麦独孤的本能论从来没有真正流行过，不是因为它是错误的（尽管它很可能是错误的），而是因为它正好同美国文化相对立"（Cartwright，1979）。

述，为我们比较上述传统并获得相互间差异的某种规律性认识提供了可能。接下来，我们可以从三个方面来叙述各研究取向及其理论之间的差异：

第一，研究重点不同。心理学传统强调个体因素，社会学传统强调群体因素，文化人类学传统强调文化因素，而社会生物学传统则强调生物因素。从某种程度上说，正是这一根本性的分歧，造成了社会心理学的各研究取向在解释人类行为动因时，至今难以实现统一综合的局面，但也可以说，正是这一分歧极大地丰富了社会心理学的研究视角。

第二，研究内容不同。心理学传统欲图通过他人对个体的影响来理解人的社会行为，社会学传统欲图通过社会互动来理解人的社会行为，文化人类学传统欲图通过文化和人格间的相互影响来解释人的社会行为，而社会生物学传统则欲图通过社会或本能释放装置来解释人的社会行为。具体说来，为了对人的社会行为做出尽可能圆满的解释，心理学传统所凭借的是通过学习（尤其是社会学习）而获得的个体品质，社会学传统所凭借的是经由社会化而获得的社会角色，文化人类学传统所凭借的是经由文化熏染而代代相传的文化因素，而社会生物学传统所凭借的则是通过自然选择而遗传的行为基因。

第三，研究方法不同。心理学传统一直主张通过实验室的控制性实验来研究社会心理学，甚至极端地认为凡不是经过实验室实验的社会心理学研究都不能算是"科学的"社会心理学；社会学传统强调联系现实的社会生活，用建立在语义分析、统计技术和大数据基础上的现代社会调查方法（如访谈法和问卷法）来研究社会心理学；文化人类学传统早期主张通过田野研究及民族志等研究方法来研究社会心理学，后期在跨文化心理学的发展中借鉴了心理学的实验法；而社会生物学传统综合使用了比较法、观察法尤其是实验法，在当代更是将研究推进到了分子生物学和基因遗传学的层面。

尽管从学科角度说，社会生物学的社会心理学还远远没有到成熟的地步，但为了叙事的方便，我们还是将其与另外三大比较成型的研究取向加以比较，并通过表结语-1将四种取向的特点一一列举出来。需要指出的是，在社会心理学的实际研究中，社会学、心理学和文化人类学三种研究取向之间的差异往往会消失或变得不那么清晰。比如，在对人的社会化的研究中，这三种取向的社会心理学就互有影响、互为渗透、互补不足，以致社会学习、社会化和文化熏染（又称文化濡化）成了能够在一定意义上互换的概念；此外，在许多方面，比如"在对公众舆论、对暴动或私刑等暴徒行动、对政治或宗教中的群体运动的研究中，也往往很难看出受过社会学训练的人和受过心理学训练的人在工作中有任何差别"（英克尔斯，1981：32-33）。显然，这种秉承不同学科传统但在具体研究中的一致，不仅能使各种取向的社会心理学家从其他传统中获取有益的借鉴，而且能够为不同的研究取向在未来的真正综合奠定现实的基础。

表结语-1　研究取向的比较

	心理学	社会学	文化人类学	社会生物学
基本解释因素	个人品质	社会角色	文化因素	生物因素
（得自）	个人变量（生物学的或经验的）	社会变量（地位和情境）	文化变量（生存方式）	遗传变量（基因复制）
（获得途径）由……激发整合为	社会学习 简单的生理环境 人格	社会化 复杂的社会环境 社会自我	文化熏染 复杂的文化环境 基本人格结构	自然选择 复杂的自然环境 社会或本能 释放装置
欲图解释的	个人行为	社会互动	文化行为	社会行为

如果说上述比较为人们提供了了解不同取向的社会心理学及其理论差异的可能，那么它的不足之处在于很难以一种"无违和"的方式将1970年代以来社会心理学理论的新变化置于其中，尤其是本次修订我们新增添的社会表征、社会认同和社会建构等诸种社会心理学理论。这些理论大多沿袭了心理学的思路，但按我们的说法却常常比"社会学还社会学"。比如，莫斯科维奇在谈论社会表征论时，明确地表示不愿意因为自己的理论"源于心理学"而就单纯地置于"心理学框架"之中，因为"这将导致还原主义的认识论"（Moscovici，2000：285）。不过，需要说明的是，在《社会表征》一书的同一页上，莫斯科维奇也声明，独属社会学也非其所愿。可以说，正是因为坚信"社会心理学是一门寻求社会学模型和心理学模型的统一性和共通性的学科"（Moscovici，2000：285），包括社会表征论在内的这些以欧洲学者为主要代表的新理论，在我们看来才堪称学科领域真正的跨界尝试，并因此也颠覆了我们在原先的社会学、心理学、文化人类学和社会生物学的单

独框架中进行理论范式和研究取向比较的可能性。

如果要对这一系列的跨界尝试做出规律性的概括，那么其最显著的特征大致包括这样几个方面：①从时间上说，相比本书介绍的其他比较成熟的社会心理学理论，上述诸种社会心理学理论提出的时间比较晚，它们基本上都是1970年代现代社会心理学"危机"的产物，因此自然也在相当程度上组成了危机话语的一部分，甚至是最生动的一部分。②从地域上说，作为对传统社会心理学尤其是美国社会心理学的反叛，上述理论起码其中的社会表征和社会认同两种理论的提出者是欧洲社会心理学家，因此这些理论自然也成了社会心理学全球性本土化运动的一部分，甚至是最为活跃和最成功的一部分，并"成功地解构了美国社会心理学（的）整体符号霸权"（方文，2008：63）。③从学科背景上说，尽管这些理论的提倡者大多数是心理学家，但基于对现代或美国社会心理学"脱离现实"倾向的批判，他们大都提倡在更大的社会文化背景中解释人类行为，这使他们对宏观社会因素的强调甚至超越了耽于微观互动传统的美国社会学家。[①] ④从研究方法上说，虽说上述理论并非都一概否定传统的实验法，有些理论比如社会认同理论还在相当程度上依赖改进后的实验法，但却无一例外都反对过度依赖传统的实验法，提倡包括在量化研究之外，使用定性研究、人类学方法、访谈法和焦点组讨论等多种方法，而社会建构理论更是强调进行文本与话语分析。可以说，正是这一系列特征为社会心理学在危机后的发展拓展了新的路径。

[①] 有两项文献研究清晰地反映美国和欧洲社会心理学在"社会关怀"上的差异：其一，菲什和丹尼尔，以及雅思帕斯先后以欧洲出版的《欧洲社会心理学杂志》（EJSP）和美国出版的《实验社会心理学杂志》（JESP）为检索对象，比较了1971~1980年美国和欧洲社会心理学的研究趋势（Fisch & Daniel, 1982; Jaspars, 1986），研究发现在归因、助人行为和自我觉知等七个个体领域，EJSP都弱于JESP，在风险转移、攻击行为、态度转变和群体知觉四个领域EJSP与JESP无差别，但在社会影响和群际过程领域，EJSP强于JESP。其二，1992年，舍雷尔通过邮件调查了80位欧洲实验社会心理学学会会员和美国实验社会心理学会会员，研究了1980年代两地社会心理学的研究趋势，同时考察了两地教科书发现：①在一些研究主题上，欧美社会心理学进一步体现出趋同或合流的趋势，1970年代在上述菲什研究中两地相似重合的有四个领域，1980年代增长为6个：包括归因、社会认知、社会影响、群体知觉、情感和动机；②但在另外一些领域，欧美两地的差异则在增加，欧洲一如既往地关注社会影响、群际关系和社会认同，美国则偏向个体行为及其功能化倾向（Scherer, 1992）。

二 西方社会心理学的当代趋势

在本书第一版的结语中,我们在最后的部分曾信誓旦旦地写道:"我们注视着社会心理学在未来的发展,并准备随时改写本书中那些尚不成熟的论述。"(周晓虹主编,1990:356)一晃 30 多年过去了,没曾想"随时"竟变成了半生之诺。既然无论是生活还是学术,我们在一生中都常常因身不由己而难以践行初时宏愿与少年大志,在本次修订再版之时,除却各个取向的社会心理学理论的比较,为少留遗憾,似有必要借机论及当代西方甚至整个社会心理学的学科发展趋势。

认知革命与主流社会心理学的再造

在结语的开篇部分,我们已经交代,在以美国为代表的主流社会心理学的成长过程中,几乎从 20 世纪初行为主义占据主导地位之后,尤其是在班杜拉等人手上形成了更为完善的社会学习理论之后,从社会学习过程中获得的人格或"个人品质"就一直是以控制性实验为范式的所谓主流社会心理学的主流研究路径。正因如此,在 1970 年代的"危机"时期,围绕实验室实验的可信度掀起批判或质疑的狂潮时,无论是行为主义的理论范式还是研究模型都受到了前所未有的抨击,其中包括涉及态度的经典条件作用、言语行为的操作性条件作用、武器存在对人们侵犯行为的诱发效应,以及从众行为等一系列的相关实验。如果像西摩尔·伯格和威廉姆·朗伯特所说的那样,行为主义方法主要是用来解释行动及其反应,而认知和精神分析方法则主要关注态度和判断的解释(Berger & Lambert,1968),那么,此时社会心理学的主流范式从理论到方法都发生了改变。尽管行为主义依旧保留在某些特定的理论中,但"危机"之后,"社会心理学进入了一个认知阶段"(Hilton,2012:69),或者说"行为主义的弱化为认知主义的兴起铺平了道路"(Adair,1991)。同时,随着行为测量方法的减少,由口头或数字表达的判断也逐渐成为研究中的主要测量方法(Hilton,2012:69),而认知社会心理学终于成为危机之后颇为主导的研究范式(McMahon,1984)。

按理说,尽管重视认知并非美国本土的传统,但在 1930~1940 年代之间,因为希特勒的反犹主义和第二次世界大战的爆发,一批以人类认知为关注中心的德国格式塔心理学家移居美国,其中包括库尔特·考夫卡、马克斯·韦特海默、沃夫干·苛勒,以及更为重要的卡特·勒温。德国格式塔心理学家的到来产生了两方面的影响:一方面,美国实用主义的社会文化氛围影响了这些知识塔尖上的学者,比如勒温1932年移居美国之后,其研究表现出了鲜明的社会关怀,并因关注于社会问题的解决而创设了群体动力学;韦特海默1935年移居美国后,也投身有"流亡大学"之称的纽约社会研究新学院,致力于创造性思维的研究。另一方面,格式塔心理学的视角也影响到以行为主义为宗旨的美国社会心理学,它们共同的个体主义立场为相互间的结合提供了可能。以出生于波兰的所罗门·阿希为例,他因分别在纽约社会研究新学院和斯瓦塔摩学院任教10年和19年之久,与在这两校任教的苛勒和韦特海默先后过从甚密,并由此深受格式塔心理学的影响,挚信当我们把社会场看成一个整体时,就能用统一的观点去认识人、事、思想并对其进行评价。为此,他不仅完成了著名的群体压力(从众)实验〔人称"阿希情境"(Asch Situation)〕,并写出了与弗洛德·奥尔波特具有鲜明的行为主义倾向的《社会心理学》(Allport,1924)迥然不同的、包含诸多格式塔信条的《社会心理学》(Asch,1952)。

当然,单个人的好恶常常并不能扭转整个学科的趋势。虽然有人强调在美国社会心理学中一直不乏认知的兴趣(Isen & Hastorf,1982),但这一模式席卷学界成为行为主义模型的替代品却是在1970年代的"危机"之后。事实也是这样,早在1960年代末危机出现之前,海德和费斯廷格就分别出版了归因过程和认知失调领域的著述(Heider,1958;Festinger,1957),但直到对实验室实验的疾风暴雨式的批评引发危机之后,归因理论和有关判断过程的研究才有了重大进展,并促成了认知模式在社会心理学中成为主流范式。从这个意义上说,莫斯科维奇关于归因等领域的研究发展只会出现在形形色色的认知一致性理论衰退之时的观点(Moscovici,1982)尽管无可挑剔,但却忽视了社会心理学在向认知模式转变的过程中"危机"因素的作用。

1970年代的社会心理学危机,孕育了新的即第二次认知革命,社会认知研究不仅直接孕育于认知革命,而且也随着其基本原则而成长。此后,在社会心理学领域出现了一系列以认知研究为导向的新变动,比如,人作为信息处理者的隐喻就发生了一系列的嬗变:①在1970年代前,基本的隐喻为人是一位素朴的科学家（the naive scientist），他们在认知过程中寻找、分析事物产生的原因，由此进行预测和控制；比如，本书第四章所述，哈罗德·凯利的方差分析或归因协变理论即认为普通人是根据个人、环境和刺激等三类因素来解释社会行为的（Kelley，1967）。②1970~1980年代，有关人的基本隐喻转变为认知的守财奴（the cognitive miser）。也就是说，此时社会认知的研究者认为，为了节省认知能量，人们并不着力全面、系统和理性地处理信息，而是单纯快捷地追求效率。③到1990年代，被视为"守财奴"的信息处理者又被视为积极的战术家（the motivated tactician），他们往往会根据动机和社会情境因素进行选择——究竟是利用自动、有效的过程，还是意识更加鲜明、更加努力？由此提出了一系列的社会认知现象的"双过程"模型，而相应的研究也更多地关注行为者的动机调节过程。④而到了2000年后，信息处理者的特征又从积极的战术家转变为被激活的行动者（an activated actor），此时研究者们认为社会环境提供的信息和动机比我们想象的要更能塑造或驱动我们的反应。在这里，所谓社会环境既包括即刻的情境、个人积累的经验，也包括宏观的社会文化环境，几乎每一种境况都能引发人们的特定反应，比如刻板印象、人格特征判断、评估联想以及行为倾向，如此等等（North & Fiske，2012：81-94）。同时，借助自然科学尤其是神经与脑科学的进步，今天的社会认知研究更是体现出了无法预测的潜力。由此，我们可以用最简洁的语言，从以下两个方面描述上述转变所呈现的基本趋势。

首先，社会认知研究呈现出从单纯的信息加工的"冷"（cool）认知向社会性的"暖"（warm）认知转变的趋向。上面我们已经提及，1970年代"认知革命"后，有关人的基本隐喻转为认知的守财奴，此时人作为单纯追求效率的信息加工器，其情感和动机受到了忽视。如此，在社会心理学中外显社会行为研究开始受到忽视的同时，社会认知的社会背景同样未受到重视，以致在长达34页的"社会认知"评述中，戴维·施耐德会疑虑重重地问道："在社会认知中，社会究竟在哪里？"（Schneider，1991）但从1980年代中期尤其是进入1990年代开始，随着有关人的基本隐喻向积极的战术家甚至被激活的行动者转变，原先受到忽视的情绪、情感、心境、目标和动机等所谓"暖"因素，在社会心理学家解释认知形成过程中受到重视。研究者不仅发现，人们在做判断时，与情绪或情感相关的感受会直接影响到他们的认知结果，而且人们的心情好坏也会影响到"积极的战略家"对信息的加工。与此一致，社会情境因素在上述"双过程"模型中也获得了高度的重视；而在2000年后"激活的行动者"隐喻下，不仅即刻的情境，包括宏观的社会文化环境也被囊括其中。

其次，社会认知研究呈现出与现在发展越来越快的神经科学联姻的取向。就在几年前，原以文化心理学见长的日裔社会心理学家北山忍，在接替艾略特·史密斯出任《人格与社会心理学杂志》"态度和社会认知"版块的主编时，一方面吁请人们惠赐"具有理论驱动的论文"，另一方面却将使用生物学和神经科学方法撰写的论文置于最受欢迎的位置（Kitayama, 2017）。与其态度相一致的是，进入1990年代尤其是21世纪之后，借助包括磁共振成像技术、正电子发射断层扫描技术、透颅磁刺激技术、事件相关电位技术、单细胞记录技术以及神经心理学损伤技术等在内的认知神经科学方法与技术的进步，确实在社会心理学的认知方向上，逐渐形成了风头一时无二的社会认知神经科学（俞国良、刘聪慧，2009）。按凯文·奥克斯纳和马修·利伯曼的说法："社会认知神经科学是一个正在兴起的跨学科研究领域，它试图根据三种分析层次间的互动来理解研究现象：在社会层面，涉及影响行为和经验的各种动机与社会因素；在认知层面，涉及那些产生社会层面现象的信息处理机制；在神经层面，则涉及那些将认知层面过程现实化的大脑机制。"（Ochsner & Lieberman, 2001）尤为重要的是，社会神经科学家们不仅一方面强调神经和大脑对人的认知与行为的影响作用，另一方面也意识到了"社会结构对大脑和身体的运作（同样）有举足轻重的影响"（Cacioppo, Berntson & Decety, 2012: 123）。这使我们有理由相信，"通过携手合作，社会心理学家和认知神经学家将不再是在街头擦肩而过的陌生人，而是一起奔向光明未来的同道"（Ochsner & Lieberman, 2001）。

后现代社会心理学的兴起

在本书的导言部分，我们曾仔细交代并分析了1970年代西方尤其是美国社会心理学的"危机"及其成因。如果说这场"危机"推动了世界范围内社会心理学的本土化运动尤其是欧洲社会心理学的反叛，促成了新的或者说第二次认知革命和主流社会心理学的再造，那么它同时还孕育了后现代社会心理学的诞生，以及社会建构论思想的蔓延（Burman, 1996）。

就像孔德所倡导的实证主义,经涂尔干、冯特以及弗洛德·奥尔波特等人引入社会心理学,使这门学科从传统走入现代一样,到 1980 年代末,因为现代社会心理学的危机,引发了人们新的设想:如何通过对实证主义的反叛,使社会心理学进入另一个全新的时代?这个时代的社会心理学因其与该学科的现代形态的既延续又超越的关系,被称为"后现代社会心理学"(周晓虹,1993:436)。

关于后现代社会心理学的思考,最初始于美国宾夕法尼亚州斯瓦特摩尔大学教授肯尼斯·J. 格根。自 1970 年代起,格根就投身于现代社会心理学的反省与批判运动,并发表了一系列驰名学界的力作,成为"危机"话语的翘楚。先是在《作为历史的社会心理学》一文中,格根提出社会心理学应该是一种有关当代历史的探讨,而不应像以往那样模仿自然科学寻求人类行为的一般通则(Gergen,1973)。接着,在《社会心理学与非现实的复活》一文中,他又犀利地批判了在现代社会心理学中占主导地位的唯经验论倾向,极富见地地指出:"只有关于经验的理论解释才有能力改变社会生活,而经验证据本身并没有这种能力。"(Gergen,1985a:550)正是在上述观点的支配下,1988 年在澳大利亚悉尼举行的国际心理学会上,格根做了题为"走向后现代心理学"的专题讲演,申明心理学正面临着深刻的变革,并提出了"后现代社会心理学"的概念及具体设想(Gergen,1990)。第二年英国社会心理学家伊恩·帕克就做出了积极回应:他在《现代社会心理学的危机》一书中,一方面大胆宣布"美国是社会心理学的故乡,同时又是其危机的发源地",另一方面又直言不讳"我们这些后现代的居民已经丧失了对逝去的叙事的眷意"(Parker,1989:15,132),对后现代语境的降临表现出十二万分的渴慕之情。

当然,现已尽人皆知的"后现代"(postmodern)一词并不是肯尼斯·格根的创造。这一新异的有些令人目眩的概念在第二次世界大战后不久就首先出现在西方文艺批评界,并很快成为一个家喻户晓的概念,频繁地为哲学家、艺术批评家、史学家、社会学家、政治家甚至广告商所使用。"它是战后西方后工业后现代社会的特定产物,它不仅与战前的'现代主义'有着一些相对的延续性关系,而且还在更大的范围内和程度上'超越'它"(佛克马、伯顿斯,1991:322),甚至直接摧毁了它。

尽管"后现代"及"后现代主义"最初是个文学概念,但它与"现代"及"现代主义"的对立（尽管也有人强调两者的延续性，但更多的人则强调两者的对立），却为各个领域的学者使用这一概念提供了可能。格根也正是在批判现代社会心理学及其基本特征的基础上，提出了与现代社会心理学迥然不同的后现代社会心理学设想。这一革命性的设想，使社会心理学家有可能不再就本学科来谈论现代社会心理学的危机及相应的变动，而能将其视为"一个更大及更深远的人类知识及文化转变的一部分"（Gergen，1990）。换言之，是目前被称为由"现代"向"后现代"转变的一部分。在这样一种解释中，文化上的所谓"现代时期"，同机械化的过程及科学和技术的进步有密切的联系。正是这一系列的进步，形成了行为与社会科学领域中盛行的实证主义精神：信奉科学统一观、决定论原则以及价值中立说。也正是这种在 100 多年来受到极度推崇的实证主义精神，形成了格根所说的现代心理学及社会心理学的四大基本原则。

在某种程度上，所谓"现代"一词，就是下述四大基本原则的同义语：①尽管社会心理学家对社会心理学应该研究什么众说不一，但现代时期的学者都认为我们应该有也确实有一个"可能"被探讨的世界，即有一个基本的研究领域。②现代时期的学者都深信，我们可以在属于我们的那个基本的研究领域中找到具有普遍性的特性。他们都想在实证的基础上建立起某些具有广泛的预测能力的理论框架，并据此来预测人类的社会行为。③现代时期的学者认为，要在自己的基本研究领域中找出普遍性的特性，或者说推演出有关人类行为的真理，最可靠的就是实证的方法，尤其是那种可以对变量加以严格控制的实验法。④由前三项原则可以推知，现代时期的学者认为，当我们使用实证的方法研究社会心理学时，就会逐步加深对人类社会行为的理解，同时逐步抛弃先前的错误观念。一句话，我们会建立起一整套非常可靠并且是中立的真理（Gergen，1990）。

在实证主义精神影响下形成的现代社会心理学中占主导地位的上述原则，长期以来一直受到人文主义者或反实证主义者的诘难（如本书论及的以乔治·米德为代表的符号互动论者就是实证主义的天然反对者），但这种诘难直到 1970 年代的"危机"时期才真正开始对实证主义构成致命的威胁。1970 年，托马斯·库恩在《科学革命的结构》一书中提出了后来流传甚广的"范式"（paradigm）理论，用来指"一个科学家共同体成员所共享的信仰、价值、技术等等的集合"（Kuhn，1970：175）。在这一理论中，科学被描述成一种被先例和传统束缚的活动，科学的每一次贡献都是以过去的示范性成就（即所谓"范式"）为样板的。由此，库恩推论，科学知识并不能简单地从自然中"读取"，它总是通过历史上特定的和具有共同文化背景的范式来起媒介作用的。这种观点，向实证主义信奉的有关科学的真理性和科学进步的直觉知识提出了严峻的挑战。

很快，奥地利哲学家保罗·法伊尔阿本德（又译费伊阿本德，）对库恩的思想做出了积极的回应。在《反对方法：无政府主义知识论纲要》（1975）一书中，他强烈地抨击了那种认为知识可以由事先定好的、一系列固定的研究程序而获得的想法。他论证说，没有任何一条我们曾经知道的法则，不管它似乎多么有理，也不管它在认识论上有多么可靠的证据，不曾在某个时期遭到破坏。因此，法伊尔阿本德反对因遵循一种主要的方法而抑制科学家的创造力（为此他十分推崇无政府主义），甚至干脆说，因为"一切方法论都有其局限性，唯一幸存的'法则'是'怎么都行'"（法伊尔阿本德，1992：256）。

除了上述认识，库恩和法伊尔阿本德的另一个影响到后现代意识的共同观点是，所谓科学的"真理"实际上不过是对事实的一种看法而已。对此持赞同观点的激进的知识社会学家进一步发挥说，所谓一种或数种看法，只是人类社会交往的一种或数种副产品而已。也就是说，以往认为是科学界所独能产生的一些普遍知识，实际上只不过是科学家这一文化共同体内部的社会交往过程的特定结果而已。这样一来，科学知识能否具有所谓"价值中立"的性质自然就成了一个大可怀疑的问题。事实上，在科学家组织他们的研究结果、解释经验资料、选择研究课题、运用实证方法时，都没有也不可能摆脱价值观及意识形态的束缚。

肯尼斯·格根认为，上述思想及由此而生的一系列变动，使整个行为和社会科学领域进入了后现代或曰后实证时期。与此相应，上述现代时期社会心理学家秉承的四大基本原则也开始出现了以下变动：①后现代时期的学者开始意识到，我们对周围世界所作的论述，只是在特定的社会常规中运作的结果，如果我们再认定科学都有一个基本的研究领域存在，无形中就会将本身并未能排除偏见的那些论述客观化。②后现代时期的学者开始意识到，我们无法在自己的研究领域中找到所谓"普遍性"的特征，此时，每一位研究者在从事自己的研究时，都开始考虑起进行研究的历史与文化背景。简言之,后现代学者必备的条件之一,就是对自己及自己所处的文化具有强烈的反省意识。③后现代时期的学者已不再将"方法"视为神圣的追求,相反,人们认为方法往往成了一种误导他人去认可自己、将自己的想法合理化的工具。④同样由前三项变动可以推知,后现代时期的学者对真理的看法已完全不同于以前,并且他们已开始对实证研究是获得真理的必然途径的信念发生怀疑;甚至有人认为,所谓"科学进步"的观念不过是由它的文字及叙事特点所制造出的产物(Gergen,1990)。

30多年过去了,格根关于社会心理学的后现代设想并未获得整个社会心理学界的普遍呼应,社会心理学虽然依赖认知革命大体脱离了行为主义的羁绊,但依旧主要奔驰在现代经验主义的大道上。不过,大多数社会心理学家都形成了类似于格根的共识:社会心理学的现有的主要知识体系既不是天经地义的,也不是发展得最为完善的;相反,它们只是特定的知识分子共同体(以1930~1950年代活跃的白人中产阶级男性学者为主)对处于特定的社会历史环境中的人类行为进行思考获得的特定结果。一如与格根同期的道尔文·卡特赖特在《现代社会心理学的历史透视》中所做的分析:因为20世纪上半叶美国的崛起和希特勒的反犹主义,"形成时期的社会心理学基本上是美国的产物,这一事实意味着它的知识内容极大地受到美国社会的政治思想和过去40年里美国所面临的社会问题的影响"(Cartwright,1979)。理解了这样一种来源就同样容易理解,社会心理学的总体知识内容不可能不反映它的创立者们的态度、价值观与生活方式,不可能不镶嵌在他们特定的个人经历和生活于其中的社会文化背景之中。

尽管后现代主义社会心理学的设想尚未像库恩所描述的科学革命那样,以"非此即彼"或不可通约的方式实现新旧范式间的继替,但也并非一事无成。从相当的程度上说,不仅欧洲的反叛及由此诞生的社会表征理论和社会认同理论获得了后现代主义思潮的援手与策应,甚至全球范围内的社会心理学本土化运动也多少得益于后现代主义对以美国为代表的现代实证主义大厦的撼动,而我们在第十三章中论述的社会建构理论更是后现代社会心理学的硕果之一。以后现代社会心理学运动的主帅肯尼斯·格根为例,他的整个"后现代生涯"基本上是与倾心创设激进的社会建构论相交织的。早在他1988年提出后现代社会心理学的概念前三年,格根便发表了后来被视为社会建构论的奠基之作的《现代心理学中的社会建构论运动》(Gergen,

1985b）一文，并在此后出版了《社会建构的邀请》（Gergen，1999/2015；格根，2020）等著述。在后面这本著作中，格根借他人之言坦陈：可以将他的理论"狭义地称其为'建构主义'，或者广义地称其为'后现代主义'"（格根，2020：前言1）。

格根将自己的思想来源追溯至曼海姆的《意识形态与乌托邦》（Mannheim，1936/1985），以及伯格和卢克曼的《现实的社会建构》（Berger & Luckmann，1966），由此他提炼出我们在第十三章中已经交代的社会建构论的四个重要的基本假设。如果用最简单的语言复述一遍，大致可以简化为：①我们描述和解释世界的方式并不是"存在物"诉求的反应或结果；②这一方式是关系或我们参与其中的社会关系的产物；③我们凭借语言实现的建构因其在社会性过程中的使用而获得意义；④包括科学在内的价值是在不同的生活方式内被创造并维持的。由此，格根深信所谓"事实或真相在很大程度上依赖于我们参与其间的社会关系"（Gergen，2015：8-14，3）。

任何人都能够设想格根的激进理论会引起怎样的反弹，他自己也多次坦陈，面对他建立在后现代主义立场上的建构理论，尤其是因此形成的可能坠入道德相对主义立场的危险，反对的声浪此起彼伏，甚至包括了自己读博士时的导师以及各式各样的朋友。自然，格根这样的清楚地意识到自己的理论挑战了"长达四个世纪的西方传统"（Gergen，2015：13）的人是无须他人为其辩护的，我们只需说他对价值中立说和方法崇拜论的批判、对文化和历史因素在研究者的研究中所可能有的影响的强调，显然对整个现代社会心理学的发展来说是切中时弊的，并也因此值得我们以此作为尾声，为"现代"这个社会心理学及其理论建构的主要时段画上一个暂时的句号。确实，从1970年代的危机之后的半个世纪的嬗变来看，无论发生了怎样的变化，从整体上说社会心理学似乎都不会真的全盘进入格根所说的"后现代时期"，也难以全盘体现出格根所说的那些特征，但是我们还是以为，"后现代社会心理学"一词的提出却具有怎样高估也不过分的历史意义：因为它起码清楚地昭示人们，以实证主义、实验主义和个体主义为主导特征的社会心理学的现代形态，决不是也不可能是这一学科的唯一的可能形态。

近时，我们在讨论中国社会学的本土化与全球化时曾设想，是否有可能形成一种包含了不同的知识传统和社会学家的想象力、与不同国家的国情和文化相契合的多语境的全球社会学（周晓虹，2020）。在这里往前一步，如果这多元的语境可以包括共时态的美国的、欧洲的、中国或亚洲的，乃至拉美或非洲的社会心理学，那么是否也可以包括历时态的多元语境，即至今虽受挑战但并未衰落的现代的社会心理学与肯尼斯·格根所倾心的后现代的社会心理学？相比我们对重建40年后的中国社会心理学依旧在理论话语权上的缺席深怀遗憾，格根及其后现代理论家们在实现历时态多元语境上的努力自然应该获得尊重。希望终有一天，我们关于社会心理学及其理论知识的探讨能够在包含了历时态和共时态并存的多元语境中自由而愉悦地进行。

参考文献

中文文献

阿德勒，阿尔弗雷德，1986，《自卑与超越》，黄光国译，北京：作家出版社。

安德列耶娃，1984，《社会心理学》，蒋春雨等译，天津：南开大学出版社。

——，1987，《西方现代社会心理学》，李翼鹏译，北京：人民教育出版社。

巴克，克特·W.，1984，《社会心理学》，南开大学社会学系译，天津：南开大学出版社。

巴特尔，弗雷德里克·H.，1987，《社会学与环境问题：人类生态学发展的曲折道路》，《国际社会科学杂志》第4卷第3期。

柏拉图，1986，《理想国》，郭斌和、张竹明译，北京：商务印书馆。

北京大学哲学系外国哲学史教研室编，1957，《古希腊罗马哲学》，北京：生活·读书·新知三联书店。

贝尔，丹尼尔，1982，《第二次世界大战以来的社会科学》，北京：社会科学文献出版社。

本尼迪克特，鲁斯，1987，《菊花与刀：日本文化的诸模式》，孙志民等译，杭州：浙江人民出版社。

——，1987，《文化模式》，张燕等译，杭州：浙江人民出版社。

波林，埃德温，1982，《实验心理学史》，高觉敷译，北京：商务印书馆。

波特、韦斯雷尔，2006，《话语和社会心理学：超越态度和行为》，肖文明等译，北京：中国人民大学出版社。

博厄斯（波亚士），弗朗兹，1985，《人类学和现代生活》，杨成志译，北京：商务印书馆。

——，1987，《〈文化模式〉序言》，载本尼迪克特《文化模式》，张燕、傅铿译，杭州：浙江人民出版社。

伯格、卢克曼，2009，《现实的社会建构》，王涌译，北京：北京大学出版社。

伯克威茨，伦纳德，1988，《社会心理学》，张霁明译，长春：吉林人民出版社。

布劳，彼得，1988，《社会生活中的交换与权力》，孙非、张黎勤译，北京：华夏出版社。

查普林、克拉威克，1984，《心理学的体系和理论》（上下册），林方译，北京：商务印书馆。

陈蓉霞，2008，《人性，何以如此？——一种社会生物学的考察》，《中国政法大学学报》第 6 期。

达尔文，2015，《人类和动物的表情》，周邦立译，北京：北京大学出版社。

道金斯，1981，《自私的基因》，卢允中等译，北京：科学出版社。

迪尔凯姆，埃米尔，1995，《社会学方法的准则》，狄玉明译，北京：商务印书馆。

丁水木，1987，《略论社会学的角色理论及其实践意义》，《社会学研究》第 6 期。

杜瓦斯，威廉，2011，《社会心理学的解释水平》，赵蜜、刘保中译，北京：中国人民大学出版社。

法伊尔阿本德，保罗，1992，《反对方法：无政府主义知识论纲要》，周昌忠译，上海：上海译文出版社。

方文，2001，《社会心理学的演化：一种学科制度视角》，《中国社会科学》第 6 期。

——，2002，《欧洲社会心理学的成长经历》，《心理学报》第 6 期。

——，2004，《作为"他者"的欧洲社会心理学：理智复兴及其启迪》，载张一兵、周晓虹、周宪主编《社会理论论丛》第 2 期，南京：南京大学出版社。

——，2008，《学科制度和社会认同》，北京：中国人民大学出版社。

——，2011，《"文化自觉"的阶梯——"当代西方社会心理学名著译丛"总序》，载威廉·杜瓦斯《社会心理学的解释水平》，赵蜜、刘保中译，北京：中国人民大学出版社。

方文、赵蜜，2013，《社会政策中的互依三角：以村民自治制度为例》，《社会学研究》第 6 期。

费孝通，1985，《美国与美国人》，北京：生活·读书·新知三联书店。

——，2013，《全球化与文化自觉》，北京：外语教学与研究出版社。

弗洛姆，埃里希，1986a，《弗洛伊德思想的贡献和局限》，申荷永译，长沙：湖南人民出版社。

——，1986b，《在幻想锁链的彼岸》，张燕译，长沙：湖南人民出版社。

弗洛伊德，西格蒙德，1975，《图腾与禁忌》，杨庸一译，台北：志文出版社。

——，1986，《弗洛伊德后期著作选》，林尘等译，上海：上海译文出版社。

佛克马、伯顿斯，1991，《走向后现代主义》，王宁等译，北京：北京大学出版社。

高觉敷，1982，《西方近代心理学史》，北京：人民教育出版社。

高文珺、李强，2008，《心理疾病污名社会表征公众影响初探》，《应用心理学》，第 4 期。

高宣扬，1986，《弗洛伊德传》，北京：作家出版社。

格根，肯尼斯·J.，2020，《社会建构的邀请》（第三版），杨莉萍译，上海：上海教育出版社。

古多尔，珍妮，1980，《黑猩猩在召唤》，刘后一等译，北京：科学出版社。

古畑和孝，1986，《人际关系社会心理学》，王康乐译，天津：南开大学出版社。

管健，2009，《社会表征理论的起源与发展——对莫斯科维奇〈社会表征：社会心理学探索〉的解读》，《社会学研究》第 4 期。

——，2013，《非传统安全威胁：心理学视域的表达》，《南开学报》（哲学社会科学版）第 1 期。

管健、乐国安，2007，《社会表征理论及其发展》，《南京师大学报》（社会科学版）第 1 期。

郭慧玲，2015，《"危机"与"脱危"：西方社会心理学近期发展》，《甘肃社会科学》第 2 期。

哈维兰，威廉·A，1987，《当代人类学》，王铭铭译，上海：上海人民出版社。

赫胥黎，阿道司，2005，《美丽新世界》，王波译，重庆：重庆出版社。

亨德莱，1977，《生物学与人类未来》，上海生物化学所等译，北京：科学出版社。

霍尔茨纳，伯，1984，《知识社会学》，傅正元等译，武汉：湖北人民出版社。

霍曼斯，G. C.，1987，《社会学的五十年》，子华译，《国外社会科学》第12期。

卡尔纳普等，1992，《科学的世界概念：维也纳学派》，载陈启伟（主编）《现代西方哲学论著选读》，北京：北京大学出版社。

康马杰，1988，《美国精神》，杨静予等译，北京：光明日报出版社。

克鲁泡特金，1984，《互助论》，李平沤译，北京：商务印书馆。

勒庞，古斯塔夫，2018，《群氓心理学》，陈璞君译，周晓虹序，北京：北京师范大学出版社。

李亚明，1995，《从〈话语·心理·社会〉看话语分析》，《外语研究》第4期。

列维-布留尔，1995，《原始思维》，丁由译，北京：商务印书馆。

林衡哲，1970，《二十世纪代表人物》，台北：志文出版社。

卢里亚，1987，《生命——一项未完成的实验》，赵永译，北京：科学出版社。

罗斯，多萝西，2018，《美国社会科学的起源》，王楠、刘阳、吴莹译，北京：生活·读书·新知三联书店。

洛伦茨，1987，《攻击与人性》，王守珍等译，北京：作家出版社。

马和建，1985，《社会交换理论述评》，《社会调查与研究》第2期。

马基雅维利，尼科洛，1985，《君主论》，潘汉典译，北京：商务印书馆。

马克思、恩格斯，1960，《马克思恩格斯全集》第3卷，北京：人民出版社。

——，1962，《德意志意识形态》，北京：人民出版社。

马林诺夫斯基，1937，《两性社会学》，李安宅译，台北：商务印书馆。

马斯洛，1987，《人性能达的境界》，林方译，昆明：云南人民出版社。

玛格纳，1985，《生命科学史》，李难等译，武汉：华中工学院出版社。

麦独孤，威廉，1997/1908，《社会心理学导论》，俞国良、雷雳、张登印译,杭州:浙江教育出版社。

曼切斯特,威廉,2015,《光荣与梦想:1932-1972年美国叙事史》,四川外国语大学翻译组译,北京:中信出版社。

米德,玛格丽特,1987,《文化与承诺》,周晓虹、周怡译,石家庄:河北人民出版社。

——,2010,《萨摩亚人的成年》,周晓虹、李姚军、刘婧译,北京:商务印书馆。

莫尔,托马斯,1982,《乌托邦》,戴镏龄译,北京:商务印书馆。

莫斯科维奇,塞尔日,2006,《群氓的时代》,许列民等译,南京:江苏人民出版社。

——,2010,《社会表征:社会心理学的探索》,管健等译,北京:人民大学出版社。

墨菲、柯瓦奇,1980,《近代心理学历史导引》,林方等译,北京:商务印书馆。

彭新武,2002,《社会生物学:基本主张及其缺失》,《社会学研究》第3期。

舍伦伯格,J. A.,1987,《社会心理学的大师们》,孟小平译,沈阳:辽宁人民出版社。

舒尔兹,杜安·P.,1983,《现代心理学史》,沈德灿等译,北京:人民教育出版社。

斯密,亚当,1972,《国富论》上卷,郭大力等译,北京:商务印书馆。

苏国勋,2003,《社会学与社会建构理论》,载中国社会科学院社会学研究所编《中国社会学》(2),上海:上海人民出版社。

特纳,乔纳森,1987,《社会学理论的结构》,吴曲辉等译,杭州:浙江人民出版社。

王磊、伍麟,2013,《论风险研究领域中的社会表征理论》,《南京师大学报》(社会科学版)第2期。

王宁,2006,《社会学的本土化:问题与出路》,《社会》第6期。

王云五主编,1973,《云五社会科学大辞典》(社会学卷),台北:商务印书馆。

威尔逊,1985,《新的综合》(编译本),阳河清编译,成都:四川人民出版社。

——，1987，《论人的天性》，林和生等译，贵阳：贵州人民出版社。

温伯格，斯坦利·L，1981，《生物学——对生命本质的探讨》，复旦大学、南开大学、山东大学、北京师范大学、厦门大学合译，北京：人民教育出版社。

肖文明，2005，《社会心理学的话语转向及其学术议题——评〈话语与社会心理学〉》，《社会学研究》第6期。

亚里士多德，1997，《政治学》，吴寿彭译，北京：商务印书馆。

杨宜音，2006，《个体与宏观社会的心理关系：社会心态概念的界定》，《社会学研究》第4期。

——，2008，《关系化还是类别化：中国人"我们"概念形成的社会心理机制探讨》，《中国社会科学》第4期。

杨宜音、张曙光，2008，《理想社区的社会表征：北京市居民的社区观念研究》，《中国农业大学学报》（社会科学版）第1期。

英克尔斯，1981，《社会学是什么：对这门学科和职业的介绍》，陈观胜译，北京：中国社会科学出版社。

英克尔斯、史密斯，1992，《从传统人到现代人——六个发展中国家中的个人变化》，顾昕译，北京：中国人民大学出版社。

俞国良、刘聪慧，2009，《独立或整合：社会认知神经科学对社会心理学的影响与挑战》，《中国人民大学学报》第3期。

张曙光，2008，《社会表征理论述评——一种旨在整合心理与社会的理论视角》，《国外社会科学》第5期。

章益，1983，《新行为主义学习论》，济南：山东教育出版社。

赵德雷，2010，《当代美国社会心理学的发展图景：以"库利-米德奖"为线索》，《中国农业大学学报》（社会科学版）第2期。

郑全全，1987，《社会心理学中的角色理论》，《语文导报》第2期。

周晓虹主编，1990，《现代西方社会心理学流派》，南京：南京大学出版社。

周晓虹，1987，《论文化人类学对社会心理学的历史贡献》，《社会学研究》第5期。

——，1987，《米德和她的〈文化与承诺〉》，《读书》第6期。

——，1988，《试论当代中国青年文化的反哺意义》，《青年界》第3期。

——，1993，《现代社会心理学的危机：实证主义、实验主义和个体主义批判》，《社会学研究》第 3 期。

——，1993，《现代社会心理学史》，北京：中国人民大学出版社。

——，1994，《本土化和全球化：社会心理学的现代双翼》，《社会学研究》第 5 期。

——，2002，《西方社会学历史与体系》（第一卷·经典贡献），上海：上海人民出版社。

——，2008，《认同理论：社会学与心理学的分析路径》，《社会科学》第 4 期。

——，2012a，《理解国民性：一种社会心理学的视角——兼评英克尔斯的〈国民性：心理-社会的视角〉》，《天津社会科学》第 5 期。

——，2012b，《孙本文与二十世纪上半叶中国社会学》，《社会学研究》第 3 期。

——，2015，《文化反哺：变迁社会中的代际革命》，北京：商务印书馆。

——，2017，《江村调查：文化自觉与社会科学的中国化》，《社会学研究》第 1 期。

——，2018，《群氓动力学——社会心理学的另类叙事》，《社会学研究》第 6 期。

——，2020，《社会学本土化：狭义或广义，伪问题或真现实？——兼与谢宇和翟学伟两位教授商榷》，《社会学研究》第 1 期。

朱韶蓁、张进辅，2006，《话语分析理论及其在心理学研究中的应用》，《中国临床康复》第 14 期。

祖父江孝男，1987，《简明文化人类学》，季红真译，北京：作家出版社。

英文文献

Abrams, D. & Hogg, Michael A., 1988, Comments on the Motivational Status of Self-Esteem in Social Identity and Intergroup Discrimination, *European Journal of Social Psychology*, Vol. 18, No. 4, pp. 317-334.

Abric, J. C., 1993, Central System, Peripheral System: Their Functions and Roles in the Dynamics of Social Representations, *Papers on Social Representations*, Vol. 2, No. 2, pp. 75-78.

Abric, J. C., 1996, Specific Processes of Social Representations, *Papers on Social Representations*, Vol. 5, No. 1, pp. 77-80.

Abric, J. C., 2000, A Abordagem Estrutural das Representações Sociais, In Em A. S. Moreira & D. C. Oliveira, (eds.), *Estudos Interdisciplinares de Representações Sociais*. Goiãnia: AB.

Abric, J. C., 2001, A Structural Approach to Social Representations, In Deaux K. & Philogène G., (Eds.), *Representations of the Social*, Oxford: Blackwell, pp. 42-47.

Abric, J. C., 2003, La Recherchédu Noyau Centrale et la Zone Muette des Representations Socials, In Abric, J. C., (eds.), *Muthodes D'êtudes des Representations Socials*. Saint-Agne: Eres.

Adair, John G. 1991, Social Cognition, Artifact and The Passing of the So-Called Crisis in Social Psychology, *Canadian Psychology*, Vol. 32, No. 3, pp. 445-450.

Allansdottir, A., Jovchelovitch, S. & Stathopoulou, A., 1993, Social Representations: The Versatility of a Concept, *Papers on Social Representations*, Vol. 2, No. 1, pp. 3-10.

Allport, Floyd H., 1924, The Group Fallacy in Relation to Social Science, *The Journal of Abnormal Psychology and Social Psychology*, Vol. 19, No. 1, pp. 60-73.

Allport, Gordon W., 1947, The Genius of Kurt Lewin, *Journal of Personality*, Vol. 16, No. 1, pp. 1-10.

Allport, Gordon W., 1985, The Historical Background of Social Psychology, in Lindzey, G. & E. Aronson (eds.), *Handbook of Social Psychology*, Third edition, Vol. 1, pp. 1-46, New York, NY.: Random House.

Ardrey, Robert, 1976, *The Hunting Hypothesis: A Personal Conclusion Concerning the Evolutionary Nature of Man*, New York: Atheneum.

Asch, S. E., 1952, *Social Psychology*, New York: Prentice-Hall, Inc.

Baldwin, J. M., 1897, *Social and Ethical Interpretations in Mental Development*, New York: Macmillan.

Bandura, Albert, 1971, *Social Learning Theory*, New York: General Learning

Press; 1976, *Social Learning Theory*, Englewood Cliffs, NJ: Prentice-Hall.

Bandura, Albert, 1973, *Aggression: A Social Learning Analysis*, Englewood Cliffs, NJ: Prentice-Hall.

Bandura, Albert, 1977, Self-Efficacy: Toward a Unifying Theory of Behavioral Change, *Psychological Review*, Vol. 84, No. 2, pp. 191–215.

Bandura, Albert, 1982, The Self and Mechanisms of Agency, In J. Suls (Ed.), *Psychological Perspectives on The Self*, Vol. 1, pp. 3–39, Hillsdale, NJ: Erlbaum.

Bargal, D., Gold, M. & Lewin, M., 1992, Introduction: The Heritage of Kurt Lewin, *Journal of Social Issue*, Vol. 48, Issue 2, pp. 3–13.

Bauer, M. W. & Geskell, G., 1999, Towards a Paradigm for Research on Social Representations, *Journal of the Theory of Social Behaviour*, Vol. 29, No. 2, pp. 163–186.

Baumrind, D., 1964, Some Thoughts on Ethics of Research: After Reading Milgram's Behavioral Study of Obedience, *American Psychologist*, Vol. 19, No. 6, pp. 421–423.

Berger, J., Rosenholtz, S. J. & Zelditch, M. Jr., 1980, Status Organizing Processes, *Annual Review of Sociology*, Vol. 6, pp. 479–508.

Berger, Joseph & Webster Jr., Murray, 2006, Expectations, Status, and Behavior, in Burke, Peter J. (ed.), *Contemporary Social Psychological Theories*, pp. 268–300, Stanford, California: Stanford University Press.

Berger, P. & Luckmann, T., 1966, *The Social Construction of Reality: A Treatise in the Sociology of Knowledge*, New York: Anchor Books.

Berger, S. M. & Lambert, W. W., 1968, Stimulus-response Theory in Contemporary Social Psychology, InLindzey, G. & E. Aronson (eds.), *Handbook of Social Psychology*, Second Edition, Vol. 1, pp. 81–178, Reading, MA.: Addison-Wesley.

Bickman, L. & Henchy, T. (Eds.), 1972, *Beyond the Laboratory: Field Research in Social Psychology*, New York: McGraw-Hill.

Biddle, Bruce J., 1979, *Role Theory: Expectations, Identities, and Behaviors*,

New York: Academic Press.

Bilić, B., & E. Georgaca, 2007, Representations of "Mental Illness" in Serbian Newspapers: A Critical Discourse Analysis, *Qualitative Research in Psychology*, No. 4, pp. 167–186.

Billig, M., & Tajfel, H., 1973, Social Categorization and Similarity in Intergroup Behavior, *European Journal of Social Psychology*, Vol. 3, No. 1, pp. 27–52.

Blumer, H., 1954, What is Wrong with Social Theory? *American Sociological Review*, Vol. 19, No. 1, pp. 3–10.

Blumer, H., 1962, Human Society as Symbolic Interaction, In Rose, A. M. (Ed.), *Human Behavior and Social Process*, Boston: Houghton Mifflin, pp. 179–192.

Blumer, H., 1966, Sociological Implications of the Thought of George Herbert Mead, *American Journal of Sociology*, Vol. 71, Vol. 5, pp. 535–544.

Blumer, H., 1969, *Symbolic Interactionism: Perspective and Method*, Englewood Cliffs, NJ: Prentice-Hall.

Boas, Franz, 1938, *The Mind of Primitive Man*, New York: The Macmillan Company.

Boas, Franz, 1940, *Race, Language, and Culture*, New York: The Macmillan Company.

Bond, Michael Harris (ed.), 1988, *The Cross-Cultural Challenge to Social Psychology*, London: Sage Publications.

Botschner, J. V., 1995, Social Constructionism and the Pragmatic Entente: A Reply to Osbeck, *Theory & Psychology*, No. 5, pp. 145–151.

Boutilier, R. G., Roed, J. C., & Svendsen, A. C., 1980, Crises in the Two Social Psychologies: A Critical Comparison, *Social Psychology Quarterly*, No. 43, pp. 5–17.

Brewer, Marilynn B. & Silver, M., 1978, In-Group Bias as a Function of Task Characteristics, *European Journal of Social Psychology*, Vol. 8, No. 3, pp. 393–400.

Brickman, P. & Bulman, R. J., 1977, Pleasure and Pain in Social Comparison. In

J. Suls & R. L. Miller (Eds.), *Social Comparison Processes: Theoretical and Empirical Perspectives*. Washington, DC: Halsted-Wiley.

Brown, R. J., 1992, Recognizing Group Diversity: Individualist-Collectivist and Autonomous-Relational Social Orientations and their Implications for Intergroup Processes, *British Journal of Social Psychology*, Vol. 31, No. 4, p. 327-342.

Burke, Peter J. (ed.), 2006, *Contemporary Social Psychological Theories*, Stanford, California: Stanford University Press.

Burman, E., 1996, The Crisis in Modern Social Psychology and How to it, *South African Journal of Psychology*, Vol. 26, No. 3, pp. 135-142.

Burningham, K., & Cooper, G., 1999, Being Constructive: Social Constructionism and the Environment: Sociology, *The Journal of the British Sociological Association*, No. 33, pp. 297-316.

Cacioppo, John T., Berntson, Gary G. & Decety, Jean, 2012, A History of Social Neuroscience, in Kruglanski, Arie W. & Wolfgang Stroebe (eds.), *Handbook of the History of Social Psychology*, pp. 123-136, New York: Taylor & Francis Group.

Campbell, D. T., 1965, *Ethnocentric and Other Altruistic Motives*, Lincoln. NE: University of Nebraska Press.

Campbell, D. T., 1975, On the Conflict Between Biological and Social Evolution and Between Psychology and Moral Tradition, *American Psychologist*, Vol. 30, No. 12, pp. 1103-1126.

Cartwright, D., 1948, Social Psychology in the United States during the Second World War, *Human Relations*, Vol. 1, pp. 333-352.

Cartwright, D., 1979, Contemporary Social Psychology in History Perspectives, *Social Psychology Quarterly*, Vol. 42, No. 1, pp. 82-92.

Cartwright, D. and Zander, A., 1960, *Group Dynamics: Research and Theory*, Evanston: Harper & Row.

Catton, W. R, Dunlap, R. E., 1978, Environmental Sociology: A New Paradigm. *American Sociologist*, Vol. 13, No. 1, pp. 41-49.

Commins, B., & Lockwood, J., 1978, The Effects on Intergroup Relations of

Mixing Roman Catholics and Protestants: An Experimental Investigation, *European Journal of Social Psychology*, Vol. 8, No. 3, pp. 383–386.

Cooley, C. H., 1902, *Human Nature and the Social Order*, New York: Charles Scribner's Sons.

Cooley, C. H., 1909, *Social Organization: A Study of the Larger Mind*, New York: Charles Scribner's Sons.

Cooley, C. H., 1918, *Social Process*, New York: Charles Scribner's Sons.

Corsini, Raymond J., Ozaki, Bonnie D., 1984, *Encyclopedia of Psychology*, Vol. 3, New York: John Wiley & Sons.

Coulter, J., 2001, The Social Construction of What? *Science Technology & Human Values*, No. 26, pp. 82–86.

Cresswell, J., and L. Smith, 2012, Embodying Discourse Analysis: Lessons Learned about Epistemic and Ontological Psychologies, *Discourse & Society*, No. 23, pp. 619–625.

Crisp, R. J., Hewstone, M., & Rubin, M., 2001, Does Multiple Categorization Reduce Intergroup Bias? *Personality and Social Psychology Bulletin*, Vol. 27, No. 1, 76–89.

Danziger, K., 1997, Therapy as Social Construction-McNamee, S. & Gergen, K. J., *Theory & Psychology*, No. 7, pp. 399–416.

Deaux, K., & Philogene, G., 2000, *Social Representations: Introductions and Explorations*, Oxford: Blackwell.

Deaux, K., Reid, A., Mizrahi, K., & Cotting, D., 1997, Connecting the Person to the Social: The Functions of Social Identification, In Tyler, T. R., Kramer, R. & John O., (Eds.), The Psychology of the Social Self, pp. 91–114, Mahwah, NJ: Erlbaum.

Deaux, K., Reid, A., Mizrahi, K., & Ethier, K. A., 1995, Parameters of Social Identity, *Journal of Personality and Social Psychology*, Vol. 68, No. 2, pp. 280.

Deschamps, J. C., 1984, The Social Psychology of Intergroup Relations and Categorical Differentiation, *The Social Dimension*, No. 2, pp. 541–559.

Deutsch, Morton, 1968, Field Theory in Social Psychology, In Gardner Lindzey

& Elliot Aronson, *The Handbook of Social Psychology*, Vol. 1, pp. 414 – 422, Boston: Addison-Wesley Publishing Company.

Dijk, T. A. van, 2012, A Note on Epistemics and Discourse Analysis, *British Journal of Social Psychology*, No. 51, pp. 478–485.

Dittmar, H., 1992, *The Social Psychology of Material Possessions: To Have Is to Be*, Harvester Wheatsheaf: St. Martin's Press.

Doise, W., Spini, D., & Clémence, A., 1999, Human Rights Studied as Social Representations in a Cross-National Context, *European Journal of Social Psychology*, No. 29, pp. 1–29.

Doise, Willem, 1986, *Levels of Explanations in Social Psychology*, Cambridge: Cambridge University Press.

Douglas, T., 1983, *Groups: Understanding People Gathered Together*, London: Tavistock.

Du Bois, C., 1944, *The People of Alor: A Social Psychological Study of an East Indian Island*, Minneapolis, Minn.: University of Minnesota Press.

Durkheim, Emile, 1966/1895, *The Rules of Sociological Method*, New York: The Free Press.

Durrheim, Kevin, 1997, Social Constructionism, Discourse, and Psychology, *South African Journal of Psychology*, No. 27, pp. 175–182.

Edley, N., 2001, Unravelling Social Constructionism, *Theory & Psychology*, No. 11, pp. 433–441.

Edwards, D., M. Ashmore, and J. Potter, 1995, Death and Furniture-the Rhetoric, Politics and Theology of Bottom Line Arguments against Relativism, *History of the Human Sciences*, No. 8, pp. 25–49.

Ellemers, N., 1993, The Influence of Socio-Structural Variables on Identity Management Strategies, *European Review of Social Psychology*, Vol. 4, Issue1, pp. 27–57.

Ellis, L., 1977, The Decline and Fall of Sociology, *American Sociologist*, Vol. 12, No. 2, pp. 56–66.

Ellwood, Charles A., 1917, *An Introduction of Social Psychology*, New York: D. Appleton and Company.

Ellwood, C. A., 1925, *The Psychology of Human Society*, New York: Appleton.

Elms, Alan C., 1975, The Crisis of Confidence in Social Psychology, *American Psychologist*, Vol. 30, No. 10, pp. 967–976.

Emerson, Richard M., 1981, Social Exchange Theory, In Rosenberg, Morris & Turner, Ralph H. (Eds.), *Social Psychology: Sociological Perspectives*, New York: Basic Books.

Farr, R. M., & Moscovici, S., 1984, *Social Representations*, Cambridge: Cambridge University Press.

Faucher, L., 2013, Comment: Constructionisms? *Emotion Review*, No. 5, pp. 374–378.

Faye, Cathy, 2012, American Social Psychology: Examining the Contour of the 1970s Crisis, *Studies in History and Philosophy of Biological and Biomedical Sciences*, Issue 43, pp. 514–521.

Festinger, L., 1954, A Theory of Social Comparison Processes, *Human relations*, Vol. 7, No. 2, pp. 117–140.

Festinger, L., 1957, *A Theory of Cognitive Dissonance*, Redwood City: Stanford University Press.

Fisch, Rudolf & Daniel, Hans-Dieter, 1982, Research and Publication Trends in Experimental Social Psychology: 1971–1980—Thematic Analysis of The Journal of Experimental Social Psychology, The European Journal of Social Psychology, and The Zeifschrift für Sozialpsychologie, in *European Journal of Social Psychology*, Vol. 12, Issue 4, pp. 395–412.

Fisher, H., 1999, Postmodern Agency: You and I can Show It; Not Own It, *Theory & Psychology*, No. 9, pp. 103–112.

Frazer, James, 1919, *Folk-lore in the Old Testament: Studies in Comparative Religion, Legend and Law*, Vol. 2, London: Macmillan and Co., Ltd.

French, J. R. & Raven, B., 1959, The Bases of Social Power, In Dowin Cartwright (ed.), *Studies in Social Power*, Ann Arbor: Mich.: Institute for Social Research, pp. 118–149.

Freud, Sigmund, 1923, *The Ego and the Id*, London: Hogarth Press.

Freud, Sigmund, 1968, *Civilization and Its Discontents*, In Strachey, James,

The Standard Edition of the Complete Psychological Works of Sigmund Freud, Vol. 21 (1927-1931), London: The Hogarth Press and the Institute of Psycho-Analysis.

Gadamer, H. G., 1989, *Truth and Method*, 2nd, rev. ed. by J. Weinsheimer & D. G. Marshall, New York: Continuum.

Gavey, N., 2011, Feminist Poststructuralism and Discourse Analysis Revisited, *Psychology of Women Quarterly*, No. 35, pp. 183-188.

Gergen, Kennth J., 1973, Social Psychology as History, *Journal of Personality and Social psychology*, Vol. 26, No. 2, pp. 309-320.

Gergen, Kennth J., 1982, *Toward Transformation in Social Knowledge*, New York: Springer.

Gergen, Kennth J., 1985a, Social Psychology and the Phoenix of Unreality, in Koh, S. & Leary, D. (eds.), *A Century of Psychology as a Science*, pp. 528-557, New York: McGraw Hill.

Gergen, Kennth J., 1985b, The Social Constructionist Movement in Modern Psychology, *American Psychologist*, Vol. 40, No. 3, pp. 266-275.

Gergen, Kennth J., 1990, Toward a Postmodern Psychology, *Humanistic Psychologist*, Vol. 18, No. 1, pp. 23-34.

Gergen, Kennth J., 2001a, *Social Construction in Context*, London: Sage Publications.

Gergen, Kennth J., 2001b, Construction in Contention-Toward Consequential Resolutions, *Theory & Psychology*, No. 11, pp. 419-432.

Gergen, Kennth J., 2002, Beyond the Empiricist/Constructionist Divide in Social Psychology, *Personality and Social Psychology Review*, No. 6, pp. 188-191.

Gergen, Kennth J., 2009, *An Invitation to Social Constructionism*, London: Sage.

Gergen, Kennth J., 2015/2006/1999, *An Invitation to Social Construction*, Third edition (First edition, 1999; Second edition, 2006), London: Sage.

Gervais, M. C., 1997, *Social Representations of Nature: The Case of the Braer Oil Spill in Shetland*, Ph. D. thesis, The London School of Economics and Political Science.

Goffman, Erving, 1959, *The Presentation of Self in Everyday Life*, Garden City, NY: Doubleday.

Goode, William J., 1960, A Theory of Role Strain, *American Sociological Review*, Vol. 25, No. 4, pp. 483-496.

Greenwood, J. D., 2003, *The Disappearance of the Social in American Social Psychology*, Cambridge, UK.: Cambridge University Press.

Gross, Neal, Ward S. Mason & Alexander W. McEachern, 1958, *Explorations in Role Analysis: Studies of the School Superintendency Role*, New York: Wiley.

Guan, J. & Liu, L., 2014, Recasting Stigma as a Dialogical concept: A case study of rural-to-urban migrants in China, *Journal of Community and Applied Social Psychology*, No. 24, pp. 75-85.

Hacking, I., 1999, *The Social Construction of What?* Cambridge and London: Harvard University Press.

Hamilton, W. D., 1963, The Evolution of Altruistic Behavior, *The American Naturalist*, Vol. 97, No. 896, pp. 354-356.

Hammond, Peter B., 1978, *An Introduction to Cultural and Social Anthropology*, New York: The Macmillan Company.

Hare, Paul A., 1976, *Handbook of Small Group Research*, New York: Free Press.

Harré, Rom, 1983, *Personal Being: A Theory for Individual Psychology*, Oxford: Basil Blackwell.

Harré, Rom, 1992, New Methodologies-The Turn to Discourse-Introduction-The 2nd Cognitive Revolution, *American Behavioral Scientist*, No. 36, pp. 5-7.

Harré, Rom, 2000, Personalism in the Context of a Social Constructionist Psychology-Stern and Vygotsky, *Theory & Psychology*, No. 10, pp. 731-748.

Harré, Rom, 2002, Public Sources of the Personal Mind-Social Constructionism in Context, *Theory & Psychology*, No. 12, pp. 611-623.

Harris, S. R., 2006, Social Constructionism and Social Inequality-An Introduction to a Special Issue of JCE, *Journal of Contemporary Ethnography*, No. 35, pp. 223-235.

Hartstone, M. & Augoustinos, M., 1995, The Minimal Group Paradigm: Categorization into Two Versus Three Groups, *European Journal of Social Psychology*, Vol. 25, No. 2, pp. 179-193.

Hastings, B. M., 2002, Social Constructionism and the Legacy of James' Pragmatism, *Theory & Psychology*, No. 12, pp. 714-720.

Heider, Fritz, 1958, *The Psychology of Interpersonal Relations*, New York: John Wiley and Sons, Inc.

Held, B. S., 2002, What Follows? —Mind Dependence, Fallibility and Transcendence According to (strong) Constructionism's Realist and Quasi-Realist Critics, *Theory & Psychology*, No. 12, pp. 651-669.

Herzlich, C., 1973, *Health and Illness: A Social Psychological Analysis*, London: Academic Press.

Hewstone, M. E. & Brown, R. E., 1986, *Contact and Conflict in Intergroup Encounters*, Basil: Blackwell.

Hewstone, M. E., 1986, *Understanding Attitudes to the European Community: A Socio-Psychological Study in Four Member States*, Cambridge: Cambridge University Press.

Hibberd, F. J., 2001a, Gergen's Social Constructionism, Logical Positivism and the Continuity of Error Part 1: Conventionalism, *Theory & Psychology*, No. 11, pp. 297-321.

Hibberd, F. J., 2001b, Gergen's Social Constructionism, Logical Positivism and the Continuity of Error Part 2: Meaning-as-use, *Theory & Psychology*, No. 11, pp. 323-346.

Hibberd, F. J., 2002, Reply to Gergen, *Theory & Psychology*, No. 12, pp. 685-694.

Hilton, Denis, 2012, The Emergence of Cognitive Social Psychology: A Historical Analysis, in Kruglanski, Arie W. & Wolfgang Stroebe (eds.), *Handbook of the History of Social Psychology*, pp. 45 - 79, New York: Taylor & Francis Group.

Hinkle, S., & Brown, R., 1990, Intergroup Comparisons and Social Identity: Some Links and Lacunae, *Social Identity Theory: Constructive and Critical*

Advances, pp. 48-70.

Hogg, M. A. & Abrams, D., 1988, *Social Identifications: A Social Psychology of Intergroup Relations and Group Process*, London: Routeledge.

Hogg, Michael A., Terry, Deborah J. & White, Katherine M., 1995, A Tale of Two Theories: A Critical Comparison of Identity Theory with Social Identity Theory, *Social Psychology Quarterly*, Vol. 58, No. 4, pp. 255-269.

Hogg, Michael A. & John C. Turner, 1987, Intergroup Behavior, Self-Stereotyping and the Salience of Social Categories, Social Psychology, *British Journal of Social Psychology*, Vol. 26. No. 4, pp. 325-340.

Hollander, Edwin P., 1976, *Principles and Methods of Social Psychology*, 3rd Edition, New York: Oxford University Press.

Hollander, Edwin P. & Hunt, Raymond G., 1972, *Classic Contribution to Social Psychology: Readings with Commentary*, New York: Oxford University Press.

Holton, G., 1975, On the Role of Themata in Scientific Thought, *Science*, Issue 188.

Holton, G., 1978, *The Scientific Imagination: Case Studies*, Cambridge: Cambridge University Press.

Homans, George C., 1950, *The Human Group*, New York: Harcourt, Brace and Company.

Homans, George C., 1958, Social Behavior as Exchange, *American Journal of Sociology*, Vol. 63, No. 6, pp. 597-606.

Homans, George C., 1961, *Social Behavior: Its Elementary Forms*, New York: Harcourt, Brace and World, Inc.

House, James S., 1977, The Three Faces of Social Psychology, *Sociometry*, Vol. 40, No. 2, pp. 161-177.

House, James S., 2008, Social Psychology, Social Science, and Economics: Twentieth Century Progress and Problems, Twenty-First Century Prospects, *Social Psychology Quarterly*, No. 71, pp. 232-256.

Hruby, G. G., 2001, Sociological, Postmodern, and New Realism Perspectives in Social Constructionism: Implications for Literacy Research, *Reading Research Quarterly*, No. 36, pp. 48-62.

Hsu, Francis L. K. (ed.), 1961, *Psychological Anthropology: Approaches to Culture and Personality*, Homewood, Illinois: The Dorsey Press, Inc.

Hunter, J. A., Stringer, M. & Coleman, J. T., 1993, Social Explanations and Self-Esteem in Northern Ireland, *The Journal of Social Psychology*, Vol. 133, No. 5, pp. 643-650.

Hyman, Herbert Hiram, 1942, *The Psychology of Status*, New York: Archives of Psychology.

Inkeles, A., 1997, *National Character, a Psycho-social Perspective*, New Brunswick, New Jersey: Transaction Publishers.

Inkeles, A. & Smith, D. H., 1974, *Becoming Modern: Individual Change in Six Developing Countries*, Cambridge, Mass: Harvard University Press.

Isen, A. M. & Hastorf, A. H., 1982, Some Perspectives on Cognitive Social Psychology, In Hastorf, A. H. & A. M. Isen (Eds.), *Cognitive Social Psychology*, pp. 1-31, New York: Elsevier/North Holland.

Jackson, J. M., 1988, *Social Psychology: Past and Present*, Hillsdale, NJ.: Lawrence Erlbaum Association.

Jahoda, G., 1988, Critical Notes and Reflections on "Social Representations", *European Journal of Social Psychology*, Vol. 18, No. 3pp. 195-209.

James, William, 1890, *The Principles of Psychology*, New York: Henry Holt.

James, William, 1892, *Psychology: The Briefer Course*, New York: Henry Holt & Co.

Jaspars, J., 1986, Forum and Focus: A Personal View of European Social Psychology, *European Journal of Social Psychology*, No. 16, pp. 3-15.

Jodelet, D., 2006, Représentation Sociale, In Mesure, S. & Savidan, P., (eds.), *Le Dictionnaire Des Sciences Humaines*, Paris, PUF.

Joffe, H., 1996, AIDS Research and Prevention: A Social Representational Approach, *British Journal of Medical Psychology*, Vol. 69, No. 3, pp. 169-190.

Johnson, Doyle P., 1981, *Sociological Theory: Classical Founders and Contemporary Perspectives*, New York: Willy.

Jones, E. E., 1985, Major Developments in Social Psychology in the Past Five Decades, inLindzey, G. & E. Aronson (eds.), *Handbook of Social Psychology*, third edition, Vol. 1, pp. 47-108, New York, NY.: Random House.

Jost, J. T., & Kruglanski, A. W., 2002, The Estrangement of Social Constructionism and Experimental Social Psychology: History of the Rift and Prospects for Reconciliation, *Personality and Social Psychology Review*, No. 6, pp. 168-187.

Jovchelovitch, S., & Gervais, M-C., 1999, Social Representations of Health and Illness: The Case of the Chinese Community in England, *Journal of Community and Applied Social Psychology*, No. 9, pp. 247-260.

Kardiner, Abram, 1939, *The Individual and His Society: The Psychodynamics of Primitive Social Organization*, Westport, Conn: Greenwood Press.

Kardiner, Abram, 1945, *The Psychological Frontiers of Society*, New York: Columbia University Press.

Katzko, M. W., 2002, The Construction of "Social Constructionism": A Case Study in the Rhetoric of Debate, *Theory & Psychology*, No. 12, pp. 671-683.

Kelley, Harold H., 1967, Attribution in Social Psychology, *Nebraska Symposium on Motivation*, Vol. 15, pp. 192-238.

Kelley, Harold H., 1973, The Processes of Causal Attribution, *American Psychologist*, Vol. 28, No., pp. 107-128.

Kelley, Harold H. & Michela, J. L., 1980, Attribution Theory and Research, *Annual Review of Psychology*, Vol. 31, No. 1, pp. 457-501.

Kenrick, Douglas T. & Cohen, Adam B., 2012, A History of Evolutionary Social Psychology, in Kruglanski, Arie W. & Wolfgang Stroebe (eds.), *Handbook of the History of Social Psychology*, pp. 101-122, New York: Taylor & Francis Group.

Kitayama, Shinobu, 2017, Editorial of Journal of Personality and Social Psychology: Attitudes and Social Cognition, *Journal of Personality and Social Psychology*, Vol. 112, No. 3, pp. 357-360.

Kuhn, Manford H., 1964, The Reference Group Reconsidered, *The Sociological Quarterly*, Vol. 5, No. 1, pp. 5-21.

Kuhn, Thomas S., 1970, *The Structure of Scientific Revolution*, Second

Edition, Chicago: Chicago University Press.

Lawler, Edward, 2006, The Affect Theory of Social Exchange, in Burke, Peter J. (ed.), *Contemporary Social Psychological Theories*, pp. 244 - 267, Stanford, California: Stanford University Press.

Lembcke, J., 1998, *The Spitting Image: Myth, Memory, and the Legacy of Vietnam*, New York: New York University Press.

Levine, David, 1967, *Nebraska Symposium on Motivation*, Lincoln: University of Nebraska Press.

Lewin, Kurt, 1948, *Resolving Social Conflicts*, New York: Harper & Brothers.

Lewin, Kurt, 1951, *Field Theory of Social Science: Selected Theoretical Papers*, New York: Harper & Brothers.

Liebrucks, A., 2001, The Concept of Social Construction, *Theory & Psychology*, No. 11, pp. 363-391.

Lindesmith, Alfred R. & Anselm L. Strauss, 1956, *Social Psychology*, New York: Holt, Rinehart and Winston.

Linton, Ralph, 1936, *The Study of Man*, New York: D. Appleton-Century Co.

Linton, Ralph, 1945, *The Cultural Background of Personality*, New York: Appleton.

Liu, L., 2004, Sensitising Concept, Themata and Shareness: A Dialogical Perspective of Social Representations, *Journal for the Theory of Social Behaviour*, Vol. 34, No. 3, pp. 249-264.

Liu, L., 2006, Quality of Life as a Social Representation in China: A Qualitative Study, *Social Indicators Research*, No. 75, pp. 217-240.

Lorenz, Konrad Z., 1937, The Companion in the Bird's World, *The Auk*, Vol. 54, No. 3, pp. 245-273.

Lorenz, Konrad Z., 1970, *Studies in Animal and Human Behavior*, Vol. 1, London: Methuen.

Lumsden, Charles J. & Edward O. Wilson, 1983, *Promethean Fire Reflections on The Origin of Mind*, Cambridge, Mass.: Harvard University Press.

Lynch, M., 1998, Towards a Constructivist Genealogy of Social Constructivism, In Velody, I., & Williams, R., (eds.), *The Politics of Constructionism*, pp. 14-33, London: SAGE Publications Ltd.

Malinowski, Bronislaw, 1961, *Argonauts of the Western Pacific*, London: G. Routledge & sons, ltd.

Manis, J. G. and Meltzer, B. N. , 1972, *Symbolic Interaction: A Reader In Social Psychology*, Boston: Allyn and Bacon.

Mannheim, K. , 1936, *Ideology and Utopia*, Introduction to the Sociology of Knowledge London: Routledge& Kegan Paul; 1985, New York: Harcourt.

Marková, I. , 2000, Amédée or How to Get Rid of It: Social Representations from a Dialogical Perspective, *Culture and Psychology*, Vol. 6, No. 4, PP. 419-460.

Marková, I. , 2003, *Dialogicality and Social Representations*, Cambridge: Cambridge University Press.

Marková, I. , 2006, Themata in Dialogue, Taking Social Knowledge as Shared, In Marková, I. , Linell, P. , Grossen, M. & Salazar-Orvig, A. , (Eds.), *Dialogue in Focus Groups: Exploring Socially Shared Knowledge*, London: Equinox.

Markus, H. , & Wurf, E. , 1987, The Dynamic Self-Concept: A Social Psychological Perspective, *Annual Review of Psychology*, Vol. 38, No. 1, pp. 299-337.

Marrow, Alfred J. , 1969, *The Practical Theorist: The Life and Work of Kurt Lewin*, New York: Basic Books.

Maynard, D. W. , 1983, Making Sense of Reification-Schutz, Alfred and Constructionist Theory-Thomason, BC, *Contemporary Sociology-a Journal of Reviews*, No. 12, pp. 459-460.

Maze, J. R. , 2001, Social Constructionism, Deconstructionism and Some Requirements of Discourse, *Theory & Psychology*, No. 11, pp. 393-417.

McCall, G. & Simmons, J. L. , 1982, *Social Psychology: A Sociological Approach*, New York: The Free Press.

McCloskey, R. , 2008, A Guide to Discourse Analysis, *Nurse Researcher*, No. 16, pp. 24-44.

McDougall, W. , 1973, *The Group Mind*, New York: Arno Press.

McGuire, William J., 1963, The Nature of Attitudes and Attitude Change, in Lindzey, Gardner and Aronson, Elliot (eds.), *Handbook of Social Psychology*, 2nd ed., Reading, Massachusetts: Addison-Wesley, Vol. 3, pp. 136-314.

McMahon, A. M., 1984, The Two Social Psychologies: Post-Crises Directions, *Annual Review of Sociology*, Vol. 10, pp. 121-140.

Mead, G. H., 1936, *Movements of Thought in the Nineteenth Century*, Chicago: University of Chicago Press.

Mead, G. H., 1967/1934, *Mind, Self, and Society*, Chicago: University of Chicago Press.

Mead, Margaret, 1935, *Sex and Temperament in Three Primitive Societies*, New York: W. Morrow & Company.

Mead, Margaret, 1939, *From the South Seas: Studies of Adolescence and Sex in Primitive Societies*, New York: William Morrow & Co.

Mead, Margaret, 1970, *Culture and Commitment: A Study of the Generation Gap*, Garden City, New York: Natural History Press.

Meltzer, B. N., Petras, J. W., Reynolds, L. T., 1975, *Symbolic Interactionism: Genesis, Varieties and Criticism*, London: Routledge & K. Paul.

Merton, Robert K., 1957a, *Social Theory and Social Structure*, New York: Free Press; Revised, Glencoe, Ill.: The Free Press.

Merton, Robert K., 1957b, The Role-Set: Problems in Sociological Theory, *The British Journal of Sociology*, Vol. 8, No. 2, pp. 106-120.

Merton, Robert K., & Kitt, A., 1950, Contributions to the Theory of Reference Group Behavior. In R. Merton & P. Lazarsfeld (Eds.), *Studies in the Scope and Method of "The American Soldier"*, pp. 40-106, Glencoe, IL: Free Press.

Migdal, M. J., Hewstone, M. & Mullen, B., 1998, The Effects of Crossed Categorization on Intergroup Evaluations: A Meta-Analysis, *British Journal of Social Psychology*, Vol. 37, No. 3, pp. 303-324.

Miller, N. E. & Dollard, J., 1941, *Social Learning and Imitation*, New Haven, Conn.: Yale University Press.

Mitchell, G. D., 1979, *A New Dictionary of the Social Sciences*, London: Routledge & Kegan Paul.

Moghaddam, Fathali, 1987, Psychology in the Three Worlds: As Reflected by the Crisis in Social Psychology and the Move toward Indigenous Third-World Psychology, *American Psychologist*, Vol. 47, No. 10, pp. 912-920.

Mole, Linda D., 2006, The Social Exchange Framework, in Burke, Peter J. (ed.), *Contemporary Social Psychological Theories*, pp. 24-45, Stanford, California: Stanford University Press.

Moscovici, Serge, 1972, Society and Theory in Social Psychology, in Isreal, J. & Tajfel, H. (eds.), *The Context of Social Psychology: A Critical Assessment*, pp. 17-68, London: Academic Press.

Moscovici, Serge, 1976, *La Psychanalyse, Son Image et Son Public*, Paris: Presses Universitaires de France.

Moscovici, Serge, 1982, The Coming Era of Representations, In J. P. Codol & J. P. Leyens (Eds.), *Cognitive Analysis of Social Behavior*, pp. 115-150, The Hauge: Martinus Nijhoff.

Moscovici, Serge, 1993, Introductory Address, *Papers on Social Representations*, Vol. 2, No. 3, pp. 160-170.

Moscovici, Serge, 2000, *Social Representations: Explorations in Social Psychology*, Cambridge: Polity Press.

Moscovici, Serge, 2001, Why a Theory of Social Representations? In Deaux, K. & Philogène, G., (eds.), *Representations of the Social*, Oxford: Blackwell, pp. 8-36.

Moscovici, S. & Halls W. D., 1993, *The Invention of Society: Psychological Explanations for Social Phenomena*, Cambridge: Policy Press.

Moscovici, S. & Markovà I., 2006, *The Making of Modern Social Psychology: The Hidden Story of How an International Social Science was Created*, Cambridge: Polity Press.

Moscovici, S. & Vignaux, G., 2000, The Concept of Themata, In Moscovici, S., *Social Representations: Explorations in Social Psychology*, pp. 156-183, Cambridge: Polity Press.

Mullen, B., Brown, R., and Smith C., 1992, Ingroup Bias as a Function of Salience, Relevance, and Status: An Integration, *European Journal of Social Psychology*, Vol. 22, No. 2, pp. 103-122.

Murchison, Carl, 1930, *Psychologies of 1930*, Worcester, MA: Clark University Press.

Musa, K. E., and Roach, M. E., 1973, Adolescent Appearance and Self-Concept, *Adolescence*, No. 8, p. 385-394.

Myrdal, Gunnar, 1957, *Economic Theory and Underdeveloped Regions*, New York: Harper and Row.

Nederhof, Anton J. & Zwier, A. Gerard, 1983, The "Crisis" in Social Psychology, An Empirical Approach, *European Journal of Social Psychology*, Vol. 13, 255-280.

Newcomb, T. M., 1943, *Personality and Social Change*, New York: Dryden Press.

Newcome, T. M., 1950, *Social Psychology*, New York: Sr. Dryden Press.

Newcome, T. M., 1972, Social Psychological Theory: Integrating Individual and Social Approaches, in Hollander, E. P. & Hunt A. G. (eds.), *Classic Contributions to Social Psychology*, New York: Oxford University Press.

Nightingale, D. J., and J. Cromby, 2002, Social Constructionism as Ontology-Exposition and Example, *Theory & Psychology*, No. 12, pp. 701-713.

North, Michael S. & Fiske, Susan, 2012, A History of Social Cognition, in Kruglanski, Arie W. & Wolfgang Stroebe (eds.), *Handbook of the History of Social Psychology*, pp. 82-99, New York: Taylor & Francis Group.

Ochsner, K. N. & Lieberman, M. D., 2001, The Emergence of Social Cognitive Neuro science, *American Psychologist*, Vol. 56, No. 9, pp. 717-734.

Osbeck, L. M., 1993, Social Constructionism and the Pragmatic Standard, *Theory & Psychology*, No. 3, pp. 337-349.

Parker, I., 1987, Social Representations: Social Psychology (Mis) Use of Sociology, *Journal for the Theory Behaviour*, Vol. 17, No. 4, pp. 447-469.

Parker, I., 1989, *The Crisis in Modern Social Psychology and How to End It*, New York: Routledge.

Pepitone, A., 1981, Lessons from the History of Social Psychology, *American Psychologist*, Vol. 36, No. 9, pp. 972-985.

Pervin, Lawrence A., 1984, *Personality: Theory and Research*, Hoboken, NJ: John Wiley & Sons, Inc.

Peterson, D., 2012, Where the Sidewalk Ends: The Limits of Social Constructionism, *Journal for the Theory of Social Behaviour*, No. 42, pp. 465-484.

Poloma, Margaret M., 1979, *Contemporary Sociological Theory*, New York: Macmillan.

Potter, J. & Litton, I., 1985, Problems Underlying the Theory of Social Representations, *British Journal of Social Psychology*, Vol. 24, No. 2, pp. 81-90.

Potter, J., & Edwards, D., 1999, Social Representations and Discursive Psychology: From Cognition to Action, *Culture and Psychology*, Vol. 5, No. 4, pp. 447-458.

Praetorius, N., 2003, Inconsistencies in the Assumptions of Constructivism and Naturalism-An Alternative View, *Theory & Psychology*, No. 13, pp. 511-539.

Raskin, J. D., 2002, Constructivism in Psychology: Personal Construct Psychology, Radical Constructivism, and Social Constructionism, in J. D. Raskin & S. K. Bridges (eds.), *Studies in Meaning: Exploring Constructivist Psychology*, pp. 1-25, New York: Pace University Press.

Redfield, R., 1941, *The Folk Culture of Yucatan*, Oxford, England: University of Chicago Press.

Riesman, David, 1953, *The Lonely Crowd: A Study of the Changing American Character*, New Haven: Yale University Press.

Rivera, Joseph, 1976, *Field Theory as Human-Science: Contributions of Lewin's Berlin Group*, Gardner: Gardner Press.

Robinson, Dawn T. & Smith-Lovin, Lynn, 2006, Affect Control Theory, in Burke, Peter J. (ed.), *Contemporary Social Psychological Theories*, pp. 137-164, Stanford, California: Stanford University Press.

Roche, B. & D. Barnes-Holmes, 2003, Behavior Analysis and Social

Constructionism: Some Points of Contact and Departure, *Behavior Analyst*, No. 26, pp. 215-231.

Rosenberg, Morris & Simmons, Roberta G., 1972, *Black and White Self-Esteem: The Urban School Child*, Washington, DC: American Sociological Association.

Rosenberg, Morris & Turner, Ralph (eds.), 1981, *Social Psychology: Sociological Perspectives*, New York: Basic Books, Inc.

Ross, Edward A., 1908, *Social Psychology: An Outline and Source Book*, New York: Macmillan.

Rycroft, Charles, 1983, *Critical Dictionary of Psychoanalysis*, Harmondsworth: Penguin Books.

Sahakian, William S., 1982, *History and System of Social Psychology*, Second Edition, New York: Hemisphere Publishing Corporation.

Sahlins, M., 1976, *The Use and Abuse of Biology: An Anthropological Critique of Sociobiology*, Ann Arbor, MI: University of Michigan Press.

Sarbin, Theodore R., & Farberow, Norman L., 1952, Contributions to Role-Taking Theory: A Clinical Study of Self and Role, *Journal of Abnormal & Social Psychology*, Vol. 47, No. 1, pp. 117-125.

Sarbin, Theodore R., Allen, Vernon L., 1968, Role Theory, In Gardner Lindzey & Elliot Aronson, *The Handbook of Social Psychology*, Vol. 1, pp. 488-567, Boston: Addison-Wesley Publishing Company.

Sayer, A., 1997, Essentialism, Social Constructionism, and Beyond, *Sociological Review*, No. 45, pp. 453-487.

Schachter, S., 1959, *The Psychology of Affiliation: Experimental Studies of the Sources of Gregariousness*, Stanford, Calif.: Stanford University Press.

Schellenberg, James A., 1978, *Masters of Social Psychology: Freud, Mead, Lewin, and Skinner*, Oxford: Oxford University Press.

Scherer, Klaus R., 1992, Social Psychology Evolving: A Progress Report, in M. Diekers et al (eds.), *European Social Sciences in Transition: Assessment and Outlook*, Campus: Westview.

Schneider, D., 1991, Social Cognition, *Annual Review of Psychology*, Vol. 42, pp. 527−561.

Scott, C. L. , and H. J. Stam, 1996, The Psychological Subject and Harré's Social Psychology: An Analysis of a Constructionist Case, *Journal for the Theory of Social Behaviour*, No. 26, pp. 327−338.

Secord, P. F. , 1959, Stereotyping and Favorableness in the Perception of Negro Faces, *The Journal of Abnormal and Social Psychology*, Vol. 59, No. 3, pp. 309−314.

Shaw, Marvin E. & Costanzo, Philip R. , 1970, *Theories of Social Psychology*, New York: McGraw-Hill.

Shaw, Marvin E. , Robbin, Rhona & Belser, James R. , 1981, *Group Dynamics: The Psychology of Small Group Behavior*, New York: McGraw-Hill.

Sherif, M. , 1966, *In Common Predicament: Social Psychology of Intergroup Conflict and Cooperation*, Boston: Houghton Mifflin.

Sherif, M. , Harvey, O. J. , White, B. J. , Hood, W. R. , & Sherif, C. W. , 1961, *Intergroup Cooperation and Conflict: The Robbers Cave Experiment*, Norman, OK: University of Oklahoma Book Exchange.

Shibutani, T. , 1955, Reference Groups as Perspectives, *American Journal of Sociology*, Vol. 60, No. 6, pp. 562−569.

Shotter, J. , 1992, Social Constructionism and Realism-Adequacy or Accuracy, *Theory & Psychology*, No. 2, pp. 175−182.

Siebers, T. , 2001, Disability in Theory: From Social Constructionism to the New Realism of the Body, *American Literary History*, No. 13, pp. 737−754.

Siegel, A. E. , & Siegel, S. , 1957, Reference Groups, Membership Groups, and Attitude Change, *The Journal of Abnormal and Social Psychology*, Vol. 55, No. 3, p. 360−364.

Sigmund, K. 2001, William D. Hamilton's Work in Evolutionary Game Theory, *Theoretical Population Biology*, No. 59, pp. 3−6.

Sills, David L. , 1968, *International Encyclopedia of The Social Sciences*, New York: Macmillan.

Simpson, G. E. & Yinger, J. M. , 1985, *Racial and Cultural Minorities: An Analysis of Prejudice and Discrimination*, New York: Plenum Press.

Singer, Milton, 1961, A Survey of Culture and Personality Theory and Research, in Kaplan, Bert, *Studying Personality Cross-Culturally*, New York: Harper & Row.

Skinner, Burrhis F., 1971, *Beyond Freedom and Dignity*, New York: Alfred A. Knopf.

Skinner, Burrhis F., 1976/1948, *Walden Two*, Indianapolis: Hackett Publishing Company, Inc.

Smith, Maynard J., 1980, The Concepts of Sociobiology, In Stent G. S., (ed.), *Morality as a Biological Phenomenon: The Presuppositions of Sociobiological Research*, pp. 21-30, Berkeley: University of California Press.

Smith, Peter B. & Bond, M. Harris, 1993, *Social Psychology across Cultures: Analysis and Perspectives*, Hemle Heman, Herts: Harvester Wheatsheal.

Smith, Peter B. & Bond, M. Harris, 1998, *Social Psychology across Cultures*, 2nd edition, Hemel Hempstead, UK: Prentice Hall.

Smith, Peter B., Michael Harris Bond & Cigdem Kagitcibasi, 2006, *Understanding Social Psychology across Cultures, Living and Working in the Changing World*, 3nd edition, London: Sage.

Smith, Peter B., Ronald Fischer, Vivian L. Vignoles & Michael Harris Bond, 2013, *Understanding Social Psychology across Cultures*, 2nd edition, London: Sage.

Speed, B., 1991, Reality Exists Ok-An Argument against Constructivism and Social Constructionism, *Journal of Family Therapy*, No. 13, pp. 395-409.

Sprott, W. J. H., 1958, *Human Groups*, London: Pelican.

Stam, H. J., 2001, Introduction: Social Constructionism and Its Critics, *Theory & Psychology*, No. 11, pp. 291-296.

Stam, H. J., 2002, Introduction: Varieties of Social Constructionism and the Rituals of Critique, *Theory & Psychology*, No. 12, pp. 571-576.

Steele, C. M., Spencer, S. J., Lynch, M., 1993, Self-Image Resilience and Dissonance: The Role of Affirmation Resources, *Journal of Personality and Social Psychology*, No. 64, pp. 885-896.

Stenner, P., and C. Eccleston, 1994, On the Textuality of Being-towards an Invigorated Social Constructionism, *Theory & Psychology*, No. 4, pp. 85-103.

Stephan, Coolie W. & Stephan, Walter G., 1990, *Two Social Psychologies*, Belmont, California: Wadsworth Publishing Company.

Stets, Jan E., 2006, Identity Theory, in Burke, Peter J. (ed.), *Contemporary Social Psychological Theories*, pp. 88 – 110, Stanford, California: Stanford University Press.

Stevenson, C., 2004, Theoretical and Methodological Approaches in Discourse Analysis, *Nurse Researcher*, No. 12, pp. 17-29.

Stryker, Sheldon, 1980, *Symbolic Interactionism*, *A Social Structural Version*, Palo Alto: Benjamin/ Cummings.

Sullivan, H. S., 1947, *Conceptions of Modern Psychiatry*, Washington: William Alanson White Psychiatric Foundation.

Suls, J. M. & Wheeler, L., 2000, *Handbook of Social Comparison: Theory and Research*, New York: Plenum Press.

Sussman, Robert W., 2014, *The Myth of Race: The Troubling Persistence of an Unscientific Idea*, Cambridge, MA: Harvard University Press.

Tajfel, H., 1970, Experiments in Ingroup Discrimination, *Scientific American*, Vol. 223, No. 5, pp. 96-102.

Tajfel, H., 1972, Some Development in European Social Psychology, *European Social Psychology*, No. 2, p. 307-321.

Tajfel, H., 1978, *Differentiation Between Social Groups: Studies in the Social Psychology of Intergroup Relations*, London: Academic Press.

Tajfel, H., Billig, M. G., Bundy, R. P. and Flament, C., 1971, Social Categorization and Intergroup Behavior, *European Journal of Social Psychology*, Vol. 1, No. 2, pp. 149-178.

Tajfel, H. & Turner, J. C., 1979, A Integrative Theory of Intergroup Conflict, in W. G. Austin & S. Worchel (eds.), *The Social Psychology of Intergroup Relations*, Monterey: Brooks-Cole.

Tajfel, H. & Turner, J. C., 1986, The Social Identity Theory of Intergroup Behavior, In Worchel, S. & Austin, W. G., (Eds.), *Psychology of*

Intergroup Relation, pp. 7-24, Chicago: Hall Publishers.

Tarde, Gabriel, 1903, *The Laws of Imitation*, New York: Henry Holt.

Taylor, S. E., 1998, The Social Being in Social Psychology, in D. T. Gilbert, S. T. Fiske, G. Lindzey (eds.), *Handbook of Social Psychology*, 4TH Edition, pp. 59-95, New York: McGraw-Hill.

Tesser, A., Miller, M. and Moore, J., 1998, Some Affective Consequences of Social Comparison and Reflection Process: The Pain and Pleasure of Being Close, *Journal of Personality and Social Psychology*, Vol. 54, No. 1, pp. 49-61.

Thomas, William I., 1923, *The Unadjusted Girl*, Boston: Little, Brown and Company.

Thompson, L. & Fine, G., 1999, Social Shared Cognition, Affect and Behavior: A Review and Integration, *Personality and Social Psychology Review*, No. 3, pp. 278-302.

Tinbergen, N., 1972, *The Animal in Its World*, London: George Allen & Unwin.

Tissaw, M. A., 2000, Psychological Symbiosis-Personalistic and Constructionist Considerations, *Theory & Psychology*, No. 10, pp. 847-876.

Tolman, E. C., 1948, Kurt Lewin: 1890 - 1947, *Psychological Review*, Vol. 55, No. 1, pp. 1 - 4.

Traynor, M., 2004, Discourse Analysis, *Nurse Researcher*, No. 12, pp. 4-6.

Triands, H. C. & Lambert, W. W. (eds.), 1980, *Handbook of Cross-Cultural Psychology*, Vol. 5, *Social Psychology*, Boston: Allyn & Bacon.

Trivers, Robert, 1981, Sociobiology and Politics, In Elliott, W., *Sociobiology and Human Politics*, pp. 1-44, Lexington: Lexington Books.

Turner, J. C., 1985, Social Categorization and the Self-Concept: A Social Cognitive Theory of Group Behavior, in Lawler, E. J. (ed.), *Advance in Group Process: Theory and Research*, Vol. 2, Greenwich, CT: JAI.

Turner, J. C., 1999, Some Current Issues in Research on Social Identity and Self-Categorization Theories, In Ellemers, N., Spears R., Doosje B., *Social Identity: Context, Commitment, Content*, Hoboken, New Jersey:

Wiley-Blackwell, pp. 6-34.

Turner, Jonathan H., 2006, *The State of Theorizing in Sociological Social Psychology*, Stanford, California: Stanford University Press.

Turner, Ralph H., 1974, Rule Learning as Role Learning, *International Journal of Critical Sociology*, No. 1, pp. 52-73.

Tylor, Edward B., 1888, *Primitive Culture*, Vol. 1, New York: H. Holt and Company.

Vanbeselaere, N., 1988, Reducing Intergroup Discrimination by Manipulating Ingroup Outgroup Homogeneity and by Individuating Ingroup and Outgroup Members, *Communication and Cognition*, Vol. 21, No. 2, pp. 191-198.

Vitelli, R., 1988, The Crisis Issue, Assessed: An Empirical Analysis, *Basic and Applied Social Psychology*, Vol. 9, No. 4, pp. 301-309.

Vine, Margaret Wilson, 1959, *An Introduction to Sociological Theory*, New York: Longmans, Green & Co.

Voelklein, C., & Howarth, C., 2005, A Review of Controversies about Social Representations Theory: A British Debate, *Culture and Psychology*, No. 11, pp. 431-454.

Wagner, W., Duveen, G., & Farr, R., 1999, Theory and Methods of Social Representations, *Asian Journal of Social Psychology*, No. 2, pp. 95-125.

White, R., 2004, Discourse Analysis and Social Constructionism, *Nurse researcher*, No. 12, pp. 7-16.

Willer, David & Emanuelson, Pamela, 2006, Elementary Theory, in Burke, Peter J. (ed.), *Contemporary Social Psychological Theories*, pp. 217-243, Stanford, California: Stanford University Press.

Williams, R. N., and M. S. Beyers, 2001, Personalism, Social Constructionism and the Foundation of the Ethical, *Theory & Psychology*, No. 11, pp. 119-134.

Williams, Roger K., 1973, Beyond Freedom and Dignity, By B. F. Skinner, *The Journal of African American History*, Volume 58, No. 1, p. 101.

Wilson, Edward O., 1975, *Sociobiology: The New Synthesis*, Cambridge: Harvard University Press.

Wilson, Edward O., 1978, *On Human Nature*, Cambridge: Harvard University

Press.

Wray, K. B., 2010, Kuhn's Constructionism, *Perspectives on Science*, No. 18, pp. 311-327.

Wundt, W., 1920, *VöLkerpsychologie*, Leipzig: Kröner-Engelmann.

Wyer, R. S., Srull, T. K. (eds.), 1984, *Handbook of Social Cognition*, Vol. 1, Hillsdale, NJ: Erlbaum.

Young, R. A., and A. Collin, 2004, Introduction: Constructivism and Social Constructionism in the Career Field, *Journal of Vocational Behavior*, No. 64, pp. 373-388.

Zurcher, L., 1977, *The Mutable Self: A Self Concept for Social Change*, Oxford, England: Sage.

Zuriff, G., 1998, Against Metaphysical Social Constructionism in Psychology, *Behavior and Philosophy*, No. 26, pp. 5-28.

Zusne, Leonard, 1984, *Biographical Dictionary of Psychology*, Westport, CT: Greenwood Press.

人名索引

（以汉语拼音音序排列）

A

阿伯瑞克，简-克劳德（Jean-Claude Abric） 35，305，306，308

阿德勒，阿尔弗雷德（Alfred Adler） 32，39~42，50，52，250

阿德里，罗伯特（Robert Ardrey） 274，289，380

阿尔伯特，弗朗西斯（Francis Albert） 28

阿伦森，埃利奥特（Elliot Aronson） 100，104，105

阿伦斯伯格，康拉德（Conrad Maynadier Arensberg） 141

阿姆斯特朗，爱德华（Edward A. Armstrong） 273

阿希，所罗门（Solomon Eliot Asch） 11，17，381

埃尔伍德，查尔斯（Charles Abram Ellwood） 375

埃里克森，埃里克（Erik Homburger Erikson） 52，54

埃利斯，亨利（Henry H. Ellis） 267

埃利斯，李（Lee Ellis） 267

埃默森，理查德（Richard Marc Emerson） 135，143，151，154~158，161，162

爱德华兹，德里克（Derek Edwards） 289，352

爱德华兹，韦恩（Wynne Edwards） 381

爱迪生，托马斯（Thomas A. Edison） 84

爱因斯坦，阿尔伯特（Albert Einstein） 50，51，261

安德列耶娃，加林娜（Galina M. Andreeva） 2，4，7，12，27，186，189，190，192，195，205，217，227，228，232

奥尔波特，弗洛德（Floyd Henry Allport） 1，10，11，19，90，91，317，373，390

奥尔波特，高登（Gordon Willard Allport） 102，209，373，387

奥克斯纳，凯文（Kevin N. Ochsner） 389

奥兰斯杜蒂，艾格尼斯（Agnes Alansdottir） 315

奥斯古德，查尔斯（Charles Egerton Osgood） 109，110，114，115

B

巴尔斯，伯纳德（Bernard Baars） 53

巴甫洛夫，伊万（Ivan Petrovich Pavlov） 57，58，63，139，196

巴克，罗杰（Roger Barker） 100，104，228

巴拉什，戴维（David P. Barash） 288

巴特勒，塞缪尔（Samuel Butler） 277

巴维勒斯，亚历山大（Alexander Bavelas） 79，93

巴颜，詹姆斯（James Bryan） 78

柏拉图（Plato） 2，3，84，378

班杜拉，艾伯特（Albert Bandura） 15，55，60，66~76，80~82，196，373，386

班泽尔，露丝（Ruth L. Bunzel） 250

鲍德温，詹姆斯（James Mark Baldwin） 6，190

北山忍（Shinobu Kitayama） 389

贝尔，丹尼尔（Daniel Bell） 14，265，268

本尼迪克特，露丝（Ruth Fulton Benedict） 12，14，238，244~246，249~251，254~256，261~264

比德尔，布鲁斯（Bruce J. Biddle） 190

比纳，肯尼斯（Kenneth Benne） 99

毕力希，米切尔（Michael Billig） 340

波林，埃德温（Edwin Garrigues Boring） 29，49，50，52，54，102，103，164，266，268

波特，乔纳森（Jonathan Potter） 361~364，365，369

伯恩，唐（Donn Byrne） 230

伯恩海姆，希波莱特（Hippolyte Bernheim） 29

伯格，彼得（Peter L. Berger） 339，342，343，376，394

伯格，西摩尔（Seymour M. Berger） 386

伯格，约翰（John Burger） 224

伯克威茨，伦纳德（Leonard Berkowitz） 16，284，376

博厄斯，弗朗兹（Franz Boas） 12，238，241~243，246，249~251，254，261，263，379

布尔曼，罗尼（Ronie Bulman） 221，222

布拉德福德，利兰（Leland Bradford） 99

布劳，彼得（Peter Michael Blau） 135，146~154，161，162，377

布雷德，詹姆斯（James Braid） 5，29

布里克曼，菲利普（Philip Brickman） 222

布鲁默，赫伯特（Herbert George Blumer） 11，163，177

布鲁纳，杰罗姆（Jerome Seymour Bruner） 109，296

布鲁斯威克，埃贡（Egon Brunswik） 13

布伦塔诺，弗朗兹（Franz Brentano） 29，125

布洛伊尔，约瑟夫（Josef Breuer） 29，30，244

布吕克，恩斯特（Ernst Brücke） 29

C

蔡勇美 23

查普林，詹姆斯（James Patrick Chaplin） 1，2，7，10，378

D

达尔文，查尔斯（Charles Robert Darwin） 8，36，49~51，105，165，166，241，260，265，266，271，276，278，283，284，288，373，380，382

达利，约翰（John McConnon Darley） 284

达伦多夫，拉尔夫（Ralf G. Dahrendorf） 160

戴维斯，基思（Keith Davis） 118，119，120，129，189

丹尼尔，汉斯-迪特尔（Hans-Dieter Daniel） 385

道金斯，理查德（Richard Dawkins） 274，279，280，284~287，381

德福勒，梅尔文（Melvin, L. de Fleur） 228

德罗萨，安娜玛利亚（Annamaria S. de Rosa） 295，316

邓拉普，莱利（Riley Dunlap） 267

狄德罗，德尼（Denis Diderot） 184

狄尔泰，威廉（Wilhe） 345，346

狄维娜，伊丽莎白（Elizabeth Devina） 50

蒂博特，约翰（John Walter Thibaut） 135，162，190

杜波依丝，科拉（Cora Alice Du Bois） 243，249，250，252~255，264，379

杜瓦斯，威廉（Willem Doise） 17，79，295

杜威，约翰（John Dewey） 85，105，163，165，168，191，214

多拉德，约翰（John Dollard） 15，55，58，60~67，71，75，80，250

多伊奇，默顿（Morton Deutsch） 88，93，95，100，101，102，104

F

法恩, 鲁宾 (Reuben Fine) 30

法尔, 罗伯 (Rob Far) 295

法伊尔阿本德, 保罗 (Paul K. Feyerabend) 395

方文 16, 21, 295, 310, 314, 317, 318, 371, 385

菲什, 鲁道夫 (Rudolf Fisch) 385

费斯廷格, 利昂 (Leon Festinger) 18, 53, 79, 83, 94, 100, 101, 102, 105, 109, 110, 115~117, 126, 128, 219, 222, 324, 325, 329, 387

冯特, 威廉 (Wilhelm Maximilian Wundt) 7, 125, 297, 299, 390

佛朗哥, 弗朗西斯科 (Francisco Franco) 16

弗拉门特, 克劳德 (Claude Flament) 295

弗雷泽, 詹姆斯 (James George Frazer) 137, 138, 238, 239, 240

弗里曼, 约翰 (John Derek Freeman) 248

弗里契, 卡尔·R. 范 (Karl Ritter von Frisch) 269, 381

弗里斯, 雨果·德 (Hugo M. de Vries) 380

弗伦克尔-布伦维克, 埃尔泽 (Else Frenkel-Brunswik) 54

弗伦奇, 约翰 (John Robert Putnam French) 93, 100, 102

弗洛姆, 埃里希 (Erich Seligmann Fromm) 32, 41~48, 50~54, 250

弗洛伊德, 西格蒙特 (Sigmund Freud) 3, 8, 27~43, 45, 46, 48~54, 60, 61, 75, 85, 103, 105, 127, 184, 209, 238~245, 247, 248, 250, 252, 253, 256, 260, 263, 271, 373, 378

福阿, 尤利尔 (Uriel Foa) 162

福柯, 米歇尔 (Michel Foucault) 20, 359, 361, 362

福姆, 威廉 (William Form) 220

G

盖帕哈特, 玛格丽特 (Margaret Gebhardt) 269

高尔顿, 弗朗西斯 (Francis Galton) 241

高觉敷 27, 29, 38, 42

戈夫曼, 欧文 (Erving Goffman) 12, 163, 177, 180, 181, 187, 189, 192~196, 199

哥白尼, 尼古拉 (Nikolaj Kopernik) 49, 51

歌德 (Johann Wolfgang von Goethe) 3

格根，肯尼斯（Kenneth J. Gergen） 20，159，339，340，344，345，347~358，366，
　　368，370，390，391~395
格拉塞斯菲尔德，冯（Von Glaserfeld） 340
格林尼，莎拉（Sarah J. Greene） 288
格林伍德，约翰（John D. Greenwood） 373
格什温德，詹姆斯（James Geschwender） 220
格思里，爱德温（Edwin Guthrie） 57
古多尔，珍妮（Jane Goodall） 274
古德，威廉（William J. Goode） 206
古尔德，斯蒂芬（Stephen Jay Gould） 288
加达默尔，汉斯-格奥尔格（Hans-Georg Gadamer） 367

H

哈金，伊恩（Ian Hacking） 342
哈瑞，罗姆（Rom Harré） 314，340，341，344，346，347，357
哈里斯，斯考特（Scott R. Harris） 366
哈洛，哈利（Harry Frederick Harlow） 272
哈蒙德，彼得（Peter B. Hammond） 234
哈奇，戴维（David Hatch） 141
海德，弗里茨（Fritz Heider） 13，102，105，109，110，111，112，113，114，118，
　　128，387
海德格尔，马丁（Martin Heidegger） 343
海尔德，芭芭拉（Barbara S. Held） 355，356
海曼，赫伯特（Herbert Hiram Hyman） 12，14，212，213，215，217，219，220，226
海因罗特，奥斯卡（Oskar Heinroth） 269，271
韩非 135
汉密尔顿，威廉（William Donald Hamilton） 278，279~281，289，381
豪斯，詹姆斯（James House） 12
赫尔巴特，约翰（Johann Friedrich Herbart） 29
赫尔蒙特，扬（Jan Baptist van Helmont） 29
赫尔姆霍茨，霍尔曼·冯（Hermann von Helmholtz） 29，50
黑格尔（Georg Wilhelm Friedrich Hegel） 7，54
亨德森，弗朗西斯（Frances Heiderson） 140

胡塞尔，埃德蒙德（Edmund Gustav Albrecht Husserl） 182，183
华生，约翰（John Broadus Watson） 56，57，107，113，125，127，139，165，167，184，260，261
怀特，拉尔夫（Ralph White） 92，93，97，141
怀特，威廉（William Hollingsworth Whyte） 91
惠特曼，查尔斯（Charles Otis Whitman） 270
霍布斯，托马斯（Thomas Hobbes） 3
霍尔，皮特（Peter Hall） 59，61，63，187
霍尔，斯坦利（Granville Stanley Hall） 246，247
霍尔丹，约翰（John B. S. Haldane） 280
霍尔顿，格拉尔德（Gerald Holton） 308
霍夫兰德，卡尔（Carl Iver Hovland） 14
霍兰德，埃德温（Edwin P. Hollander） 2
霍龙韦，斯蒂芬（Stephan L. Chorover） 288
霍曼斯，乔治（George Casper Homans） 15，135，136，138~148，150，154~156，161，162，212，223，282，283，319，377，383
霍妮，卡伦（Karen Danielsen Horney） 41，42，46，50，52，250
霍沃斯，卡罗琳娜（Caroline Howarth） 315
莱布尼茨，戈特弗里德（Gottfried W. Leibniz） 29

J

基特，爱丽丝（Alice Kitt） 223，228
吉丁斯，富兰克林（Franklin Henry Giddings） 51
加芬克尔，哈罗德（Harold Garfinkel） 182
杰克逊，罗斯科（Roscoe B. Jackson） 272
金，马丁·路德（Martin Luther King, Jr.） 328
金耀基 23

K

卡茨，丹尼尔（Daniel Katz） 53，101
卡丁纳，艾布拉姆（Abram Kardiner） 54，243，246，249~255，262，264
卡顿，威廉（William Robert Catton） 267
卡尼曼，丹尼尔（Daniel Kahneman） 269

卡特赖特，道尔文（Dorwin Philip Cartwright） 20，21，96，100，102，382，393

卡特兹克，米切尔（Michael W. Katzko） 358

卡翁达，肯尼斯（Kenneth D. Kaunda） 22

卡西尔，恩斯特（Ernst Cassirer） 86

凯勒，弗朗兹（Franz Keller） 220

凯利，哈罗德（Harold Harding Kelley） 79，93，100，104，118，119，121，122，123，124，126，127，129，135，162，190，198，217，218，226，228，340，388

凯利，乔治（George Kelly） 67，209

凯士勒，卡尔（Karl F. Kessler） 282

坎贝尔，唐纳德（Donald Thomas Campbell） 288，319

坎德尔，丹尼斯（Denise, Kandel） 230

康德（Immanuel Kant） 3，343，344

康定斯基，瓦西里（Wassily Kandinsky） 320，321，323，326

康纳斯，罗伯特（Robert Connors） 48

康斯坦佐，菲利普（Philip R. Costanzo） 11，13，190

考夫卡，库尔特（Kurt Koffka） 87，387

考西尼，雷蒙德（Raymond Corsini） 104

苛勒，沃夫干（Wolfgang Köhler） 13，87，387

柯瓦奇，约瑟夫（Joseph K. Kovach） 2，5，10，13，39~42，50

科林斯，兰德尔（Randall Collins） 181

科塞，刘易斯（Lewis Alfred Coser） 160

科特纳，威廉（William Kirtner） 13

克拉纳，罗伯特（Robert Kleiner） 105

克拉威克，西奥菲尔（Theophile Stanley Krawiec） 2，7，10，378

克兰伯格，奥托（Otto Klineberg） 254

克利，保罗（Paul Klee） 320，321，323，326

克鲁泡特金，皮特（Pyotr Alekseyevich Kropotkin） 282，283

克罗伯，阿尔弗雷德（Alfred L. Kroeber） 243

孔德，奥古斯特（Auguste Comte） 4，6，184，186

库恩，曼夫德（Manford Kuhn） 163，177，178，179，186，187

库恩，托马斯（Thomas Samuel Kuhn） 19，20，342，392

库克，卡伦（Karen S. Cook） 99，158

库克，托马斯（Thomas Cook） 223

库利，查尔斯（Charles Horton Cooley） 11，14，141，163，165，167，168，169，187，191，196，214，227，318

L

拉巴雷，韦斯顿（Weston La Barre） 256
拉维，伯特伦（Bertram Raven） 101
拉扎勒斯，莫里茨（Moritz Lazarus） 5，6
拉扎斯菲尔德，保罗（Paul Felix Lazarsfeld） 13，230，231
莱温廷，理查德（Richard Lewontin） 288
兰登，阿尔弗雷德（Alfred Mossman Landon） 227
朗伯特，威廉姆（William Wilson Lambert） 13，264，379，386
朗西曼，威廉（William Runciman） 220
勒庞，古斯塔夫（Gustave Le Bon） 7，84，85
勒温，卡特（Kurt Zadek Lewin） 11，13，15，53，79，83~90，92~94，96~104，107，108，110，115，127，374，387
勒温，米里亚姆（Miriam Lewin） 105
李厄保，安布鲁瓦兹（Ambroise A. Liébeault） 5
李嘉图，大卫（David Ricardo） 136
李凯尔特，海因里奇（Heinrich John Rickert） 10
李亦园 23
里布鲁克斯，亚历山大（Alexander Liebrucks） 356
里弗斯，威廉（William Halse Rivers Rivers） 255，281，380
里斯曼，戴维（David Reisman） 257
利伯曼，马修（Matthew D. Liebeman） 389
利皮特，罗纳德（Ronald Lippitt） 92，93，102，104
利托（X），马尔科姆（Malcolm Little/X） 328
利维，尼尔（Neil Levy） 190
利兹，安东尼（Anthony Leeds） 288
列维-布留尔，吕西安（Lucien Lévy-Bruhl） 297，298
列维-斯特劳斯，克劳德（Claude Lévi-Strauss） 138
林德史密斯，艾尔弗雷德（Alfred Lindersmith） 163，375
林顿，拉尔夫（Ralph Linton） 54，189，192，198，200，243，246，249~255，262，264，267，371

卢克曼，托马斯（Thomas Luckman） 339，342，343，394

卢梭，让-雅克（Jean-Jacques Rousseau） 3

路威，罗伯特（Robert Rowe） 243

罗蒂，理查德（Richard Rorty） 343

罗杰斯，卡尔（Carl R. Rogers） 209

罗森伯格，伯纳德（Bernard Rosenberg） 221

罗森伯格，莫里斯（Morris Rosenberg） 220，375

罗斯，爱德华（Edward Alsworth Ross） 1，6~9，15，61，163，187，191，237，373，375

罗斯福，富兰克林（Franklin D. Roosevelt） 227

罗素，伯特兰（Bertrand Russell） 29

罗特，朱利安（Julian Rotter） 55，67

罗特利斯伯格，弗里茨（Fritz J. Roethlisberger） 141

洛克，约翰（John Locke） 344

洛伦茨，康纳德（Konrad Zacharias Lorenz） 5，268~275，285，289，380，381

M

马格纳，洛伊斯（Lois N. Magner） 283

马基雅维利（Niccolò di Bernardo dei Machiavelli） 3，5

马可夫斯基，米切尔（Michael Makowsky） 181

马克思，卡尔（Karl Marx） 19，49~51，105，159，160，250，345，377

马林诺夫斯基，布罗尼斯拉夫（Bronislaw Kasper Malinowski） 12，137，138，238，240，241，242，252，263

马罗，阿尔弗雷德（Alfred Jay Marrow） 93，102，104

马姆福德，刘易斯（Lewis Mumford） 39

马尼斯，杰罗姆（Jerome Manis） 163

马斯洛，亚伯拉罕（Abraham H. Maslow） 209，272

马斯特斯，威廉（William H. Masters） 288

玛科娃，伊凡娜（Ivana Maková） 295，307，314

迈达尔，贡纳尔（Gunnar Myrdal） 22

麦独孤，威廉（William McDougall） 1，6~9，13，61，90，127，237，239~241，260，261，263，318，373，375，382

麦尔，恩斯特（Ernst W. Mayr） 281

麦金尼斯，爱德华（Edward McGinnis） 109

麦金农，唐纳德（Donald W. Mackinnon） 103

麦考尔，乔治（George J. McCall） 372，375

麦考利，杰奎琳（Jacqueline R. Macaulay） 284

麦克莱兰，戴维（David Clarence McClelland） 257

麦克马汉，安妮（Anne M. McMahon） 376

麦奎尔，威廉（William James Mcguire） 130

麦斯麦，弗朗兹（Franz Anton Mesmer） 5，29

曼德勒，乔治（George Mandler） 103

曼海姆，卡尔（Karl Mannheim） 345，394

梅尔策，伯纳德（Bernard Meltzer） 163，174

梅里尔，弗朗西斯（Francis Merrill） 187

孟德尔，格雷格尔（Gregor J. Mendel） 284，288，380

米德，玛格丽特（Margaret Mead） 12，14，90，102，103，243，244，246~249，254，258~264，318

米德，乔治（George Herbert Mead） 11，12，163，165，166，172~180，185，186，189，192~196，200，201，202，208，210，214，226，232，319，344，391

米德拉斯基，伊丽莎白（Elizabeth Midlarsky） 78

米尔格拉姆，斯坦利（Stanley Milgram） 11，17，54

米歇尔，沃尔特（Walter Mischel） 55，67，76，80，81

米勒，尼尔（Neal Elgar Miller） 15，55，58，60~67，70，80

米歇尔斯，罗伯特（Robert Michels） 377

摩尔根，刘易斯（Lewis Henry Morgan） 238

莫雷诺，雅各布（Jacob Levy Moreno） 191，200

莫里内尔，帕斯卡（Pascal Moliner） 295

莫里斯，查尔斯（Charles William Morris） 167，289，381

莫里斯，苔斯蒙德（Desmond John Morris） 274，380

莫斯科维奇，塞尔日（Serge Moscovici） 17，18，21，22，160，295~302，304，305，307~309，313，314~315，384，387

墨菲，加德纳（Gardner Murphy） 2，5，10，12，13，39，40，41，42，50，53，103，113，237，260

默顿，罗伯特（Robert K. Merton） 141，146，189，204，216，223，226，230

穆贾达姆，法萨利（Fathali M. Moghaddam） 22

N

南丁格尔，戴维（David Nightingale） 352

尼采，弗里德里希（Friedrich Wilhelm Nietzsche） 245，344，345

牛顿，艾萨克（Isaac Newton） 36，49，58，104

纽科姆，西奥多（Theodore Newcomb） 91，102，109，113，114，190，215，217，226，227，229，233，372

O

欧斯贝克，丽莎（Lisa M. Osbeck） 347

P

帕克，罗伯特（Robert Ezra Park） 8，163，165，200

帕克，伊恩（Ian Parker） 315，390

帕累托，维尔弗雷多（Vilfredo Pareto） 4

帕森斯，塔尔科特（Talcott Parsons） 140，159，190，258，376

彭迈克（Michael Harris Bond） 13，379

皮特，迈克尔（Michael Pitt） 99

皮亚杰，让（Jean William Fritz Piaget） 296，297，299，339

普莱斯，亨利（Henry H. Price） 285

普朗克，麦克斯（Max Planck） 269

普林斯，默顿（Merton Prince） 5

Q

齐美尔，格奥尔格（Georg Simmel） 141，191，200，377

乔德里德，丹尼斯（Denise Jodelet） 295

琼斯，爱德华（Edward Jones） 118，119，120，129，350，370

琼斯，布勒顿（Blurton Jones） 274

R

让内，皮埃尔（Pierre Janet） 29

荣格，卡尔（Carl Gustav Jung） 37，38，39，50，52，298

S

奥古斯丁，奥里利乌斯·圣（Aurelius St. Augustine）　3

萨宾，西奥多（Theodore Roy Sarbin）　12, 189, 190, 193, 199

萨哈金，威廉（William Sahakian）　53, 162, 265

萨林斯，马歇尔（Marshall David Sahlins）　288, 289

萨姆纳，威廉（William Graham Sumner）　191, 216

萨丕尔，爱德华（Edward Sapir）　243, 250

塞尔蒂兹，克莱尔（Claire Selltiz）　99

塞勒，理查德（Richard H. Thaler）　269

桑代克，爱德华（Edward Lee Thorndike）　58, 139

桑福德，内维特（Nevitt Sanford）　53

涩谷保（Tamotsu Shibutani）　4, 163, 231

瑟斯顿，路易斯（Louis Leon Thurstone）　10

沙尔科，让-马丹（Jean-Martin Charcot）　5, 29

沙赫特，斯坦利（Stanley Schachter）　93, 100, 104, 219

沙利文，哈里（Harry Stack Sullivan）　41, 50, 250

沙诺夫，欧文（Irving Sarnoff）　53, 54

沙斯考尔斯基，利昂（Leon Shaskolsky）　164

莎士比亚，威廉（William Shakespeare）　188

商鞅　135

舍夫勒，艾伯特（Albert E. F. Schäffle）　15

舍勒，马克斯（Max Scheler）　345

舍雷尔，克劳斯（Klaus R. Scherer）　385

舍伦伯格，詹姆斯（James A. Schellenberg）　11, 89, 106, 126, 166, 187, 214

施耐德，戴维（David J. Schneider）　388

施腾纳，保罗（Paul Stenner）　352

施瓦茨，杰弗里（Jeffrey M. Schwartz）　219

史密斯，艾略特（Eliot Smith）　256, 389

史密斯，戴维（David H. Smith）　376

史密斯，约翰（John M. Smith）　284, 285, 286, 291, 379

舒茨，阿尔弗雷德（Alfred Schütz）　342

舒尔兹，杜安（Duane P. Schultz）　39

舒兹，威廉（William Schutz） 53，54，182

斯本格勒，奥斯瓦尔德（Osward A. C. Spengler） 261

斯宾诺莎，巴鲁赫（Baruch de Spinoza） 28，54

斯宾塞，赫伯特（Herbert Spencer） 6，168，185，276

斯蒂芬，库奇（Cookie W. Stephan） 21

斯蒂芬，瓦尔特（Walter G. Stephan） 21

斯蒂维斯，尤金（Eugene Stivers） 99，105

斯顿福泽，杰罗姆（Jerome Stumphauzer） 77

斯金纳，伯尔赫斯（Burrhus Frederic Skinner） 3，56，57，59，60，76，80，139，142~144，146，196

斯密，亚当（Adam Smith） 49，136

斯莫尔，阿尔比恩（Albion Woodbury Small） 6

斯佩里，罗格（Roger W. Sperry） 269

斯普拉德利，凯特（Kate Spradley） 262

斯普罗特，瓦尔特（Walter J. H. Sprott） 277

斯塔姆，亨德里克斯（Henderikus J. Stam） 351

斯泰因塔尔，海曼（Heyman Steinthal） 5

斯特劳斯，安塞姆（Anselm L. Strauss） 138，163，220，375

斯通，格雷戈里（Gregory Stone） 163

斯托策尔，简（Jean Stoetzel） 16

斯托弗，塞缪尔（Samuel Andrew Stouffer） 14，215，216，217，223

苏格拉底（Socrates） 2

孙本文 2

索维，阿尔弗雷德（Alfred Sauvy） 22

T

塔德，加布里埃尔（Gabriel Tarde） 5~8，61，375

塔南鲍姆，珀西（Percy Hyman Tannenbaum） 114

泰弗尔，亨利（Henry Tajfel） 21，314，317，318，319，320，321，322，325，326，328，330~334，337

泰格，莱昂内尔（Lionel Tiger） 267

泰勒，爱德华（Edward Burnett Tylor） 238，262

汤因比，阿诺尔德（Arnold J. Toynbee） 39

特雷安迪斯，哈里（Harry C. Triandis） 13，264，379
特里弗斯，罗伯特（Robert L. Trivers） 281~284，288，289，381
特里普利特，诺曼（Norman Triplett） 1，6，10
特纳，拉尔夫（Ralph Turner） 200，201，213，215，220，375
特纳，乔纳森（Jonathan H. Turner） 136，137，139，146，147，149，156，161，184，189，192，194，200，378
特纳，约翰（John Turner） 22，314，317，319，330，331
滕尼斯，费迪南德（Ferdinand Tönnies） 185
廷伯根，尼古拉斯（Nikolas Tinbergen） 5，269，272，270，273，274，275，285，286，380
涂尔干，埃米尔（Émile Durkheim） 4，7，8，85，142，191，297，298，375，390
托尔曼，爱德华（Edward Chase Tolman） 57，102，107
托马斯，威廉（William Isaac Thomas） 4，11，163，165，167，170

W

毛泽东 22
瓦格纳，沃尔夫冈（Wolfgang Wagner） 295，304
瓦勒，维拉德（Willard Waller） 145
威尔逊，爱德华（Edward Osborne Wilson） 15，265，267，275~279，281，283，287~290，381，382
韦伯，马克斯（Max Weber） 4，151，213，257，377
韦斯雷尔，玛格丽特（Margaret Wetherell） 316，362，363，364，365，369
韦特海默，马克斯（Max Wertheimer） 13，87，387
维多利亚，亚历山德丽娜（Alexandrina Victoria） 28
维果斯基，列夫（Lev Semionovich Vygotsky） 297，299，344，380
维兰，苏珊（Susan Wheelan） 99
维纳，伯纳德（Bernard Weiner） 124
维特根斯坦，路德维格（Ludwig Wittgenstein） 14，342，343
维特利，罗密欧（Romeo Vitelli） 19，20
温-爱德华兹，韦罗（Vero C. Wynne-Edward） 289，252，381
文崇一 23
文森特，乔治（George Vincent） 6
沃德，莱斯特（Lester Frank Ward） 4
沃克兰，科里纳（Corina Voelkleim） 315

沃什伯恩，舍伍德（Sherwood L. Washburn） 288

吴文藻 22

X

西蒙斯，杰里（Jerry L. Simmons） 372，375

希伯德，菲奥纳（Fiona J. Hibberd） 351，352，354，356

希克曼，艾迪森（Addison Hickman） 187

香农，克劳德（Claude E. Shannon） 14

肖，马文（Marvin Shaw） 11，13，104，190

肖特，约翰（John Shotter） 340

谢夫勒，艾伯特（Albert Eberhard Friedrich Schäffle） 6

谢里夫，穆扎法尔（Muzaffer Serif） 11，91，226，319

谢里夫，卡洛琳（Carolyn Wood Sherif） 218

辛格，艾尔伯塔（Alberta E. Siegel） 100，104，212，227

辛格，杰罗米（Jerome Singer） 无

欣德，罗伯特（Robert Aubrey Hinde） 274

休谟，大卫（David Hume） 184，344

许烺光（Francis L. K. Hsu） 237，256，380

荀子 84

Y

雅各布，弗朗索瓦（Francois Jacob） 276

亚当斯，约翰（John S. Adams） 223

亚里士多德（Aristotle） 3，54，84，135，378

杨国枢 23

伊斯雷尔，约阿希姆（Joachim Israel） 22，314

英克尔斯，阿历克斯（Alex Inkeles） 256，376，384

约翰逊，弗杰尼亚（Virginia Johnson） 288

Z

赞德，阿尔文（Alvin Zander） 94，96，100，104，105

泽克，刘易斯（Louis Zurcher） 319

詹姆斯，威廉（William James） 37，165，167，168，190，214，342，345，370，382

赵德雷　376
周晓虹　4，8，13，16，18，22，23，84，256，258，259，295，337，341，360，371，378，386，390，394
祖父江孝男（Takao Sofue）　255，257

后 记

1987年，我从南开大学获得硕士学位，回到生活多年的古都，先入职南京大学哲学系，第二年转入新成立的社会学系任教。那些年里，社会心理学对学生们有着巨大的吸引力，我的"社会心理学"公共选修课甫一开设，就引起了全校轰动，从300人选修开始，没过几年就攀升到每年1000多人，课堂也从教学楼一楼的阶梯教室移至鼓楼校区的大礼堂，即便如此也常常是走道和窗户上都站满或趴满了人。那时候不像现在，学生们能看的书有限，所以我不久就萌生了撰写一本介绍西方社会心理学理论著作的想法。

动了念头就要付诸行动。我先找到现时因荣格心理学而名满天下的好友申荷永，请他担任副主编。那时荷永正在南京师范大学追随高觉敷教授攻读心理学史博士学位，对社会心理学理论自然兴趣盎然。接下来，荷永找来了青岛大学的陈宝铠、安徽大学的王叶舟，我联系了厦门大学的胡荣、武汉大学的罗教讲、江苏公安专科学校（现为江苏警官学院）的宋践、南京医学院的张致刚。八位同仁商定先由我拟定写作大纲，然后联袂撰写《现代西方社会心理学流派》一书。初稿完成后，由我和荷永召集诸君开了统稿会，相互交换了修改意见，最后由我修改定稿。

那时改革初起、国家中兴，虽上下同心、万民勠力，但资源短缺、一切依旧困难，出版一本著作尤其是年轻人撰写的著作并非易事。虽然我的导师、南开大学孔令智教授撰写了热情洋溢的序言，并且获得了时任南开大学出版社社长、历史学家来新夏先生的慨然应允，最后南开大学出版社还是未能出版该书。并且书稿被束之高阁，一拖就是两年。

感谢我在南京大学开设的社会心理学课程，选修者中有时任南京大学出版社社长时惠荣先生的千金时嘉，她每次听完一讲，都会回家向父亲兴奋地转述今天周老师又说了什么……正是在这样的机缘巧合下，我有幸获得时惠荣社长的支持，并于1990年、1992年连续出版了由我主编的《现代西方社会心理学流派》和《现代社会心理学名著菁华》。一晃 30 年过去了，时社长也退休多年，但这份拔擢之情我却未敢忘怀，并一直深怀敬意。

从 2019 年甚至更早起，我在社会科学文献出版社时任社长谢寿光和副总编辑童根兴的鼓励下，便决意借中国社会心理学重建 40 周年的时机，重新编撰包括《现代西方社会心理学流派》在内的"社会心理学系列"。考虑到 1990 年后这一学科的发展，我提前约请了南开大学社会心理学系管健教授、在我指导下做博士后研究的北京大学博士郭慧玲（现在华东政法大学任教）、我指导的博士研究生夏少昂（他当时正在芝加哥大学社会学系交换访问，现在南京师范大学任教）三位青年才俊，分别承担"社会表征理论""社会建构理论"和"社会认同理论"三章的撰写；我也在胡洁博士的协助下，对"导论"和"结语"两个部分做了较大篇幅的修改，以反映 1970 年代西方社会心理学"危机"之后出现的新进展，尤其是欧洲社会心理学和以社会建构理论为代表的后现代社会心理学的贡献，并将该书更名为《西方社会心理学理论——一门学科的多元解释路径与当代状况》。至此，这本著作的贡献者名单变动为：

导　言	西方社会心理学的历史演进	周晓虹　胡　洁
第一章	精神分析理论	申荷永
第二章	社会学习理论	陈宝铠
第三章	群体动力学理论	申荷永
第四章	社会认知理论	王叶舟
第五章	社会交换理论	周晓虹
第六章	符号互动理论	胡　荣
第七章	社会角色理论	罗教讲
第八章	参照群体理论	宋　践
第九章	文化与人格理论	周晓虹
第十章	社会生物学理论	张致刚
第十一章	社会表征理论	管　健
第十二章	社会认同理论	夏少昂
第十三章	社会建构理论	郭慧玲
结　语	理论取向比较与学科发展趋势	周晓虹　胡　洁

在本书 30 年前的撰稿、出版和这次重编的撰稿和出版过程中，除了前

述孔令智教授、来新夏教授、时惠荣社长、谢寿光社长和童根兴副总编辑都给予了积极的帮助和支持外，作为初版副主编的申荷永教授也承担了初版时的多位撰稿人的联系与组织工作。另外，30 年前南京大学哲学系 1985~1987 级的周萍（现名周围）、王培暄和郭磊三位同学，协助我收集了部分资料，并编制了汉英人名索引；30 年后胡洁、王健两位博士以及我的硕士研究生张震宇，同样协助我收集了部分资料、完成了先前的英文文献的注释转换、重新编制了汉英人名索引，使这一本著作更为完善。借此机会谨向以上各位师长和同仁、学生表示诚挚的感谢。

周晓虹

2021 年 10 月 28 日

南京紫金山东麓寓所

图书在版编目（CIP）数据

西方社会心理学理论：一门学科的多元解释路径与当代状况 / 周晓虹主编. -- 北京：社会科学文献出版社，2024.7

ISBN 978-7-5228-3037-7

Ⅰ.①西… Ⅱ.①周… Ⅲ.①社会心理学-研究-西方国家 Ⅳ.①C912.6

中国国家版本馆 CIP 数据核字（2024）第 019789 号

西方社会心理学理论
——一门学科的多元解释路径与当代状况

主　　编 / 周晓虹

出 版 人 / 冀祥德
责任编辑 / 孙　瑜　佟英磊
责任印制 / 王京美

出　　版 / 社会科学文献出版社·群学分社（010）59367002
　　　　　　地址：北京市北三环中路甲29号院华龙大厦　邮编：100029
　　　　　　网址：http://www.ssap.com.cn

发　　行 / 社会科学文献出版社（010）59367028

印　　装 / 三河市尚艺印装有限公司

规　　格 / 开本：787mm×1092mm　1/16
　　　　　　印 张：29.25　字 数：486千字

版　　次 / 2024年7月第1版　2024年7月第1次印刷

书　　号 / ISBN 978-7-5228-3037-7

定　　价 / 88.00元

读者服务电话：4008918866

版权所有 翻印必究